DOMINANDO A TERAPIA FAMILIAR

SALVADOR MINUCHIN, Ph.D., é o autor do texto-padrão na área *Families and family theraphy*, assim como de várias outras obras, incluindo, mais recentemente, *Working with families of the poor* (em co-autoria de Patricia Minuchin e Jorge Colapinto). Foi diretor do *Philadelphia Child Guidance Center*, dirigiu também o *Family Studies Inc.* e lecionou pesquisa em psiquiatria na Universidade de Nova York.

WAI-YUNG LEE, Ph.D., dirige o HKY Family Institute e é professora associada do Departamento de Serviço e Administração Social da Universidade de Hong Kong. É docente na faculdade do Centro Minuchin, além de trabalhar e estudar com Salvador Minuchin desde 1990.

GEORGE M. SIMON, Ph.D., atua na faculdade do Centro Minuchin. Ele mantém uma prática particular dedicada a casais e à terapia familiar em Nova York. Leciona terapia familiar aos funcionários do Children's Village, em Dobbs Ferry, Nova York. Estuda e trabalha com Salvador Minuchin desde 1990.

M668d   Minuchin, Salvador.
        Dominando a terapia familiar / Salvador Minuchin, Wai-Yung Lee, George M. Simon ; tradução Gisele Klein. – Porto Alegre : Artmed, 2008.
        328 p. ; 23 cm.

        ISBN 978-85-363-1343-6

        1. Terapia familiar. I. Lee, Wai-Yung. II. Simon, George M. III. Título.

        CDU 364.044.24

Catalogação na publicação : Mônica Ballejo Canto – CRB 10/1023.

DOMINANDO A TERAPIA FAMILIAR

SALVADOR MINUCHIN
Wai-Yung Lee • George M. Simon

2ª edição

Tradução:
Gisele Klein

Consultoria, supervisão e revisão técnica desta edição:
Helena Centeno Hintz
Psicóloga, psicoterapeuta individual, de casal e família.
Presidente da Associação Gaúcha de Terapia Familiar/2006-2008.
Vice-Presidente da Associação Brasileira de Terapia Familiar/2006-2008.

2008

Obra originalmente publicada sob o título
Mastering family therapy – journeys of growth and transformation, 2nd Edition
© 1996, 2006 de John Wiley & Sons, Inc. Todos os direitos reservados.
All Rights Reserved. This translation published under license
ISBN 978-0-471-75772-6

Capa: *Tatiana Sperhacke*

Preparação do original: *Edna Calil*

Leitura final: *Maria Rita Quintella*

Supervisão editorial: *Mônica Ballejo Canto*

Editoração eletrônica: *Formato Artes Gráficas*

Reservados todos os direitos de publicação, em língua portuguesa, à
ARTMED® EDITORA S.A.
Av. Jerônimo de Ornelas, 670 - Santana
90040-340 Porto Alegre RS
Fone (51) 3027-7000 Fax (51) 3027-7070

É proibida a duplicação ou reprodução deste volume, no todo ou em parte,
sob quaisquer formas ou por quaisquer meios (eletrônico, mecânico, gravação,
fotocópia, distribuição na Web e outros), sem permissão expressa da Editora.

SÃO PAULO
Av. Angélica, 1091 - Higienópolis
01227-100 São Paulo SP
Fone (11) 3665-1100 Fax (11) 3667-1333

SAC 0800 703-3444

IMPRESSO NO BRASIL
PRINTED IN BRAZIL
Impresso sob demanda na Meta Brasil a pedido de Grupo A Educação.

Para Andy Schauer (1946-1994), um amigo que foi compreensivo, sincero, franco, leal e amável, viveu sua vida sem rancores e deixou-nos antes do tempo.

Agradecimentos

Somos profundamente gratos aos terapeutas autores dos capítulos que constituem a segunda parte deste livro. Se não fosse a boa vontade e a coragem de expor seus trabalhos clínicos para o exame das massas, este livro teria se tornado um texto acadêmico seco, de pouca utilidade para aqueles envolvidos no trabalho da natureza humana de fazer e supervisionar a terapia familiar.

Agradecemos às contribuições de Richard Holm, nosso colega-membro da faculdade no Minuchin Center for the Family (Centro Minuchin para a Família). Richard está presente em todo este livro, ainda que de forma invisível. Suas contribuições estendem-se do sublime ao meticuloso – desde ajudar-nos a cristalizar algumas das idéias teóricas até trabalhar com a análise de vídeos.

Os autores podem se sentir amparados quando encontram um editor que possa entender o material e melhorá-lo. Ao escrever este livro, tivemos sorte, encontramos Frances Hitchcock, que trabalhou nas transformações básicas logo que o material surgiu em nossos processadores de texto. Nina Gunzenhauser alertou-nos para as falhas no manuscrito, quando acreditávamos que já estava impecável. Enquanto a primeira edição ainda estava sendo redigida, Jo Ann Miller, a editora-executiva na John Wiley, trouxe um conhecimento da área e uma habilidade de integrar o trabalho de muitos escritores em um volume coerente. E Patricia Rossi, nossa editora na Wiley para esta segunda edição, conseguiu nos influenciar com seu entusiasmo para um projeto de revisão e nova redação que nunca teríamos conseguido sozinhos.

Nossos melhores agradecimentos também a Lori Mitchell, Jenny Hill e Gail Elia. Elas trabalharam sem descanso e com paciência para digitar as várias revisões pelas quais o manuscrito passou.

Finalmente, agradecemos a nossos cônjuges: Patricia Minuchin, Gail Elia e Ching Chi Kwan, que acompanharam no processo deste livro e representam a melhor complementaridade no trabalho e no casamento.

Sumário

PREFÁCIO
Salvador Minuchin 11

INTRODUÇÃO
Braulio Montalvo 15

PARTE I – AS FAMÍLIAS E A TERAPIA FAMILIAR

1. Terapia familiar: uma dicotomia teórica 19
2. Famílias singulares: todas as famílias são diferentes 35
3. Famílias universais: todas as famílias são semelhantes 52
4. Terapias familiares: prática clínica e supervisão 62
5. Tendências contemporâneas: o que pode ter acontecido
   à terapia familiar? 84
6. O encontro terapêutico 99

PARTE II – HISTÓRIAS SOBRE SUPERVISÃO

7. Supervisão do encontro terapêutico 125
8. A feminista e o professor hierárquico 134
   Margaret Ann Meskill
9. Uma cabeça, muitos chapéus 153
   Hannah Levin

10 A poeta e o baterista 169
   Adam Price

11 "O filho edipiano" revisitado 193
   Gil Tunnell

12 Entrando no vasilhame 214
   Israela Meyerstein

13 Os homens e a dependência: o tratamento de um
   casal do mesmo sexo 235
   David E. Greenan

14 O pintor de fezes 259
   Wai-Yung Lee

15 Enchendo o recipiente vazio: a história de Andy Schauer 291
   Wai-Yung Lee

EPÍLOGO 311
   Salvador Minuchin

REFERÊNCIAS 317

ÍNDICE 319

Prefácio

Salvador Minuchin

Certa vez, um velho e sábio rabino escutava com paciência dois de seus alunos mais brilhantes que se encontravam engajados em uma discussão polêmica. O primeiro apresentou seu argumento com convicção apaixonada. O rabino sorriu em aprovação. "Isso está certo."

O outro aluno argumentou o contrário, convincente e claramente. O rabino sorriu novamente. "Isso está certo."

Aturdidos, os alunos protestaram. "Rabino, nós dois não podemos estar certos!"

"Isso está certo", disse o velho e sábio homem.

Como o velho e sábio rabino, os autores têm duas opiniões concernentes à formação de um terapeuta familiar. Meyer Maskin, um brilhante e irônico analista em treinamento no William Alanson White Institute, costumava contar aos seus supervisionados que uma vez, quando queria construir uma casa de praia, pediu a um arquiteto para mostrar-lhe os projetos de casas que havia desenhado anteriormente. Então foi ver como elas se pareciam quando terminadas. Aqui Maskin fez uma pausa para causar um efeito dramático. "Nós não deveríamos ter um enfoque igualmente rigoroso quando procuramos por um analista? Em outras palavras, antes de iniciarmos a árdua viagem psicológica juntos, não deveríamos ver como os analistas em potencial construíram suas vidas? Como eles entendem a si mesmos? Que tipo de marido ou de mulher são? E ainda mais importante: foram bons pais?"

Um observador de clínicos igualmente crítico, o terapeuta familiar Jay Haley, discordaria desse ponto de vista. Haley diz que conhece muitas pessoas boas e excelentes pais que são terapeutas medíocres ou ruins; ele também conhece bons terapeutas familiares que fizeram da vida pessoal uma confusão. Nem habilidades de vida nem autoconhecimento por meio da psicanálise ou da psicoterapia melhoram a capacidade dos terapeutas de se tornarem melhores clínicos. A habilidade clínica, diria, requer um treinamento específico na arte da terapia: como planejar, como dar orientações, como rearranjar hierarquias. Isso pode ser alcançado, ele diria, apenas pela supervisão da própria terapia. Para Haley, para saber quão bom um terapeuta familiar é, seria necessário entrevistar seus pacientes anteriores. Até mesmo o trabalho escrito de um terapeuta mostra-nos apenas suas habilidades de escrita, mas não suas habilidades terapêuticas.

Então, aqui nos encontramos em um dilema porque, como na história do rabino, os dois lados discordam totalmente, e nós concordamos com os dois. Em trabalhos escritos anteriores, eu (SM) indiquei como respondi às necessidades específicas dos pacientes usando diferentes facetas de mim mesmo. Minha compreensão experiencial das atrações que a família exerce sobre mim formam minhas respostas sobre elas. Esse aspecto da terapia certamente requer autoconhecimento. Mas Haley está certo quando diz que as respostas terapêuticas não são guiadas pelo autoconhecimento, mas pelo conhecimento dos processos da família em funcionamento e das intervenções dirigidas a mudá-las.

Para escapar desse paradoxo, várias escolas de terapia familiar exigem que seus estagiários passem pelo processo de psicoterapia enquanto são treinados na terapia familiar. Na verdade, essa é uma exigência de licenciamento em alguns países europeus. Lembramo-nos das primeiras estratégias de Virginia Satir sobre reconstrução familiar e de Murray Bowen de enviar seus alunos para mudar seus relacionamentos com suas famílias de origem. Carl Whitaker costumava ter seus alunos e seus maridos ou mulheres em terapia como parte de seu treinamento. Mais recentemente, Harry Aponte, Maurizio Andolfi e Russell Haber desenvolveram técnicas de supervisão que objetivam o autoconhecimento *como* terapeutas.

A estratégia de supervisão com a qual confrontamos esse paradoxo é concentrar-se no estilo preferido do terapeuta – ou seja, seu uso de uma série limitada de respostas previsíveis de uma variedade de diversas circunstâncias. Um terapeuta pode estar envolvido com o conteúdo; outro pode perceber o comportamento à luz de uma determinada ideologia, como o feminismo, por exemplo. Às vezes, o estilo relaciona-se com as respostas caracterológicas básicas do terapeuta, como evitação de conflitos, um ponto de vista hierárquico, medo de confronto, um foco exclusivo sobre as emoções ou sobre a lógica, ou a preferência de finais felizes. Mas, geralmente, o estilo do terapeuta manifesta-se em elementos que são menos visíveis para o próprio terapeuta, como concentrar-se em pequenos detalhes, permanecendo a distância, sendo indireto, falando demais, fazendo preleções ou não assumindo as próprias idéias.

Dessa forma, dois terapeutas com uma compreensão semelhante de uma situação familiar e com o mesmo objetivo terapêutico responderão à família de duas maneiras diferentes e idiossincráticas. Essa diferença de estilo pode ter um efeito considerável no desenrolar da terapia; algumas respostas são melhores do que as outras. Nosso enfoque quanto à supervisão é, portanto, começar a trabalhar com o terapeuta para entender seu estilo preferido. Que respostas em seu repertório ele usa com maior freqüência? Nós as aceitamos. Elas estão *ok*. Então, declaramos que elas deixam a desejar. O estilo do terapeuta é bom dentro da sua alçada, mas pode ser expandido. O terapeuta que se concentra no conteúdo pode aprender a dirigir sua atenção às transações que ocorrem entre os membros da família; o terapeuta que é cativado pela trama da história pode aprender a arte da intervenção descontínua.

O que quer que identifiquemos no início torna-se o ponto de partida. Desafiamos o terapeuta a expandir seu repertório, a ser capaz de responder a partir de uma série de perspectivas, de maneiras que sejam complementares às necessidades familiares. O objetivo é um clínico que consiga manejar a si mesmo em nome da mudança terapêutica e, além disso, ser espontâneo.

Carl Whitaker, que foi um terapeuta idiossincrático e brilhante, comunicava em seus ensinamentos a necessidade de se ter uma variedade de papéis universais enquanto trabalhasse com uma família. Ele apreciava contar histórias sobre quando era uma "garotinha". É essa liberdade de ser multiforme e, ao mesmo tempo, permanecer fiel a si mesmo que tentamos comunicar aos nossos alunos.

A supervisão bem-sucedida resulta em um terapeuta diferente do supervisor, mas também diferente da pessoa que ele era antes da supervisão. O artifício é respeitar os limites da vida privada dos supervisionados durante o processo de autotransformação.

Sobre a segunda edição

Apesar de a organização geral desta edição do livro ter mudado pouco desde sua primeira edição, fizemos mudanças substanciais no conteúdo, principalmente na forma do novo material adicionado.

A primeira parte fornece uma visão geral das teorias do funcionamento familiar e da terapia, incluindo nosso próprio modelo de trabalho com famílias, o que serve de base para nossa supervisão de terapeutas. Nesta segunda edição, incluímos novos materiais de casos no Capítulo 2, o que acreditamos melhor ilustrar o impacto da pobreza e da classificação étnica sobre o funcionamento familiar do que o faz o material incluído na primeira edição. O Capítulo 5 é totalmente novo, examinando desenvolvimentos no campo da terapia familiar durante a década passada, desde a publicação da primeira edição. A parte principal desse capítulo é dedicada a desenvolver modelos baseados em evidências do tratamento familiar. O Capítulo 6, que resume nosso próprio enfoque sobre a terapia familiar, inclui uma nova seção detalhando o *Modelo de Quatro Passos* recentemente desenvolvido por Minuchin para avaliação familiar.

A primeira parte do livro foi escrita em conjunto por três autores. A voz dos autores que predomina na Primeira Parte é "nós" e refere-se a todos os três. Contudo, de tempos em tempos, e especialmente no Capítulo 6, a discussão concentra-se no trabalho terapêutico ou de supervisão individual feito por Minuchin. Nesse caso, a autoria "eu" refere-se a ele.

A segunda parte do livro representa uma resposta à sugestão de Haley de que a maneira de saber se um terapeuta é bem-sucedido é perguntar às famílias dos pacientes. Como este livro trata sobre supervisão, solicitamos reações, não das famílias, mas de supervisionados. Em um curso de treinamento avançado com Minuchin, pedimos a oito supervisionados para descrever suas experiências na supervisão. Os supervisionados começaram suas histórias descrevendo-se como membros de suas famílias de origem. (Tal relato não fazia parte de seu curso de treinamento; ele foi destinado apenas para fins deste livro.) Os supervisionados então vão adiante e contam sobre o que experienciaram à medida que apresentavam casos a Minuchin e ao grupo de treinamento para supervisão. As passagens em itálico dessa parte do livro refletem o comentário de Minuchin sobre o processo de supervisão.

Como 10 anos se passaram desde que os supervisionados escreveram suas histórias originais para este livro, pedimos a eles para redigirem pós-escritos para esta segunda edição, detalhando como sua reação à experiência de supervisão pode ter mudado ao longo do tempo e como seu trabalho clínico atual está, ou não, sendo influenciado pela experiência. No epílogo, Minuchin responde a esses pós-escritos de forma epistolar.

Esperamos que as duas partes deste livro – a teórica e a experiencial – transmitam o complexo e recompensador processo de dominar a terapia familiar.

Introdução

Braulio Montalvo

A primeira parte deste livro é uma contribuição precursora, na qual Salvador Minuchin oferece sua perspectiva única sobre as principais idéias dos eruditos na área, selecionando algumas das mais excitantes ferramentas conceituais e clínicas para auxiliar famílias com problemas.

Na segunda parte, ouvimos as vozes individuais de oito terapeutas-supervisionados, enquanto lutavam para transformar a si mesmos e às famílias sob seus cuidados, com a hábil orientação de seu supervisor. Nós os observamos melhorar a complexidade e a exatidão de suas intervenções e os observamos aprendendo a abandonar objetivos não-executáveis. Vemos como usam as reações catalisadoras de Minuchin e compartilhamos de sua dor e alegria enquanto aperfeiçoam suas habilidades e melhoram seus estilos.

A maneira pela qual a história de cada terapeuta é contada, assim como os comentários contínuos de Minuchin sobre seu trabalho, tornam a leitura deste livro verdadeiramente semelhante a sentar-se em uma aula magna. Nós seguimos tanto as perspectivas do professor quanto as dos alunos e vemos como elas se cruzam e como essas perspectivas afetam a terapia. Este trabalho é especialmente impressionante à luz dos exemplos apresentados: uma galeria formidável de vítimas do *Manual diagnóstico e estatístico de transtornos mentais* (DSM) de altos níveis de dificuldades.

Para o iniciante que procura novos enfoques para problemas que no início pareciam estar apenas dentro do indivíduo, *Dominando a terapia familiar* é um recurso extraordinariamente rico. Para o terapeuta experiente que está à procura de maneiras estimulantes de desequilibrar sistemas patológicos, amplificar divergências e desafiar o habitual, a colheita nunca foi tão abundante. Este livro é particularmente valioso para estimular a imaginação do supervisor. Quando nos encontrarmos em conflito com um direcionamento escolhido por um supervisionado aprenderemos a partir das maneiras engenhosas que Minuchin encontra para resolver conflitos e promover crescimento. Também mostra como um supervisor pode ter sucesso sobre as diferenças entre ele e os supervisionados, e o supervisionado e a família com que ele ou ela trabalha, tornando essas diferenças um conflito produtivo, uma resolução inesperada de problemas e uma cura. Ele ensina como fazer uso eficiente do instrumento mais fundamental do supervisor: a habilidade de engajar o supervisionado em um diálogo difícil e honesto, no qual ambos buscam avidamente por maneiras de antecipar e criar enredos.

Essas idéias não se encaixam em uma área inclinada a sacrificar o uso da conversa evocativa e investigativa no planejamento e na realização de intervenções terapêuticas, assim como não acomodam o protocolo rápido e automatizado enquanto meio principal de treinamento. Elas não pertencem, contudo, a qualquer cenário que utilize uma terapia baseada na família, feita por provedores que valorizam a relevância e a utilidade das intervenções acima de tudo. Esses clínicos adotarão com entusiasmo o ponto principal deste livro: descobrir objetivos factíveis e improvisar uma trajetória flexível para a terapia ao obter uma compreensão sistêmica das famílias. A orientação de Minuchin para atingir tal tarefa cultiva e libera a imaginação multiforme do terapeuta – a capacidade infinita de formar novas opiniões. Ele ensina como assumir diferentes formas, dependendo do que o caso requer.

No futuro, quando a área da terapia familiar for examinada e as ferramentas dessa oficina forem inventariadas, *Dominando a terapia familiar* será contado como mais do que o trabalho de um artífice brilhante de cuja forja surgiu uma extraordinária coleção de ferramentas que continuam a formar a estrutura da terapia familiar. Será lembrado como o livro-fonte de inspiração para terapeutas que deflagram sua própria imaginação e forjam suas próprias ferramentas para melhor servir às famílias com quem trabalham.

PARTE I

As famílias e a terapia familiar

— 1 —
Terapia familiar
Uma dicotomia teórica

MÃE (ansiosa): Você quer lhe contar o que fez?
DAVID: Ah, sim, meu olho, eu o esfreguei um pouco. Não precisava fazer isso. O impulso não durou muito tempo.
GIL: (*delicadamente*): David, onde estavam seus pais um pouco antes do impulso? O que eles estavam fazendo?

    A turma de quarta-feira, por trás do espelho da sala, está atentamente observando Gil fazer um esforço com a família de David. O paciente de 24 anos, passou o último ano de sua vida em uma ala psiquiátrica. Quando o esfregar compulsivo de seu olho ameaçou deixá-lo cego, parecia não haver alternativa a não ser a internação. No início, Gil foi seu terapeuta individual, mas nos últimos quatro meses ele havia trabalhado com David e seus pais.
    Durante esse tempo, Gil apresentou vídeos da terapia ao grupo. Hoje, pela primeira vez, estamos observando a sessão familiar "ao vivo". Sentimos como se conhecêssemos bem essas pessoas. Estamos familiarizados com a atenção vacilante dos pais em relação a David. Cada detalhe de seu comportamento torna-se investido de significado e é uma questão de preocupação para eles. Ele não consegue se esconder.
    O pai, um personagem de cinza, parece hesitante, suplicando para ser útil. O rosto redondo e jovial da mãe parece sempre mais próximo de David do que nós, membros do grupo, achamos necessário. As explicações inseguras de David são divididas igualmente entre os pais; ele tenta primeiro satisfazer a mãe e depois o pai. Está claro que seu desejo é agradar.

Gil, um psicólogo nascido e criado no Sul, tende a se relacionar com as pessoas a partir de uma distância respeitosa. Como terapeuta, prefere interpretações retraídas e em tom gentil.

MINUCHIN *(o supervisor, para o grupo):* Acho que Gil está dizendo a eles que o esfregar de olhos de David é iniciado pela proximidade da mãe. Ele é tão atencioso com o poder das palavras que pensa que eles o entendem. Mas eles estão em um outro patamar. Gil precisará aprender a gritar para que eles possam ouvi-lo.

Tenho trabalhado com Gil nesse estilo com essa família desde o início do ano e, apesar de ele ter reconhecido as limitações de seu estilo e parecer envolvido em expandir sua maneira de trabalhar, tem mantido seu foco cognitivo restrito e sua confiança em interpretações proferidas gentilmente. Decido juntar-me a Gil do outro lado do espelho e trabalhar com ele como supervisor/co-terapeuta por um curto período de tempo.

Quando entro, Gil simplesmente diz: "Dr. Minuchin". Sento-me. A família sabe que tenho supervisionado a terapia durante os últimos meses.

MINUCHIN *(para o pai):* Se o senhor quer ajudar seu filho, deve evitar que sua esposa o trate dessa maneira. Converse com sua esposa.
PAI: Não consigo. Não é possível conversar com ela.
MINUCHIN *(para David):* Então você deve continuar se cegando.
DAVID: Eu não vou me cegar.
MINUCHIN: Por que não? Crianças boas fazem coisas boas como essa para seus pais. Seu pai decidiu que ele não consegue lidar com sua mãe. Ela se sente solitária e sozinha. Você decidiu ser um curador. Então você se tornará cego para dar a ela um trabalho na vida, para ela ser uma mãe.

Mais tarde, no Capítulo 11, Gil descreve em detalhes sua experiência de ser supervisionado por mim nesse caso. Em minha introdução ao capítulo de Gil e em meus comentários sobre essa narrativa, descrevo o pensamento que me levou a intervir na sessão de consulta da maneira que foi descrita há pouco. O caso de David e de sua família é tão fascinante que seria tentador, nesse ponto, investigar os detalhes de minha supervisão do caso. Antes de iniciar esta exploração de supervisão de terapia familiar, contudo, uma observação mais geral deve ser feita.

A maneira pela qual intervim durante a sessão de consulta – na verdade, a maneira como superviosiono em geral – tem origem na minha visão do encontro terapêutico. Está baseada em uma compreensão particular das pessoas e em por que elas se comportam da maneira como se comportam, como elas mudam e que tipo de contexto convida para uma mudança. Essa conexão íntima entre a visão terapêutica e a maneira de fazer supervisão e treinamento não é peculiar à terapia familiar estrutural. Desde o início, em cada uma das assim chamadas "escolas" de terapia familiar, o modo como supervisionamos tem sido conduzido pelo modo como vemos a terapia.

Assim, uma exploração sobre supervisão de terapia familiar deve começar com um olhar sobre como esta é realizada. Porém, esse deve ser um olhar através do caos de técnicas em uso na área. Para fundamentar uma exploração de supervisão em uma compreensão sólida do que acontece na terapia familiar, devemos penetrar no pensamento que forma a base das técnicas e distinguir entre as suposições e os valores fundamentais que dão origem às técnicas. Quando olhamos para a prática de terapia familiar dessa maneira, muitas das diferenças aparentes entre as "escolas" da terapia familiar desaparecem. Como claramente veremos logo a seguir, contudo, as diferenças que permanecem são cruciais.

Voltando à minha supervisão do trabalho de Gil com a família de David, é importante observar que meu enfoque como supervisor não estava baseado tanto na dinâmica familiar, mas no estilo terapêutico de Gil. Pensamos que esse enfoque sobre a pessoa do terapeuta é essencial. Infelizmente, a literatura sobre terapia familiar tem demonstrado com mais freqüência um interesse muito maior em técnica terapêutica do que no próprio terapeuta como um instrumento de mudança. Essa divisão entre técnicas terapêuticas e o uso do *self* do terapeuta começou a ocorrer bastante cedo no desenvolvimento da área. Em parte, esse foi simplesmente um subproduto não-pretendido da necessidade histórica da terapia familiar para diferenciar-se de teorias psicodinâmicas. Considere, por exemplo, os conceitos psicodinâmicos de transferência e contratransferência, conceitos que envolvem muito a pessoa do terapeuta. Os primeiros teóricos da terapia familiar rejeitaram esses conceitos como irrelevantes. Desde que os pais do paciente e outros membros da família estivessem bem lá na sala de terapia, não parecia necessário considerar como o paciente poderia estar projetando no terapeuta sentimentos e fantasias associadas a membros da família. Mas com a rejeição desses conceitos, o terapeuta como pessoa começou a se tornar invisível nos escritos dos pioneiros da terapia familiar. À medida que o terapeuta desaparecia, tudo o que era deixado para trás eram suas técnicas.

Com o desenvolvimento da área, os terapeutas familiares aceitaram, copiaram e modificaram técnicas inovadoras de outros clínicos. Por exemplo, a restrição de mudança de Jay Haley reapareceu na noção de paradoxo e contraparadoxo da Escola de Milão. A escultura de Virginia Satir foi incorporada e modificada na técnica de coreografia de Peggy Papp. E o genograma, desenvolvido por Bowen e Satir, tornou-se uma maneira comum para quase todos os terapeutas familiares mapearem famílias.

É claro, na prática, a maneira pela qual os terapeutas aplicaram as técnicas interessava às famílias, aos terapeutas e aos supervisores. Porém, na maior parte, essa preocupação não se refletiu na literatura da área; no máximo, houve uma reflexão tardia. Por exemplo, em *Families in the slum* (Minuchin, Montalvo, Guerney, Rosman e Schumer, 1967, p. 295), escrevi:

> A escolha de intervenção do terapeuta é decididamente limitada porque ele deve operar sob as demandas organizacionais do sistema familiar. Mas isso tem a vantagem de que a consciência de si mesmo no meio desses "esforços do sistema" permite-lhe identificar as áreas de interação que requerem modificação e as maneiras como ele pode participar delas para mudar seu resultado... O terapeuta perde a distância e está completamente dentro quando entra no papel de tornar recíproca a relação dos membros da família com respostas complementares que tendem a duplicar o que eles geralmente extraem uns dos outros.

Essa é uma descrição um tanto complexa do processo pelo qual o terapeuta experiencia e conhece a família usando sua qualidade de estar ciente do *self* no contexto terapêutico. Apesar disso, o principal enfoque de meus primeiros livros não foi o *self* do terapeuta, mas as técnicas para influenciar as famílias. À medida que me concentrava *nelas* (as famílias) em vez de em *nós* (os terapeutas), o terapeuta como portador de técnicas tornou-se universal, enquanto as famílias tornaram-se cada vez mais idiossincráticas.

Um outro exemplo desse processo do desaparecimento do terapeuta pode ser visto no modo pelo qual meu conceito de ligação reapareceu de maneiras diferentes no conceito de conotação positiva da Escola de Milão. Em *Family Therapy Techniques* (Minuchin e Fishman, 1981, p. 29), descrevi ligação da seguinte maneira:

> O terapeuta está no mesmo barco com a família, mas ele deve ser o timoneiro... Que qualificações deve ter? O que pode usar para conduzir a

embarcação?...[Ele] traz um estilo idiossincrático de contatar e uma direção teórica. A família precisará se acomodar a esse conjunto de alguma forma ou outra e o terapeuta precisará se acomodar a elas.

O conceito dominante de ligação tinha a ver com dois sistemas sociais idiossincráticos (a família e o terapeuta) acomodando-se um ao outro.

Quando a ligação tomou uma conotação positiva, ela simplesmente tornou-se uma técnica de responder às famílias:

> A mais conhecida dessas soluções tentadas foi, sem dúvida, a tática que chamamos de conotação positiva, a qual implicava não apenas abster-se de criticar qualquer pessoa da família, mas também de intencionalmente provocar o comportamento louvável de qualquer um deles... Ao pensarmos nisso agora, observamos que a idéia da conotação positiva, originalmente planejada como um meio de precaver o terapeuta tanto contra conflitos contraproducentes com a família quanto contra desistências... foi um *dispositivo estrategicamente superficial...* (Selvini-Palazzoli, Cirillo, Selvini e Sorrentino, 1989, p. 236-237; ênfase adicionada)

A diferença entre esses dois conceitos não ocorre principalmente em nível de conteúdo. Uma grande parte da ligação realmente tem a ver com a maneira de ser que tenha uma conotação positiva dos membros da família, apesar de isso não estar limitado a tal fator. Mas, enquanto a ligação certifica o terapeuta como um instrumento terapêutico ativo e idiossincrático, a conotação positiva o vê apenas como um portador passivo e universal de significado e técnica.

Como observamos, o desaparecimento da pessoa do terapeuta da literatura sobre terapia familiar pode ser atribuído, em parte, ao contexto histórico no qual a terapia familiar se desenvolveu. Porém, para um grande segmento nessa área, o desaparecimento do terapeuta foi intencional em vez de acidental. Foi o resultado de uma escolha teórica deliberada. Na verdade, uma das discussões centrais neste livro é que a área da terapia familiar organizou-se ao longo do tempo em dois campos, caracterizados por duas visões muito diferentes do papel que o terapeuta deveria desempenhar como um instigador de mudanças. Discutimos mais adiante as preocupações teóricas que levaram alguns terapeutas familiares deliberadamente a procurar um tipo de invisibilidade na sala de terapia. Porém, em primeiro lugar, vejamos como a terapia familiar se parece quando é feita por um membro desse grupo de clínicos que, em sua prática, se não sempre em seus escritos, vêem a pessoa do terapeuta como o instrumento primário da mudança no encontro terapêutico. Esse tipo de terapia familiar é exemplificada na seguinte descrição de uma sessão conduzida por Virginia Satir.

TERAPIA FAMILIAR ATIVISTA

Nos anos de 1970, a Philadelphia Child Guidance Clinic patrocinou várias oficinas extremamente interessantes nas quais dois terapeutas entrevistavam separadamente a mesma família em dias sucessivos. As sessões foram observadas por trás de um espelho na sala e gravadas em videoteipe. (O sigilo que caracterizava a psicanálise era um dos conceitos contra o qual a terapia familiar revoltava-se totalmente àquela época.) A idéia subjacente ao formato era que, desde que as intervenções de cada terapeuta fossem conduzidas por espaço teórico, determinado o público poderia observar a maneira como tais conceitos sobre a natureza das famílias e o processo de mudança tomavam forma no estilo do terapeuta.

Uma das primeiras participantes foi Virginia Satir, que entrevistou uma família mista. O pai e sua filha de 18 anos, de seu primeiro casamento, moravam com sua segunda esposa e a filha dela de 16 anos. O filho dele, de 10 anos, de seu primeiro casamento, morava com sua primeira esposa. Ambas as famílias estavam em tratamento há cerca de um ano por causa de discordâncias quanto ao garoto. O pai achava que sua primeira esposa era uma mãe incapaz e ele a havia levado à corte para lutar pela custódia do menino. Suas disputas jurídicas refletiam-se em discussões amargas e pungentes entre as famílias. A filha não falava com a mãe há um ano e o menino estava tendo graves problemas na escola.

Satir era alta e loira, uma deusa de mulher que enchia uma sala com sua presença. Quando entrou na sala de entrevistas, cumprimentou cada um com um aperto de mãos, sentou-se confortavelmente e pediu que o garoto fosse até o quadro-negro e desenhasse um genograma da família. Ela conversava com facilidade, fazendo perguntas e comentários pessoais: "Não sei por que não consigo me lembrar daquele nome". "Quando me sinto dessa maneira..." Dentro de alguns minutos, ela tinha criado uma atmosfera de abertura na qual ambos os lados sentiam-se livres para conversar. Claramente *pró*-todos, Satir continuou engajando cada membro da família, localizando a satisfação de cada troca e salientando tudo com comentários amigáveis.

Seus comentários pareciam casuais, mas ela logo havia organizado as informações sobre a família em uma narrativa unificada. Ela conseguiu que o marido e sua segunda esposa descrevessem seu estilo de resolver conflitos e pediu-lhes para encenarem uma briga para ela. Então criou duas esculturas familiares. Pediu que o menino sentasse no colo da mãe e que sua irmã sentasse no colo dele. Ela fez sentar o outro subsistema de forma semelhante, colocando a segunda esposa no colo de seu marido e sua filha sobre ela. Então, ela pediu ao filho para sair fora, deixando a filha de 18 anos sozinha no colo de sua mãe. Ela moveu uma cadeira muito próxima à mãe e pediu que a filha se sentasse. Então, ajoelhando-se no chão, próxima a elas, encorajou mãe e filha a descreverem seu ressentimento, traição, amor e saudade. Por empatia, ensino e direcionamento, ela levou as duas mulheres a expressarem o quanto elas sentiam falta uma da outra. Então pediu para o ex-marido sentar-se com elas. A sessão terminou com a possibilidade de essas duas famílias poderem se reconectar pelo amor em vez de pelo conflito.

Não há maneira de uma narrativa transmitir a qualidade tão afetuosa da sessão ou o processo pelo qual Satir partiu do que parecia um envolvimento casual com cada indivíduo até a reconciliação de mãe e filha. Estava claro que seu objetivo era a conexão. Ela se fixou nas áreas de contato, usando-se com tal proximidade emocional que teria sido bastante difícil para os membros da família resistirem ao seu direcionamento. Estilisticamente, poderíamos argumentar que seu nível de envolvimento foi sufocante e que seu impulso para a emoção positiva sobrepujou e suprimiu de forma inapropriada a expressão honesta do conflito. Entretanto, no espaço de uma hora, ela conseguiu ajudar a família a se afastar de um ano de interações destrutivas e a começar um processo de parentagem mais cooperativo.

A terapia de Virginia Satir não foi nada que não altamente idiossincrática. Mas, em tal idiossincrasia, ela serve como um exemplar válido do trabalho do grupo ativista de terapeutas familiares.

UMA VISÃO DISSIDENTE DA TERAPIA FAMILIAR

Ao mesmo tempo em que Satir estava desenvolvendo seu enfoque na terapia familiar, muitas idéias diferentes também estavam sendo exploradas na área. Gregory Bateson, no Mental Research Institute (MRI), em Palo Alto, trazia suas sensibilidades combinadas de antropólogo e cibernético para o esforço de ajudar famílias. Como antropólogo, Bateson está profunda e corretamente preocupado com os perigos de impor os valores culturais de uma pessoa para outra. Ele conhecia na história assim como na teoria que, nesse domínio, é impossível prever a direção da mudança. Introduza qualquer perturbação em uma cultura, apesar de minúscula e bem-intencionada, e a partir daí você a tem na mão. A preferência estética de Bateson por deixar as coisas serem como são recebe forte expressão em seu *Metalogue: Why Do Things Get in a Muddle?*

FILHA: Papai, por que as coisas se desorganizam?
PAI: O que você quer dizer com isso? As coisas? Desorganizar-se?
FILHA: Bem, as pessoas passam muito tempo organizando as coisas, mas elas nunca parecem passar tempo as desorganizando. As coisas apenas parecem se desorganizar sozinhas. E então as pessoas precisam organizá-las novamente.
PAI: Mas as suas coisas se desorganizam se você não toca nelas?
FILHA: Não – não se *ninguém* toca nelas. Mas se você toca nelas – ou se qualquer pessoa toca nelas – elas ficam numa desorganização e é uma desorganização pior se não sou eu.
PAI: Sim – é por isso que eu tento evitar que você toque nas coisas da minha escrivaninha. Porque minhas coisas ficam numa desorganização pior se elas são tocadas por alguém que não seja *eu*.
FILHA: Mas as pessoas sempre desorganizam as coisas das outras pessoas? Por que elas fazem isso, papai? (Bateson, 1972, p. 3)

Como um cibernético, Bateson sustentou uma perspectiva epistemológica que reforçou e amplificou sua preferência estética por deixar as coisas serem como são. Quando os cibernéticos procuram explicar um evento, não se procura por explicações positivas do evento. Em vez disso, consideram-se todos os eventos alternativos que poderiam ter acontecido e então se pergunta: "Por que eles não aconteceram?"

> Na linguagem cibernética, diz-se que o curso dos eventos está sujeito a restrições e presume-se que, fora de tais restrições, os caminhos da mudança seriam governados apenas por igualdade de probabilidade...O método cibernético de explicação negativa levanta a questão: existe uma diferença entre "estar certo" e "não estar certo"? (Bateson, 1972, p. 399, 405)

Quando as sensibilidades estéticas e intelectuais de Bateson foram disseminadas na tarefa de ajudar famílias, o resultado previsível foi uma preocupação extrema sobre sua parte em apresentar qualquer mudança que pudesse deturpar o equilíbrio familiar de maneira imprevisível. Ele rejeitava a teoria psicanalítica, mas sua postura durante as entrevistas familiares, como o antropólogo coletor de dados, espelhou a preocupação psicanalítica de evitar a intrusão no campo psicológico do paciente. Dessa forma, Bateson introduziu uma tradição muito diferente no campo da terapia familiar, uma tradição de entrevistador cauteloso e contido que, no decorrer do tempo, se tornasse mais concentrado no que não fazer na terapia ("não estar errado") do que no que deveria ser feito ("estar certo").

O trabalho do grupo do MRI, que incluía Virginia Satir entre seus fundadores, começou com o fervor intervencionista da época. Mas, mais tarde, especialmente sob a influência de Paul Watzlawick, as preocupações levantadas por Bateson sobre os aspectos potencialmente disruptivos do intervencionismo cresceram. Watzlawick ensinou que, para começar, tentativas de soluções são precisamente o que criam problemas humanos. Assim, a terapia deveria ser breve e minimamente interventiva.

A introdução feita por Bateson de um ponto de vista terapêutico neutro e reflexivo instantaneamente instaurou um enigma para aqueles terapeutas familiares que desejavam seguir esse enfoque fazendo terapia. Como poderia a influência do terapeuta ser controlada na sessão?

Para o psicanalista, a ferramenta para controlar as respostas da contratransferência era a autoconsciência desenvolvida por meio da análise didática. Nenhum equivalente à análise didática estava disponível ao terapeuta familiar. Então, aqueles da área que desejassem seguir a postura contida de Bateson não tinham escolha, a não ser criar controles externos sobre as intervenções do terapeuta. Nesse esforço, o grupo mais habilidoso foi a Escola de Milão, cujos métodos serão descritos em mais detalhes no Capítulo 4. Para controlar a intrusão do terapeuta, eles criaram a "equipe terapêutica" de observadores por trás do espelho da sala, por quem o terapeuta na sessão era responsável. Eles mudaram o "eu" do terapeuta para o "nós" da equipe e trabalharam para ativar um processo de mudança nos membros da família quando estivessem fora da sessão e longe da influência do terapeuta. Os terapeutas vêem-se como interventores a distância lançando seixos psicológicos que criariam ondulações na família.

TERAPIA INTERVENCIONISTA *VERSUS* MODERADA

Nosso olhar sobre como a terapia familiar é feita revelou que durante toda a sua breve história, a área tem sido povoada por dois tipos de terapeutas. A diferença entre os grupos envolve a extensão pela qual eles advogam o uso do *self* do terapeuta como um instrumento para produzir mudança. De um lado está o terapeuta intervencionista, que pratica a terapia "tente, tente novamente" de autocomprometimento, que é um produto dos anos de 1960, com todo o seu otimismo e energia, experimentalismo, criatividade e ingenuidade:

PAI: Jimmy é muito, muito travesso. Não consigo controlá-lo.
TERAPEUTA: Peça para Jimmy trazer sua cadeira aqui e converse com ele. Jimmy, eu gostaria de ouvi-lo. Então diga a ele o que você pensa. E mamãe, não interrompa!

O terapeuta cria uma transação entre pai e filho que permite observar como eles interagem, em sua presença, sem o monitoramento da mãe. Sua próxima intervenção será organizada pelo que ela observa.

Do outro lado está o terapeuta controlado:

PAPAI: Jimmy é muito, muito travesso. Não consigo controlá-lo.
TERAPEUTA: Por que você acha que isso acontece?

O terapeuta pode fazer outras perguntas, encorajando a exploração do significado. Ele estará atento e respeitoso, cuidadoso para não impor suas próprias propensões sobre o pai e o filho. É uma terapia de minimalismo.

O terapeuta moderado procurou justificativa intelectual para um estilo terapêutico minimalista a partir de várias fontes. Durante a década de 1980, a contribuição intelectual fundadora de Bateson foi suplementada com idéias importadas do trabalho dos cientistas chilenos Humberto Maturana e Francisco Varela (1980). Sua pesquisa tinha demonstrado que a percepção de um organismo do mundo exterior é amplamente determinada por sua estrutura interna. Muito foi feito em alguns círculos de um experimento no qual o olho de uma salamandra foi rotado em 180 graus. Quando um inseto em movimento foi colocado em frente à salamandra, ela pulou e tentou pegá-lo como se o inseto estivesse atrás dela (Hoffman, 1985). As observações superficiais sobre causas biológicas – que o olho do mamífero e o cérebro também são de uma classe diferente da dos répteis – e sobre causas humanas – que os seres humanos e suas interações não estão confinados a questões de neurobiologia – não impediram alguns terapeutas moderados de sua marcha triunfal à conclusão lógica: não há objetivamente "realidade" conhecível. Se cada organismo é primariamente responsável por sua própria estrutura interna, então nenhum organismo pode diretamente provocar nenhum estado de interesses em outro. Para os clínicos de terapia moderada, um corolário terapêutico pareceria auto-evidente: é impossível para um terapeuta produzir mudanças objetivas específicas em uma família. Dessa forma, a terapia deveria ser não-intervencionista, uma simples conversa entre pessoas.

Nos anos de 1990, o terapeuta moderado voltou-se para o construcionismo social (Gergen, 1985) e para o pós-modernismo de Michel Foucault (1980) para apoio e inspiração. O construcionismo social destaca o fato de que o conhecimento não é uma representação da realidade externa, mas um consenso construído por indivíduos que estão juntos "em uma linguagem". O pós-modernismo de Foucault adiciona a observação de que as conversações locais são governadas por discursos socioculturais mais amplos que privilegiam certas perspectivas enquanto submergem e marginalizam outras. Sob a influência dessas escolas de pensamento, o terapeuta moderado começou a concentrar-se em linguagem e narrativa. O terapeuta faz aos seus pacientes perguntas que fornecem a eles a oportunidade de reconsiderar significados e valores que até então tinham considerado como "dados" e normativos. Assim, o terapeuta cria um contexto no qual os pacientes são convidados a "refazer a história" de suas vidas, lançando fora, nesse processo, a opressão de discursos culturais constrangedores.

Nós não questionamos a importância do construcionismo social e do pós-modernismo para a compreensão dos fenômenos sociais, mas, em nossa opinião, a terapia não deveria ser primariamente um exercício de compreensão, especialmente o tipo de compreensão acadêmica e abstrata que é produzida por análise pós-modernista. Em vez disso, a terapia deveria ser orientada para a ação. É um arranjo relativamente breve, *ad hoc* entre uma família e um terapeuta, com o objetivo explícito de aliviar o estresse. Aplicar idéias construcionistas e pós-modernistas de uma forma não-modificada para tal arranjo parece-nos um exemplo do que Bateson chamaria de um erro de categoria, uma má aplicação de um conceito de um nível de abstração para outro.

Entretanto, o terapeuta moderado de hoje permanece cauteloso com nossa qualidade de intervencionismo terapêutico. Ao enfatizar as maneiras pelas quais as pessoas são influenciadas e limitadas, as histórias que elas construíram juntas em conversações com os outros, o terapeuta moderado continua a questionar tanto a habilidade terapêutica quanto as normas. Harlene Anderson (1994) descreveu a mudança na base teórica da terapia que acompanha uma prática construcionista:

De	Para
Conhecimento como objetivo e fixo – conhecedor e conhecimento como independentes.	**Conhecimento** como socialmente criado e generativo – interdependente.
Linguagem como representativa, um retrato exato da realidade.	**Linguagem** como experienciamos a realidade, a maneira como damos significado a ela.
Sistemas sociais como cibernéticos, que impõem ordem, unidades sociais definidas por papel e estrutura.	**Sistemas sociais** como unidades sociais em camadas que são um produto da comunicação social.
Terapia como uma relação entre um especialista e as pessoas que precisam de ajuda.	**Terapia** como uma colaboração entre pessoas com diferentes perspectivas e experiências.

Fonte: Conferência da AAMFT, Washington, DC, 1994.

Em nenhuma das colunas está incluída a palavra "família". A conceitualização da família como a unidade social significativa que cria definições idiossincráticas do *self* e dos outros virtualmente desaparece. A idéia viável da família como um sistema social, no qual os padrões de experiência são moldados, é substituída pela noção do sistema de linguagem como uma unidade social. Enquanto isso, roubam do terapeuta a flexibilidade através de um mandado ideológico para operar apenas em posturas colaborativas e simétricas. Foi-se a sua latitude para desafiar, brincar, opinar, estar na sala de terapia a pessoa complexa e multifacetada que ele é fora dela. Tudo o que resta para ele em seu papel como terapeuta é ser um questionador distante e respeitoso.

Como grupo, os terapeutas construcionistas tentaram muito criar uma terapia de apoio e respeito por seus pacientes. Em sua prática, a patologia é afastada para fora da família e para dentro da cultura ao redor da família. O terapeuta confina-se à linguagem que é governada pelo imperativo para ser respeitoso. Nesses enfoques, o terapeuta torna-se o colecionador de histórias familiares. Ele serve não só como a pessoa para a qual todos os membros da família dirigem suas narrativas, mas também como alguém que conecta as várias narrativas.

Os terapeutas moderados percorreram uma grande distância desde que Bateson defendeu uma terapia democrática de significado e, durante o processo, chegaram a uma conceitualização totalmente diferente da posição das pessoas em contexto. No pensamento dos sistemas de Bateson, as transações dos membros da família mantêm o funcionamento da família e a visão que têm de si mesmos e dos outros. Apesar de expressa em termos científicos de sistemas e ecologia, essa visão é profundamente moral. Ela implica responsabilidade mútua, comprometimento com o todo, lealdade e proteção de uns para com os outros – uma relação próxima e segura, força tanto o clínico quanto o cientista social a concentrar-se nas relações entre os indivíduos, a família e o contexto. A prática construcionista contemporânea, contudo, seguiu um ponto de vista diferente. Ele focaliza o indivíduo como vítima de uma linguagem constrangedora que implica um discurso invisível ainda que prevalecente e dominante. A resposta à restrição cultural é um ponto de vista de liberação política, de desafio da cultura, questionando significados e valores aceitos.

Essa posição evita a responsabilidade mútua dos membros de um grupo em favor de uma filosofia de liberdade individual. Para aqueles que sustentam essa posição, portanto, o contato ideal entre as pessoas é caracterizado pelo respeito mútuo, mas com desprendimento. Achamos que essa posição reflete a visão pessimista de nossa cultura pós-moderna, o desencantamento com o governo e a convicção de que as restrições sociais são danosas ao indivíduo.

Do ponto de vista de um terapeuta familiar intervencionista, o enfoque do terapeuta moderado sobre o conteúdo e a técnica de entrevistar seqüencialmente membros das famílias, indivíduos de uma posição central privam o contexto terapêutico de seu maior recurso: o engajamento direto dos membros da família entre si. Todos os elementos não-verbais, toda a irracionalidade e todo o afeto da interação familiar são perdidos. Como resultado, alguns dos ganhos mais importantes do movimento da terapia familiar são abandonados.

Para o terapeuta intervencionista, a família é o contexto privilegiado no qual as pessoas podem se expressar mais inteiramente em toda a sua complexidade. Então, a interação familiar, com seu potencial tanto para a destruição quanto para a cura, continua a ocupar a etapa central de nossa prática. Para nós, a vida familiar é tanto drama quanto história. Como drama, a vida familiar revela-se com o tempo. Ela tem um passado, expresso nas histórias contadas pelos personagens. Mas também tem um presente, realizado nas interações dos personagens. E como drama, a vida familiar também é espacial. Os membros da família comunicam-se uns com os outros por gestos e por afeto, assim como por palavras.

O processo de mudança ocorre por meio do engajamento do terapeuta com a família. O terapeuta é um catalisador para a mudança familiar (apesar de ser diferente de um catalisador físico, ele também pode mudar durante o processo). Quaisquer que sejam os eventos terapêuticos que ocorram durante a terapia, eles ocorrem por causa desse engajamento mútuo. Dessa forma, o terapeuta traz o drama familiar para a sala de terapia, criando um contexto no qual os membros da família são encorajados a interagir diretamente uns com os outros. O terapeuta escuta o conteúdo, os temas, as histórias e as metáforas, mas ele também observa. Onde as pessoas estão sentadas? Qual é a posição relativa dos membros da família? Ele observa o movimento – as várias entradas e saídas, a mudança dos membros da família em direção ao outro e em afastamento do outro. Ele observa os gestos – mudanças sutis de postura, toques aparentemente casuais pelos quais os membros da família sinalizam uns aos outros. Lentamente o mapa da organização familiar torna-se visível; os limites que definem as afiliações, as alianças e as coalizões começam a aparecer. À medida que isso acontece, o terapeuta começa a experienciar as forças da família. A família instiga e extrai, induzindo o terapeuta ao papel de juiz, mediador, aliado, oponente, cônjuge, pai ou mãe e filho ou filha. O terapeuta desenvolve uma compreensão experiencial dos padrões transacionais escolhidos pela família e também começa a sentir as alternativas submersas que podem se tornar acessíveis. Nesse momento ele pode usar suas respostas pessoais para orientar suas intervenções, talvez inserindo-se de propósito no drama familiar.

    Intervir dessa maneira tem seus perigos. Adiciona uma outra força a um campo interpessoal já decifrado com forças. Mas a resposta a esse problema não é evitar o engajamento, mas monitorá-lo.

    O terapeuta deve operar tanto como participante do drama familiar quanto como observador. É importante engajar-se, e também é vital afastar-se, encorajando os membros da família a interagir diretamente entre si. É importante ser instigado pelo emocionalismo da área, mas também é importante observar. É essa modulação de distância que dá às intervenções do terapeuta o efeito de um catalisador. Ele impulsiona a família a responder e então observa a sua resposta. Se as intervenções do terapeuta foram úteis, os membros da família encontrar-se-ão interagindo de novas maneiras que produzem expansão e enriquecimento. A cura acontece nesses momentos, e os curadores são tanto o terapeuta quanto os próprios membros da família.

    O terapeuta familiar intervencionista aceita as responsabilidades da intervenção. Ele precisa estar ciente de sua ignorância e de seu conhecimento. Ele precisa saber como as normas sociais moldam as famílias. Ele precisa estar consciente do fisiológico, do cultural e do econômico. Ele precisa saber o que é limitado por sua própria história. Mas, apesar de todas essas restrições necessárias, ele deve fazer mais do que apenas ouvir.

Seja intervencionista ou controlado, e com qualquer estrutura conceitual, o terapeuta familiar é um agente de mudança. Ele modula a intensidade de suas intervenções de acordo com as necessidades da família e de seu próprio estilo pessoal. Um terapeuta moderado opera na baixa intensidade de seu espectro, contentando-se em ajudar os membros da família a compreender como eles constroem suas histórias. Seu objetivo é fornecer um contexto neutro para "conversações terapêuticas". Um terapeuta intervencionista, ao contrário, pode operar no espectro de alta intensidade, talvez representando o conflito familiar ao almoçar com um paciente anoréxico e a família desse paciente (Minuchin, Rosman e Baker, 1978).

Mas sendo o terapeuta cuidadosamente neutro ou o oposto, ele é sempre um "beneficiador". Ele une-se às famílias, como um cuidador, um professor e um ressonador para uma jornada experiencial. E, inevitavelmente, trará consigo suas pré-concepções sobre famílias. Como as famílias chegam a um local sem saída? Que recursos essa família tem para resolver conflitos? Essas pré-concepções podem ser formuladas ou permanecerem não-examinadas, mas, explícitas ou não, elas organizarão o conteúdo do que o terapeuta ouve e determinarão que transações vê e como responde a elas. Além disso, o estilo pessoal que ele desenvolveu viajando pelos desvios de sua própria vida darão forma à maneira como faz suas intervenções.

Também a família tem suas próprias pré-concepções e estilos. É um sistema social que inevitavelmente reflete os sistemas históricos, culturais e políticos nos quais está aninhado como uma série de bonecas russas. A família compartilha algumas coisas universais com o terapeuta; eles têm a mesma língua, certos conceitos sociais e alguns valores em comum por causa de seu espaço e tempo de convivência. Se fosse de outra maneira, a família e o terapeuta não poderiam se entender. Mas as configurações mentais que eles compartilham também podem levar a pontos cegos compartilhados.

É importante dar-se conta do que nós não sabemos. Porém, também é importante para o terapeuta conhecer o que ele sabe e ser dono desse conhecimento. A posição do terapeuta moderado de não saber não pode eliminar as propensões, a experiência, o conhecimento e a ignorância sem a qual nenhum ser humano pode se mover; isso pode apenas obscurecê-los. Os terapeutas não podem escapar de serem orientados pela noção de uma família funcional e, com maior freqüência, por suas noções sobre um ajuste correto (ou pelo menos melhor) entre a família e a sociedade.

Nossa cultura pode até estar mudando com maior rapidez do que nossa percepção, mas realmente parece que um clínico que reivindica ser um terapeuta familiar deveria ter alguma idéia do que é uma família. Se nós devemos intervir em uma família para aumentar a flexibilidade do repertório dos membros da família ou para aliviar a dor e o estresse, nossas intervenções devem ser orientadas por um entendimento informado do contexto no qual estamos intervindo. Os próximos dois capítulos passam para uma consideração de famílias que, em um paradoxo que relembra a história do rabino no Prefácio, são tanto diferentes quanto iguais.

2
Famílias singulares
Todas as famílias são diferentes

A maioria das definições de uma família concentra-se na composição de um pequeno grupo relacionado por sangue e compromisso. Mas que palavras poderiam incluir todas as possibilidades? Os conceitos tradicionais instantaneamente trazem exceções à mente:

Família: *Um grupo constituído de pais e de seus filhos.*

Exceção: *E quanto a um casal sem filhos, devotado um ao outro durante décadas?*

Família: *Os filhos de um casal, um grupo intimamente relacionado por sangue.*

Exceção: *E quanto a uma família mista, composta de pais que casaram novamente e com meios-irmãos?*

As famílias em um *kibbutz* estendem seus limites e incluem a comunidade. Com a biotecnologia atual, a família pode incluir o filho biológico de um casal, concebido a partir de seu óvulo e seu esperma, mas gestado no corpo de uma estranha. Em um exemplo, um casal de lésbicas foi levado à corte familiar pelo pai biológico de sua filha, um amigo homossexual a quem elas haviam pedido que doasse esperma. Quando sua filha tinha dois anos, o doador moveu ação judicial, pedindo direitos parentais. O juiz decretou que a filha já tinha dois pais e que era melhor para a criança não perturbar seu conceito do que era uma família.

O que, então, é uma família? A socióloga Stephanie Coontz (1992) perguntaria em que data e em que cultura. Uma família é sempre algum segmento de um grupo maior, em um determinado período histórico.

As pessoas hoje tendem a considerar "a" família como a unidade nuclear. Mas, de acordo com o sociólogo Lawrence Stone (1980), a família britânica de dois séculos atrás não teria sido a unidade nuclear, mas a unidade consangüínea. No sistema de linhagem daquele tempo, disse Stone, o casamento girava mais em torno da combinação de propriedades e da continuação de linhas familiares do que da tentativa de unir almas gêmeas.

Já na França napoleônica, o contrato de casamento dos pais de Pierre Rivière demonstra a base econômica da união (Minuchin, 1984). Os filhos faziam parte dos bens do casamento da mesma forma que a terra e o gado.

Além disso, duas das tarefas que hoje são consideradas fundamentais à unidade familiar – a criação dos filhos nascidos da união e do apoio emocional dos cônjuges – eram, então, muito mais uma questão do sistema consangüíneo. Na verdade, de acordo com Stone, definitivamente pouca importância era atribuída à unidade dos cônjuges. Se um marido e sua esposa viessem a dar valor um ao outro, certamente não havia nenhum dano, mas se a afeição mútua não se desenvolvesse, ninguém considerava o casamento um fracasso.

Atualmente, presume-se que a resposta acalentadora de uma mulher ao seu filho seja tão fundamental que a chamamos de instinto. A historiadora francesa Elizabeth Badinter (1980), contudo, argumentou que séculos atrás a "resposta maternal" era rara. As crianças eram geralmente criadas longe de seus pais – enviadas às suas amas-de-leite quando bebês, empregadas como aprendizes quando crianças. Talvez uma razão para essa separação fosse o fato de tantas crianças morrerem na infância. Até o nível de mortalidade de bebês e crianças começar a declinar, por volta do início da Idade Moderna, era insensato amar um bebê. Stone apontou que na Idade Média os pais freqüentemente davam a vários de seus filhos o mesmo nome, esperando que pelo menos um pudesse sobreviver para tê-lo na idade adulta.

A família nuclear como a conhecemos tornou-se comum com a urbanização e a industrialização e como conseqüência da melhora na higiene e nos cuidados clínicos da revolução científica. À medida que a sociedade européia começou a mudar, assim também mudaram as normas familiares. Por volta da metade do século XVIII, a família nuclear tinha se tornado o ideal aceito das classes médias. Pela primeira vez, a interdependência dos cônjuges e a criação dos filhos foram consideradas tarefas importantes para a unidade nuclear. Stone estima que essa mudança nas normas familiares levou cerca de 200 anos.

Além disso, a autonomia e a autoridade da família nuclear atual são aquisições recentes. Antes deste século, a comunidade tinha um papel muito maior no que nós consideramos negócio familiar. Na América colonial, como na Europa do século XVII, questões que hoje seriam consideradas particulares, como crianças desobedientes, eram direta e explicitamente reguladas pela comunidade. Fofocas eram desencorajadas pelo uso de punição severa. O banquinho de madeira mergulhado no rio disciplinava as mulheres que repreendiam seus maridos.

Durante o período colonial, o direito, assim como a religião e os costumes jurídicos, preocupavam-se intimamente com as questões familiares. Uma mulher que reclamasse de abuso poderia até mesmo ser mandada de volta ao seu marido para preservar a ordem (Skolnick, 1991). Pela mesma razão, as mulheres e as crianças estavam legalmente sob o controle do marido/pai ou guardião. Um menino tornava-se legalmente uma pessoa quando ficava mais velho. Quanto à mulher, o influente jurista inglês William Blackstone expressou a opinião de que a lei previa que o marido e a mulher eram um, e o marido era aquele um.

Estamos fazendo esse desvio histórico porque os terapeutas familiares devem compreender que as famílias são diferentes em diferentes contextos históricos. Imagine viajar através do tempo para fazer terapia com uma família na América colonial ou com a família de Pierre Rivière na França do século XIX (Minuchin, 1984). Nosso terapeuta viajante no tempo teria que mudar sua visão sobre as famílias em cada lugar e época com os quais tivesse contato. Os requisitos da terapia em diferentes épocas e culturas o forçariam a reavaliar as normas que ele poderia até esse ponto ter considerado universais.

Nosso terapeuta explorador desejaria prestar atenção especial às grandes forças que formam as famílias em uma determinada era, especialmente as políticas públicas da época. Por exemplo, na ex-União das Repúblicas Socialistas Soviéticas, as leis mudaram com as necessidades mutantes do estado. As primeiras leis relativas ao casamento e ao aborto, relativamente igualitárias como condizente sujeição ao feminismo marxista, foram promulgadas menos liberais durante os anos de 1930, quando a população estava declinando (Bell e Vogel, 1960). *Policing of the family* (1979), de Jacques Donzelot, explora um fenômeno semelhante na França. Quando a industrialização criou a necessidade de uma força de trabalho constante, apareceram instituições que apoiavam a preservação da família (e um aumento concomitante da população). Da mesma forma, quando a França estava estabelecendo colônias no além-mar, sociedades filantrópicas centradas na família tornaram-se comuns. Criar filhos tornou-se uma preocupação não apenas de clínicos e de educadores, mas também de políticos como Robespierre, que atacava a prática de entregar os bebês às amas-de-leite. Seguiram-se mudanças políticas de acordo com isso, em resposta não apenas às necessidades familiares, mas também aos propósitos da classe política dominante.

As políticas públicas têm seu impacto na família americana atualmente, assim como as rápidas mudanças econômicas e sociais que a cultura ocidental está experienciando. Como resultado, arranjos familiares que apenas alguns anos atrás eram admitidos parecem irrelevantes. Como sempre, durante as épocas de mudanças sociais significativas, um sentimento de que o tecido social tornou-se perigosamente desgastado está encontrando expressão no medo das mudanças familiares. Algumas pessoas fizeram um ícone da "família americana", de acordo com o ideal dos anos de 1950: a graciosa casa suburbana, aquele refúgio aconchegante para crianças altamente valorizadas e o marido e pai trabalhador que poderia esperar ansiosamente para chegar em casa e encontrar uma esposa e mãe em sua própria esfera. Mas, abaixo da superfície afável da era dourada com estilo próprio da década de 1950, havia tensão e descontentamento que estimularam as revoluções culturais dos anos de 1960, que foram inevitavelmente sucedidas pela reação dos anos de 1980. Com a estagflação (recessão) da década de 1980, a América liberada e "verde" dos anos de 1960 e 1970 tornou-se uma terra de "medo sexual, evangelistas televisivos e cruzadas antidrogas e antipornografia" (Skolnick, 1991, p. 5). Agora, no novo século, está se tornando claro que o sonho do Novo Direito de se restaurar a família nuclear comandada por um macho dominante enfrenta enormes desafios.

Para onde a família irá a partir daqui? Uma coisa que podemos prever com certeza é a mudança. As famílias, assim como as sociedades e os indivíduos, podem e devem mudar em resposta a circunstâncias mutantes.

A psicóloga social Arlene Skolnick delineia três áreas que podem guiar a mudança familiar nas próximas décadas. A primeira é a econômica. Por exemplo, a mudança da fábrica para o escritório significa que empregos de trabalhos manuais de altos salários estão desaparecendo à medida que empregos de telefonistas e datilógrafas de baixos salários aumentam. Essa mudança foi acompanhada pelo movimento de grande escala das mulheres dentro da força de trabalho. Na economia atual, muitas mulheres não têm a opção de permanecer em casa, mesmo que queiram. O impacto da mulher trabalhando fora de casa, juntamente com as idéias feministas, mudou o ideal cultural do casamento em uma direção mais igualitária.

O segundo fator que influencia a mudança familiar é o demográfico. Criar filhos em uma sociedade tecnológica tem uma carga econômica tão esmagadora que as famílias estão se tornando menores. As famílias que duas gerações atrás esperariam ter muitos filhos, agora planejam gastar enormes recursos para criar e educar apenas um ou dois. Ao mesmo tempo, a expectativa de vida está aumentando e, pela primeira vez na história, as pessoas esperam envelhecer. Mesmo com a "infância" cada vez mais longa, um casal pode planejar passar muitos anos juntos depois de concluir sua função parental (apesar de eles também poderem precisar "ser pais" de seus próprios pais que estão envelhecendo).

A terceira principal mudança estrutural que Skolnick delineia, à qual chama "gentrificação psicológica", também traz implicações profundas para a família. Devido aos níveis elevados de educação e ao maior tempo para o lazer, os norte-americanos tornaram-se mais instrospectivos, mais atentos à experiência interior. Acima de tudo, tornaram-se mais interessados na qualidade emocional das relações, não apenas na família, mas também no trabalho. Essa ênfase no afeto e na intimidade tem sido de grande importância para o desenvolvimento da terapia familiar, em parte porque ela pode criar descontentamentos impensados quando a vida familiar era mais uma questão de conformidade a papéis sociais. Não é mais suficiente a um marido e pai ser um bom provedor. Uma mulher não pode provar suas virtudes de esposa pelo conteúdo de sua despensa. Uma criança não pode ser mais meramente conscienciosa e obediente. Quando se espera que a vida familiar deve dar felicidade e realização, deve-se também esperar problemas familiares distintos.

Apressar-se para rotular a mudança adaptativa como afastada dos padrões e patogênica é produto da histeria, e não da razão. Ao mesmo tempo, deve-se reconhecer que toda mudança acentua a habilidade familiar de executar sua tarefa fundamental de dar aos seus membros uma matriz na qual eles possam se desenvolver e tornar-se seres humanos maduros e psicologicamente saudáveis. Por exemplo, o terapeuta familiar Bill Doherty escreveu recentemente sobre como a cada vez maior sobrecarga de trabalho da família de classe média americana está enfraquecendo o sentimento de relação próxima e segura que fornece a "cola" da vida familiar, a qual é, talvez, reciprocamente o maior presente psicológico que a família dá aos seus membros. Doherty vê essa sobrecarga de trabalho como resultado da influência da cultura americana de consumo e de mercado sobre noções contemporâneas do que significa ser "bons" pais (Doherty e Carlson, 2002). Bons pais fornecem a seus filhos todas as atividades e experiências – aulas de piano, jogos de futebol, aulas de arte e outras – que nossa cultura materialista identifica como se fornecessem a base para uma vida rica e realizada. Porém, enquanto pais atormentados levam e trazem freneticamente seus filhos para lá e para cá de atividades aparentemente incessantes, perdem a simples experiência dos membros da família estarem juntos no mesmo lugar, ao mesmo tempo, apreciando a companhia uns dos outros e oferecendo apoio emocional uns aos outros. Doherty vê essa como sua tarefa enquanto terapeuta familiar para unir-se a membros da comunidade com o mesmo pensamento, fazendo esforços para lutar contra essa singular mudança que está ocorrendo na família americana de classe média no despertar do século XXI.

PERSPECTIVAS SOCIOECONÔMICAS QUANTO À FAMÍLIA

Enquanto as descrições de Skolnick e Doherty sobre a família oferecem uma visão geral sociológica das famílias brancas de classe média nos Estados Unidos, elas deixam de refletir a vida de muitas outras famílias americanas. As experiências de famílias pobres freqüentemente são muito diferentes, de maneiras que vão além da privação econômica, e têm um enorme impacto sobre o funcionamento familiar. A intrusão de instituições é um bom exemplo. Muitas instituições, apesar de muito respeitosas dos limites familiares da classe média, sentem-se livres para intervir nas famílias pobres. Em nome das crianças, eles entram no espaço familiar, criando não apenas um deslocamento da organização familiar, mas também afiliações entre as crianças e as instituições, capacitando as crianças a desafiar seus pais. As escolas, os departamentos de assistência social, as autoridades de alojamentos e as instituições de saúde mental, todas criaram pseudo-soluções para os problemas das famílias pobres as quais contribuem para a fragmentação familiar. O efeito dessa intrusão é sentido em casos como esses dos Harris e dos Robinson.

Os Harris: uma família sem portas

Vamos entrar na casa da família Harris. É fácil de entrar – de certa forma, seu apartamento não tem portas. Steven e Doris Harris, casados há 10 anos, têm quatro filhos pequenos. Eles lutaram durante anos para manter seu próprio apartamento com o salário de motorista de caminhão de Steven. Mas, há seis meses, ele foi despedido. Durante o último mês, eles estão sem-teto. Então, o apartamento onde moram agora não é mais deles; pertence a uma agência de serviço social financiada pelo governo.

Há muito tempo, os Harris estão envolvidos com serviços sociais e governamentais. Eles têm consultado tantos assistentes sociais, assistentes sociais da infância, gerentes de casos e terapeutas que, na memória dos Harris, esses ajudantes todos se misturaram e tornaram-se um. Todos eles compartilharam a suposição de que a necessidade dos Harris por serviços sociais daria direito aos trabalhadores de entrar, sem avisar e sem serem convidados, no espaço tanto físico quanto psicológico da família.

Os Harris aprenderam que, quando os ajudantes entram em seu domínio, eles invariavelmente trazem idéias bem-definidas sobre como a família deveria estar funcionando. O conselheiro sobre drogas conta a Doris que ela deveria concentrar-se exclusivamente em sua recuperação do vício em drogas. Ao mesmo tempo, o assistente social da infância diz a Doris para ficar menos amortecida e devotar mais energia a ser uma boa mãe. O conselheiro sobre drogas apresenta-se ao funcionário da justiça responsável por Doris, enquanto o assistente social da infância é ouvido pelo juiz da corte familiar, perante o qual uma reclamação de negligência contra uma criança foi apresentada. Como resultado, tanto o conselheiro sobre drogas quanto o assistente social estão em posição de coagir Doris a acomodar seus programas, apesar do fato de esses programas serem diametricamente opostos.

O conselheiro sobre drogas e o assistente social nunca conversam entre si. Nenhum deles fala com Steven, que é virtualmente invisível para eles. Doris passa mais tempo e faz o maior esforço lidando com o conselheiro sobre drogas e o assistente social da infância do que passa com Steven. Ele está se tornando invisível para ela também, passando cada vez mais tempo fora do apartamento. Ele ainda está procurando emprego, mas está obtendo menos respostas positivas agora do que em qualquer outro momento desde que foi despedido. Doris sente-se assoberbada e sobrecarregada. Steven sente-se um fracassado, como se fosse desnecessário.

Com o passar do tempo, os Harris, tanto os jovens quanto os velhos, desenvolveram maneiras de lidar com as intrusões dos ajudantes. As crianças cresceram acostumadas à presença de estranhos em sua casa. Respondendo ao fato de que esses estranhos tendem a assumir um ponto de vista benigno e interessado para com elas, as crianças desenvolveram uma postura aberta e acolhedora com a qual eles cumprimentavam e agradavam esses estranhos. Superficialmente engajadora, em um nível mais profundo, essa postura pseudo-íntima é perturbadora pela falta de limites que revela.

Doris e Steven desenvolveram sua própria versão da postura pseudo-íntima de seus filhos. Eles aprenderam que seus ajudantes valorizam a revelação ("lidar com suas questões"), então eles desenvolveram um "rap" estereotipado. Em nível de conteúdo, ele é suficientemente imerso em detalhes íntimos para criar a ilusão de abertura e aceitação de habilidade. Mas em sua demonstração ritualizada, serve como um amortecedor entre a família e seus ajudantes não-procurados.

Para acalmar esses possíveis ajudantes, pelo menos por um tempo, o casal aprendeu a manifestar a sabedoria e o eminente bom senso de qualquer conselho ou diretriz que seus ajudantes possam oferecer. Mas para preservar algum sentido de autonomia, eles arrastam seus pés na implementação de sugestões. Esse arrastar de pés dá a eles rótulos como "resistentes", "passivo-agressivos" e "manipulativos", mas os Harris não conseguem ver nenhuma outra maneira de proteger seu senso esfarrapado de dignidade e privacidade. Infelizmente, à medida que o número de tais rótulos cresce, assim também cresce o número de ajudantes que desfilam por sua casa sem portas.

Enquanto os Harris são afro-americanos, os aspectos importantes de seu caso são genéricos: eles estão entre as famílias sem-teto sujeitas à imprevisibilidade da vida e à necessidade de lidar com ajudantes múltiplos.

Os Robinson: uma família vivendo um pesadelo

Os Robinson moram no mesmo bairro dos Harris. Os filhos de Darren e Myra Robinson podem ter cruzado o caminho dos filhos dos Harris na escola pública local. Assim como os Harris, os Robinson são pobres, apesar de, no momento, pelo menos, sua situação de moradia estar assegurada.

O que Myra e Darren chamam de "nosso pesadelo" começou há cerca de dois anos. Myra descobriu que Darren tinha um caso extraconjugal que resultou no nascimento de uma criança. Myra ficou perturbada com essa descoberta, Darren, dominado pela culpa. Jennifer, sua filha de 14 anos, ficou magoada com sua mãe e furiosa com seu pai.

Em quase todas as famílias, o palco agora estaria montado para um período desordenado na vida da família. Porém, os contornos particulares que o período seguinte assumiu para os Robinson foi muito influenciado por sua situação socioeconômica marginal. Jennifer alimentou fantasias de punir seu pai por sua transgressão contra sua mãe. Ela compartilhou seu desejo por vingança com alguns de seus amigos. O plano que ela tramou e a cascata de eventos que o plano colocou em ação demonstram, eloqüente e importunamente, quão facilmente as agências governamentais e de serviço social tornam-se poderosos representantes nos dramas internos das famílias pobres.

O interesse de Jennifer foi despertado quando uma de suas amigas contou-lhe que sua mãe "ficou quites" com uma vizinha (com quem ela estava em guerra há anos) relatando anonimamente alegações de abuso contra menores contra a mulher na *"hotline"* para abuso contra menores. Jennifer encaminhou-se diretamente ao escritório do assistente social de sua escola e disse-lhe que seu pai estava abusando fisicamente dela. O assistente social zelosamente fez um relatório para a *hotline* e "o pesadelo" começou.

O assistente social da infância que apareceu no apartamento dos Robinson para investigar o relatório não encontrou evidências para justificar a alegação de abuso. Na verdade, ela escreveu em seu relatório que ela suspeitava que Jennifer havia fingido quando havia acusado Darren de abuso. Porém, de igual proeminência no relatório da assistente estava sua observação da evidente pobreza dos Robinson. A assistente era jovem, de classe média, recém-saída da faculdade e nova em seu trabalho. Seu relatório exala uma mentalidade "onde-há-fumaça-deve-haver-fogo". Aqui, a "fumaça" eram as terríveis condições de vida dos Robinson. O "fogo" que a assistente concluiu que deveria existir era algum tipo de negligência ou abuso infantil.

Devido à falta de evidências consistentes, a alegação de abuso contra Darren não pôde ser confirmada. Porém, tal caráter técnico não destituía de poder a Agência de Proteção à Infância. A Agência informou a Darren e Myra que era de seu "melhor interesse" participar de um programa de serviços preventivos realizado em casa. Relutantemente, eles concordaram.

Seu acordo trouxe Danny para suas vidas e para seu apartamento – três dias por semana. Danny trabalhava para um programa que se concentrava decididamente em levar os pais a exercitar um controle efetivo e não-abusivo sobre seus filhos. Danny percebeu claramente que os eventos recentes tinham rompido a aliança entre Darren e Myra. O supervisor de Darren apressou-o a "entrar em sintonia" em suas condutas com seus filhos e especialmente com Jennifer, a quem o supervisor via como uma "bomba tiquetaqueando". Com bastante habilidade, Danny conseguiu que os pais deixassem de lado seu trauma conjugal por um momento e apoiassem um ao outro, articulando e impondo um regime comportamental rígido para Jennifer. Nem Danny nem seu supervisor pensaram, dentro de sua ordem formal, em ajudar os Robinson a expressar e processar qualquer sentimento de culpa, traição e perda que poderiam ter sido provocados pela descoberta do caso de Darren. Para Danny e seu supervisor, tudo girava em torno de manter Myra e Darren "sob controle".

Jennifer, contudo, não estava inclinada a ser controlada. Além de sua raiva dirigida ao pai, havia agora a raiva adicional dirigida à sua mãe por resignar-se com sua indignação justificada e unir-se em uma aliança com Darren. Decidindo que ela precisava sair da família, Jennifer fez outra consulta com o assistente social da escola, dessa vez ameaçando se suicidar. O assistente social conscienciosamente fez com que Jennifer fosse levada ao hospital onde ela ficou internada por 30 dias para avaliação.

Quando o período de avaliação estava chegando ao seu final, a equipe hospitalar julgou que, devido à "história" dos Robinson, não era recomendado que Jennifer retornasse à família naquele momento. Baseada na recomendação do hospital, a Agência de Proteção à Infância, ainda supervisionando o caso, expediu um mandado para que Jennifer fosse colocada em uma clínica residencial de tratamento localizada a 97 km de onde os Robinson moravam. As sessões de terapia familiar da clínica foram programadas para uma vez ao mês. Darren não podia participar delas porque eram invariavelmente programadas para o início da tarde nos dias da semana, e isso implicaria faltar a um emprego com o qual ele tinha apenas uma ligação informal. Myra participava, e era encorajada pela terapeuta de Jennifer a desabafar sua raiva contra a traição de seu marido. Grata por ter uma ouvinte empática, Myra começou a fazer isso, no início com relutância e depois com cada vez mais prazer. A terapeuta teve empatia com Myra. Darren, a quem ela não havia conhecido, cada vez mais tornava-se um ogro aos olhos da terapeuta. Em particular, ela e sua supervisora começaram a se perguntar se um dia ainda seria seguro para Jennifer viver sob o mesmo teto que seu pai.

Cada uma das intervenções dirigidas às famílias Robinson e Harris e todos os interventores foram bem-intencionados. O que os interventores deixaram de avaliar com precisão foi que eles tinham se tornado protagonistas nos dramas dessas famílias. Eram os assistentes, e não os membros da família, que estavam funcionando como os motores que forneciam propulsão, e como os volantes que forneciam direção para as vidas dessas famílias. Imbuídos de um sentido robusto de integridade e autonomia, a maioria das famílias de classe média nunca toleraria essa intrusão em suas vidas. Abatidas e esgotadas por sua luta diária para simplesmente sobreviver, as famílias pobres com freqüência sucumbem, a tal intrusão com pouca oposição.

PERSPECTIVAS ÉTNICAS NA FAMÍLIA

Infelizmente, os terapeutas familiares constantemente têm aceitado as normas da classe média branca, deturpando suas perspectivas a partir da conveniência ou completa ignorância. Mesmo assim, questões como *status* de minorias são fatores críticos determinantes nos problemas familiares. A influência da etnia sobre as famílias tem sido estudada extensivamente (McGoldrick, Giordano e Pearce, 1996). Apesar de as questões de etnia serem freqüentemente tratadas de maneira global com o *status* econômico, elas atravessam camadas sociais. De forma surpreendente, a obtenção de *status* de classe média por membros de grupos étnicos pode trazer problemas inesperados.

De acordo com Nancy Boyd-Franklin (1989), as famílias afro-americanas de classe média encontram-se em um tripé de três culturas. Existem elementos que podem ser traçados até as raízes africanas, aqueles que são parte da cultura americana dominante e, por fim, as adaptações que os afro-americanos têm de fazer ao racismo na cultura dominante. As múltiplas demandas podem fortalecer a identidade, mas também podem levar a uma confusão de valores e de papéis e a um sentimento de impotência frente à complexidade cultural.

Um terapeuta que trabalha com uma família afro-americana pode precisar explorar toda a família. A importância da rede de consangüinidade pode voltar no tempo até as raízes africanas, assim como lateralmente na necessidade contemporânea de lidar com a pobreza e o racismo. Mas uma família negra que atingiu o *status* de classe média pode estar enfrentando uma escolha estressante entre ajudar toda a família ou desconectar-se dela.

Outras áreas influenciadas pelo *status* minoritário podem incluir a estrutura de poder da família. O poder é compartilhado mais igualmente por alguns cônjuges afro-americanos do que nas famílias brancas de classe média, talvez porque as mães negras tenham historicamente tido, com maior probabilidade do que as brancas, empregos fora do lar; atualmente, a maioria das mulheres negras de classe média tinha mães que trabalhavam. Porém, em uma determinada família, uma ética muçulmana pode ditar que a mulher permaneça em um papel doméstico elaboradamente circunscrito.

Nas famílias latinas, assim como nas famílias negras, uma extensa rede familiar com limites relativamente flexíveis pode ser importante. Padrinhos (compadres) podem ser uma parte significativa da família. A cooperação pode ser enfatizada, e a competição, desencorajada. As hierarquias podem ser extremamente claras, com papéis explicitamente organizados de acordo com geração e gênero. Pode-se esperar que as mulheres sejam submissas e que os homens protejam suas mulheres. Pode-se esperar que uma mãe faça auto-sacrifícios e seja devotada sobretudo aos seus filhos. A relação do casal com seus filhos pode até mesmo ser considerada mais importante do que o relacionamento entre marido e mulher; na verdade, os parceiros podem ter pouca liberdade em função dos papéis parentais.

Os Diaz, uma família de herança étnica mista, considerava seu *status* de classe média incompatível com suas raízes culturais. Quando a família iniciou uma terapia, seu terapeuta achou necessário desafiar essa crença repressora.

A família Diaz: nem porto-riquenha nem irlandesa

Orlando, Maureen Diaz e sua filha de 16 anos, Cynthia, foram indicados para uma terapeuta familiar depois que Cynthia revelou a um conselheiro escolar que estava cortando seus braços com uma gilete há mais de um ano. Quanto mais a terapeuta conhecia a família Diaz, mais ela ficava perplexa com o papel fundamental que a etnia tinha desempenhado no desenvolvimento familiar ao longo do tempo. Também chocante, porém, era a quantidade de energia psíquica que a família colocava para negar a saliência de suas raízes étnicas.

Maureen e Orlando casaram-se quando ambos tinham 19 anos. "Eu casei com ele porque ele era porto-riquenho", Maureen anunciou durante a primeira sessão de terapia. Os avós de Maureen tinham nascido na Irlanda e imigrado para os Estados Unidos quando adolescentes. Maureen caracterizava seus próprios pais como "da classe operária" e "ignorantes". Sua voz levantava-se com evidente raiva à medida que ela descrevia seu pai como um "tirano intolerante, que desgostava de qualquer pessoa que não fosse irlandesa e, sobretudo, odiava porto-riquenhos". Maureen passou sua adolescência maquinando esquema após esquema para rebelar-se contra seu pai. Seu ato final de rebelião foi o *coup de grace*: ela casou-se com Orlando, "porque ele era porto-riquenho".

Na época, Orlando acabara de chegar de Porto Rico, onde tinha crescido em uma área rural sob o domínio de um pai que ele experienciou como um tirano autoritário. Como ele era homem, Orlando poderia ter se livrado em grande parte de seu poder patriarcal tornando-se o patriarca de sua própria família. Porém, Orlando via o problema sob um ângulo maior do que apenas o de seu pai. Ele queria colocar uma distância entre ele e o que ele via como a norma cultural latina das famílias chefiadas por homens tirânicos e autoritários. Ele decidiu que precisava deixar a ilha.

Quando Maureen e Orlando se conheceram, ele quase não sabia falar inglês e ela não sabia falar nada de espanhol. "Nós éramos estranhos um para o outro", Orlando disse rindo em um inglês com forte sotaque durante a primeira sessão de terapia. Apesar de sua inabilidade de se comunicar de uma maneira sólida, Orlando sentiu-se atraído pela aparência e pelo jeito inglês de Maureen, e ela foi atraída por sua aparência e jeito latinos. Eles casaram-se após três meses. Rapidamente deram-se conta de que precisavam de algo para preencher o espaço entre eles. Eles começaram a ter filhos. Cynthia era a segunda mais velha; ela tinha quatro irmãos menores.

Orlando estava determinado a não se tornar o tirano que ele achava que seu pai havia sido. Adotou um estilo parental amoroso, afetivo e clemente quanto a falhas. Previsivelmente, Maureen sentiu a necessidade de compensar a permissividade de Orlando. Ela tornou-se o "guarda". Cynthia deleitou-se em relatar à terapeuta como ela e seus irmãos rotineiramente corriam para Orlando sempre que Maureen estabelecia limites ou impunha um castigo. "Papai sempre fica do nosso lado e nos diz que podemos fazer o que mamãe disse que não podemos fazer". Sentindo-se consistentemente enfraquecida por Orlando, Maureen tornou-se cada vez mais pungente e reativa ao lidar com seus filhos.

Orlando e Maureen brigam sobre seus estilos parentais diferentes, mas tais episódios são raros. Quando questionada pela terapeuta por que ela reclama com pouca freqüência a Orlando sobre como ele enfraquece seu estabelecimento de limites com as crianças, Maureen sorriu. "Quando me vejo ficando brava com ele, lembro-me de como meu pai era um patife, vejo como ele é diferente de meu pai, e apenas deixo a raiva passar". Quando questionado sobre por que ele não fazia mais para apoiar sua esposa, Orlando simplesmente disse: "Não quero me transformar no meu pai".

A terapeuta julgou que essa evitação de conflito não era útil e começou a pressionar Maureen para que fosse mais insistente em pedir para Orlando parar de enfraquecer sua maternagem. Porém, quanto mais a terapeuta pressionava, mais o casal resistia. Tanto Orlando quanto Maureen claramente temiam que qualquer mudança em sua dança relacional de alguma forma os levaria de volta ao mesmo etos da família de origem contra o qual cada um tinha passado suas vidas inteiras se rebelando e dele fugindo.

Quando a terapeuta tentou fazer com que os pais reexaminassem suas crenças e atribuições de longa data sobre o que tinha acontecido em suas respectivas famílias de origem, ela encontrou uma outra obstrução, ainda mais formidável. Tanto Maureen quanto Orlando consideravam suas famílias de origem como representantes de suas respectivas culturas étnicas. A rejeição que tinham por suas famílias era parte de sua rejeição por suas raízes étnicas. Maureen colocou-o sucintamente: "Nós não somos porto-riquenhos; não somos irlandeses. Nós somos americanos". Tendo julgado suas culturas de origem como deficientes, Maureen e Orlando desejavam ver a si mesmos como parte de uma classe média americana mítica, homogeneizada, não-étnica.

Ficou claro para a terapeuta que a rejeição reativa de Maureen e Orlando por suas famílias e culturas de origem consolidou-se em um arranjo em relação disfuncional entre eles próprios e seus filhos, privando-os de possíveis recursos para mudança. Como resultado, a terapeuta impôs-se a difícil tarefa de ajudar a família Diaz a reconectar-se com suas raízes étnicas rejeitadas. O amparo que a terapeuta obteve de sua própria identificação com suas raízes afro-americanas tornou-a confiante de que, se Orlando e Maureen se abrissem para suas respectivas heranças culturais, descobririam recursos para sua vida familiar – recursos atualmente não-imaginados em sua impetuosa agitação para colocar uma distância entre eles mesmos e seus passados.

RESPONDENDO À DIVERSIDADE FAMILIAR

Para garantir que a própria terapia não se torne um exercício de racismo ou um caso de classes sociais, alguns terapeutas familiares sugeriram que a área deveria enfatizar a influência de todos os contextos multiculturais nos quais as famílias estão encerradas. Celia Falicov (1983, p.xiv-xv) propôs uma definição ecológica de cultura:

> [Aquelas] séries de comportamentos e experiência adaptativos comuns derivados da afiliação em uma variedade de diferentes contextos: cenários ecológicos (rurais, urbanos, suburbanos), valores filosóficos ou religiosos, nacionalidade e etnia, tipos de organização familiar, classe social, ocupação, padrões migratórios e estágio de aculturação; ou valores derivados de participar de momentos históricos similares ou de ideologias particulares.

Ela propôs que cada afiliação individual das famílias em cada contexto seja de suma importância na visão do terapeuta.

Um enfoque das famílias em todos os seus contextos culturais parece teoricamente correto, mas a multiplicidade de possíveis contextos torna generalizações viáveis difíceis, senão impossíveis. Além disso, as normas culturais do que "deve ser" não coincide necessariamente com as normas adotadas por uma determinada família. Falicov defendeu um enfoque dedicado à cultura precisamente porque esse destaca a diversidade e desafia a tendência da cultura dominante de impor seus valores sobre as minorias. Mas, conforme a autora indica em relação à etnia, as normas culturais sempre devem ser examinadas no caso de cada família, individualmente, para garantir que o terapeuta, ainda que com as melhores intenções, não esteja pressionando a família para um estereótipo étnico.

Os terapeutas familiares freqüentemente se sentem muito confortáveis em tornar a dinâmica de uma família explícita e em deixar os determinantes sociais formulados apenas vagamente, se o forem. Mas o estudo da matriz cultural não é um fim em si mesmo. A preocupação com a etnia é um dos muitos elementos que contribuem para a teoria e a prática da terapia familiar. Enquanto valioso em si mesmo, ele deveria ser reconhecido como mais um dos muitos elementos contribuidores.

Também estamos inquietos quanto à supersimplificação inerente a muitos dos esforços populares atuais para desenvolver terapeutas com conhecimentos gerais, "culturalmente competentes". A cultura contém mais do que pode ser capturado nas listas de lavanderias de conceitos que pretendem descrever os valores e a visão de mundo de um determinado grupo étnico. As dificuldades envolvidas para compreender a cultura podem ser vistas nas experiências de Wai-Yung Lee enquanto tentava ensinar terapia familiar em Hong Kong e em minhas tentativas de treinar paraprofissionais em terapia familiar durante meu mandato na *Philadelphia Child Guidance Clinic*.

Quando Wai-Yung Lee, que foi criada em Hong Kong, mas trabalha principalmente com famílias brancas na América do Norte, começou a lecionar em Hong Kong, após muitos anos de ausência, o usual "O Ocidente encontra o Oriente" teve uma guinada interessante. Introduzir a terapia familiar em seu antigo grupo cultural foi mais confuso para ela do que pode ter sido para uma pessoa de fora. Uma pessoa de fora não daria valor à sua ignorância quanto à habilidade local sobre valores tradicionais. Mas para Lee, sua exploração, ou reexploração, da cultura de Hong Kong em relação ao ensino continha uma surpresa após a outra.

Os supervisionados de Lee tinham noções fixas sobre o que funciona e o que não funciona com as famílias chinesas, noções que ela mesma havia compartilhado. Mas ela achou que se aceitasse essas noções, seu ensino teria o efeito de confirmar em vez de desafiar seus alunos e as famílias com as quais estavam trabalhando para expandir e explorar inovações.

Lee achou que o maior desafio de seu trabalho com um grupo cultural ao qual havia pertencido era libertar-se de uma camisa de força culturalmente imposta a fim de se tornar mais efetiva. O fato de ser chinesa criou uma distorção interessante em seu ensino. A habilidade de seus supervisionados em sua própria cultura estava ameaçada por seus desafios a suas visões sobre as famílias e a suas respostas usuais quanto ao que funciona em terapia e ao que não funciona. Ela encontrou-se presa entre as culturas americana e chinesa, um sentimento de que ela não tinha estado consciente em seu treinamento de alunos ocidentais ou em seu trabalho com famílias caucasianas. Apenas após passar pelos "guardiões" culturais entre seus alunos e seus guardiões culturais internos, ela pôde orientar seus supervisionados em uma exploração das implicações clínicas de trabalhar com esse grupo determinado de famílias.

Durante a última década, o trabalho de Lee tem se concentrado em Hong Kong, na China e em Taiwan. Atualmente, ela acha que sua visão sobre questões culturais tornou-se ainda mais indistinta. Enquanto ela ainda reconhece a existência de algumas diferenças entre as culturas, seu pensamento sobre esse assunto é continuamente confrontado por observações profundamente conflitantes (Lee, 2002).

Tive uma experiência semelhante das fantasias de levar uma consciência cultural à prática da terapia familiar três décadas atrás quando, juntamente com Jay Haley, Braulio Montalvo, Marianne Walters, Rae Weiner e Jerome Ford, iniciei um programa na *Philadelphia Child Guidance Clinic* para treinar paraprofissionais.

Nós estávamos tentando corrigir um óbvio desvio. Na clínica, médicos brancos de classe média estavam trabalhando com uma população composta em grande parte de famílias afro-americanas e hispânicas de níveis socioeconômicos inferiores. Portanto, recrutamos um grupo de pessoas da comunidade, inteligentes e altamente motivadas, mas não educadas academicamente, afro-americanas e hispânicas, e as treinamos em terapia familiar. Nossa suposição era que, desde que elas fossem membros dos grupos culturais com os quais estariam trabalhando, teriam um conhecimento instintivo do terreno cultural pelo qual deveriam passar em seu trabalho clínico. Porém, aconteceu que fomos ingênuos.

Além de viver no seu próprio mundo, nossos futuros colegas também tinham vivido na cultura dominante que tinha nos formado. A partir dessa cultura, eles tinham absorvido preconceitos sobre suas próprias culturas que espelhavam e, às vezes, exageravam os preconceitos da cultura dominante.

O treinamento desses paraprofissionais levou três anos. O objetivo do treinamento era produzir assistentes que, como qualquer outro assistente na clínica, independentemente de sua formação acadêmica, raça ou nível socioeconômico, poderia ser o terapeuta de qualquer família que chegasse para tratamento. Nós fomos idealistas e ingênuos? Essa foi uma tentativa cega de apagar diferenças? Esse provavelmente seria o veredito da área atualmente, com sua ênfase atual na diversidade.

Acolhemos a preocupação atual com a diversidade como um significativo provocador de consciência sobre os perigos de impor-se valores majoritários sobre populações minoritárias. Mas também achamos que há um elemento de perigo nessa atitude social politicamente correta – um tipo de intolerância reversa. Como terapeutas, estamos sempre trabalhando com pessoas que são diferentes de nós. Então, precisamos ser responsáveis por nossa própria ignorância e por nossas suposições sobre pessoas que são diferentes. Precisamos incorporar o etos atual para compreender a diversidade, mas enquanto aceitamos isso, também precisamos reconhecer que existem proposições universais. Como Harry Stack Sullivan apontou anos atrás: "Toda e qualquer pessoa é mais humana do que o contrário".

3
Famílias universais
Todas as famílias são semelhantes

Um terapeuta familiar precisa entender como a etnia, a classe e os outros fatores sociais têm implicações na estrutura e no funcionamento familiar e, portanto, na terapia familiar. Mas existem certos imperativos do desenvolvimento que são mais universais do que relacionados a contexto. Os pais precisam tomar conta de seus filhos. Certos requisitos são apropriados para certos estágios do desenvolvimento. A forma e a organização familiares determinam sua dinâmica. Os membros da família envelhecem em diferentes padrões e, portanto, têm necessidades que podem entrar em conflito. A lista vai além.

O terapeuta familiar, enquanto reconhece a diversidade das formas das famílias, tanto histórica como atualmente, acredita que existam princípios subordinados que orientam a terapia. Este capítulo apresenta um modelo de conceitos familiares que podem formar um guarda-chuva sob o qual uma variedade de terapeutas pode experimentar com uma variedade de procedimentos e ainda ser capaz de generalizar e de se comunicar de forma útil.

CONSTRUINDO A FAMÍLIA

Uma família é um grupo de pessoas, conectadas por emoção e/ou sangue, que viveu junto o tempo suficiente para ter desenvolvido padrões de interação e histórias que justificam e explicam esses padrões de interação. Em suas interações padronizadas entre si, os membros familiares constroem uns aos outros. Essa construção complementar na teia familiar de transações é tanto uma boa como uma má novidade. Significa que os membros da família estão sempre operando abaixo de suas possibilidades. Existem aspectos do *self* não-ativados nos papéis e nos padrões atuais da família, e isso é uma perda. Mas a vida em comum também tem o conforto de uma certa previsibilidade e o sentimento de um lugar para estar.

Os membros da família adaptam-se às regras familiares que fixam papéis e funções. Essa adaptação favorece o funcionamento, a antecipação de respostas, a segurança, a lealdade e a harmonia. Ela também significa que esquemas tornam-se rotinas, que a espontaneidade tem desvantagens e que o crescimento é restrito. Isso pode significar confinamento em modelos interpessoais e tédio. Mas sempre existem possibilidades de expansão.

A construção complementar dos membros da família requer longos períodos de negociação, comprometimento, rearranjo e competição. Essas transações em geral são invisíveis, não apenas por causa do contexto, e estão constantemente sujeitas à mudança, mas também porque geralmente são a essência de minúcias. Quem alcança o açúcar? Quem verifica as direções no mapa, escolhe o filme, muda de canal? Quem responde a quem, quando e de que maneira? Esse é o cimento com o qual os membros da família solidificam seus relacionamentos. Quem é incluído? Qual é o nível de proximidade e intimidade? Quem é responsável por quem? Quem é excluído, tornado bode expiatório, abusado? Quais são os disparadores que aumentam o prazer ou diminuem a tensão, e quais são os mecanismos usuais para neutralizar conflitos?

De milhares de pequenas maneiras, os membros da família desenvolvem estilos preferidos de conduzir suas verdades sobre mim, sobre você e sobre a maneira como nos relacionamos. As famílias mantêm algumas dessas verdades sobre sua singularidade enquanto modificam outras à medida que evoluem. Os membros da família podem descobrir espontaneamente maneiras alternativas de se relacionar e, quando isso acontece, a flexibilidade do funcionamento familiar aumenta. Mas, na maioria das vezes, os membros da família permanecem previsíveis uns para com os outros. A expectativa de previsibilidade permite uma coreografia parcimoniosa da vida, uma economia da energia necessária para se relacionar. Mas existe também um elemento coercitivo nas demandas por lealdade às regras familiares, pois o crescimento ou a mudança feita por um membro familiar podem ser experienciados como traição.

Um terapeuta familiar, treinado para separar e observar padrões, pode prever o movimento das peças no tabuleiro familiar assim como um jogador-mestre em xadrez o faz. O terapeuta vê as características formais do jogo. Quem são os jogadores ao redor de certas questões? Quem se une em uma coalizão contra os outros? Como o acalento, o apoio e o poder são exercidos? Esses parâmetros definem a estrutura familiar.

Eu desenvolvi previamente alguns conceitos sobre organização familiar (Minuchin, 1974) que serão resumidos aqui. Esses conceitos não pretendem oferecer uma descrição abrangente e cientificamente rigorosa do funcionamento familiar. Eles são apenas uma organização que impus em minhas observações.

Na verdade, não existe algo como estrutura familiar. A estrutura familiar é apenas uma ordem que o terapeuta impõe sobre os dados que ele observa. Achamos que um terapeuta precisa ter uma estrutura que ofereça uma maneira de organizar e pensar sobre o grande mundo familiar barulhento e estrondoso. Mas a estratégia apresenta todos os perigos intrínsecos. Quando o terapeuta observa com um ponto de vista, tende a ver certos dados mais claramente, os dados para os quais já atribuiu importância. Um genograma é outro exemplo desse tipo de constructo artificial. Valioso como um instrumento para organizar informações, altamente útil em sua inclusão de participação histórica bem como atual, ele também impõe e mantém sua própria qualidade de propensão.

Apesar disso, encontrei construções estruturais úteis. Projetadas para serem heurísticas e clinicamente sugestivas, auxiliam o terapeuta a organizar suas percepções e a pensar em maneiras que conduzam a intervenções úteis. Também organizam as observações do terapeuta sobre as transações, assim como o material verbal. Assim, podem ser úteis para várias famílias que contam mais com relacionamentos do que com histórias familiares. O conceito de estrutura familiar aborda algumas concepções universais sobre a vida familiar: questões de relações próximas e seguras e lealdade, questões sobre proximidade, exclusão e abandono, questões de poder e questões de agressão, à medida que são refletidas na formação do subsistema, a permeabilidade de limites, a afiliação e a coalizão. O terapeuta que utiliza uma ordem estrutural não pode ser objetivo, mas afirmo que nenhum terapeuta pode ser. E o acaso realmente favorece a mente preparada.

Sistemas familiares

Cada sistema familiar engloba vários subsistemas. Cada indivíduo na família é um subsistema da mesma. As diferenças de idade criam subsistemas familiares; os adultos em uma família constituem um subsistema, as crianças, outro. Em uma cultura que prescreve papéis sexuais diferenciados, o gênero cria subsistemas – o subsistema masculino e o subsistema feminino. Em uma família mista, os laços de sangue e história entre pais e filhos pode criar subsistemas – "os filhos dele", "os filhos dela".

As condutas diárias que constituem a essência da vida familiar levam a variações aceitas de proximidade entre os vários subsistemas da família. Assim, os subsistemas podem ser pensados como cercados de *limites* de variada permeabilidade. Se um dos pais for muito próximo de seu filho, diz-se que o limite entre pai e filho é permeável. De modo complementar, a mãe pode estar relativamente não-envolvida com o pai e o filho; o limite entre o subsistema pai-filho e a mãe é então chamado de rígido. Em outra família, o limite entre o sistema parental e o subsistema filial pode ser extremamente permeável, refletindo a participação dos filhos nas condutas dos pais uns com os outros e/ou a intrusão dos pais no funcionamento dos filhos. A metáfora do limite pode parecer abstrata, mas ela realmente tem seus usos em terapia, como demonstraremos mais adiante neste livro.

As negociações da vida familiar no dia-a-dia também estabelecem padrões (ou compreensões) sobre o uso do poder dentro da família. A *hierarquia* pode então ser pensada como um aspecto da organização familiar. Quais subsistemas exercem domínio sobre outros subsistemas? Em que estilo o domínio é exercido? É coercitivo e autoritário ou convida à discussão e tolera discordâncias? O uso da autoridade é aceito na família ou se resiste ou se cria oposição a ele?

Mapas familiares

As respostas a tais perguntas pintam um quadro da família que chamamos de *mapa estrutural*. O terapeuta de uma família estrutural avalia esses mapas usando conceitos de *forma da família* e de *desenvolvimento da família*. A *forma da família* refere-se aos dados demográficos de uma família. A família em questão é uma família nuclear tradicional de dois pais? Uma família de um pai ou uma mãe, ou uma família mista? Talvez seja uma família ampliada, com os membros de uma ou de ambas as famílias de origem morando no lar ou, de alguma forma, tendo um papel muito ativo na vida diária da família. Talvez o casal seja formado por homossexuais.

Diferentes formas familiares fazem diferentes demandas funcionais sobre os membros da família. Dessa forma, uma estrutura familiar que pode ser adaptativa para uma forma familiar possa ser de má adaptação para outra. Um alto nível de proximidade entre mãe e filho, que pode ser de má adaptação em uma família de dois pais como resultado da marginalização do pai, pode muito bem ser normal e viável em uma família mista, na qual a mãe e o filho têm uma história que é anterior ao relacionamento da mãe e de seu novo marido. O comportamento de um dos avós, que pode ser visto como enfraquecedor da autoridade parental em uma família nuclear de dois pais, pode muito bem ser necessário e útil em um sistema familiar de pai ou mãe solteiros ou de uma família ampliada.

O conceito de *desenvolvimento familiar* está enraizado no fato de que as culturas invariavelmente prescrevem diferentes comportamentos para os indivíduos em diferentes estágios de seu ciclo vital. A cultura americana contemporânea, por exemplo, espera que os adolescentes pensem e comportem-se de forma diferente das crianças mais jovens e dos adultos. De forma semelhante, há uma pressão da sociedade para que jovens adultos desenvolvam um certo tipo de independência de seus pais (um tipo de independência que as atuais circunstâncias econômicas freqüentemente tornam impossível).

Como construtora da identidade de seus membros, a família deve organizar-se para ajustar-se aos preceitos socioculturais para o comportamento de seus membros. Como esses preceitos são modificados em resposta ao crescimento e à mudança de circunstâncias, a família deve mudar sua estrutura para atingir um melhor ajuste às necessidades modificadas e às expectativas revisadas.

O que tudo isso significa clinicamente é que uma estrutura familiar que é adaptativa em um estágio pode ter uma má adaptação em outro. No estágio inicial do desenvolvimento familiar, a formação de casais requer uma quantidade e uma qualidade de envolvimento entre as duas pessoas que deve mudar assim que uma criança entrar em cena. E as famílias com filhos pequenos requerem um grau de envolvimento entre os pais e os filhos que seria sufocante para os adolescentes.

Os conceitos de forma familiar e de desenvolvimento familiar permitem que o terapeuta avalie o mapa estrutural que desenhou para uma família. Eles fornecem normas à luz das quais a adaptabilidade relativa de uma estrutura familiar pode ser avaliada. O terapeuta sabe que essas normas não são universais. Elas são específicas para uma determinada época e para um determinado contexto cultural. O uso clínico desses conceitos de maneira alguma contradiz a compreensão da variedade de formas familiares; o que ele realmente admite é que cada família tem que encontrar uma maneira de chegar a termos com o contexto sociocultural no qual está encerrada.

Conflito familiar

As famílias são sistemas complexos compostos de indivíduos que necessariamente vêem o mundo de suas próprias perspectivas individuais. Esses pontos de vista mantêm a família em um estado de tensão equilibrada, como as protuberâncias do teto abobadado de uma caverna. A tensão está entre uma relação próxima e segura e a autonomia – entre o eu e o nós. As tensões são ativadas diariamente em cada família, em centenas de interações, em qualquer ponto de qualquer decisão significativa ou até mesmo bastante pequena. Sempre há negociação. Nós faremos isso do meu jeito, do seu jeito ou chegaremos a um acordo? Como os padrões formados por estilos preferidos dos membros da família de ver a si mesmos e aos outros, a gestão do conflito também torna-se padronizada.

Os membros da família aceitam a habilidade de membros individuais da família; ela é a contadora, então deixemos que ela equilibre o talão de cheques. O irmão mais velho é um negociador; damos-lhe uma coisa e vocês nos dão algo em troca. Uma família pode concordar explicitamente que os modos do pai são os melhores; todos devemos tentar ser como ele. Ou eles podem adotar seus modos sem perceber; o pai detesta cobras, então nós nunca vamos à toca dos répteis. Por outro lado, os membros da família podem, negociando, desenvolver maneiras totalmente novas de tomar decisões, que se tornam a *nossa* maneira, a maneira da família. Mas algumas questões de desacordo são tão difíceis de resolver que a família tende a criar lacunas. Capítulos inteiros de experiência são selados para que não se precise lidar com eles, resultando em um empobrecimento da vida familiar.

Às vezes quando os membros da família encontram desentendimentos sem solução, organizam-se hierarquicamente, usando a autoridade como a maneira de resolver a questão. Então a satisfação tende a desaparecer, e os membros da família tomam posições polarizadas. Às vezes, as pessoas da família ampliada são recrutadas como aliadas no conflito, reforçando uma trégua armada que encerrou as negociações.

A hierarquia pode ser necessária e útil. A diferenciação de funções com a aceitação da habilidade e a autoridade de um membro em determinadas áreas traz um melhor funcionamento. Nas famílias com filhos, a autoridade dos pais, usada para resolver conflitos, pode ser salutar, e os filhos aprenderem durante esse processo. Mas quando a força bruta torna-se uma maneira de impor soluções, geralmente apresenta uma má adaptação.

A estrutura na família Smith

Para ver como essas descrições genéricas da família podem ser expressas em pessoas de carne e osso, entremos na casa dos Smith e vamos observá-los em seu processo de negociar diferenças. Dessa vez, consideraremos uma família branca formada por suburbanos de classe média alta. Jean concluiu seu MBA. Mark é advogado. Eles têm por volta de 40 anos e dois filhos, um menino de 10 e uma menina de 6 anos. Estão casados há 15 anos. Compartilham gostos semelhantes em arte e em música e têm sempre dado valor a ler literatura semelhante e a assistir a concertos juntos. Politicamente, são liberais e envolvidos. Eles valorizam a lealdade e a responsabilidade de um para com o outro, para com suas famílias e em seus empregos.

Eles se conheceram quando jovens, nos anos de 1960, quando ambos estavam no *Peace Corps*, trabalhando na África. Moraram juntos por três anos e então se casaram, sonhando com um estilo de vida e uma harmonia dos quais eles não se lembravam em suas famílias de origem.

Ela sentia-se atraída, entre outras coisas, por sua autonomia e seu sentimento de ficar à vontade onde quer que estivesse. Era como um caracol, ela dizia. Carregava tudo o que precisava consigo. Foi atraído pelo seu senso de organização. Águas turbulentas pareciam se acalmar em sua presença e ele pensava que juntos poderiam navegar para sempre por mares ensolarados.

Quando os idealistas anos de 1960 deram lugar aos moderados anos 1970 e eles ficaram um pouco mais velhos, ambos tornaram-se um pouco mais direcionados para suas carreiras e passaram a pertencer muito mais à classe média. Mark usava ternos de três peças. Jean tinha um bom emprego em uma grande corporação, mas também assumiu a responsabilidade de gerenciar sua casa. As crianças vieram e o trabalho dela em casa aumentou, à medida que o trabalho dele fora de casa aumentou. Ele ganhava mais dinheiro do que ela e, quando se mudaram para o subúrbio, ela parou de trabalhar para ficar em casa com as crianças, enquanto Mark começou a passar mais tempo no escritório para manter seu padrão de vida.

Mark e Jean buscaram a terapia quando estavam considerando se divorciar. Sua vida juntos tinha permanecido calma; não havia tempestades em seu oceano, mas eles não estão indo a lugar nenhum. O trabalho dele está tomando cada vez mais o seu tempo. Ela voltou a trabalhar e agora tem tarefas duplicadas, chegando em casa mais cedo e tomando conta dos filhos.

Eles sentem-se desconectados. Jean janta com as crianças e as coloca na cama, e então espera Mark chegar em casa. Às nove ou dez horas, ela prepara o jantar dele e depois de ela colocar os pratos na lavadora, eles caem na cama, ambos cansados, ele do seu lado e ela do dela.

Jean reclama que Mark a critica constantemente. Ela sente que ele é egoísta, frio e desinteressado; ele cuida bem dos filhos somente se ela o observa. Ele sente que ela o está controlando e está obsessivamente dedicada às coisas; na visão dele, o romance de suas vidas tinha sido sacrificado em um mundo onde a continuidade e a ordem devem reinar supremas. Ele vê a si mesmo investindo na família, amando os filhos e sendo responsável por eles, mas não tem importância nenhuma em absolutamente qualquer decisão. Em casa, ele sente-se supérfluo. Ela se vê como responsável, preocupada, assoberbada com seus dois empregos de tempo integral. Sente-se escravizada.

Ambos estão certos. E em seu sentimento de traição, eles procuraram aliados em sua luta silenciosa. O filho juntou-se ao pai em sua visão deformada de sua mãe. A mãe despeja sobre a filha todo o amor e o acalentamento que se estancou no relacionamento com o seu marido.

Certa noite, quando Mark chegou em casa tarde após o trabalho e Jean, submissa, esquentou seu jantar, ele ficou preocupado com como ela parecia cansada. Ele sugeriu que ela fosse dormir. Ele jantaria sozinho. Ela interpretou isso como uma crítica sobre seu senso de organização. Foi para a cama em silêncio, desolada. Ele interpretou seu silêncio como falta de afeição e sentiu ainda mais fortemente sua inabilidade de se aproximar dela.

Como ambos evitam o conflito aberto, Jean tornou-se mais ocupada com a casa. Sentindo-se supérfluo em casa, ele ficou mais ocupado no escritório. E, à medida que sua guerra silenciosa se arrastava, a vida em família ficava mais restrita, tornando-se uma rotina não-examinada. Esclarecer o problema era arriscar-se em uma guerra aberta.

Essa interpretação esquemática da família Smith é a construção de um terapeuta, um quadro tirado dos pequenos eventos diários, dos diálogos, das discordâncias e da emotividade da vida familiar. As afiliações, as coalizões, as lealdades e as traições, a negociação e o conflito, o egoísmo e a relação próxima e segura – não nas dicotomias nítidas e nas seqüências temporais que a linguagem exige, mas tudo misturado na confusão de emoções não-explicadas – precisam ser reduzidos a alguma descrição mais clara do funcionamento familiar.

O terapeuta ouve a história familiar, mas também seleciona observações de transações das quais ele mesmo participa no consultório. O terapeuta pede a eles que comecem a falar sobre o relacionamento. Mark começa reclamando de Jean. Diz que ela está obsessivamente controladora, dedicada às coisas, fria e mesquinha. O terapeuta pede então que Jean descreva Mark a partir de sua perspectiva. Jean diz que ele é crítico, egoísta, frio, desinteressado e indiferente sempre que finalmente se digna a ajudar.

Agora o terapeuta tem duas histórias, ambas verdadeiras. Ela está zangada e ferida porque ele é tão frio e insensível, sempre criticando-a. Ele desistiu de tentar aproximar-se dela; ela sempre se retrai e nunca lhe dá uma chance. O terapeuta está começando a sentir a maneira como eles entram em conflito; cada um sustentando sua própria idéia da verdade.

Para conhecer a flexibilidade de seu sistema, de como eles acionam um ao outro e a sua capacidade de encontrar maneiras alternativas de se relacionar, o terapeuta encoraja-os a continuar falando enquanto escuta com atenção. Ele observa o não-verbal: posturas corporais, o afeto que acompanha o conteúdo, o ruído emocional. Jean descreve a preparação do jantar de Mark na noite em que estava exausta. Estava apenas tentando ser uma boa esposa e ele a dispensou. Mark responde zangado que tudo o que fez foi tentar fazê-la descansar. Mas isso é típico – ela poderia reclamar de um anel de diamantes. Então o silêncio. Quando o silêncio se prolonga, eles olham esperançosamente para o terapeuta, o qual sugere que eles continuem falando.

Desapontados e muito cautelosos, obedecem. Durante sua exploração contínua, o terapeuta interrompe principalmente para dar continuidade ao diálogo. Observa que a defesa da visão de Mark é experimental. Jean é persistente. Mark é desinteressado, enquanto Jean é emotiva e confrontativa, apesar de se ver como vítima. Mark retribui com o silêncio quando Jean insiste em comprometimento. Quando ele insiste em seu ponto de vista, então é ela que fica em silêncio.

O terapeuta tem agora um mapa inicial da família e um vislumbre de suas possibilidades de expansão. Algo a respeito desse casal faz com que ele se sinta um protetor. Ele ainda não sabe por quê. Eles todos estão no início de sua jornada experiencial.

RESUMO

Os Smith foram meus pacientes e a descrição de sua maneira de ser é resultado de minha "fórmula", a maneira pela qual eu organizei suas transações aparentemente fortuitas. Na Parte II deste livro, nas histórias dos oito terapeutas trabalhando com famílias, testemunhamos as maneiras como cada uma dessas famílias é única, mas também observamos as características universais que elas compartilham, à medida que se relacionam com os terapeutas, que têm estilos idiossincráticos, mas compartilham comigo uma perspectiva sobre o processo terapêutico.

Existem muitas maneiras diferentes de se organizar em dados. Os terapeutas intervencionistas e os moderados que observam famílias a partir de seus ângulos verão apenas o segmento que explicará e justificará suas intervenções. No Capítulo 4, exploramos esses pontos de vista parciais e o quadro complexo que eles formam da área da terapia familiar.

4

Terapias familiares
Prática clínica e supervisão

O clássico japonês *Musashi Miyamoto* descreve a formação do grande samurai Musashi. Ele começa quando Musashi encontra um velho e sábio monge que reconhece o potencial e os talentos nesse jovem rebelde que estava tiranizando a aldeia.

Determinado a educar esse homem selvagem, o velho monge primeiramente desafia Musashi a lutar com todas as suas forças. Sendo um experiente lutador de rua, Musashi ri do pensamento de dar conta do monge de aparência frágil. Porém, ele logo descobre que, mesmo com sua força física, não consegue derrotar o monge, que simplesmente evita o confronto direto com ele. No processo de brincar de esconder, o monge engana Musashi para aperfeiçoar sua esgrima de maneiras que se tornarão claras para ele apenas muito mais tarde.

Enraivecido por sua incapacidade de capturar o monge, o aluno ingrato esquadrinha o templo onde o monge reside, apenas para encontrar a si mesmo novamente preso pelo monge, dessa vez em uma biblioteca, sem escapatória. Após gritar obscenidades durante meses em vão, Musashi finalmente acomoda-se e começa a ler os muitos livros e os raros manuscritos na sala, onde é mantido em confinamento por 10 anos. Durante esse período, há vários encontros entre Musashi e o monge e, com cada experiência, as habilidades de Musashi são mais refinadamente polidas.

Um dia, Musashi encontra a porta da biblioteca aberta. Do lado de fora da porta está o monge, que diz a ele que lhe ensinou tudo o que sabe e que dali em diante Musashi deveria continuar a aprender sozinho. Assim, Musashi inicia a grande aventura de tornar-se o melhor samurai da história.

A história desse professor autodesignado e de seu aluno relutante desperta fantasias profundamente enraizadas tanto nos alunos quanto nos professores. Para os professores, a história demonstra que as lutas pelo poder são inevitáveis no processo de aprendizagem interpessoal. Para aqueles entre nós que desejam encontrar um professor tão comprometido com nosso crescimento e com nossas realizações, apesar de nossa estupidez e resistência, a experiência de Musashi com o monge é um encontro que acontece uma vez na vida. Para aqueles que são sensíveis à hierarquia e a questões de controle, porém, esse método de treinamento do samurai seria uma experiência de aprendizagem que se transformaria em um pesadelo.

O drama da transação de aprendizagem leva consigo diferentes temas e significados para diferentes pessoas. A área da terapia familiar sempre orgulhou-se de sua diversidade, conforme refletido em suas diversas escolas de pensamento. A mesma diversidade ocorre no treinamento.

No despertar do século XXI, a terapia familiar é uma prática estabelecida. As lutas anteriores contra a instituição da psicanálise foram substituídas por uma preocupação com a eficiência em territórios discretos. O treinamento de terapeutas familiares não é relegado a institutos especializados, mas acontece nas universidades, em departamentos de serviço social, de psicologia, de psiquiatria e de enfermagem. Os programas que concedem o grau de mestre em terapia familiar surgiram em vários lugares dos Estados Unidos e no exterior, à medida que o âmbito de sua aplicação potencial continua a se expandir.

Nossa tarefa neste capítulo é fornecer uma visão geral das várias maneiras como a terapia familiar tem sido conduzida e como os terapeutas têm sido treinados em sua prática. Para organizar um pouco a nossa visão geral, voltamos à divisão da área em terapias intervencionistas e moderadas. A distinção é um tanto artificial e os terapeutas que reunimos em grupos não se veriam necessariamente como semelhantes, mas o agrupamento ajudando a destacar a existência de atributos comuns importantes e as diferenças entre os vários principais enfoques da terapia sistêmica.

TERAPIAS INTERVENCIONISTAS

Selecionamos quatro terapeutas entre os pioneiros em terapia familiar para representar o grupo intervencionista de terapeutas. Nossa seleção é um tanto arbitrária, em parte baseada no fato de que já temos fitas de seu trabalho a partir das quais podemos descrever seus estilos clínicos. Apesar de marcadamente diferentes, seus estilos todos transmitem o sentimento de comprometimento pessoal com o processo terapêutico, que é a indicação de qualidade do grupo. No Capítulo 6, meu próprio estilo de terapia intervencionista é discutido e ilustrado e, na Parte II, esse estilo é elaborado nas histórias de supervisão por oito de meus alunos e colegas.

Virginia Satir

O estilo afetuoso e próximo de Virginia Satir foi descrito no Capítulo 1 como um exemplo de prática intervencionista. O objetivo de Satir na terapia era o crescimento, que ela mediu em auto-estima aumentada para os indivíduos e maior coerência para a unidade familiar. Para Satir, o conceito de "fazer pessoas" era o mesmo na supervisão e na terapia. Portanto, Satir criou para seus alunos o mesmo tipo de experiências que ela criou para as famílias – experiências destinadas a melhorar a expressão emocional e obter *insight*.

Satir acreditava que era essencial para os terapeutas ter conhecimento de si como partes de suas próprias famílias. Segundo seu pensamento, os terapeutas precisavam elaborar questões não-resolvidas em suas próprias relações familiares. Ela freqüentemente treinava em um formato de grupo no qual o estagiário traçava um determinado período de sua vida e o contexto familiar daquela época. Ela então levava as pessoas no grupo a encenar os diferentes papéis da família, de modo que o estagiário individualmente pudesse reexperienciar seu papel familiar para um novo crescimento.

Tendo criado estudantes seus seguidores por todo o mundo, Satir reunia-se com suas "pessoas bonitas", durante um mês, no verão, em um retiro freqüentado não apenas por seus alunos, mas também por suas famílias. Parte de seu formato de ensino durante esses retiros envolvia entrevistar seus alunos e suas famílias frente ao grande grupo, com o espírito de crescimento e compartilhamento. Algumas pessoas achavam a maneira como Satir envolvia-se, tornando-se uma "boa mãe" para seus alunos, um pouco intrusivo e opressor. Ela era, na verdade, extremamente próxima, e usava a si mesma de uma maneira que era altamente acalentadora. Os supervisores que preferem que seu relacionamento com o supervisionado seja amigável, formal e à meia distância podem ter achado seu estilo de supervisão íntimo demais para dar lugar a um pensamento independente. Mas a terapia de Satir era uma terapia de intimidade e sua supervisão tinha a mesma qualidade. Muitas das técnicas que desenvolveu, como reenquadramento, uso da árvore familiar (que precedeu o genograma) e escultura familiar, só para nomear algumas delas, ainda são amplamente utililizadas na área.

Carl Whitaker

O estilo de Carl Whitaker era completamente diferente do de Satir. Enquanto ela era afetuosa e engajadora, ele era gnômico e um tanto excêntrico. Whitaker advogava a "loucura" – não-racional, com experiências e funcionamento criativos – como partes integrantes do processo de terapia. Ele acreditava que ao se permitirem ser um pouco loucas, as famílias poderiam desfrutar dos benefícios da espontaneidade e de maior emotividade.

Para extrair "loucura" de pessoas e libertá-las de seus obstáculos emocionais ao progresso, Whitaker criou uma técnica de espontaneamente comunicar seus próprios sentimentos aos pacientes, compartilhando suas emoções e fantasias, assim como suas próprias histórias. Seu estilo singular está bem-ilustrado por uma sessão que conduziu com a família de um menino de 10 anos que tinha sido hospitalizado após uma tentativa de suicídio. Ele começou conversando com o pai, perguntando sobre a história familiar. Prestou atenção especialmente às mortes. Um avô havia falecido há pouco tempo. A irmã do pai havia se suicidado usando o mesmo método que o menino tinha tentado usar. Duas vezes Whitaker interrompeu para dizer: "Tenho um pensamento maluco". Ele interpunha algo tangencial, ao qual não parecia esperar que o pai respondesse. Virando-se para a mãe, ele perguntou sobre os pais dela, novamente prestando atenção à morte de seu pai. Ele então falou sobre a morte de seu próprio pai, dizendo que se sentia um assassino. Ele adicionou que provavelmente qualquer pessoa que sobrevive à morte de um membro familiar sente-se como um assassino e sugeriu que essa família deveria sentir-se da mesma maneira.

A mãe disse que não conseguia entender tal idéia. Whitaker replicou indignadamente que ele não estava tentando ensinar a ela como entender, mas como tolerar *não* saber – "a única maneira pela qual podemos lidar com esse mundo insano". A mulher ficou chocada com a resposta veemente, mas Whitaker parecia absolutamente despreocupado. Ele transmitiu a opinião geral de que as narrativas não tinham que ir a nenhuma direção em particular. Ele continuamente interrompia o fluxo lógico com seus "pensamentos malucos". Em certo ponto, ele disse: "Você me faz bem; seu sotaque me faz lembrar de quando eu morava na Austrália", e o sabor sulino de seu próprio sotaque intensificava-se. Em outro ponto, ele disse novamente: "Tenho um pensamento maluco. Estou pensando sobre duelar. Você gostaria de duelar?" À expressão perplexa da família, ele disse: "Não, eu não devo" e continuou a entrevista, interferindo com comentários sobre sua própria vida. Contou ao menino sobre um de seus pacientes que tinha sido treinado para matar no Vietnã. Quando voltou aos Estados Unidos, ao tentar vender um aspirador de pó a uma mulher que não queria nenhum, o paciente tinha tido o impulso de usar o fio do aspirador de pó para estrangulá-la, conforme havia sido ensinado.

Para o público que observa, assim como para a família, a entrevista de Whitaker foi embaraçosa, aparentemente sem direção. Ao estudar a fita, porém, nós nos damos conta de que em uma entrevista que durou menos de uma hora, ele evocou ou sugeriu discussões sobre morte, suicídio e assassinato mais de 30 vezes. Toda a sessão estava permeada com imagens de morte e respostas à morte, de modo que a exploração da morte e suas conseqüências tornaram-se um tanto familiares. Whitaker estava desafiando a intimidade em uma família que tendia a não compartilhar diálogos internos. Ele estava os encorajando a apresentar, respeitar e validar elementos inconscientes em seu pensamento, desafiando sua super-racionalidade.

Virginia Satir e Carl Whitaker compartilhavam pelo menos um objetivo: ir diretamente a níveis mais profundos de experiência. Mas a ênfase de Satir era no afeto e no acalentamento, e ela envolveu-se muito diretamente em revelar essas emoções delicadas. As declarações de Whitaker tinham raízes em idéias universais, questões que transcendem indivíduos, famílias e até mesmo culturas. Ele estava lidando com os elementos recorrentes da morte, de assassinato, do sexo e da descontinuidade, não se unindo à família, mas desafiando os membros da mesma a unirem-se a ele em uma maneira profunda e irreverente de ver as coisas.

Whitaker via a teoria como um obstáculo ao trabalho clínico (Whitaker, 1976). Sentia que os terapeutas que baseiam seu trabalho na teoria têm probabilidade de substituir cuidados por uma tecnologia imparcial. Não deveria ser surpresa, então, que Whitaker acreditasse que o ato de fazer terapia não pode ser ensinado. Se não podemos ensinar terapia, a única coisa que se pode fazer é expor os alunos à terapia, realizando-a com eles. Portanto, todos os alunos de Whitaker eram seus co-terapeutas. Ao fazer terapia com ele, ao receber terapia dele e ao conversar com ele, eles deveriam tornar-se não como ele, mas mais eles mesmos. Seu treinamento era por participação, e não por instrução.

Apesar da terapia experiencial que Whitaker introduziu em suas famílias não ter sido sempre fácil de ser seguida pelas pessoas, sua habilidade de "admirar pessoas no campo dos sonhos, e atuar nisso, como Alice no país das maravilhas" (*AAMFT Founders Series*, 1991) é um legado que desejava deixar para trás, e ele realmente fez isso. Aprender a brincar e introduzir elementos absurdos em um sistema familiar rígido é benéfico para qualquer terapeuta, seja ele um seguidor de Whitaker ou não.

Ao desafiar o significado e a lógica no pensamento das pessoas e nos papéis dentro da família, Whitaker antecipou o desafio construtivista da realidade. Ao comprometer-se pessoalmente com o processo de mudança na terapia, ele também desafiou a postura cognitiva da prática construcionista.

Murray Bowen

Enquanto Satir e Whitaker eram espontâneos, emotivos e instintivos, Murray Bowen era racional, deliberado e teórico. Bowen via os sintomas como um produto da reatividade emocional dentro da família, agudo ou crônico. Como Bowen via que o principal problema na família era uma fusão emocional, seu principal objetivo na terapia era a diferenciação. Para criar as condições para uma maior autonomia individual e crescimento, ele considerava necessário reabrir relações familiares rompidas e desfazer os triângulos existentes nelas.

Bowen acreditava que a mudança pode ocorrer apenas quando a ansiedade estiver baixa, e que a compreensão, não o sentimento, é o veículo crítico para a mudança. Assim, os terapeutas devem aprender a tolerar a emotividade nas famílias sem se tornarem eles mesmos reativos. No enfoque de Bowen, o terapeuta é um treinador que permanece insuspeito, calmo e fora das confusões emocionais entre os membros da família. Se o terapeuta puder resistir à pressão de formar um triângulo no conflito familiar, a tensão na família diminuirá, e a fusão entre os membros da família será resolvida no final.

Em contraste à emotividade afetuosa de Satir e ao caos hábil de Whitaker, a racionalidade de Bowen parece ser supercontrolada e destituída de humor. Seu enfoque é bem-ilustrado por uma entrevista com um casal que estava sempre discutindo. O marido e a esposa passavam de um assunto para outro, sem parar de brigar e sem resolver nada. Bowen assumiu o controle da sessão pedindo a cada um deles que falasse apenas com ele. Ele tornou-se o vértice de um triângulo, instruindo a esposa a ouvir enquanto ele e o marido conversavam, depois dizendo ao marido para ouvir enquanto ele conversava com a mulher. O marido começou a descrever sua raiva dirigida à esposa.

Bowen interrompeu. "Não me diga o que você sente", disse ele com maneira seca e sem emoção. "Não estou interessado no que você sente. Diga-me o que você pensa". Durante toda a sessão, Bowen interferiu sempre de novo, exercendo um controle cognitivo para monitorar a intensidade das trocas do casal. Pelo fim da sessão, a briga pelo controle que havia permeado cada transação entre o marido e a esposa tinha se acalmado. Dentro da estrutura formal que Bowen impôs, eles estavam começando a explorar suas próprias necessidades um do outro, em vez de criticar um ao outro.

A teoria de Bowen orienta a supervisão da mesma maneira que orienta a terapia. O objetivo da supervisão é melhorar a habilidade de um terapeuta permanecer reflexivo e não-reativo frente ao processo emocional da família paciente. Mas, nos termos de Bowen, isso significa que o objetivo da supervisão é melhorar a diferenciação do *self* feita pelo terapeuta. Como esse objetivo é idêntico ao da terapia, o processo de supervisão será idêntico ao processo da terapia. O supervisor funcionará como a calma do supervisionado, como treinador que desfaz triângulos, à medida que o supervisionado procura primeiro compreender a relação entre esses impasses clínicos e a história multigeracional de sua família, e então continua para retornar à sua família de origem a fim de mudar seu ponto de vista em relação a membros-chave da família.

Um problema com a teoria de Bowen é que ela fixa o nível de diferenciação das pessoas nas experiências infantis na família de origem. Ela não permite a possibilidade de mudança ou diferenciação baseadas em experiências posteriores na vida da nova família. De certa forma, sua teoria se parece com a teoria psicanalítica de repressão, e o potencial de crescimento depende de mudar os primeiros relacionamentos. Mesmo assim, a teoria de Bowen oferece uma conceitualização abrangente do relacionamento entre os indivíduos e suas famílias, que é uma estrutura útil para os terapeutas entenderem.

Jay Haley*

Jay Haley é mais um supervisor do que um terapeuta. Mas seu pensamento é tão claro e suas diretrizes são tão fáceis de serem transformadas em artifícios terapêuticos que ele pode ser comparado a um cartógrafo-mestre. Com um de seus mapas, um terapeuta sempre saberá a direção a ser seguida. Haley vê as interações humanas como lutas interpessoais por controle e poder. O poder a que ele se refere, contudo, não é necessariamente o controle sobre outra pessoa; ao contrário, é o controle da *definição* do relacionamento. O objetivo da terapia, em sua visão, é a redefinição do relacionamento entre os membros da família de modo que o sintoma cederá como um meio de exercer poder dentro da família.

Para Haley, a terapia é uma tentativa de criar condições onde os membros da família "encontrem-se" em circunstâncias nas quais eles precisam fazer algo diferente um com o outro. A tarefa do terapeuta torna-se um projeto na engenharia social: dado esse sintoma, essa família organizada de forma disfuncional, essa dificuldade ou estresse na vida, sob quais circunstâncias os membros da família serão inclinados a mudar? E como o terapeuta pode direcioná-los para tais circunstâncias de modo que eles próprios experienciem chegar a essa solução por si mesmos? A terapia torna-se um exercício em "direcionamento indireto".

No tratamento de um casal cuja esposa era bulímica, ele levou o terapeuta a explorar as áreas de desconfiança entre os cônjuges, dizendo que o tratamento da bulimia não poderia iniciar antes que o problema fosse abordado. Para ajudar a esposa a confiar em seu marido, ela deveria pedir a ele para ir com ela ao supermercado comprar a *junk food*** que ela devorava durante a noite. O casal foi encorajado a anotar a quantidade de comida que a esposa consumia e depois vomitava. Em certo ponto, foi pedido que o marido comprasse a comida dela. Então, eles decidiram juntos que, como ela iria ser vomitada mais tarde, eles bem que poderiam

---
* Enquanto o trabalho de Jay Haley é anterior à sua parceria com Cloe Madanes, e enquanto tanto ele quanto Madanes têm escrito extensivamente, mas nunca foram co-autores de um livro, parece difícil escrever sobre seu trabalho sem levar em consideração que, por mais de uma década, Madanes e Haley foram co-diretores do *Washington Family Institute*, ensinando e pensando juntos. Nas últimas duas décadas, eles evoluíram de forma diferente. Enquanto Haley continuou a explorar técnicas estratégicas, Madanes direcionou-se para uma preocupação com os aspectos espirituais da terapia.
** N. de R.T. *Junk food* é o mesmo que *fast food*, ou seja, comida pronta não-saudável.

usar o liquidificador para mastigá-la. Finalmente, para poupar a esposa da energia de vomitar, eles concordaram em comprar a comida, liquidificá-la e então atirá-la no vaso sanitário.

O aumento na colaboração, na reciprocidade e na confiança entre os cônjuges, que era crítico para as mudanças na dinâmica do casal e para a mudança do sintoma, permaneceu sem destaque na formulação estratégica de Haley; elas pareciam quase separadas. Mas eram a essência das estratégias de Haley. A terapia estratégica de Haley tem sido descrita, certas vezes, como manipulativa e desrespeitosa, mas o tendo observado durante décadas, podemos testemunhar a preocupação cuidadosa e respeitosa pelas pessoas que invariavelmente sustentam seu pensamento estratégico.

A supervisão de Haley também é um exercício em "direcionamento indireto". Semelhante a esse conceito de terapia, a supervisão de um terapeuta estratégico sempre envolve o projeto de um plano especificado e individualizado (que pode ser ou não compartilhado com o supervisionado) pelo supervisor (Mazza, 1988). O contexto de treinamento é a supervisão ao vivo. Trabalhando por trás de um espelho, Haley direciona o movimento da terapia, passando por telefone diretrizes para o supervisionado. Essas diretrizes destinam-se a ajudar o supervisionado a crescer em competência como terapeuta estratégico. Ele muda fazendo algo em vez de pensar ou falar sobre tal coisa. A aprendizagem acontece de forma indireta, basicamente fora de sua consciência. Portanto, enquanto incluímos Haley no grupo intervencionista, sua posição com relação ao sentimento do terapeuta sobre si mesmo como um instrumento terapêutico é diferente da de outros no grupo.

Enquanto o ensino de Jay Haley é freqüentemente comparado àquele de outras escolas estratégicas minimalistas como o Mental Research Institute e a abordagem de Milão, Haley é um intervencionista, segundo julgamos. Ele usa o sintoma que se apresenta para conseguir entrar na família do paciente ou em um sistema maior, e seu objetivo máximo não é apenas lidar com o sintoma, mas mudar o sistema.

Apesar das diferenças de estilo e de pensamento, todos os terapeutas discutidos até agora concentravam-se no terapeuta como o provocador do processo de mudança. Inevitavelmente, todos eles usaram a si mesmos como supervisores de maneiras que direcionaram seus supervisionados para o seu tipo ideal de terapeuta. Satir criou relacionamentos emocionais intensos com seus alunos, os quais encorajaram sua proximidade, lealdade e afeição. Whitaker criou respeito, afeição e perplexidade simultaneamente. Ele deu espaço para a criatividade de seus supervisionados e enfatizou a distância necessária para conectarem-se com sua própria individualidade, assim como a confiança para estarem conectados a ele. Bowen manteve um relacionamento excêntrico e desinteressado com seus supervisionados. Seu ideal do terapeuta como treinador foi revisitado em sua supervisão de alunos que estavam trabalhando com suas famílias de origem. Haley, trabalhando a meia-distância, cria uma atmosfera intelectual respeitosa a partir da qual consegue ensinar seu enfoque antiintelectual.

Tanto Satir quanto Whitaker assumiram que seus relacionamentos com os pacientes mudaram não apenas os pacientes, mas eles mesmos. Portanto, eles se sentiram à vontade para adotar um papel instrumental para a mudança de seus supervisionados. O respeito de Bowen pela autonomia e pela diferenciação, contudo, encarregou os supervisionados da mudança em seu trabalho com suas famílias de origem. Haley criou um relacionamento hierárquico no qual os supervisionados experienciaram o uso da autoridade terapêutica para dar direcionamentos.

Cada um desses terapeutas intervencionistas tinha uma preferência por um determinado ângulo do drama humano: Satir pelo acalentamento, Whitaker pela criatividade, Bowen pela autonomia e Haley pelo poder. Seus enfoques diferentes quanto à terapia mostram-nos que é possível que os terapeutas operem em um estilo preferido para aumentar a complexidade em seu trabalho terapêutico, desde que entendam que tal estilo não é a única possibilidade.

TERAPIAS MODERADAS

O controle em terapia familiar pode tomar várias formas, e várias escolas terapêuticas adotaram diferentes modos de controlar suas intervenções. Um grupo de terapeutas limita cuidadosamente o domínio do funcionamento familiar no qual eles intervêm; a terapia concentra-se apenas no problema conforme identificado pela família. O segundo grupo desenvolve inúmeras técnicas para controlar as atividades e o ponto de vista do terapeuta. Um terceiro grupo exerce o controle limitando a modalidade das respostas do terapeuta ao domínio da linguagem e da história. Porém, todos os três grupos compartilham uma preocupação com a imposição de si mesmos sobre a família, atentos para que a intervenção não se torne opressiva.

O grupo do MRI

O grupo de Terapia Breve no Mental Health Institute, em Palo Alto, Califórnia, que incluía John Weakland, Paul Watzlawick, Arthur Bodin e Richard Fisch foi o primeiro a apregoar uma abordagem não-normativa à terapia sistêmica. O grupo do MRI declarou que não considerava como problemática qualquer maneira de funcionar, de se relacionar ou de viver, se o paciente não tivesse expressando descontentamento com ela (Fisch, 1978).

Quando as pessoas realmente definem algo como um problema, elas invariavelmente tentam alguma solução para o mesmo. Às vezes, a própria solução que se tenta serve apenas para manter e para ampliar o problema. Se, em resposta, tentar-se mais da mesma solução, inicia-se um ciclo vicioso. A próxima parada pode ser o consultório de um terapeuta.

Se o terapeuta fizer uso do modelo do MRI, a terapia será constrangidamente minimalista. O terapeuta aceitará a definição do paciente sobre o problema, apesar de poder impelir o paciente a descrever o problema em termos comportamentais. O terapeuta então avaliará as seqüências de soluções tentadas que parecem estar dando continuidade ao problema. O terapeuta delineará diretrizes destinadas a interromper a seqüência de continuação do problema e apresentará as mesmas recompondo o problema em termos que utilizem a linguagem, as crenças e os valores do paciente. O terapeuta será ativista e estratégico, mas *apenas* para interromper as seqüências de continuação do problema. Quando o problema que se apresenta, conforme definido pelo paciente, for resolvido, a terapia termina. O terapeuta do MRI espera que a terapia seja breve, não mais do que oito sessões.

O grupo do MRI também acredita que o treinamento deve ser breve. Como seu modelo é simples, eles acreditam que podem ensinar qualquer terapeuta razoavelmente inteligente e interessado em utilizá-lo. O principal objetivo do treinamento do MRI é fazer com que os alunos abandonem a perspectiva de qualquer modelo a partir do qual eles trabalharam anteriormente e adotem o enfoque do MRI. Aprender o que está incluído é considerado mais importante do que aprender o que incluir.

O outro obstáculo é ajudar os alunos a se tornarem mais ativos na esfera de ação na qual o modelo do MRI exige ativismo terapêutico, aquele de avaliar e interromper seqüências de soluções tentadas. Para ser ativo nessa esfera de ação, o aluno precisa adquirir a habilidade de extrair dos pacientes definições claras de problemas, de planejar e de "vender" ajustes e de planejar e expor diretrizes. A supervisão ao vivo pode ser usada para ajudar o aluno a adquirir essas habilidades. Quando isso acontece, a principal intervenção do supervisor será passar diretrizes por telefone ao aluno. Pode levar o aluno a fazer mais perguntas em determinada área, assim como pode levar o aluno a usar um determinado ajuste. Ou ainda, pode dar ao aluno uma diretriz a ser exposta literalmente ao paciente.

Esse é um modelo de treinamento que não requer a realização de um histórico do paciente, nenhum *insight*, nem volta à própria família de origem do paciente. É um modelo de treinamento que se concentra no planejamento e na técnica, muito mais do que no estilo pessoal do terapeuta.

A insistência do MRI em que os alunos abandonem qualquer coisa que tenham aprendido a fim de usar seu modelo parece ser restritiva e pode produzir terapeutas orientados à técnica e à falta de sofisticação necessária para lidar com situações humanas complexas. Em sua concentração na descrição feita pelo paciente sobre seus problemas e sobre seu comportamento, eles freqüentemente descartam a família como um sistema interativo e concentram-se em fenômenos individuais. Portanto, quando os terapeutas do MRI consideram seu enfoque como minimalista, eles estão falando sobre direcionar seu interesse para apenas um aspecto da resolução de problemas. Com essa definição limitada, o minimalismo pode ser visto como unidimensional.

A contribuição do desenvolvimento do MRI atual é, talvez, não tanto seu modelo breve, mas sua maneira de abordar problemas. Ele é benéfico para compreender que a solução que acompanha um problema pode ser mais problemática do que o próprio problema – uma lição que também é de valor para o grupo do MRI levar em conta em sua tentativa de fornecer uma fórmula para a terapia familiar.

A abordagem focada na solução

O modelo focado na solução, de Steve de Shazer, surgiu a partir da abordagem do MRI. Mas onde o grupo do MRI concentra-se nas soluções tentadas sem sucesso do sistema do paciente, de Shazer concentra-se apenas no que os membros do sistema do paciente estão fazendo – ou fizeram no passado – que tem, na verdade, sem o conhecimento deles, tido sucesso para aliviar o problema que se apresenta. Dessa forma, os terapeutas centrados na solução estão interessados não tanto nos problemas apresentados pelos pacientes, mas nos casos excepcionais nos quais os pacientes sentem-se mais capacitados para lidar com os problemas. A tarefa da terapia focada na solução serve para ajudar os pacientes a ampliar comportamentos com soluções efetivas, os quais já possuem.

Duas técnicas são básicas na terapia para a abordagem focada na solução. A primeira é a "questão de exceção". Essa questão destina-se a extrair dos pacientes uma procura de episódios no passado ou no presente quando eles não estavam tão afetados por seus problemas. Uma vez que tais exceções tenham sido identificadas, o terapeuta pode explorar com os pacientes o que foi que eles estavam fazendo que foi efetivo para aliviar os problemas. Os planos podem ser desenvolvidos para ajudar os pacientes a repetir esses comportamentos.

De Shazer e sua equipe descobriram que há pacientes que, quando se faz a questão de exceção, são incapazes de identificar qualquer momento quando estiveram menos perturbados. Assim, os pacientes concentrados nos problemas são aqueles que parecem completamente inconscientes de qualquer coisa que estejam fazendo, ou que fizeram no passado, que foi bem-sucedida para aliviar seus problemas. Para esses pacientes, de Shazer delineou a "questão milagrosa": "Suponha que uma noite, enquanto você está dormindo, um milagre aconteceu e seu problema foi resolvido. No dia seguinte, como você poderia dizer que seu problema teria desaparecido? O que você estaria fazendo de forma diferente?". Para o paciente focado no problema, a questão milagrosa tem a mesma função da questão de exceção. Ela permite que eles se concentrem em comportamentos que servem para resolver o problema que se apresenta.

A supervisão da terapia focada na solução é, em si mesma, focalizada na solução. Frank Thomas (1994) caracterizou-a como "a adulação da habilidade". É o supervisionado quem estabelece o programa para a supervisão em seu enfoque e é ele quem define de forma contínua qual será o enfoque do encontro de supervisão.

Os supervisionados recém-introduzidos à perspectiva focada na solução têm probabilidade de definir o programa de supervisão em termos de "impasses" ou "problemas" clínicos. A resposta do supervisor a tal definição é informada por sua suposição focada em soluções de que o supervisionado já está fazendo coisas que representam uma solução para o assim chamado "problema clínico". Assim, o supervisor pergunta questões de exceção para ajudar o supervisionado a focar e a ampliar essas soluções não-identificadas. Thomas (1994, p. 14) apresenta a seguinte amostra de diálogo entre um supervisor e seu supervisionado:

CONSULTANTE: Quando, durante a sessão, a experiência [do paciente] altera-se?
TERAPEUTA: Quando eu continuo lhe dando tarefas e o mantenho dentro do tópico.
CONSULTANTE: Como você faz isso?
TERAPEUTA: Eu o interrompo.
CONSULTANTE: Você poderia fazer isso mais vezes?

Quando sua conduta de supervisor não auxiliar o supervisionado a identificar exceções de comportamentos, é provável que o supervisor recorra à questão milagrosa. Assim como com os pacientes, presume-se que a imaginação do supervisionado de um desaparecimento milagroso de seu "impasse clínico" servirá para atenuar seu foco do problema e o capacitará a concentrar-se em comportamentos de solução.

Talvez o maior obstáculo para a aprendizagem da terapia focada na solução seja superar a preocupação com problemas que domina a área da saúde mental. Ao fazer uma supervisão informada pelas suposições da abordagem focada na solução, o treinador focado na solução fornece ao supervisionado uma experiência de primeira mão da utilidade e da eficiência de olhar para além dos problemas vislumbrando soluções. No final, é essa experiência que transforma o supervisionado em um terapeuta focado na solução.

A promessa do modelo focado na solução é atraente porque é de curto prazo e concentra-se apenas nas coisas positivas que funcionam. Ele oferece um otimismo que é excelente se usado para fornecer uma abertura para algo mais. Porém, pode ser ingênuo e enganoso quando se torna o evento principal. Os conceitos centrais do modelo – a questão milagrosa e a questão da exceção – não são únicos; eles são elementos na esfera de ação pública da psicoterapia, mas nesse modelo foram elevados a uma grande arte. É questionável se são suficientes para formar a base de um modelo terapêutico. Isso explica o debate (*Journal of Systemic and Strategic Therapies*, nov. de 1994) entre seus próprios membros em relação à necessidade de ir além do âmbito definido do modelo. Se ele for expandido, pode perder as características particulares que o modelo promoveu. Se não for, suas limitações desafiarão os terapeutas a encontrar outras soluções. O mesmo aplica-se a seu modelo de treinamento. Alguns terapeutas, já treinados em um modelo genérico e que desejam algo mais focalizado, podem beneficiar-se de seu direcionamento claro. Os terapeutas novatos, porém, podem se tornar centrados demais em procedimentos técnicos em um estágio muito prematuro e, por meio disso, impedir seu desenvolvimento global.

Novamente, como o modelo breve do MRI do qual se originou, o modelo focado em soluções afasta a terapia familiar de seu foco distinto na organização familiar e no processo interativo para concentrar-se no processo cognitivo que é mais baseado em individualidade.

As explorações conceituais dos associados de Milão

Desde seu início, a equipe de Milão percorreu vários estágios de transformação. Começou com quatro pessoas, consistindo de Mara Selvini Palazzoli, Luigi Boscolo, Gianfranco Cecchin e Giuliana Prata. Entre 1979 e 1980, a equipe de quatro começou a se dividir. Boscolo e Cecchin dedicaram-se ao ensino e ao treinamento, enquanto Palazzoli e Prata continuaram com seu enfoque de pesquisa e fundaram o New Center for Family Studies.

Foi a equipe original de quatro pessoas que planejou o formato de entrevista que permaneceu como o indicador de qualidade da terapia de Milão em todas as suas várias manifestações. Para controlar a intrusão do terapeuta, eles criaram a equipe terapêutica - um grupo de colegas que observa por trás de um espelho unidirecional, tornando-se parte integrante da terapia. Eles também modificaram a linguagem da intervenção terapêutica, substituindo diretrizes e declarações por inquirições e questionamento circular, e formularam as diretrizes agora famosas de hipótese, circularidade e neutralidade.

A equipe de observação e as diretrizes refletem a preocupação de Milão com o *pensamento*. Para a primeira equipe de Milão, a intervenção bem-sucedida exigia que o terapeuta formulasse uma compreensão abrangente, graduada e sistêmica do que estava acontecendo dentro da família. As diretrizes foram projetadas para impedir que o terapeuta se comportasse de modo a poder entrar em choque na formulação de tal compreensão. A consciência dos colegas do terapeuta nas entrevistas por trás do espelho unidirecional também teve uma função restritiva, enquanto a indulgência descontrolada da equipe de observação de formular hipóteses por trás do espelho serviu para aumentar exponencialmente a quantidade de cogitação que poderia acompanhar cada caso.

As sessões eram realizadas mensalmente e, no final de cada sessão, o terapeuta apresentava à família uma mensagem que transmitia, em termos positivos, a compreensão da equipe do que estava acontecendo na família. O objetivo desses artifícios era ativar um processo de mudança nos membros da família quando eles estivessem sozinhos, fora da sala de terapia.

O privilégio da epistemologia sobre a práxis que caracterizava os escritos de Bateson foi revisitado pela equipe de Milão e explica tanto seu sucesso quanto suas limitações. Na prática de Milão, a intervenção do terapeuta está mais relacionada a sua maneira de pensar do que às características ou necessidades da família; portanto, sua terapia é a de uma família universal.

Paradoxalmente, com toda a ênfase na maneira de o terapeuta fazer perguntas, entregar prescrições, ser neutro, curioso ou formular hipóteses, tal como uma entidade humana completa parece estranhamente vazio. O terapeuta deveria conhecer a maneira correta de fazer a intervenção correta, mas, quem é o terapeuta? Parece que a criação de uma equipe difundiu os limites do terapeuta individual, cuja identidade permanece confusa.

Após a adoção de uma epistemologia de segunda ordem, Boscolo e Cecchin não aceitaram mais a noção de uma compreensão "correta" do que acontece em uma família, não importando quão sistêmica essa compreensão possa ser. Porém, ao invés de diminuir seu foco no pensamento, essa virada epistemológica, na verdade, o reforçou. Cecchin advogava que o terapeuta e a equipe se engajassem em uma formulação de hipóteses "curiosa" sobre as famílias como um meio de manterem-se conscientes de que toda e qualquer hipótese não é nada mais do que construções originadas socialmente.

Como a equipe de observação é um componente integrante da terapia de Milão, também é, com uma interessante variação, o elemento-chave na supervisão de Milão. Para fins de treinamento, os alunos de Boscolo e Cecchin foram divididos em duas equipes. A primeira funcionava como a equipe de observação para o terapeuta, também um aluno, o qual entrevistava a família. A segunda observava tanto as interações que ocorriam na sala de terapia quanto as interações dentro da equipe de observação. Nenhuma interação ocorreu entre as duas equipes; sua separação pretendia demonstrar os "diferentes níveis de análise de sistemas interativos" (Pirotta e Cecchin, 1988, p. 53). A presença de uma equipe observando a equipe que está observando o terapeuta serviu para instilar nos supervisionados o princípio de que o sistema que precisa ser observado durante uma sessão de terapia não é apenas o sistema familiar, mas também o sistema terapêutico. Ao participar, ao longo do tempo, de ambas as equipes, e funcionando como terapeutas entrevistadores também, os supervisionados cultivaram o hábito intelectual de levar em consideração perspectivas múltiplas, que é a indicação de qualidade do pensamento do terapeuta de Milão.

Os associados de Milão continuamente desenvolviam-se, substituindo uma teoria por outra. Porém, a primeira equipe de Milão permanece a mais influente, pois eles forneceram uma alternativa para o enfoque intervencionista americano. Eles também abriram caminho para o construtivismo ao estabelecer uma posição mais moderada na terapia familiar.

O conceito de externalização de Michael White

De certa forma, o trabalho de Michael White é semelhante ao de Steve de Shazer. Ambos têm interesse em fazer os pacientes explorarem e expandirem os momentos em que estão livres de seus problemas. Porém, enquanto de Shazer prefere ignorar a discussão de problemas a fim de concentrar-se em soluções, White acredita que as pessoas sentem-se oprimidas por seus problemas e que, antes de os recursos latentes de um paciente poderem ser ativados, é necessário separar o problema do paciente e ajudar o paciente a vê-lo como uma entidade separada.

White vê as pessoas que ingressam na terapia possuidoras de histórias centradas e saturadas de problemas sobre si mesmas, histórias em que os pacientes são controlados por seus problemas. A externalização começa quando o terapeuta pede aos pacientes para explicarem como conseguiram não ser ainda mais dominados por seus problemas. Surge uma nova história, descrevendo os pacientes como possuidores de recursos para lutar contra o vilão externalizado no qual o problema se transformou.

A terapia de White é toda sobre esse processo de "recontar a história", no qual os pacientes abandonam as histórias dominantes e saturadas de problemas sobre si mesmos, e com as quais eles ingressam na terapia e adotam, como alternativa, histórias de empoderamento que tinham sido marginalizadas pela história centrada no problema. Dessa forma, a terapia de White é uma terapia de narrativa, significado e linguagem. Em um esforço para usar a linguagem de maneira a orientar os pacientes para recontar histórias, White projetou um extenso catálogo de perguntas terapêuticas: perguntas que evocam a descrição dos efeitos que os problemas tiveram sobre os pacientes, perguntas que evocam a descrição de "resultados singulares" (o que de Shazer chama de "exceções), perguntas sobre "cenário de ação", perguntas sobre "cenário de consciência", perguntas sobre "experiência de experiência". Cada pergunta é neutra, experimental e hipotética. Entretanto, o processo global da entrevista leva inexoravelmente a um desafio da história dominante.

A supervisão na terapia narrativa de White tem como objetivo técnico ajudar o supervisionado a aprender o processo de entrevistas descrito antes. Os supervisionados são solicitados a copiar o modelo terapêutico fornecido pelo supervisor. White espera que isso seja uma "cópia que dá origem", e então pede aos supervisionados que identifiquem aquilo que estão originando em suas tentativas de copiar. A observação das sessões dos supervisionados ao vivo ou em videoteipe é vista como fornecedora de uma excelente oportunidade para identificar que o que é singular na interpretação de cada supervisionado sobre o modelo narrativo geral.

Talvez, mais importante do que seu objetivo técnico seja a oportunidade que a supervisão propicia para o supervisionado experienciar, em primeira mão, a natureza parcial de qualquer história. Assim, parte da supervisão envolve entrevistas com o supervisor, o qual se empenha para evocar a história do supervisionado sobre si mesmo, sua história, sua carreira profissional, seu trabalho. Por meio de um processo de questionamento idêntico ao da terapia, o supervisor leva o supervisionado a "reescrever" sua autobiografia, de modo que seja mais rica do que a história original. Dessa forma, o supervisionado é capaz de participar direta e pessoalmente de um processo de recontar a história.

Provavelmente o mais profundo pensador entre os pioneiros do movimento construcionista, White seja apaixonado pela linguagem e por histórias. Continuando a partir de onde a equipe de Milão desistiu, White aproveitou ao máximo a "técnica das perguntas". A partir daquele ponto de vista, White não é moderado entre o grupo de terapeutas moderados. Seu veloz questionamento durante a terapia coloca-o na posição de um "diretor" que é absolutamente central.

Ao externalizar o sintoma, White antropomorfiza-o e torna-o visível aos portadores do sintoma, de modo que eles possam combatê-lo. Essa é uma ferramenta terapêutica totalmente inovadora e muito útil. Porém, quando White começa a culpar os sintomas da "colonização cultural" ou o discurso social, corre o risco de desagregar o inimigo que tornou visível de volta para uma abstração e de perder a área de relacionamento interpessoal que torna a psicoterapia única.

Os sistemas lingüísticos de Galveston

Assim como Michael White, Harlene Anderson e Harold Goolishian, do Galveston Family Institute, desenvolveram um enfoque à terapia que também resolutamente concentrou-se na linguagem e no significado. No entanto, seu enfoque almeja ser menos instrumental e mais centrado no paciente do que o de White.

O sistema de Galveston endossa a antiga premissa do MRI de que um problema não é um problema até que as pessoas o definam assim. Nos termos de Anderson e Goolishian, os problemas existem apenas na linguagem. Assim como os problemas são consensualmente definidos como existentes, eles também são consensualmente definidos como não-existentes. O objetivo da terapia, a partir da perspectiva de Galveston, é unir as pessoas que definiram a existência do problema ("o sistema de organização dos problemas") e mantê-las em uma conversação bem conduzida, na qual os significados constantemente expandem-se e mudam. Se a conversação sobre a organização de problemas for bem conduzida, o problema inevitavelmente será definido como não-existente (na linguagem de Anderson e Goolishian, ele "se dissolverá"). O movimento direcionado à inevitável dissolução do problema afundará apenas se a conversação sobre a organização de problemas tornar-se polarizada – ou seja, se os participantes tornarem-se comprometidos com seus próprios significados particulares e investidos em fazer os outros participantes ver a correção de seus significados.

A tarefa da terapia, segundo seu ponto de vista, é empenhar-se em assegurar que a conversação sobre a organização de problemas permaneça bem conduzida. Por volta do final, o terapeuta junta-se ao sistema sobre organização de problemas como o gestor participante da conversação. Em um esforço para manter a conversação fluida, o terapeuta demonstra respeito e leva a sério qualquer posição expressa, "não importando o quanto ela seja surpreendente, trivial ou peculiar" (Anderson e Goolishian, 1988, p. 382). O terapeuta concorda plausivelmente com todas as idéias evocadas na conversação, mesmo que haja contradição. Ele é "lento para compreender" quaisquer idéias que sejam apresentadas, fazendo perguntas que convidam os participantes a elaborar suas idéias. Dessa forma, o terapeuta sempre tenta fazer perguntas para as quais as respostas requerem novas perguntas.

Gerenciar uma conversação sobre organização de problemas dessa maneira não é uma questão de usar técnicas específicas. (É a aversão de

Anderson e Goolishian a técnicas que distingue sua terapia da terapia igualmente centrada na linguagem de Michael White, a qual realmente faz uso de técnicas, como a da externalização.) O necessário para gerenciar uma conversação terapêutica dessa maneira é um conjunto de *atitudes*, sendo essencial uma atitude de *não-saber*. É essa atitude que conduz o terapeuta a concordar plausivelmente com qualquer idéia e, ao mesmo tempo, considerar que qualquer idéia necessita ser questionada a fim de evocar maior elaboração. A atitude de não-saber torna o terapeuta uma pessoa que "é um ouvinte respeitoso que não compreende muito rapidamente (se chega a compreender)" (Anderson e Goolishian, 1988, p. 382). O terapeuta que não sabe não considera nenhum significado como auto-evidente e está sempre pronto a perguntar: "O que você quer dizer com...?".

A tarefa da supervisão no enfoque dos sistemas lingüísticos de Galveston é ajudar o supervisionado a cultivar uma atitude de não-saber. Uma equipe reflexiva é usada para treinamento, para dar uma expressão de forma livre sobre a conversação observada na sessão e comentar o significado que os membros da equipe retiram dela.

Dentre todas as escolas que privilegiam a linguagem, o grupo Galveston é talvez o mais "orientado à linguagem". Enquanto prática, é difícil compreender como sua conversação é mais terapêutica do que uma boa conversação comum. Talvez isso seja exatamente o que a questão que eles estão querendo levantar – a terapia é apenas uma boa conversação! A maneira pela qual utilizam uma equipe reflexiva por trás de um espelho unidirecional compara-se ao processo desestruturado que defendem em terapia. Como o modelo de White, o modelo de Galveston é basicamente cognitivo, afora o tipo de estrutura elaborada que White aplica à linguagem. Talvez precisemos entender esse enfoque supersimplificado do grupo em relação ao pós-modernismo com o qual o grupo se identifica. Comparada às outras, as escolas com inclinação mais técnica nesse agrupamento, a de Galveston caracteriza-se por um retorno às coisas básicas; empatia e sintonia na conversação ainda são os elementos mais importantes na arte da cura.

UMA OUTRA PERSPECTIVA QUANTO À TERAPIA: O FEMINISMO

A terapia feminista existente atualmente é uma filosofia da psicoterapia em vez de uma escola determinada. A essência do trabalho clínico feminista encontra-se na atitude dos terapeutas em relação a gênero e na sensibilidade ao impacto diferencial que as intervenções têm sobre homens e mulheres. Os terapeutas feministas estão acumulando um grande corpo de pesquisa e conhecimento sobre transtornos de alta prevalência em mulheres, como a depressão, os transtornos relacionados à alimentação e as seqüelas de violência interpessoal e agressões sexuais. O enfoque do tratamento geralmente acontece no empoderamento das pacientes para mudar os ambientes sociais, interpessoais e políticos que têm um impacto em seus relacionamentos com os outros, em vez de ajudar as pacientes a ajustarem-se a fim de se reconciliar com um contexto social opressor (Brown e Brodsky, 1992).

Os terapeutas feministas compartilham com os construcionistas um interesse no significado, pois eles geralmente estão atentos aos sistemas de crenças tanto em homens quanto em mulheres e à forma como eles desenvolveram os conceitos de papéis que os fixou em determinada posição. Porém, diferentemente dos construcionistas, os terapeutas feministas não têm medo do poder. Ao contrário, muitos deles vêem a necessidade de utilizar o poder como a única maneira de as mulheres equilibrarem a balança. Como resultado, salientam a solidariedade como maneira de as mulheres alcançarem uma forte influência.

Como os terapeutas feministas trabalham com enfoques variados, a supervisão também é realizada de diversas formas, mas sempre com uma perspectiva em comum. Marianne Walters, membro do inédito "Projeto das Mulheres", que incluía Betty Carter, Peggy Papp e Olga Silverstein, descreveu a supervisão na terapia feminista como "um processo de desafiar nossas próprias suposições e tradições terapêuticas a fim de investigar as maneiras como os papéis sexuais e os sistemas de poder de gênero estruturam relacionamentos familiares e influenciam nosso próprio pensamento sobre o que está acontecendo na família que nós vemos". (Walters, Carter, Papp e Siverstein, 1988, p. 148). Dentro dessa estrutura, sua supervisão entre as sessões de terapia concentra-se em analisar e criticar os conceitos e as suposições subjacentes às intervenções alternativas. Ela salienta a importância da utilização de conceitos sistêmicos com referência aos diferentes significados que esses conceitos têm para cada sexo.

O trabalho atual de Peggy Papp, com seu colaborador, Evan Imber-Black (Papp e Imber-Black, 1996) concentra-se nos "temas multissistêmicos" como um conceito unificador na terapia e no treinamento. Esse foco expande seu interesse previamente articulado em questões de gênero e inclui a transmissão e a transformação de temas familiares. No modelo de treinamento que planejaram, solicita-se que os alunos explorem um tema significativo em sua família de origem, o qual afetou suas próprias vidas, e então apliquem a mesma orientação temática na análise de um caso atual. Enquanto retém uma forte orientação feminista, essa perspectiva clínica destaca um senso de família em uma época em que ele parece estar fora de moda na literatura da terapia pós-moderna.

Apesar de ser um esforço diferente, o movimento terapêutico feminista, conforme exemplificado no trabalho de membros do "Projeto das Mulheres", abriu novas possibilidades na área da terapia familiar.

Enquanto cada uma das escolas de terapia familiar gostaria de considerar-se muito abrangente, muitos clínicos consideram-se ecléticos, utilizando partes de vários enfoques para que se encaixem em seu estilo particular e às idiossincrasias de sua prática. Portanto, apesar de a terapia familiar não ter substituído o enfoque psicanalítico individual, como os otimistas previram há 40 anos, ela evoluiu para uma prática de várias pessoas (como a própria família) que afetou todas as disciplinas do serviço humano.

A maioria dos clínicos e instrutores atualmente têm direcionado sua atenção não tanto ao desenvolvimento de novas teorias, mas à disseminação das idéias sobre terapia familiar por intermédio de um sistema de prestação de saúde mental mais amplo. Ao fazer isso, eles enriqueceram a área.

À medida que diferentes escolas e enfoques continuam a se influenciar, idéias que foram consideradas obsoletas freqüentemente são revividas, enquanto aquelas que são vistas como novas são, na verdade, não-originais. Talvez durante a próxima década ou depois, a necessidade de ser original não seja percebida como necessária pelas escolas competidoras. O mosaico da terapia familiar então estará completo.

5

Tendências contemporâneas
O que pode ter acontecido à terapia familiar?

À medida que a terapia familiar ingressa em um novo milênio, as revoluções na biologia, na tecnologia e na genética estão mudando a configuração e a natureza da área. A polêmica entre as ideologias dos terapeutas intervencionistas e dos moderados, que tanto dominou os anos de 1990, está dando lugar a uma atitude mais aceita de uma nova geração de líderes clínicos que estão mais preocupados em estudar áreas específicas do funcionamento e do tratamento da família.

Os terapeutas nessa nova era foram além de diferenças ideológicas e redirecionaram sua atenção para o desenvolvimento de práticas sustentadas por um corpo de conhecimento empírico. No lugar do *pós-modernismo*, o novo termo-chave é *baseado em evidências*.

ENFOQUES BASEADOS EM EVIDÊNCIAS NA TERAPIA FAMILIAR

Por volta da década passada, vários fatores convergiram para direcionar a terapia familiar a enfoques terapêuticos *baseados em evidências* ou *sustentados empiricamente*. A eficácia de tais enfoques foi demonstrada em estudos de pesquisa bem projetados e bem controlados.

Em parte, essa tendência direcionada a enfoques *baseados em evidências* é resultado do esforço da área para estabelecer-se como uma profissão de saúde mental distinta, ficando lado a lado com as profissões mais antigas e mais estabelecidas como a psiquiatria, a psicologia e o serviço social. Para proporcionar às pessoas formadas em terapia familiar uma prática profissional, as jurisdições governamentais licenciaram e regulamentaram a prática da terapia familiar. A fim de justificar tal ato, evidências sobre a eficácia da terapia familiar precisavam ser apresentadas.

Além dessa pressão para demonstrar eficácia, houve a revolução do tratamento gerenciado no seguro de saúde. Com o objetivo de reduzir custos, empresas que gerenciam tratamento exigiram que os clínicos na área de saúde mental de todos os tipos especificassem exatamente (1) o que estão tratando, (2) os objetivos de seu tratamento, (3) os procedimentos que usarão para atingir tais objetivos e (4) por que esses procedimentos são preferidos em relação a outras opções disponíveis. Nesse clima, a terapia familiar precisou ser mostrada não apenas como "eficaz", mas "eficaz" e melhor do que outros enfoques de tratamento.

Os pesquisadores em terapia familiar responderam a essas demandas por autojustificação voltando sua atenção para a pesquisa de resultados. As pressões recém-descritas moldaram essa pesquisa. Não tem sido suficiente simplesmente demonstrar que a terapia familiar é efetiva. A pergunta que precisa ser feita é: que tipo de terapia familiar funciona para que tipo de problema e com que tipo de pacientes?

Agora descreveremos brevemente alguns dos enfoques terapêuticos *baseados em evidências* que surgiram de tal pesquisa.

Psicoeducação focalizada na família para doenças mentais importantes

A terapia familiar nasceu de uma tentativa de encontrar novas maneiras de tratar problemas psiquiátricos importantes como a esquizofrenia. Utilizando-se das lentes recém-descobertas da cibernética e da teoria dos sistemas, pioneiros como Gregory Bateson acharam que poderiam ver sentido no comportamento aparentemente sem sentido dos esquizofrênicos. Bateson achou que o comportamento bizarro dessas pessoas fazia sentido quando vistos dentro do contexto de como suas famílias funcionavam. Se a maneira pela qual a família funcionava pudesse mudar, os sintomas dos esquizofrênicos diminuiriam.

Os terapeutas familiares ficaram muito empolgados com tais idéias logo no início do desenvolvimento na área. A eliminação da patologia dos "doentes mentais" gerou um pouco dessa empolgação: os esquizofrênicos não eram loucos de acordo com essa maneira de pensar; eles eram simplesmente adaptados a um contexto interpessoal louco. Depois de várias décadas, agora está claro que, enquanto tal pensamento realmente elimina a patologia do esquizofrênico, corre o risco de causar uma patologia e uma culpa em sua família. Tal pensamento também casualmente negligencia as contribuições biogenéticas à esquizofrenia que têm sido cada vez mais documentadas ao longo dos anos desde que Bateson realizou seu trabalho fundamental.

Apesar de pouco estar sendo feito agora semelhante ao trabalho inicial focado na família com esquizofrenia, as intervenções focadas na família para esquizofrenia e outros transtornos mentais importantes tornaram-se parte do tratamento padrão para esses quadros clínicos. Essas intervenções não são mais estabelecidas como premissas de que a família do esquizofrênico "precisa" ou "causa" seus sintomas. A esquizofrenia é vista como algo que acontece a um indivíduo e a sua família, e o tratamento é direcionado a ajudar a família a lidar melhor com as terríveis circunstâncias que se sucederam.

Animador para o tratamento é a descoberta – feita por pesquisadores como Julian Leff, Christine Vaughn e Ian Faloon – de que aspectos da interação familiar e da comunicação estão fortemente relacionados à freqüência de recidivas em pacientes esquizofrênicos. A interação familiar caracterizada pelo que esses pesquisadores chamam de alta "emoção expressa" – super-envolvimento emocional com, e hostilidade dirigida ao paciente – parece, de alguma forma, provocar recidivas mais freqüentes no paciente.

Baseados nessas descobertas, terapeutas familiares como Michael Goldstein, Carol Anderson e William McFarlane projetaram intervenções destinadas a ajudar as famílias de esquizofrênicos a criar uma atmosfera que não apenas reduz as chances de recidivas, mas também promove um funcionamento ideal de seu membro esquizofrênico. Como a família não é vista por esses terapeutas como tendo necessidade ou como a causa da doença do paciente, o tratamento é destituído do "fracasso da resistência", ponto de vista adverso que caracterizava as primeiras tentativas de tratamento com essas famílias. Em vez disso, a parte principal do tratamento é simplesmente passar informações às famílias, em uma atmosfera colaborativa e sustentadora, relacionando o que foi aprendido sobre os processos familiares que parecia aumentar o risco de recidivas no paciente esquizofrênico. Como o foco é fornecer informações a essas famílias em vez de "consertá-las", esse enfoque é identificado como *psicoeducação*. Com grande freqüência, o fórum para a concretização dessa intervenção psicoeducacional é o grupo multifamiliar.

A indicação de qualidade de um enfoque baseado em evidências é que sua eficácia seja testada. Após ser testado, o enfoque deve ser igual ou superior aos outros enfoques de tratamento comumente usados com a população-alvo. O modelo psicoeducacional para o trabalho com famílias de esquizofrênicos foi testado e demonstrou ser tão efetivo em reduzir as taxas de recidivas, que qualquer tratamento oferecido para a esquizofrenia que não inclua essa intervenção como um componente central corre o risco de ser julgado antiético. Realmente, as pesquisas recentes sugerem que o modelo é eficaz no tratamento de outros transtornos mentais importantes como os transtornos afetivos.

Terapia focalizada na emoção para a angústia relacional

De todos os tratamentos sustentados empiricamente aqui resumidos, a terapia focada na emoção é a única que identifica sua população-alvo em termos relacionais em vez de termos psiquiátricos. Susan Johnson e Leslie Greenberg, as duas principais arquitetas desse enfoque, projetaram-no como uma intervenção para ajudar as pessoas em relacionamentos de comprometimento e de intimidade que estavam passando por insatisfação e angústia ao lidarem umas com as outras.

A terapia focada na emoção surgiu com a base teórica bem-articulada e bem-pesquisada da teoria do afeto. Tendo como pioneiro o psicanalista John Bowlby, a teoria do afeto vê a necessidade de se estabelecer um vínculo emocional seguro com outras pessoas como o impulso mais fundamental em nossa vida psicológica. Se esse impulso for frustrado no início do desenvolvimento de nossa história, nós provavelmente começaremos, de acordo com a teoria, a duvidar de nossa própria qualidade de inspirar amor e da disponibilidade emocional de pessoas significativas para nós. Para lidar com essa situação, desenvolveremos estilos de afeto (estilos de se relacionar com outras pessoas importantes para nós) cujo principal propósito é proteger-nos face à rejeição e ao abandono que esperamos sofrer nas mãos dessas outras pessoas. Nós podemos evitar relacionamentos íntimos, ou podemos nos envolver em tentativas de manipular os outros para fornecerem a atenção que sentimos que eles nunca nos dariam se não fossem influenciados.

Embora a teoria do afeto tenha sido imaginada principalmente para explicar o comportamento de crianças pequenas, ela tem sido cada vez mais usada como um meio de explicar o comportamento de adultos em relacionamentos íntimos. Pesquisas feitas sobre a teoria sugerem que os adultos com estilos de afeto disfuncionais tendem a se relacionar com parceiros com estilos igualmente disfuncionais, apesar de complementares. Dessa forma, a teoria do afeto é responsável pela dinâmica aparentemente ubíqua de "perseguidor-distanciador" encontrada com tanta freqüência por terapeutas de casais.

A terapia focada na emoção presume que casais angustiados terão pouca chance de encontrar uma maneira mais satisfatória de se relacionar se ambos continuarem a desempenhar seus estilos de afeto disfuncionais em seu relacionamento. Dessa forma, o enfoque prescreve que a terapia concentre-se em transportar os parceiros para além de seus estilos que causam o próprio fracasso e que são autoprotegidos, a fim de que possam começar, de forma congruente e vulnerável, a expressar um ao outro seu desejo por uma ligação.

Essa tarefa terapêutica de mudar os estilos de relacionamento dos pacientes concentra-se na emoção. Como sua função é proteger as pessoas de uma rejeição ou de um abandono previstos, os estilos de afeto disfuncionais envolvem a experiência e a expressão de emoções "pesadas", como a raiva. A terapia focada na emoção vê tais emoções como defensivas e secundárias. Subjacentes a elas estão as emoções primárias relacionadas ao afeto, "leves" como a saudade. Assim, o processo de transportar os pacientes para além dos estilos de afeto disfuncionais é concebido, na terapia focada na emoção, como um processo de "amaciamento", deixando os parceiros primeiramente experienciarem e, depois, expressarem as emoções primárias e leves que permanecem não-processadas e não-expressas à medida que os casais envolvem-se em sua dança defensiva e disfuncional usual um com o outro.

Para produzir tal amaciamento, o terapeuta focado na emoção assume um papel muito ativo e altamente centralizado na terapia que conduz. O terapeuta engaja-se em diálogos emocionalmente intensos com cada membro do casal. Nesses diálogos, o terapeuta usa perguntas, conjecturas empáticas e talvez, mais importante ainda, sua própria postura leve e íntima, a fim de induzir seu parceiro de diálogo a arriscar experienciar as emoções leves, vulneráveis, relacionadas ao afeto, subjacentes às emoções duras e defensivas que o paciente geralmente experiencia. Uma vez que o paciente tenha começado a experienciar essas emoções leves, o terapeuta provavelmente o direcionará para expressá-las ao parceiro.

Susan Johnson (1996) vê o modelo terapêutico que ela ajudou a criar como uma integração entre a psicoterapia experiencial e a terapia familiar estrutural. George Simon (2004) discorda dessa caracterização, apontando diferenças teóricas e técnicas entre os enfoques. Porém, é incontestável o fato de que a terapia centrada na emoção foi demonstrada em vários estudos empíricos como possuidora de um alto grau de eficácia no alívio da angústia relacional em casais.

Treinamento parental behaviorista para transtornos comportamentais e emocionais na infância

A premissa fundamental da terapia behaviorista é que o comportamento é evocado e controlado pelo ambiente. Essa é uma explicação "de fora para dentro" para o porquê de as pessoas se comportarem da maneira que o fazem. O comportamento humano padronizado é visto como resultado de sugestões e reforços que existem no ambiente em que uma pessoa vive, não de processos que acontecem dentro de uma pessoa. Nós, adultos, podemos desaprovar o pensamento de que nosso comportamento não é realmente nosso, mas é regulado por algo fora de nós mesmos. Porém, mesmo os críticos mais francos do behaviorismo provavelmente admitiriam essa aplicabilidade à análise e à modificação do comportamento das crianças. Precisamente porque as crianças são tão dependentes, é fácil para nós pensar em seu comportamento como sendo controlado por seu ambiente.

Os pais que levam seus filhos pequenos com problemas comportamentais e/ou emocionais para a terapia já tentaram lidar com os problemas de seus filhos. A evidência de fracasso nas soluções que tentaram geralmente está bem à sua frente e provavelmente também para o resto da vizinhança. Esses pais desejam que a terapia apresente novas coisas que eles possam tentar com seus filhos.

O treinamento behaviorista dos pais – um enfoque de treinamento que é altamente dependente do trabalho de Gerald Patterson, John Reid e seus colegas no Oregon Social Learning Center – apresenta aos pais exatamente esse tipo de experiência terapêutica que não seja absurda. O enfoque não gasta nem tempo nem energia tentando convencer os pais de que o comportamento de seus filhos é diferente do que parece ser. Ele não interpreta ou recompõe o comportamento como algum tipo de expressão emocional atuada ou de algum esforço mal-orientado para desviar a atenção do conflito marital. Para o treinador parental behaviorista, assim como para os pais, o comportamento problemático dos filhos é o que é – um problema para ser resolvido tão rápido e com a maior eficiência possível.

Para haver uma mudança eficiente no comportamento é necessário que o descrevamos de forma tão abrangente quanto possível. Saber se nós estamos, na verdade, mudando o comportamento é importante para determinar com que freqüência ele está ocorrendo no início do tratamento. Dessa forma, apesar de o treinador parental behaviorista não recompor ou redefinir o comportamento problemático que é apresentado pelos pais como o foco do tratamento, ele pressionará os pais para fornecerem uma descrição detalhada do comportamento problemático e pedirá a eles que estabeleçam uma contagem dos valores iniciais de quão freqüentemente isso está ocorrendo.

Com o comportamento-alvo definido e contado, o treinador então proporciona aos pais um curso rápido em teoria de aprendizagem social. O treinador pedirá aos pais para atentar cuidadosamente ao que precede e ao que segue a passagem ao ato do comportamento problemático de seu filho. Essa intervenção ajuda os pais a identificar possíveis sugestões para o comportamento e para as conseqüências que estão servindo para reforçar o comportamento. Enquanto fazem essas observações, os pais podem até descobrir que eles próprios estão inadvertidamente sugerindo e reforçando o comportamento.

O teste decisivo para verificar se identificamos acuradamente as sugestões e os reforçadores de um comportamento é mudá-los. Se eles forem, de fato, os fatores ambientais que estavam evocando e mantendo o comportamento-alvo, então mudá-los resultará em redução significativa na freqüência do comportamento. Dessa forma, o treinador parental behaviorista ajuda os pais a se engajar em "experimentos" comportamentais destinados a manipular o ambiente de seus filhos até que o comportamento problemático atenue-se significativamente.

Manipular metodicamente o ambiente dessa maneira não é tão fácil quanto possa parecer. Ao longo do tempo, os clínicos de treinamento parental behaviorista reconheceram fatores que estão freqüentemente associados ao fracasso, por parte dos pais, de implementar as tarefas que esse enfoque de tratamento pede-lhes que empreendam. Dois fatores comuns são o conflito marital crônico entre os pais e os sintomas psicológicos, como a depressão ou a ansiedade de um ou de ambos os pais. Diferentemente de um enfoque sistêmico ao tratamento assim como o nosso, o treinamento parental behaviorista não presume que haja laços circulares e recursivos ligando tudo o que está acontecendo em uma família. O treinador parental behaviorista vê o conflito marital como um problema separado e distinto na família, ainda que seja um problema que esteja interferindo em seus esforços para resolver o problema apresentado centrado na criança que os pais levaram para tratamento. Como isso está interferindo no tratamento que ele está conduzindo, o treinador pode até adicionar um componente ao tratamento projetado para melhorar o conflito marital suficientemente a fim de permitir que os pais cumpram adequadamente o protocolo de treinamento parental. Porém, tal passo seria concebido no treinamento parental behaviorista como uma estratégia adjuntiva, em vez de um elemento-chave central do tratamento.

Juntamente com sua "prima" inspirada pelo behaviorismo, a terapia familiar funcional, a qual descreveremos na próxima sessão, o treinamento parental behaviorista considera a verificação da eficácia como parte integral do próprio processo terapêutico. A comparação com o número de vezes em que o comportamento-alvo está ocorrendo com a freqüência dos valores iniciais estabelecida no início do tratamento apresenta um guia para a evolução do tratamento desde seu estágio inicial até a última sessão. Ocupado como é com a verificação da eficácia, o treinamento parental behaviorista constitui o tratamento mais perfeito sustentado empiricamente.

Terapia familiar funcional e terapia multissistêmica para o transtorno de conduta em adolescentes

Infelizmente, o comportamento anti-social de adolescentes tem constituído um problema persistente neste país por, pelo menos, as últimas cinco décadas. As respostas da sociedade a esse problema variaram consideravelmente em ênfase de um lugar para outro e de uma época para outra. Porém, recentemente, desenvolveu-se uma tendência muito difundida de ver o tratamento como pelo menos um auxiliar, senão uma substituição para respostas mais punitivas. Ambos os modelos de terapia familiar que resumimos nesta seção apareceram com proeminência nesse desenvolvimento.

James Alexander começou a desenvolver a terapia familiar funcional durante os anos de 1970. Seu enfoque quanto à terapia com famílias de jovens com transtorno de conduta usa uma mistura interessante de idéias cognitivo-comportamentais e de sistemas familiares.

Como muitas outras terapias familiares, a terapia familiar funcional vê o comportamento como um serviço a uma função reguladora da distância. Não importa qual seja o conteúdo de um determinado comportamento, sua função primordial, de acordo com esse enfoque, é manobrar outras pessoas significativas para que haja a combinação certa de intimidade e distância que farão com que a pessoa que possui o comportamento sinta-se à vontade. Diferentemente de outros enfoques de terapia familiar, a terapia familiar funcional não se envolve em fazer julgamentos sobre quão íntimo é íntimo demais, e quão distante é distante demais. A única preocupação quanto ao modelo é substituir artifícios envolvendo o sintoma por um comportamento assintomático que realize a mesma função. Por exemplo, se os desentendimentos de um adolescente com a polícia tiverem o efeito de distanciá-lo do pai e de aproximá-lo mais da mãe, a terapia familiar funcional tenta ajudar o adolescente a encontrar uma maneira mais socialmente aceitável para realizar essas mesmas funções reguladoras da distância.

Antes de o terapeuta familiar funcional poder realizar essa tarefa, contudo, um obstáculo precisa ser transposto. Na maioria dos casos, os membros de famílias problemáticas tendem a atribuir seu comportamento e, especialmente seu comportamento problemático, a traços característicos negativos, os quais presumem que constituam aspectos de sua personalidade profundamente arraigados e, portanto, quase impossíveis de serem mudados. Essa maneira de estruturar o comportamento obviamente diminui a motivação das pessoas de se engajar em esforços terapêuticos direcionados a mudar seu comportamento. Assim, a primeira tarefa de um terapeuta familiar funcional geralmente é aumentar a motivação dos pacientes para o tratamento, persuadindo-os a pensar de forma diferente sobre a origem e o significado de seu comportamento. O terapeuta reestrutura os comportamentos dos pacientes como sendo exatamente o que o terapeuta acredita que eles sejam – artifícios reguladores da distância. A suposição subjacente a essa intervenção é que os membros da família terão mais probabilidade de esforçar-se no tratamento se verem seu paciente adolescente identificado como "tentando obter sua atenção", em vez de como "um irresponsável, mentiroso, vadio".

Quando esse processo de reestruturação tiver sido concluído – e a terapia familiar funcional não prevê que será de longa duração – o trabalho terapêutico "real" terá início. O terapeuta familiar funcional adota então muitas técnicas, reunidas a partir da tradição da terapia behaviorista (inclusive aquelas adotadas no modelo de treinamento parental behaviorista descrito anteriormente), para eliminar os comportamentos problemáticos que a família usa no momento a fim de regular a distância interpessoal entre seus membros e para substituí-los por comportamentos aceitáveis socialmente.

Como é o caso de qualquer terapia que retira sua inspiração da tradição behaviorista, a ênfase durante essa fase de terapia familiar funcional é verificar quantitativamente que as técnicas usadas pelo terapeuta estão efetuando as mudanças que estão sendo buscadas. Como o próprio processo terapêutico ocupa-se com a questão de verificar a eficácia, a terapia familiar funcional, desde seu início, estava no caminho para tornar-se um tratamento baseado em evidências. Realmente, sua eficácia na melhora do transtorno de conduta adolescente tem sido bem-estabelecida.

Enquanto a terapia familiar funcional concentra-se quase exclusivamente no sistema familiar, a terapia multissistêmica, desenvolvida por Scott Henggeler e seus colegas, têm uma visão mais ampla e ecológica das forças em ação em vários sistemas (por exemplo, grupo de pares, escola ou vizinhança) que podem contribuir para o comportamento de conduta desordenada de determinado adolescente. Esse enfoque almeja minimizar essas forças e ativar e fortalecer recursos nos mesmos sistemas, os quais podem ajudar o adolescente a evitar tal comportamento no futuro. O comprometimento genuíno do modelo em efetuar a mudança, em tantas facetas quanto possível, da ecologia de uma juventude perturbada manifesta-se no fato de que o tratamento que ela prescreve acontece não no consultório de um terapeuta, mas no local, na casa dos jovens, na vizinhança ou na escola.

A indicação de qualidade da terapia multissistêmica é que ela é particularizada aos contornos das circunstâncias idiossincráticas de cada caso. Porém, enquanto o tratamento está sendo adaptado para ajustar-se à ecologia de cada caso particular, o modelo é rigoroso em exigir que sejam usados apenas aquelas técnicas e aqueles métodos de avaliação cuja eficácia deve ter sido bem demonstrada em pesquisas anteriores. O modelo não coloca restrições na origem de tais técnicas e protocolos de avaliação. Os terapeutas multissistêmicos estão tão aptos a usar as técnicas vindas da tradição cognitivo-behaviorista assim como o estão para usar técnicas identificadas com enfoques de terapia familiar tradicionais, como a terapia estratégica, por exemplo. Os únicos requisitos são que as técnicas "encaixem-se" com a ecologia do caso em questão e que elas tenham uma história bem-documentada de eficácia verificada empiricamente em situações semelhantes.

Como acontece na terapia familiar funcional, essa ênfase na verificação exerce uma poderosa influência na maneira como qualquer exemplo de terapia multissistêmica desenvolve-se ao longo do tempo. O modelo não permite que seu clínico utilize durante nenhum momento uma hipótese ou uma técnica que esteja deixando de demonstrar sua utilidade de alguma maneira verificável. Marcada como é por essa ênfase radical sobre a possibilidade de ser verificada, não devemos nos surpreender que a terapia multissistêmica tenha estabelecido credenciais impressionantes, como um tratamento baseado em evidências, para o transtorno de conduta de adolescentes.

Avaliando o movimento baseado em evidências

Seria difícil argumentar sobre o etos de responsabilidade que tem guiado o desenvolvimento dos modelos que descrevemos anteriormente e, em maior escala, sobre o movimento em direção a tratamentos baseados em evidências na terapia familiar. Na verdade, pode-se argumentar que esse etos constituiu um importante elemento na cultura da área desde seu início. Distinguindo-se da psicanálise, que é conduzida em segredo por trás de portas fechadas, a terapia familiar, desde seu início, tem-se orgulhado de sua natureza "pública". Sempre que possível, a terapia familiar não foi conduzida atrás de portas fechadas, mas na frente de espelhos, de equipamento de vídeo e até mesmo em frente a públicos de oficinas. Os terapeutas familiares esforçaram-se para abrir ao escrutínio público o que eles fazem nas terapias que realizam. Apesar de poder ter-lhes faltado o rigor dos protocolos de pesquisa atuais, foram feitos esforços relativamente antecipados no desenvolvimento da área para verificar a efetividade da terapia familiar (por exemplo, Minuchin, Rosman e Baker, 1978).

Concordamos sinceramente com a noção de que os terapeutas familiares devem ser responsabilizados pela eficácia dos tratamentos que realizam. Apesar disso, temos sérias reservas quanto a como o movimento baseado em evidências estabeleceu responsabilidade. Em sua determinação para demonstrar que "somos tão efetivos quanto vocês", os pesquisadores em terapia familiar imitaram as metodologias de pesquisas da medicina e da psiquiatria. Aceitaram o estudo clínico como o padrão dourado da pesquisa de resultados. Acreditamos que a metodologia de estudo clínico compromete seriamente algumas das suposições e valores centrais de nossa área.

Em um estudo clínico, tanto a doença a ser tratada quanto o protocolo que será usado para tratar a doença precisa ser bem-especificado. Para haver clareza e credibilidade, a maior parte dos pesquisadores tem recorrido ao *Manual diagnóstico e estatístico de transtornos mentais* (*DSM – Diagnostic and statistical manual*) da American Psichiatric Association a fim de especificar a doença-alvo que é tratada em seus estudos de pesquisa. Observe que, com exceção da terapia centrada na emoção, todos os tratamentos baseados em evidências que citamos anteriormente são identificados como doenças-alvo incluídas no *DSM*.

O risco de proceder dessa maneira é que ele tende a tratar como reais os quadros clínicos do *DSM*, tratando-os como se fossem "doenças" (ou seja, entidades de doença reais e objetivas, existentes "lá fora", independentes da observação e da definição humanas). Os terapeutas construcionistas, como Michael White, Harlene Anderson e Harry Goolishian colaboraram muito com a terapia familiar lembrando-nos do poder que a linguagem exerce sobre a maneira como construímos nossos mundos. Quando começamos a pensar em nós mesmos tratando "doenças" em vez de pessoas, começamos a deslizar em uma ladeira escorregadia. Tememos que tal pensamento possa facilmente conduzir a área para uma visão completamente despersonalizada e patológica da iniciativa terapêutica.

Além da formação de patologia que essa maneira de pensar introduz, nós também tememos a retirada de uma perspectiva relacional que ela acarreta. Para nós, a característica definidora da terapia familiar é sua visão radicalmente relacional dos seres humanos. Os sintomas, de acordo com esse ponto de vista, não são comportamentos representados ao acaso; eles são algo que alguém faz para outra pessoa, a qual responde de uma maneira padronizada e característica (mais informações sobre essa maneira de pensar sobre os sintomas encontram-se no Capítulo 6). Essa perspectiva relacional é mais difícil de seguir se o portador do sintoma for identificado como "tendo" uma certa doença ou transtorno. Tal linguagem hipnotiza-nos em um foco reduzido sobre o portador do sintoma e, até mesmo mais limitadamente, para a "doença" que se descreve que ele "tem".

Uma falta de prudência similar, em nossa opinião, resulta da preocupação de um estudo clínico com a especificação, de maneira tão detalhada quanto possível, do protocolo de tratamento que será usado para tratar a doença-alvo. Tal especificidade permite que a pesquisa seja repetida. Ela também permite que os usuários da pesquisa saibam, tão precisamente quanto possível, o que o tratamento testado acarreta, de modo que eles possam utilizar o tratamento em sua prática. Assim, tratamentos empiricamente sustentados precisam seguir um manual, representados em formato de "se A, faça B; se C, faça D".

O notável em tais descrições feitas em um manual de terapia são as técnicas. Os *terapeutas* são invisíveis em tais descrições. Essa invisibilidade do terapeuta é inteiramente planejada. O ponto de um estudo clínico é demonstrar que um determinado tratamento é efetivo, independentemente das idiossincrasias do terapeuta em questão que pode aplicar o tratamento. A potência terapêutica é concebida como existente nas técnicas e procedimentos do tratamento. O terapeuta é simplesmente o administrador anônimo, permutável, da "pílula" terapêutica. Enquanto tratamentos baseados em evidências não podem estar incluídos entre as categorias das terapias moderadas, devido a seu objetivo impassível de induzir os pacientes a mudar de maneiras específicas e predeterminadas, a anonimidade que eles requerem de seus clínicos é reminiscente da invisibilidade à qual o terapeuta moderado aspira.

Temos exatamente a visão oposta de onde se encontra a potência terapêutica. A premissa de base deste livro é que a pessoa do terapeuta é o instrumento fundamental de mudança na terapia familiar. É claro que os terapeutas usam técnicas. Porém, essas técnicas, segundo nossa opinião, não são nada mais do que veículos usados pelo terapeuta para transmitir sua presença pessoal à família que é sua paciente (Simon, 2003). Apesar de necessárias, as técnicas têm valor apenas secundário e derivativo. É a pessoa do terapeuta, em seu encontro com a família que é sua paciente, quem produz a mudança em terapia.

Como os tratamentos baseados em evidências são feitos por terapeutas anônimos e invisíveis, e como eles tendem a objetivar quadros clínicos patológicos, nós somos cuidadosos com eles, mesmo que elogiemos o padrão de responsabilidade que eles chamaram de nossa área. Esperamos que os pesquisadores em terapia familiar desenvolvam metodologias de pesquisa que preservem melhor alguns dos *insights* e perspectivas de base da área, mesmo à medida que eles comecem a lidar com a tarefa de responder a questão crucial relacionada ao que funciona e ao que não funciona em terapia.

OUTRAS TENDÊNCIAS RECENTES

No novo milênio, a rica herança do passado da terapia familiar está sendo comparada com a moderna tecnologia para fazer surgir uma nova classe de clínicos familiares. A mistura e a combinação que está ocorrendo é multifacetada. Os pesquisadores e os clínicos estão juntando esforços para concentrar-se em problemas específicos como a violência doméstica e o conflito entre casais. John Gottman, por exemplo, estudou padrões internacionais de casais e seu impacto sobre os filhos. Sua pesquisa confirmou muitas das observações que os terapeutas familiares sempre souberam. Porém, por intermédio de um protocolo de pesquisa rigoroso envolvendo procedimentos de alta tecnologia, Gottman fez reviver muito da antiga sabedoria na área ao dar-lhe uma interpretação particular mais convincente baseada no empirismo.

O crescente interesse pela teoria do afeto entre terapeutas familiares é um outro exemplo de mistura e combinação de pesquisa e perspectivas clínicas. Toda uma edição de *Family Process* foi dedicada à teoria do afeto, e os terapeutas familiares estão incorporando os princípios da teoria do afeto no trabalho tanto com crianças quanto com adultos. O trabalho de Sue Johnson e seus colegas, descrito anteriormente, exemplifica essa aplicação da teoria do afeto ao trabalho clínico. Estudos atuais sobre o afeto também forneceram uma base mais forte para a compreensão do processo de triangulação, promovendo uma nova perspectiva sobre como o dueto mãe-filho desenvolve-se para o trio mãe-pai-filho.

Essa tendência em direção a uma mistura de perspectivas está afrouxando limites territoriais entre diferentes enfoques terapêuticos. A evolução ao longo do tempo do livro-texto popular sobre terapia familiar de Mike Nichols ilustra precisamente esse fato. As primeiras edições concentraram-se extensivamente em diferenças entre as várias escolas de terapia familiar. As últimas edições (por exemplo, Nichols e Schwartz, 2006) discutem explicitamente a falta de clareza dos limites entre as escolas e fornece evidências de que diferentes enfoques estão fundindo-se em uma série de princípios duradouros.

Uma falta de clareza de limites também é detectada na recente evolução da perspectiva feminista sobre a terapia familiar. No passado não tão distante, os teóricos e os terapeutas feministas concentravam-se principalmente nas mulheres. Recentemente, seu foco expandiu-se e incluiu trabalho com homens informado por feministas. Os ricos estudos sobre mulheres e crianças instigados pelas críticas feministas dos primeiros anos foram suplementados recentemente por estudos sobre os homens, assim como sobre os casais de lésbicas e gays. Uma perspectiva feminista nova e mais ampla é exemplificada nos escritos de Virginia Goldner e Peggy Papp. Em *Couples on the Fault Line*, Papp (2000) sabiamente diz aos terapeutas que se eles "quiserem permanecer relevantes à experiência dos casais contemporâneos, devem ajudá-los a olhar além de seus mundos particulares para as forças sociais externas que atualmente estão formando esses mundos." (p. 2). Portanto, mesmo se os homens são de Marte e as mulheres são de Vênus, em sua junção como casais, eles não podem ignorar as grandes transformações que estão acontecendo no planeta Terra.

É interessante notar que, enquanto a terapia familiar possa ter-se originado nos Estados Unidos, o novo milênio está fazendo com que ela floresça na Europa, no Reino Unido, na Austrália, na Nova Zelândia e na Ásia. Na Itália, o movimento da terapia familiar teve sucesso, garantindo uma legislação que regula o treinamento clínico naquele país. No Reino Unido, Gill Gorrell Barnes, Alan Cooklin e Eia Asen, entre outros, iniciaram uma colaboração produtiva para expandir ainda mais uma perspectiva de sistemas. Enquanto isso, na Ásia, Wai-Yung Lee e seus colegas estão combinando conceitos sobre terapia familiar com a filosofia oriental. Esses são apenas alguns dos bons exemplos de como a terapia familiar cresceu em diferentes contextos culturais.

À medida que os limites da terapia familiar expandiram-se e sua prática combinou-se com outras práticas, algumas pessoas da área têm se perguntado, "O que pode ter acontecido à terapia familiar? A era dourada da terapia familiar chegou ao fim? O que aconteceu na década passada a essa vibrante forma de psicoterapia?". A verdade é que a batalha da terapia familiar para encontrar seu lugar no contexto mais amplo da prestação de serviços humanos foi vencida e, com o resultado da vitória, a terapia familiar assumiu um novo caráter. Conforme essa área continua a amadurecer, não há necessidade do desenvolvimento de novas escolas de terapia ou da formulação de novas teorias. Em vez disso, é necessária uma concentração de energia na área, de forma que a terapia familiar possa representar vários papéis na corrente de pensamento prevalecente.

Apesar de nossas dúvidas sobre o movimento baseado em evidências, nós estamos, em geral, otimistas quanto ao futuro da terapia familiar. Enquanto a família permanecer uma instituição na estrutura social, o pensamento sistêmico e a terapia familiar sempre terão um papel importante na ciência relacional de diferentes culturas.

6
O encontro terapêutico

Armado de sua compreensão sobre as famílias, de seu conhecimento sobre as normas sociais e a diversidade familiar, restringido por suas teorias sobre a terapia e limitado por suas próprias experiências de vida, o terapeuta encontra uma família que está pedindo ajuda. A família geralmente chega ao encontro com esperança. Em todo caso, elas vêm com um forte senso de que essa é uma oportunidade para fazer asserções significativas. Elas vão dizer: "Nós somos o que somos" com altivez. Por causa desse senso, e porque elas estão sob a observação desse outro, elas também estão sob intensa auto-observação.

O terapeuta traz sua própria bagagem de vivências. Ele também é o que é, e a combinação desse caráter e experiência impõem certos limites que ele não pode ultrapassar. Como ele irá se ajustar a essa família? Quais de seus atributos esse encontro ativará?

O terapeuta tem as vantagens e as desvantagens do treinamento. Ele tem suas experiências de encontros anteriores com outras famílias. Se deseja ou não, e se sabe ou não, ele traz consigo certas suposições sobre as famílias com um perfil como esse:

Famílias com crianças pequenas precisam de...

Famílias que apresentam doença psicossomática tendem a...

Famílias com relato de incesto...

Famílias com crianças adotadas...

Ele entende que sustentar tais suposições restringe sua compreensão, mas nenhum terapeuta pode transcender as estruturas que organizam seu pensamento. Tudo o que ele pode fazer é reconhecê-las, usá-las da melhor maneira possível e saber que suas expectativas devem estar abertas a uma revisão, de acordo com os dados que surgem desse encontro. Enquanto engaja a família, encorajando a manifestação e examinando cuidadosamente os problemas e as possibilidades, ele associa-se, tenta se ajustar, investiga, modifica suposições de acordo com os resultados e investiga novamente. Sempre há uma tensão intelectual entre essas suposições sobre o que pode ser e o que ele vê em determinado encontro.

Os capítulos anteriores destacaram os conceitos que preparam o terapeuta para o encontro terapêutico. A página impressa acomoda conceitos facilmente, mas a terapia é multidimensional, é muito mais do que conceitos. Eu penso em como posso comunicar o clima do encontro, os silêncios que envolvem pensamentos tangenciais, o senso de ritmo que me alerta para concentrar-me na emoção que quer existir, mas não consegue ser articulada, o mistério de experienciar os membros da família superando nossas diferenças e achando que somos "mais humanos do que qualquer outra coisa". E então, como eu descrevo o jogo, o processo criativo pelo qual me torno a audiência e o participante, líder da terapia e também membro do sistema terapêutico, e os caminhos secundários que os membros da família tomam enquanto experimentam novas e melhores maneiras de se relacionar?

QUATRO CASOS

O ensino da terapia familiar dá-se, na maior parte das vezes, pela observação de famílias em terapia ou por videoteipes das sessões. Neste capítulo, descrevo o que faço e como penso enquanto realizo a terapia. Tento desconstruir minha prática. Com esse propósito, selecionei quatro consultas para usar como casos, pois as consultas carregam as tensões do primeiro encontro.

Os quatro casos incorporam a procura por padrões familiares, a exploração de caminhos para a mudança e as tentativas de união e desafio. Uma consulta impõe uma demanda útil para fins de ensino. Espera-se que o consultor produza um guia claro que preveja a realização da terapia familiar com determinada família.

A família Ramos: a tirania do sintoma

Encontrei a família Ramos na América do Sul. Eles estavam em terapia há cinco meses quando os encontrei para uma consulta de duas sessões.

Os terapeutas disseram que a família tinha vindo por causa do grave comportamento obsessivo-compulsivo da Sra. Ramos, que organizava completamente a vida da família. A Sra. Ramos descreveu sua vida como controlada por asco (repugnância). Sempre que tocava em algo sujo, ela experienciava náuseas, palpitações e suor, até que pudesse lavar suas mãos.

Pedi a ela que me mostrasse suas mãos. Elas estavam vermelhas e esfoladas de tanto lavá-las. Eu as examinei cuidadosamente, sem tocá-la.

Os filhos – Sara, de 11 anos, Tomas, de 13 anos, e Juan, de 19 anos – e o Sr. Ramos escutaram a Sra. Ramos descrever vividamente seus ataques de ansiedade quando ela ou outra pessoa na família tocava em algo sujo.

Expressei surpresa quando ela disse que se um de seus filhos ou seu marido tocasse em seus sapatos, ela não conseguia manter-se calma até que eles lavassem suas mãos sob sua supervisão. "Isso é muito interessante," eu disse. "Tenho visto muitas pessoas com problemas semelhantes. Mas a senhora é a primeira que vi em quem a ansiedade é reduzida se os membros da família lavam suas mãos. Isso é bastante interessante," repeti, enfatizando. Então conversei com Sara, que me disse que a Sra. Ramos pedia que ela lavasse as mãos duas a três vezes até que a mãe ficasse satisfeita. Eu pedi que ela ficasse de pé e viesse até a mim. Sem tocá-la, observei cuidadosamente suas duas mãos. Perguntei como era a sensação de cada mão e dedos, repetindo freqüentemente: "E isso acontece com as *suas* mãos".

Eu fiz esse procedimento com cada membro da família, declarando com freqüência meu assombro pela maneira como a repugnância da Sra. Ramos podia ser acalmada quando as *outras* pessoas lavavam suas mãos. O Sr. Ramos disse que eles não podiam mais comer ovos porque eram sujos. Fiquei perplexo. A Sra. Ramos explicou-me que isso acontecia por causa do lugar de onde eles vinham. Eu perguntei o que aconteceria se alguém retirasse o ovo da casca. "Ah", respondeu ela, "então eles estariam limpos".

"Você compra suas galinhas sem suas partes de trás?" perguntei.

"Sim," respondeu ela. "Eu compro apenas partes da galinha".

Minha atitude nos primeiros 30 minutos da entrevista foi de imparcialidade clínica. Senti que estava personificando algum dos grandes clínicos franceses do século XIX que podiam ver, cheirar, ouvir e degustar uma doença. Ao mesmo tempo, fiquei deleitado pelo poder da narrativa. Como era possível que a família não percebesse quão absurdas eram minhas perguntas? Como é que o sintoma expandiu-se para cada um deles, de modo que no final toda a vida da família era regulada pela lavagem das mãos?

Pedi aos filhos que saíssem da sala e perguntei ao casal sobre sua vida sexual. Eu presumi que a sexualidade de alguma forma seria suja e queria saber como. A Sra. Ramos disse que seu marido gostava "demais" de fazer sexo e que ela tinha pena dele e permitia o sexo todos os sábados. Ele podia tocar nela toda, desde que não tocasse nas suas mãos. "Minhas mãos são sagradas", disse ela.

Já tinham se passado 40 minutos da consulta, e eu ignorava tanto sobre os Ramos quanto quando iniciamos. Tudo tinha sido absorvido pela narração do sintoma.

Lembrando de Whitaker, surgiu uma resposta irrelevante: um pensamento maluco. Eu perguntei: "Por que a senhora não confia no seu marido? Por que a senhora acha que ele mente para a senhora?". Foi um grande passo, e o resultado foi surpreendente e satisfatório.

"Freqüentemente eu sonho que acordo e vejo que ele foi embora." Foi como se uma torneira tivesse sido aberta. Ela abandonou o sintoma e começou a descrever como seu marido era crítico – como ela tentava agradá-lo, mas qualquer coisa que ela dissesse estava errada, como ela chorava quando ele gritava com ela e como seus filhos vinham consolá-la.

Eu perguntei se Sara a protegia e chamei-a para dentro da sala. Ela descreveu como se sentia triste por sua mãe e como ela acariciava o cabelo da mãe quando ela chorava e beijava sua testa até que ela se acalmasse. Um a um, os outros dois filhos voltaram para a sessão e contaram histórias semelhantes, de proteger a mãe das críticas do pai. Ao mesmo tempo, eles disseram que seu pai nunca tinha sido violento com ninguém na família e que ele era muito amoroso.

Nesse ponto, o sintoma tinha desaparecido como estágio central, e nós estávamos em um drama familiar simples de filhos participando de um conflito parental. Esse drama me era familiar. Passei por isso várias vezes. Expliquei às crianças que a proteção que davam à sua mãe não era útil para nenhum dos pais. Encorajei a Sra. Ramos a desafiar a falta de compreensão de seu marido. Enquanto fazia isso, apoiei e ampliei seu pedido por eqüidade.

Perguntei à Sra. Ramos sobre seus pais, e qual deles a criticava mais. Ela disse-me que sempre tinha sido considerada a menos bonita e inteligente em sua família. Quando criança, sempre tinha trabalhado mais do que sua irmã para ter o amor de seus pais, mas sempre tinha se sentido como a pior.

Terminei a sessão convidando os cônjuges para uma segunda consulta dentro de três dias. Conversei com o marido para que encontrasse novas maneiras de apoiar sua esposa nesse meio tempo. Queria que ele se lembrasse dos primeiros tempos, quando ele a tinha cortejado. Ele deveria comprar-lhe um presente. Eu disse à Sra. Ramos que ela precisava deixar de lado as mãos dos filhos para que eles pudessem ser donos de seus próprios corpos. Pedi aos filhos que dissessem à sua mãe que suas mãos pertenciam a *eles* e que eles deveriam lavá-las quando achassem necessário.

Quando a sessão terminou, eu cumprimentei todos com um aperto de mão. Somente depois que eles saíram, lembrei-me que as mãos da Sra. Ramos eram sagradas e que ela não tocava nas mãos de outras pessoas. Tanto a Sra. Ramos como eu tínhamos esquecido de seus sintomas.

O que estava acontecendo de alguma forma vaga e complexa em meu circuito cerebral durante a sessão? Em primeiro lugar, fiquei impressionado com o poder do sintoma de controlar toda a família. Também fiquei deleitado com a habilidade – ou infortúnio – dos Ramos de transformar o significado de cada evento na lógica da narrativa em torno do sintoma. Em certo ponto, achei que a Sra. Ramos deveria sentir-se extremamente impotente para precisar de todas essas formas de controle e, quase simultaneamente, pensei, se ela sente-se tão assustada, desamparada, indefesa, ela e seu marido deveriam estar vivendo em um contexto que a impele a sentir e agir dessa maneira.

Quero deixar claro meu pensamento. Não achei que o Sr. Ramos tinha criado a doença de sua esposa. Muito provavelmente a Sra. Ramos tinha trazido de sua família de origem uma propensão para sentir-se tratada injustamente. Quando ela se casou, as condições para novas formas de se relacionar devem ter existido, mas elas não tinham se desenvolvido. O Sr. e a Sra. Ramos estavam mantendo os antigos padrões que necessitavam de sua resposta particular. Mas, em vez de um diálogo ou um conflito, nós tínhamos uma família inteira lavando suas mãos. Para induzir a mudança, pensei que a direção mais promissora seria ajudar o Sr. Ramos a mudar seu relacionamento com sua esposa. Minha resposta irrelevante chegou nesse ponto: "Por que a senhora não confia em seu marido? Por que a senhora acha que ele mente?". A resposta a esse pedido por uma narrativa interpessoal foi, eu acho, previsível.

Fui, então, capaz de conduzir a sessão para uma exploração da maneira como os filhos foram incluídos no conflito conjugal. Depois disso, estávamos prontos para perguntas sobre o passado da Sra. Ramos e para intervenções no conflito do casal, no qual eu apoiei a Sra. Ramos.

No final da sessão, eu estava me sentindo empolgado com as mudanças e decidi fazer a próxima sessão apenas com o casal. Também preparei a área para um final romântico e decidi comprar uma dúzia de rosas vermelhas para o Sr. Ramos dar à sua esposa. Eu não tinha idéia de como e mesmo se eu usaria essas rosas.

Três dias depois, o casal retornou. A Sra. Ramos claramente estava vestindo sua melhor roupa. Ela começou a falar, descrevendo como tinha se dado conta de que estava prejudicando os filhos e tinha decidido libertá-los de suas exigências. Ela disse que durante esses três dias tinha, por vezes, se sentido ansiosa quando sentia que eles estavam sujos, mas sabia que precisava se controlar, e assim o fez.

Seu marido disse que tinha sido atencioso com ela e tinha parado com suas críticas. A Sra. Ramos concordou. Como o casal parecia estar agora mais conectado emocionalmente, eu pedi à Sra. Ramos que me contasse mais sobre sua família, declarando que talvez pudéssemos descobrir juntos a razão de seus sintomas. Ela falou de uma infância difícil na fazenda de seus pais. Eles eram muito pobres e precisavam trabalhar muito. Ela tinha se tornado a filha que mais trabalhava, apenas para ser tão boa quanto os outros. O marido tomou parte descrevendo como ela sempre precisou agradar a todos e como ela estava sempre disponível para responder às necessidades de seus pais e de suas irmãs. Eles conversaram então sobre como, quando a mãe da Sra. Ramos estava morrendo, ela passou três semanas cuidando da mãe dia e noite. Nesse ponto, a Sra. Ramos começou a chorar e descreveu como sua mãe ficava agitada à noite e movia-se violentamente na cama. Para protegê-la, ela amarrava as mãos da mãe como eles tinham feito no hospital. Disse que fazer isso tinha sido muito traumático para ela. Ela sentia-se culpada por machucar as mãos de sua mãe.

Aos quarenta minutos da sessão, fui chamado para pegar as rosas que havia encomendado. Retornei com as flores e as dei ao Sr. Ramos, dizendo que as tinha comprado para ele dar a sua esposa quando ele se sentisse amoroso. Ele pegou as flores e começou a dá-las a ela. Eu o interrompi, dizendo que isso ficaria para mais tarde, quando eles estivessem sozinhos e no estado de espírito adequado. A sessão terminou com uma discussão sobre Cinderela. Eu sugeri à Sra. Ramos que ela tinha sido controlada por sua necessidade de trabalhar ainda mais apenas para ser aceita. Usei a palavra *fregona* (faxineira) para enfatizar meu ponto de vista. Talvez, como Cinderela, ela pudesse relaxar e aceitar seu príncipe.

Eu realmente não sei como aconteceu que a sessão terminou como um conto de fadas. Algo nessa família comoveu-me de maneira simples. Eu me senti envolvido em seu drama e em sua linguagem. Os Ramos também sentiram-se emocionados. Eles ficaram agradecidos, e a Sra. Ramos não hesitou em trocar um aperto de mãos comigo. Dessa vez, tanto ela como eu sabíamos que isso era um novo passo, um afrouxamento da tirania do sintoma. Se eu pensar sobre o processo de mudança – como um sintoma tão bizarro começou a mudar em uma consulta de duas sessões – devo atribuir isso à minha ligação. Na minha ligação com a Sra. Ramos, ela sentiu-se capacitada a fazer exigências. Eu a ajudei a passar da atuação de suas emoções pelo sintoma para a articulação na forma de linguagem e no desafio interpessoal.

Quais foram os elementos-chave nessa consulta com a família Ramos? O primeiro, eu acho, foi minha atenção e manejo do sintoma. O poder de um sintoma parece depender da descrição invariável da história. É como nas histórias infantis, sempre contadas da mesma maneira. Se, na investigação, o terapeuta estende a história, inclui outras pessoas ou introduz alguma novidade, a automaticidade do sintoma é desafiada. O sintoma da Sra. Ramos tinha sido reforçado durante anos de repetição diária, e eu me senti impelido a explorá-lo nos mínimos detalhes para dar validade a meu desafio. (Um manejo semelhante de um sintoma é apresentado no Capítulo 14.)

Desde o início eu desafiei a validade da história incluindo tudo. Meus desafios eram invisíveis no início: "Eu tenho visto muitos casos semelhantes, mas essa é a primeira vez que vejo..." Quando pedi aos filhos para me mostrarem suas mãos, enfatizei que elas eram as mãos *deles*. Explorei os detalhes: "Os ovos são sujos? O sexo é limpo?". Acompanhei minhas perguntas com exclamações de perplexidade que, em sua repetição, desafiavam a realidade do sintoma. Esses desafios eram acompanhados de declarações de aceitação da realidade do sintoma. Essa é uma estratégia de duas alternativas.

Além disso, trabalhei com subsistemas. Comecei com a família toda, mas, quando quis desafiar a intrusão dos filhos no conflito marital, pedi aos filhos que saíssem, e então pedi a eles que retornassem quando a sessão novamente requeresse sua participação. Acreditando que as pessoas construem umas às outras, concluí que o sintoma da Sra. Ramos *tinha* que ser parte das transações entre ela e seu marido. Minha pergunta "Por que a senhora acha que seu marido mente?" foi causada por esse conceito. Uma vez que o casal estava engajado na terapia, encorajei o conflito e participei para ampliá-lo, unindo-me à Sra. Ramos para ajudá-la a desafiar seu marido. E como acredito que os pais, em sua maioria, querem ajudar seus filhos, dei à Sra. Ramos a tarefa de controlar sua ansiedade por causa dos filhos, esperando que ela controlasse seu sintoma, assim como o fez. A exploração de sua história veio depois que tínhamos explorado o presente e como uma maneira de esclarecer as distorções do presente. A segunda sessão foi dedicada quase inteiramente à família de origem da Sra. Ramos.

Maria e Corrine

Esta consulta foi tecnicamente ilegal. Os filhos de Maria estavam sendo criados por familiares, de responsabilidade legal da cunhada de Maria, Corrine, e uma liminar havia proibido que as duas mulheres se encontrassem. A sessão foi uma consulta com um grupo de supervisores e assistentes sociais da Divisão Infantil do Departamento de Assistência Social. Eles e o assistente social das crianças estavam observando por trás de um espelho. Na sala de terapia estavam Maria e Corrine, ambas tendo por volta de 20 anos, Juana, de 6 anos, Peter, de 3 anos e os conselheiros das respectivas mulheres, cuja função na sessão era presumivelmente conter a agressão.

Assim que as "mães" sentaram-se em um sofá, as crianças começaram a destruir os brinquedos em meu consultório. Logo havia três bonecas decapitadas no chão, e Juana havia pego os *crayons* e estava desenhando na mesa do café. Eu observei as mães, esperando que uma delas controlasse as crianças, assim como as mães costumam fazer. Finalmente, eu disse: "Estou confuso. Não sei quem é a mãe e quem é a encarregada. Mas não quero que toquem no microfone. E quero conversar com vocês duas, o que não posso fazer com essa algazarra".

Esse comentário ilustra uma técnica simples, mas importante. Ela tem a ver com autodomínio quando há um conflito familiar. Se eu tivesse tentado controlar as crianças e tivesse tido sucesso nisso, os resultados teriam sido desastrosos. Teria demonstrado a ambas as mães que elas eram incompetentes. Em vez disso, dei a elas a tarefa, e o seu controle das crianças permitiu-me observar os recursos que elas tinham para a parentagem.

Esperei. Maria foi até Peter e falou com ele calmamente. Corrine fez a promessa falsa de levar Juana ao McDonald's. Comentei sobre quão complementares eram seus estilos e as encorajei a conversar entre si, primeiro sobre as crianças e depois sobre elas mesmas.

É claro que eu poderia tê-las engajado em uma descrição de sua história pessoal com as crianças, enquanto a outra escutava e observava. Mas encorajar o diálogo entre elas deu-me a vantagem de estar descentralizado; deu-me a liberdade de observar as maneiras como essas mulheres se engajavam, tanto no rigor quanto nas possibilidades de alternativas.

Esforcei-me ao máximo para mantê-las falando, pois havia mágoa demais entre elas. Eu troquei para o espanhol, elogiando a ajuda entre elas. Juntei-me a Corrine elogiando-a por sua abnegação em tomar conta dos filhos de Maria, mas também mostrei como sua vida havia sido restringida, e como Maria poderia dar-lhe liberdade da parentagem em tempo integral. Ataquei a corte de justiça, dando a entender que um juiz de origem anglo-saxônica não poderia entender quão importante é para os latinos ajudarem-se uns aos outros. Disse que a liminar tinha impedido a melhor solução: que elas ficassem em harmonia.

Recapitulando para o pessoal, fiz a observação de que era natural que as crianças ficassem hiperativas na presença de duas mães em disputa. Notei que tinha usado seu comportamento para criar uma passagem ao ato dos estilos de parentagem e para sugerir alternativas que poderiam expandir a vida de ambas as mães. Mais tarde, o assistente social e eu projetamos um plano para mudar a liminar da corte de justiça.

Nina e Juan: ouvindo vozes

O Capítulo 8 apresenta uma família porto-riquenha composta de Juan, o marido, que estava freqüentemente bêbado, sua esposa, Nina, de 40 anos, que tinha passado por várias hospitalizações devido a diferentes diagnósticos, e a filha deles, Juanita, uma moça de 15 anos que se recusava a freqüentar a escola. Eles estavam em terapia com Margaret Meskill, que os trouxe para meu grupo supervisor para uma consulta.

Eu pedi a Nina para descrever suas alucinações auditivas. Suas vozes eram masculinas ou femininas? Nina respondeu hesitantemente que elas eram femininas. "O que elas lhe dizem?", perguntei.

Pedir detalhes sobre um sintoma faz parte de qualquer exame psiquiátrico. Mas minha intenção aqui é diferente do modo usual de levantar os fatos. Eu estava usando a descrição de Nina sobre sua alucinação auditiva como um trampolim para transformar seu domínio individual do sintoma para uma trama mais complexa de transações complementares.

"Suas vozes podem ser abrandadas", eu disse a ela. "Mas elas precisam de outras vozes – vozes com a mesma força – para lutar contra elas. Você ouve a voz de Juan? Ou a de Juanita?

"Não, nunca".

"Ah! Suas vozes são muito baixas", eu disse.

Eu me perguntei por que a voz de Juan era tão baixa que Nina não conseguia ouvi-la. E por que a voz apoiadora de Juanita era inaudível? Então desafiei Juan: "Você escapa para a bebida quando sua esposa precisa de você". Esse é um exemplo de uma das intervenções mais características na terapia familiar: concentrar-se na manutenção do sintoma pelos outros membros da família.

Durante o resto do tratamento, Margaret Meskill e eu apoiamos a voz de Juan, cuja força poderia desafiar as alucinações auditivas de sua esposa. À medida que ele mudou e tornou-se mais assertivo e compreensivo com ela, suas histórias mudaram. As vozes que ela ouvia desapareceram e ele parou de beber.

Esse é um caso no qual ignorei um diagnóstico psiquiátrico individual de esquizofrenia e, em vez disso, fiz um diagnóstico de alucinações auditivas histéricas em contexto familiar disfuncional. Usar o marido como co-terapeuta mudou sua relação com a esposa e provou ser terapêutico para ambos.

"Todos lutam com todos"

Essa consulta aconteceu no departamento de pacientes externos de uma grande agência que tem um hospital diário para crianças. A família, uma mãe divorciada e seus quatro filhos, estava em contato com a agência há quatro anos e meio. Harriet, a mãe, de 38 anos, havia se casado duas vezes, ambas as vezes com maridos que abusavam dela fisicamente. Seu segundo marido tinha sido preso por abusar sexualmente dos filhos. O terapeuta familiar descreveu a família como caótica. Havia uma alta incidência de violência; lutas de punho cerrado freqüentemente eclodiam durante as sessões. O terapeuta temia cada sessão, mas felizmente a família com freqüência faltava às horas marcadas.

Não consegui evocar do pessoal nenhum comentário positivo sobre essa família, então decidi falar com uma "parte" da família que o pessoal não conhecia. Para desafiar a ênfase do pessoal na patologia, eu engajaria a família em questões de competência e áreas afastadas da agressão. (Presumi, sem que qualquer dado o confirmasse, que essa família tinha áreas de competência. Eles não poderiam ter sobrevivido como família se tivessem sido apenas como o pessoal os havia descrito.)

Quando a sessão iniciou, a mãe disse que eles estavam vindo à terapia porque "todos brigavam entre si". Como que acionado por essa declaração, George e Harry começaram a brigar como galos em uma rinha.

George, de 12 anos, era muito maior do que Harry, de 10 anos. George parecia-me bastante controlado, mas Richard, de 10 anos, imediatamente se moveu para contê-lo e segurá-lo à força, mesmo que George não resistisse. Suzanne, de 19 anos, sentada perto de Richard, estava em estado de alerta, pronta a ajudá-lo. A mãe estava sentada tensa em sua cadeira, parecendo sem ação diante da cena caótica. Toda a transação não durou mais de dois minutos; os participantes estavam bem-treinados.

Esse era claramente o desenvolvimento da terapia, que assumiu forma definida nos encontros anteriores. Tais brigas eram a assinatura da família, realizada para provar ao terapeuta quão impossíveis eles eram. Eu não mordi a isca. Esperei por uma pausa e então peguei uma caneta colorida no bolso e disse para Richard que, como estava claro que ele era um ajudante, eu estava pensando se ele poderia usar minha caneta mágica para desenhar uma família que pudesse funcionar melhor. Ele permaneceu em silêncio e, felizmente, assim também o fizeram os outros membros da família, que pareciam intrigados com minha solicitação incomum. Depois de um ou dois minutos, ele disse: "Eu gostaria que todos na minha família não brigassem para que minha mãe não sofresse". Impressionado, perguntei a ele em que série ele estava. Ele disse que estava no último ano da escola secundária, que tinha boas notas e que queria estudar para ser um policial. Também disse que durante os últimos dois anos havia trabalhado no McDonald's após o horário escolar.

Pedi a ele que passasse a caneta para sua irmã. A passagem da caneta, como se por um ritual mágico, chamou a atenção dos outros membros da família, que se tornaram o público assistente. Essa técnica é útil em famílias nas quais o ruído é o conteúdo das transações familiares. Se necessário, o terapeuta pode dirigir o fluxo da conversa insistindo que apenas o membro da família que segura a caneta pode falar.

Suzanne disse-me que, após ter concluído a escola secundária, havia começado a trabalhar no McDonald's. Durante o último ano, tinha sido supervisora. Ela dava à sua mãe grande parte de seu salário. Eu perguntei a ela sobre suas responsabilidades no trabalho, e se sua mãe a elogiava por ser tão responsável. Ela disse que não. E fiquei perplexo, então cumprimentei com um aperto de mãos a mãe, parabenizando-a animadamente por sua competência em ter criado filhos que eram tão responsáveis e leais. Essa é uma intervenção sugerida por Jay Haley. Parabenizar os pais pelo sucesso dos filhos (ou vice-versa) é uma intervenção sistêmica que claramente destaca a complementaridade entre membros da família, enfatizando uma conexão positiva.

Depois de 15 minutos de sessão, eu havia engajado cada um dos membros da família e observado agressão e tentativas para controlá-las, o que eu ignorava. Eu tinha confirmado a força dos dois filhos mais velhos e da mãe. E tinha confirmado que os temas de lealdade e de proteção à mãe e de uns aos outros eram áreas importantes e admiráveis, não totalmente exploradas.

Então pedi a George e a Harry que ficassem um ao lado do outro. Ao trabalhar com crianças pequenas, a linguagem da terapia deveria ser a linguagem da ação. Eu freqüentemente faço com que as crianças fiquem próximas umas das outras para ver quem é mais alto, quem sorri mais e assim por diante, a fim de ajudá-las a sentirem que são participantes. Perguntei a Harry por que ele tinha provocado George, pois era tão menor do que ele. Suzanne disse que George poderia ser muito destrutivo e que ele poderia quebrar os braços e as pernas de Harry, a menos que ela interviesse. A seqüência de violência na casa, que a família agora estava descrevendo um tanto cordialmente, era que Harry provocava George. George aproximava-se silenciosamente de Harry, Richard continha George e Suzanne continha Richard. Parecia claro para mim que essa família de pessoas abusadas tinha desenvolvido uma atitude hiperalerta a sinais de agressão e um sistema de respostas imediatas para suprimir a agressão antes que ela se tornasse destrutiva, como tinha sido anteriormente.

Eu perguntei à mãe, a Richard e a Suzanne se eles poderiam deixar George e Harry brigar sem interferência. Unanimemente responderam que George mataria Harry. Eu perguntei a George se ele poderia convencer sua família de que não era nem um louco nem um criminoso. Assim, eu estava criando um contexto no qual os membros da família interagiriam na minha presença e eu poderia observar os padrões familiares usuais e investigar alternativas.

George implorou à mãe para deixá-lo demonstrar que ele poderia se controlar, mas a mãe, Suzanne e Richard se revezaram lembrando imagens de destruição anterior e descrevendo cenários de futuros horrores. Finalmente, a mãe concordou que por dois dias ela não interferiria nas brigas de George com Harry. Suzanne disse que estaria atenta, mas a mãe, com nova postura clara, disse que essa era uma decisão dela e que Suzanne não deveria interferir.

Então havia ocorrido uma série de mudanças aqui. Primeiro, eu apoiei George. George, em posição incomum, mas claramente atrativa, pediu à família que cooperasse até que ele conseguisse ter autocontrole. A mãe respondeu apoiando essa mudança. Suzanne desafiou sua mãe retrocedendo para padrões habituais de controle, mas a mãe mudou o arranjo hierárquico da família assumindo responsabilidade.

A família saiu surpresa de que o terapeuta não tinha visto – ou tinha sido iludido para não ver – quão destrutivos eles eram. Mas cada um dos membros da família ficou emocionado e apreciou minha confirmação deles como únicos, competentes, leais e amorosos.

O pessoal da agência não entendeu a transformação da família em um grupo cooperativo. Eles prometeram observar a próxima sessão com o terapeuta familiar, que se sentia muito otimista.

Após a sessão, exploramos como o pessoal tinha se concentrado exclusivamente nos déficits da família. Também discutimos as maneiras como os serviços oferecidos a essa família eram ineficientes, repetitivos e fragmentados. O terapeuta familiar, o terapeuta individual e o pessoal do hospital diário pertenciam a equipes diferentes e trabalhavam com diferentes segmentos dessa família. Eles não tinham visto necessidade de integração. Uma discussão de acompanhamento com o pessoal seis meses depois indicou que essa foi uma sessão crítica para a equipe, e que a família tinha continuado a demonstrar mudanças notáveis.

CRIANDO O SISTEMA TERAPÊUTICO

Suponho que se você tentasse uma descrição concisa do meu trabalho, diria que o que faço é ampliar as diferenças, até o ponto onde o habitual torna-se incômodo e, às vezes, impossível. Fazer isso exige auto-engajamento direto, e é um processo de desafiar padrões familiares ao mesmo tempo em que freqüentemente se apóia os indivíduos envolvidos.

Em meus 50 anos como terapeuta familiar, descobri o que muitas pessoas descobriram antes: as pessoas preferem não mudar. Elas sentem-se confortáveis com a segurança do previsível, então elas continuam a escolher suas maneiras preferidas de responder. Elas precisam ser incitadas a escolher respostas além da série estabelecida do permissível. Portanto, quase sempre trabalho desafiando o habitual. Mas sei que meu próprio desafio não é muito poderoso, então o que faço é criar uma instabilidade entre os membros da família que os energiza, forçando-os a encontrar novas maneiras de responder. Então posso trabalhar com essa energia, investindo nesse esforço. As famílias apresentam fotografias bonitas, estáticas. Eu sou aquele cujos dedos estão coçando para desenhar um bigode.

Diferente dos construcionistas, não trabalho com membros individuais de famílias para explorar e compreender suas possibilidades de maneiras alternativas de ser. Eu trabalho mudando a família. Quando me relaciono com os membros individuais das famílias, estou freqüentemente me unindo a eles e encorajando sua auto-estima. No caso de Nina e Juan, eu disse para Nina: "Você é uma senhora tão organizada e confiante; como é que a senhora acaba no hospital?" e intervim para localizar a patologia, não nela, mas em seu contexto familiar.

Continuando com minha tentativa de extrair, a partir de meu estilo idiossincrático de terapia, algumas proposições universais que possam ser úteis a outros terapeutas, esbocei algumas diretrizes para maneiras de ver as famílias e o seu processo de transformação. Organizei-as como uma lista de verificação, esperando que ela seja lida, como se pretende que as diretrizes sejam, como uma simplificação útil.

Conceitos sobre famílias

1. As famílias são conservadoras, restringindo sistemas sociais que organizam seus membros em direção a um certo funcionamento previsível entre si. Portanto, as maneiras alternativas de relacionar-se que cada membro da família tem são marginalizadas pelas maneiras preferidas da família.
2. À medida que as famílias evoluem, elas passam por períodos críticos nos quais as demandas de novas circunstâncias requerem mudanças na maneira de pensar, sentir e relacionar-se dos membros da família. O nascimento de uma criança, o envelhecimento, a criação das crianças, o momento em que os filhos vão embora, a

mudança ou a perda de um emprego são exemplos de transições que contêm tanto perigo quanto oportunidades. É nessas conjunturas que as famílias crescem (tornam-se mais complexas) ou ficam estacionadas (tornam-se mais pobres). Os sintomas de um membro da família podem refletir o estresse resultante.

3. O *self* está sempre incólume e, ao mesmo tempo, é sempre parte de e está restrito pela trama de relacionamentos familiares. Pode-se reconhecer o sintoma de um membro da família e indicar como o controle está nas mãos de outra pessoa pelos "estilos" da estrutura e da função familiar.
4. Os membros da família desenvolvem maneiras de negociar o conflito que permitem previsibilidade de interação, mas também impõem desvantagens na exploração de inovações.
5. O diagnóstico pode ser visto como estando dentro, mas também fora de um indivíduo e ocorrendo nas interações entre os membros da família.
6. O diagnóstico de uma família, "conhecendo" seus hábitos, inclui tanto a organização e o funcionamento familiar visíveis quanto o repertório invisível de possíveis transações suprimidas pela acomodação reducionista dos membros da família às circunstâncias da vida.
7. Enquanto o terapeuta tem idéias e inclinações sobre as normas familiares, e sobre a melhor combinação familiar, ele pode apenas seguir na direção que a família indicar quando eles representam seu drama e mostram alternativas possíveis.

Transformações nas famílias

1. Os membros da família apresentam-se encaixando-se ao sintoma e à definição familiar do portador do sintoma. A união e o desafio precoces do terapeuta da família gira em torno de exploração, expansão e questionamento detalhados dessa definição.
2. A mudança nos padrões familiares requer a utilização, pelos membros da família, de maneiras alternativas de ser e de relacionar-se que estão disponíveis apenas em certas condições.
3. O terapeuta é o catalisador da mudança. À medida que se une ao sistema terapêutico, ele introduz mudanças no padrão disfuncional (leia-se "restrição") usual do relacionamento familiar.

4. Para saber onde concentrar o processo de mudança, o terapeuta precisa observar o drama do que é costumeiro na família. Ele precisa trazer a cozinha familiar para dentro de seu consultório; esse é o significado de passagem ao ato.
5. O terapeuta então explora o potencial para mudança localizando áreas de conflito e aumentando a intensidade do conflito além do limiar usual da família. A intensidade torna as transações usuais difíceis ou impossíveis e abre para os membros da família a exploração – por vezes tímida – de novas maneiras de ser.
6. Para responder de forma diferente às necessidades dos membros do sistema terapêutico, o terapeuta deve acessar diferentes aspectos de si mesmo. Portanto, ele deve ser introspectivo, conhecedor de si próprio e estar à vontade com a manipulação do *self* em nome do tratamento da família.
7. Para encorajar e acessar as inovações, o terapeuta seleciona um co-terapeuta entre os membros da família. Essa junção com um co-terapeuta é temporária; uma pessoa pode ser co-terapeuta durante várias sessões, mas também é possível mudar de co-terapeuta duas ou três vezes em uma única sessão. Todos os membros da família deveriam sentir-se recrutados para esse processo uma vez ou outra.
8. Trabalhando com agências que fornecem serviços a famílias, o terapeuta deveria considerá-las como parte do contexto familiar. Ele deveria expandir suas intervenções para criar mudanças organizacionais que fossem favoráveis à família.

Qualquer lista é arbitrária. Outros aspectos de meu trabalho também são característicos: minhas técnicas particulares de junção, por exemplo, ou as maneiras como eu "rebato e chuto" ao mesmo tempo. Relendo as outras vinhetas nos casos aqui e em outros lugares no livro isso deveria levar a uma compreensão mais complexa desses pontos.

Ainda outros aspectos de meu pensamento e de meu trabalho não se encaixam absolutamente em uma lista. Preciso apresentá-los mais detalhadamente. A seguir está uma discussão da história oficial, da memória familiar e do trabalho com a dramatização.

A história oficial

As famílias vêm para a terapia com um paciente oficial e uma apresentação bem-ensaiada do *self* para estranhos. Essa é a história oficial; ela foi inteiramente organizada. Devemos respeitá-la, mas também precisamos saber que ela é simplista. Onde não se vêem alternativas, onde não são descritas tangentes, a riqueza humana de uma família está sendo artificialmente restringida.

Automaticamente podemos postular subenredos. Deve haver outras histórias, como aquelas partes atormentadoras dos enredos dos ricos romances do século XIX, aparentemente ao acaso, que se revelam importantes no final. Esses subenredos aparecerão nos diferentes relatos de vários membros da família, assim como em seu comportamento real. O terapeuta escuta a história oficial porque ela é central às preocupações da família. Mas, à medida que ele se junta e questiona, deveria ficar curioso sobre diferentes perspectivas. À medida que fazem sentido os temas que os membros da família apresentam, é importante que ele os encoraje a falar entre si sobre eles. Se ele estiver alerta e for curioso, a história oficial logo se expandirá e mostrará subenredos inesperados.

As histórias familiares são contadas em dois níveis. Elas são narrativas e são dramas. A narrativa (ou narrativas) é organizada no tempo. Elas são lineares e coerentes. O enredo, os personagens e as conclusões desenrolam-se em seqüência ordenada, e os membros da família atuam em seus papéis como personagens na história ou como contadores de histórias envolvidos no ato de contar. Mas o ato de contar histórias é sempre interrompido por alguma coisa. Existe alguma dissonância. Um membro da família tem uma história diferente, ou está estranhamente silencioso ou é marcadamente intrusivo. Esse é um ruído que não se encaixa no *script*. À medida que o terapeuta dá sentido à dissonância, ele pode amplificá-la, até que seu impacto emocional torne-se aparente. Um conflito latente ou não-expresso torna-se visível e sua relação com outros elementos do drama familiar começa a aparecer.

O domínio individual do problema é então mudado para padrões relacionais. O problema muda do *interior* dos membros familiares individuais para as transações *entre* os membros familiares. Quando isso é visto com essa visão alternativa, a realidade fixa de histórias familiares pode ser questionada. A convicção dos membros familiares como *selves* autônomos é desafiada pela visão do terapeuta de *selves* restringidos e construídos por outros. Por exemplo, se a história familiar é "Jean é anoréxica", o terapeuta pode perguntar: "Jean, permita-me fazer-lhe uma pergunta absurda. Como você acha que seus pais encorajam-lhe a não comer? Quando você não come, o que seus pais fazem? Sam, você acha que sua esposa ajuda Jean a comer normalmente? Diane, como Sam responde aos hábitos de alimentação de Jean?"

Aqui a exploração é sobre como as transações dos pais de Jean sobre sua alimentação convidam-na a não comer. O objetivo é levar a alimentação de Jean para a esfera de seu relacionamento com seus pais, encorajando uma exploração e uma expressão do conflito interpessoal entre os pais e a criança que mudará o foco na alimentação para a autonomia. Mas o terapeuta também poderia mudar o foco do controle de Jean sobre seus pais: a história da mãe sobre Jean exigindo que ela conte calorias, a história do pai sobre a maneira como os hábitos de alimentação de Jean organizam seu jantar, as histórias dos cônjuges sobre seus conflitos quanto à maneira correta de responder à sua filha, ou a intensidade do seu medo de que ela morrerá de fome.

Nesse ponto, a história original de Jean não é mais sua história. O terapeuta criou tensão destacando os dramas conflitantes. À medida que as pessoas nas histórias ocupam o lugar central, as questões sobre como alguns membros da família são aprisionados pelos outros cria oportunidades para a mudança. Então o que nós temos são leituras múltiplas. O objetivo da mudança de perspectiva é encorajar a exploração de diferenças e colocar os membros da família em posições de potenciais curadores uns dos outros. Esse conceito é diferente daquele de recontar a história, no qual a exploração é cognitiva e a história é de um membro individual da família. Colocando contadores de histórias em diálogos que amplificam histórias conflitantes revela os controles que os membros da família têm uns sobre os outros e se permite a eles concentrarem-se em alternativas.

Memória familiar

Terapeutas estruturais – e terapeutas familiares intervencionistas em geral – têm dado tanta proeminência à nossa participação no processo terapêutico que tendemos a negligenciar a história familiar, provavelmente numa reação aos enfoques psicodinâmicos, que superenfatizaram o passado, como se a infância fosse destino. Nós presumimos que o que é relevante no passado está no presente, evidente no encontro de hoje.

Mas, na prática clínica, um foco sobre a história familiar freqüentemente aparece na fase intermediária da terapia, quando qualquer segmento relevante da história de uma família tende a ser revelado. Nesse momento a família e o terapeuta uniram-se de modo a deixá-los confiar uns nos outros. Agora a história dos pais, de seus pais, e a família toda torna-se uma fonte de curiosidade e construção de hipóteses sobre a relevância de eventos passados até a maneira atual de relacionamento e ao pensamento dos membros da família. A família e o terapeuta exploram as restrições que as experiências prévias impõem sobre significados e padrões atuais. Novas perspectivas podem surgir da compreensão de como velhos modelos de relacionamento vindos da infância estão sendo revividos de forma anacrônica em transações atuais. Os *selves* de hoje são vistos como contrários aos velhos significados.

Por exemplo, haviam prometido a John um cachorro de presente em seu aniversário de 8 anos. Seu pai levou-o a uma *pet shop* onde ele escolheu um adorável filhote de vira-lata. Mas seu pai insistiu em comprar uma raça com *pedigree*. Ao discutir o incidente na terapia, o pai descreveu como seu comportamento foi uma continuação da devoção de sua família de origem pelo "melhor". Esse esquema, aprendido em um contexto anterior, impediu-lhe de responder aos desejos claramente expressos de seu filho.

Em outro caso, Jim invariavelmente ficava aborrecido sempre que sua esposa sentia-se cansada ou confusa. Questionado pelo terapeuta, Jim deu-se conta de que experienciava o comportamento de sua esposa como uma demanda para fazer alguma coisa. A resposta brava de Jim foi vista como remanescente de sua experiência como a criança parentalizada e responsável que ele tinha sido em sua família de origem.

No processo de reunir a história, o terapeuta fez questão de explorar áreas de apoio familiar, períodos em seu passado em que as trajetórias eram diferentes. Seu repertório interpessoal era mais rico, antes de restringirem seus problemas sua visão de si mesmos e do mundo? Durante essa fase, o terapeuta pode descrever as demandas que supõe que os membros da família estão fazendo sobre ele, como um meio de ajudá-los a identificar seus fantasmas e de explorar seu passado relevante. Ele pode compartilhar experiências de sua própria vida e do passado que parece pertinente às lutas familiares.

Trabalhando com a dramatização

Nas primeiras análises dos terapeutas estruturais sobre as habilidades da terapia familiar, a dramatização era considerada uma técnica. George Simon (1995) sugeriu que a dramatização é mais básica do que isso; é a essência da terapia familiar estrutural.

Com muito poucas exceções, como a escultura familiar de Virginia Satir e Peggy Papp e alguns dos envolvimentos experienciais de Carl

Whitaker, a terapia baseia-se no ato de falar. Os jogos dos quais as pessoas participam são reduzidos às histórias que contam. Esse enfoque, realizado a partir da terapia psicodinâmica individual, domina a terapia familiar atualmente. Presume-se que alguma forma de rearranjo cognitivo ocorrerá durante ou após a sessão e que esse rearranjo cognitivo produzirá uma transformação.

Essa hipótese não é corroborada por resultados. O apelo do familiar é previsível e quase sempre tem mais valor do que as atrações do novo. Precisamos tocar as famílias no nível emocional e no nível de relacionamentos. O caminho para essas intervenções é a dramatização, fazendo a família agir na presença do terapeuta. O próximo passo é alguma forma de "eu gostaria de ver você se comportando de maneira diferente do habitual", o que estabelece as condições para a observação de recursos mal-utilizados. Em geral, o terapeuta cria o contexto para a dramatização, mas as famílias com freqüência engajam-se espontaneamente nas interações que, pela mágica do grupo, o terapeuta pode transformar em dramatização.

Por exemplo, um supervisionado apresentou uma fita do caso de uma mãe solteira de 35 anos, que trabalhava como enfermeira com um cargo de supervisão em um hospital próximo. Ela tinha três filhos, incluindo um menino de sete anos. A mãe veio à agência procurando ajuda para o menino, que causava problemas. Ele havia colocado um clipe em uma tomada elétrica na escola, dizendo que queria morrer. O psiquiatra da escola e o departamento de assistência social estavam todos envolvidos. A criança era inteligente e observadora. A terapeuta começou a conversar com ele. Perguntou-lhe se ele se lembrava de quando seu padrasto batia em sua mãe e como se sentia em relação a isso. O menino começou a falar sobre como temia por sua mãe. Enquanto a terapeuta estava envolvendo o menino na descrição desses eventos, a mãe, que estava indiferente e quieta, interrompeu a terapeuta para explicar com mais pormenores alguns pontos. A criança e sua mãe começaram a conversar. A terapeuta empurrou sua cadeira para trás. Havia criado uma situação na qual uma mãe rejeitada e uma criança assustada estavam engajando-se em uma conversa aflita, em que houve uma mudança de tom no sentimento.

Agora havia duas histórias. Uma contada por uma mãe rejeitada que queria dar seu filho para adoção. A outra falava de uma mãe e de um filho lembrando-se de um evento assustador juntos. A primeira tinha levado ao prospecto de desmembrar a família. Mas a terapeuta considerou a segunda história, como a criança sentia a necessidade de proteger sua mãe. A história da conexão indicava novos direcionamentos.

DESENVOLVIMENTOS DURANTE A DÉCADA PASSADA: UM MODELO DE AVALIAÇÃO EM QUATRO PASSOS

Do modernismo ao pós-modernismo, e agora direcionada a tratamentos baseados em evidências, a terapia familiar evoluiu. A terapia familiar estrutural também evoluiu.

Revisando meus 50 anos como terapeuta familiar, vejo que o ponto central de meu trabalho sempre esteve concentrado na família enquanto contexto, a fim de compreender como seus membros desenvolvem e modificam sua concepção do *self* e dos outros. O objetivo da exploração terapêutica sempre foi descobrir a organização familiar que evoca certas experiências e comportamentos em seus membros. Assim, a avaliação é a primeira prioridade da terapia. Contudo, em minha tentativa de oferecer um modelo abrangente para entender a organização familiar (Minuchin, 1974), posso ter indevidamente ignorado dinâmicas individuais, negligenciando a influência da história pessoal na construção da experiência familiar.

Durante a última década, desenvolvi um novo Mapa em Quatro Passos para avaliar famílias e casais (Minuchin, Nichols e Lee, 2007). Essa estrutura de avaliação é produto do retorno às raízes de meu pensamento central, analisando cuidadosamente 50 anos de conceitos e de técnicas na terapia familiar, e incluindo mudanças que fiz durante os últimos 10 anos. A mais significativa dessas mudanças é minha adoção de lentes mais amplas que incluem a exploração do passado como uma maneira de compreender o presente.

Esse novo modelo em quatro passos não pretende ser um manual para a avaliação de famílias, mas um *mapa*, desenhado com traços ousados, que destaca a direção para a exploração terapêutica, deixando espaço suficiente tanto para a família quanto para o terapeuta preencherem as lacunas com seus próprios estilos e experiências. No Mapa em Quatro Passos (minha última tentativa de tornar a terapia familiar mais fácil de ser ensinada), organizei a exploração terapêutica em uma seqüência de passos, fornecendo uma direção clara, mas deixando bastante espaço para o terapeuta planejar cuidadosamente sua própria jornada terapêutica.

Esse modelo de avaliação em quatro passos desenvolveu-se durante a década passada, a partir da minha experiência apresentando oficinas de dois dias para grandes grupos nos Estados Unidos e no exterior – desde a Nova Zelândia até o Japão, da Espanha à Alemanha, da Suíça à Itália e do México à Argentina. Nessas oficinas, geralmente entrevistei duas famílias. Em uma tentativa de desenvolver uma narrativa coerente que levasse em conta o contexto cultural da família, desenvolvi um formato de duas sessões para entrevistar essas famílias. O Mapa em Quatro Passos resume esse formato. Eu geralmente cubro os dois primeiros passos do modelo durante a primeira sessão, e os dois finais durante a segunda sessão.

Minha experiência usando esse formato com famílias de muitas culturas ensinou-me que todos nós, independente da cultura, estamos sujeitos a algumas maneiras comuns de abordar as relações familiares. Ao oferecer às famílias de diversas culturas a explicação para sua situação, apresentada pela estrutura organizacional do Mapa em Quatro Passos, eu os convido a usar o modelo e a inovar a partir dele, de acordo com suas próprias maneiras idiossincráticas.

Resumo do Mapa em Quatro Passos

Primeiro passo	Segundo passo	Terceiro passo	Quarto passo
Descentralizar o problema que se apresenta e o portador do sintoma.	Explorar os padrões familiares que podem estar mantendo o problema que se apresenta.	Explorar o que membros-chave da família trazem do passado que ainda influencia o presente.	Redefinir o problema e explorar opções.

O primeiro passo é desafiar a certeza da família de que o principal problema está localizado no mecanismo interno do paciente individual. Essa é provavelmente a intervenção mais comum de cada terapeuta familiar. Esse passo é muito bem ilustrado por minhas consultas tanto com a família Ramos como com a família de Nina e Juan, conforme descrito anteriormente neste capítulo.

O segundo passo envolve explorar o que os membros da família podem estar fazendo para perpetuar o problema. O truque para o terapeuta é ajudar os membros da família a ver como suas ações podem estar dando continuidade ao problema, sem provocar resistência durante o processo. Novamente, a consulta com Nina e Juan apresenta uma ilustração.

O terceiro passo é uma exploração breve e concentrada do passado dos membros adultos da família, destinada a ajudá-los a compreender como chegaram a sua visão restrita atual de si mesmos e dos outros. Apesar de esse passo ser novo para mim, sempre fez parte do enfoque psicodinâmico da terapia.

O quarto passo é o que torna a avaliação não apenas exata, mas útil. Depois de desenvolver um quadro inicial do que está mantendo a família "estagnada" e de como chegou a esse ponto, os membros da família e o terapeuta começam a reunir essas experiências e a criar uma etapa de novas possibilidades. Se fomos bem-sucedidos durante os três primeiros passos na co-criação do drama familiar, a família deveria estar pronta para livrar-se de seu foco restrito no sintoma individual que levou seus membros à terapia. Esse passo final no modelo de avaliação familiar estabelece a direção para a mudança e para novas opções.

Nessa nova era de tratamento baseado em evidências, a terapia familiar foi além tanto do otimismo dos intervencionistas quanto do ceticismo dos terapeutas moderados para um outro etos, no qual a observação repetida e as evidências são necessárias para justificar os efeitos do encontro terapêutico. O pêndulo está balançando da ideologia para novas maneiras de experimentação e de construção do conhecimento. Esse novo direcionamento parece estar reunindo os extremos refletidos na polêmica de épocas passadas. A evolução que ocorreu na terapia familiar estrutural durante a última década também adota esse senso renovado de diversidade e de integração. O Mapa em Quatro Passos é projetado para ser útil a terapeutas de várias convicções à medida que se movem cuidadosamente pelos estágios iniciais da terapia familiar. Esse não é apenas uma ferramenta de terapia familiar estrutural, apesar de eu acreditar que muitas idéias e inovações do enfoque estrutural possam ser úteis para essa linha terapêutica.

Esse modelo de avaliação em quatro passos é apenas um mapa. Ele torna-se uma jornada terapêutica quando a família e o terapeuta começam seu encontro interpessoal na terapia. À medida que exploram juntos cada passo do mapa, o terapeuta logo percebe que precisa de todo um espectro de teorias, idéias e habilidade para atingir uma série de pontos críticos que aproximarão o terapeuta e a família de seu destino terapêutico compartilhado. É apenas nesse ponto que o mapa perde sua simplicidade e a terapia começa.

Espero ter transmitido alguma coisa sobre a maneira como faço terapia atualmente. Agora, como eu a ensino? Grande parte da aprendizagem se dá por intermédio da supervisão. A instrução acadêmica tem um lugar para ensinar terapia familiar, especialmente nas fases de abertura desse processo, mas o treinamento tem por objetivo produzir um terapeuta, em vez de um cientista familiar acadêmico. A aquisição pelo estagiário de novas maneiras de ver e pensar depende de seu desenvolvimento de novas maneiras de ser no contexto terapêutico. Portanto, os conceitos, os valores, as suposições e as técnicas fundamentais da terapia familiar estrutural não podem ser comunicados principalmente de uma forma cognitiva. Um aluno, cujo conhecimento desses conceitos for adquirido apenas no contexto de apresentações didáticas e cognitivas, pode achar que sua confiança nas idéias não lhe serve muito na intensidade do encontro terapêutico.

Do mesmo modo, apesar da descrição de técnicas ser importante no treinamento, o processo de criar um terapeuta vai além disso. Em *Families and family therapy* (Minuchin, 1974), descrevi a terapia de uma maneira tão clara e simples que o livro tornou-se um texto-padrão para alunos de terapia familiar. Durante décadas, muitos alunos de terapia familiar estrutural realizaram uma terapia de técnicas. Mas, claramente, a terapia envolve muito mais do que técnicas. As histórias de supervisão na Segunda Parte apresentam não apenas a complexidade da terapia, mas também o processo muito complexo pelo qual um terapeuta em formação torna-se um especialista.

PARTE II
Histórias sobre supervisão

7

Supervisão do encontro terapêutico

Nos capítulos a seguir, oito terapeutas relatam suas experiências em meu grupo de supervisão. Além das histórias da própria supervisão, pedi que cada autor começasse com uma exposição de sua biografia pessoal que esclareceria para o leitor os valores, as propensões e as restrições que ele ou ela traziam para o encontro terapêutico, e como estas afetavam tanto o estilo terapêutico preferido do supervisionado quanto meu trabalho para expandir tal estilo. Além disso, como se passaram 10 anos desde que eles escreveram suas histórias originais, pedi a cada autor para escrever para essa segunda edição um pós-escrito para sua história, detalhando se e como sua experiência de supervisão comigo tinha causado impacto neles e em seu trabalho clínico durante esses anos. (Os capítulos de Andy Schauer, que morreu antes da publicação da primeira edição, e de Hannah Levin, que morreu depois, não contêm esse pós-escrito.)

Como minha voz é ouvida em todas as suas histórias por meio de meus comentários e interações, parece apropriado para mim apresentar uma declaração pessoal breve como histórico do meu papel no desenvolvimento desses terapeutas.

A JORNADA DE UM SUPERVISOR

Quem sou eu como supervisor? Venho de uma família grande. Meu avô paterno, que se casou três vezes, teve nove filhos. Minha mãe era uma entre sete. Ambos os meus pais tinham aprendido um forte senso de responsabilidade familiar e aprendi isso com eles. Minha mãe fazia questão de comprar alimentos na loja de meu tio Samuel, mesmo tendo um estoque pobre e estando localizada a alguma distância. Durante o verão, meus primos ricos da família de meu pai em Buenos Aires vinham passar as férias em nossa casa no meio do mato. Minha mãe trouxe uma parente distante da Rússia, que morou conosco por cinco ou seis anos até casar-se. Durante a Depressão, quando éramos muito pobres, meus pais mandavam dinheiro regularmente para o pai idoso de minha mãe, dinheiro que nos era necessário para comprar comida.

Nós pressupúnhamos que as obrigações eram mútuas. Não havia escola secundária em minha cidade, com sua população de 4 mil habitantes, então, quando terminei a escola elementar, fui mandado para morar com minha tia Sofia. Meu pai faliu em 1930 e passou os dois anos seguintes como um *gaucho*. Meu tio Elias ajudou-o financeiramente, e ambos viram esse auxílio como um processo natural. Quando meus pais – na época em que moraram em Israel – começaram a envelhecer, eu pressupus que era minha tarefa cuidar deles, pois eles tinham cuidado de mim quando criança. Não posso comprovar os detalhes de minhas memórias, mas sei que o que aprendi sobre relacionamentos em minha infância tinha a ver com lealdade, responsabilidade e comprometimento com a família, com o clã e, por extensão, com o povo judeu.

Comecei essa discussão sobre supervisão definindo-me conforme meu aprendizado na infância porque meu relacionamento com meus alunos tem sido determinado pelo senso de obrigação e comprometimento que aprendi quando criança. Se você pensar sobre os valores mais preciosos que tem como professor, provavelmente descobrirá que esses valores estão enraizados em sua infância.

Eu comecei como supervisor e professor em 1952, quando estava morando em Israel. Eu era o diretor médico de cinco instituições residenciais para adolescentes perturbados mentalmente. A maioria das crianças eram sobreviventes da Europa de Hitler, mas havia também crianças do Marrocos, do Iêmen, do Iraque e da Índia. O pessoal das instituições era composto de psicoeducadores que seguiam os princípios adlerianos, modificados por sua experiência substancial na vida em grupo, e eles sabiam muito mais do que eu sobre como trabalhar com esses jovens.

Eu era um jovem psiquiatra, e meu treinamento em uma instituição residencial para adolescentes delinqüentes, localizada perto da cidade de Nova York, mal me preparou para essa população ou para esse trabalho. Eu era ingênuo e ignorante e sabia disso. Mesmo assim, a melhor lembrança que tenho dessa experiência foi minha recusa inflexível de ser incapacitado por aquilo que eu não sabia. Como pessoa, terapeuta e professor, essa sempre foi uma de minhas características: transformo obstáculos em desafio para aprender. Minha resposta a obstáculos ocorre em fases. Primeiro, eu fico competitivo – energizado pelos problemas. Depois fico impaciente, então deprimido e, finalmente, pensativo. Uma vez que esteja engajado, o desafio é o principal, e os obstáculos parecem uma provocação. O suporte é emocional, mas existe também uma resposta intelectual à aventura de aprender.

Os anos que se seguiram à minha experiência em Israel foram agitados e produtivos. Fui treinado como analista no William Alanson White Institute, em Nova York, mas basicamente eu estava mais interessado em famílias. Quando mudei para a Universidade da Pensilvânia, como professor universitário de psiquiatria infantil e diretor da Philadelphia Child Guidance Clinic, criei uma instituição que trabalhava apenas com famílias e com princípios de terapia familiar. Aqui minha *persona* como desafiador ficou conhecida. Eu era ousado, desafiando a rigidez do *establishment* psiquiátrico. Talvez nós tenhamos criado outros tipos de rigidez durante esse processo, mas o desafio ao tratamento individual e aos métodos tradicionais certamente eram apropriados para a época.

Foi nos anos de 1960, na Philadelphia Child Guidance Clinic, que, pela primeira vez, tornei-me professor e supervisor de terapia familiar. Olhando para trás agora, fico impressionado pela discrepância entre meu estilo de terapia e meu estilo de ensino naquela época. Meu estilo terapêutico era uma mistura de apoio, confirmação e desafio. Era cuidadoso para me unir às famílias, para assimilar seu estilo e para ficar dentro de seu raio de ação aceitável ao fazer um desafio. Não sentia que ensinar requeria a mesma acomodação. Eu confrontava e era provocativo, desafiando os alunos a aprender. Talvez eu tenha projetado minha própria resposta ao desafio – e meu próprio processo de lidar com ele – sobre meus alunos.

Meu desenvolvimento como terapeuta familiar deu-me tanto as condições para ensinar aos outros quanto algumas habilidades que apareceram ao longo do caminho. Em minha terapia, desenvolvi uma aptidão para ler a comunicação não-verbal com grande velocidade e podia ir de pistas mínimas a hipóteses que orientavam o processo terapêutico. Fiquei à vontade com o conhecimento de que essas hipóteses eram apenas instrumentos para criar contextos experimentais, feitos para provocar uma reação que ajudasse a fazer contato com as famílias e que desafiasse a rigidez dentro delas introduzindo perspectivas múltiplas. Agi unindo-me e então "rebatendo e chutando" e, durante esse período, as demonstrações brilhantes de virtuosidade de tais sessões ficaram conhecidas como meu estilo de fazer terapia.

Transferi esse estilo para minha supervisão. Assistia videoteipes, fazia uma microanálise de segmentos e saltava para a construção de hipóteses, empolgado pela natureza intelectual do empreendimento, a maneira como as peças do quebra-cabeça poderiam ser organizadas em uma grande estrutura e a aventura potencial de unir-me à família e explorar novidades e criar uma G*estalt* diferente. Acho que meu entusiasmo foi contagiante, mas eu estava impaciente com a lentidão de outros caminhos pelos quais meus alunos poderiam atingir compreensões semelhantes ou diferentes, e acho que esse período foi difícil para as pessoas que supervisionei. Eu não dava a elas espaço suficiente, nem respeitava o talento idiossincrático e as dificuldades que elas traziam ao processo de supervisão.

Quando me lembro daquele período e o comparo com meu enfoque atual, também vejo que enfatizei diferentes aspectos da supervisão. Talvez influenciado pela evitação quase alérgica de Jay Haley de instruir a partir da teoria, minha própria maneira de ensinar era basicamente indutiva e experiencial – uma ênfase que agora considero importante, mas incompleta. Também vejo como ingênuo o esforço de Braulio Montalvo e meu de ensinar um "alfabeto de habilidades", incluindo como se unir, criar intensidade, fazer alianças e coalizões, desafiar, criar dramatização, e assim por diante. Uma vez que os alunos tivessem desenvolvido essas habilidades, pensávamos, eles seriam capazes de usá-las de uma maneira diferenciada e idiossincrática. As habilidades eram importantes, mas o alfabeto era mecânico demais e provavelmente era responsável pelas concepções errôneas que assombraram a terapia familiar estrutural durante décadas: a terapia familiar estrutural requeria a habilidade de levar as pessoas a diferentes disciplinas, de direcionar e de controlar, e ela não lidava com a história das pessoas e não deixava lugar para diversão ou imaginação.

Porém, quaisquer que tenham sido meus erros e rigidez quando comecei a lecionar, sempre senti que a pessoa do terapeuta era um instrumento terapêutico. Assim como as famílias são sistemas sociais não totalmente funcionais, também os terapeutas o são. E, lentamente, minha supervisão mudou. Meu ensino do alfabeto de atividades quase desapareceu; em vez disso, trabalhei para melhorar o funcionamento de um terapeuta como membro de um sistema. Ainda penso que precisa haver conhecimento de habilidades básicas, mas agora trabalho com alunos somente depois que eles sentem ter uma boa base para desenvolver seu próprio estilo de terapia.

Quando saí da Child Guidance Clinic e me mudei para Nova York, minha prática mudou. Até então, a maioria, senão todas, as minhas famílias de pacientes tinham apresentado uma criança como o paciente identificado. Então comecei a ver cada vez mais famílias com pacientes adultos, incluindo pessoas de meia-idade com problemas e famílias preocupadas com o envelhecimento de seus pais. Minha prática pareceu me fazer tomar conhecimento do fato de que eu estava envelhecendo. Meu estilo de terapia mudou. Minhas respostas rápidas diminuíram e modifiquei a intensidade de meus encontros. Atualmente, passo a maior parte do tempo ouvindo e criando dramatização sobre as quais faço comentários. Faço a natureza de suas transações visíveis para os membros da família e mostro a disparidade entre o conteúdo das transações e as mensagens que eles estão enviando referentes a seus relacionamentos. Eu me uso mais inteiramente em minhas respostas pessoais aos membros da família. Comento sobre seus efeitos, sobre mim e uso esses efeitos como uma bússola para guiar-nos em direção à compreensão do impacto dos membros familiares uns sobre os outros e de suas visões sobre eles mesmos.

Como tenho barba branca, pareço velho e tenho visto muita coisa, minhas declarações são tratadas com o respeito devido aos sábios. Trabalho para agir contra distorções resultantes, usando humor e absurdos, uma liberdade que aprendi com Carl Whitaker. Não estou menos inclinado a explicar. Sou mais cético sobre a verdade e sinto-me à vontade para introduzir descontinuidade, deixando para a família as tarefas de resolver sua confusão e de tentar soluções.

TRABALHANDO COM TERAPEUTAS FAMILIARES

Minha supervisão também mudou; hoje ela é um processo fluido. Sinto-me à vontade para demonstrar minhas impressões sobre um jogo que assisti, minhas lutas para entender Foucault, o impacto de um poema, o prazer estético de assistir aos personagens de Borges ficarem dos dois lados de uma discordância, ou o significado da migração de uma família porto-riquenha. O objetivo é indicar que a terapia é um processo no qual os terapeutas usam a si mesmos inteiramente.

Começo a supervisão pedindo que os supervisionados definam seus estilos. No início do processo, nós assistimos a segmentos de sessões terapêuticas em videoteipe e criamos um perfil experimental dos artifícios que cada terapeuta prefere. Tornamos explícito que o objetivo da supervisão é aumentar a complexidade das intervenções do terapeuta. Esse objetivo torna a supervisão um processo muito íntimo, pois os estilos preferenciais das pessoas estão ligados a sua história e a quem elas são, e devo respeitar os limites que me proíbem de entrar em suas vidas e de manipulá-las experimentalmente.

Para desenvolver esse tipo de supervisão, os supervisionados e eu devemos desenvolver confiança. Eles precisam saber que nós estamos trabalhando em seu interesse. Eu preciso saber que eles me alertarão quando eu ultrapassar limites. Esse processo é semelhante ao contrato que fiz com famílias em terapia. Como meu contrato com meus supervisionados exige que eu desafie suas limitações e expanda seus estilos, devo depender deles para delimitar a extensão de minha operação.

O contexto para a supervisão: o grupo

O próprio trabalho do supervisionado com as famílias fornece o conteúdo do ensino. O supervisionado traz videoteipes para supervisão ou leva as famílias para supervisão ao vivo ou para consultas. O *contexto* para ensinar terapia familiar estrutural é a supervisão de grupos. Idealmente, eu tenho de seis a nove supervisionados em um grupo.

Em um grupo de treinamento bem-montado, é desejável ter clínicos de ambientes de trabalho muito variados. A presença de pessoas trabalhando em vários ambientes hospitalares, em agências que fornecem serviços aos pobres, em clínicas de saúde mental com pacientes externos, em centros de tratamento por abuso de álcool e a prática privada, dão aos supervisionados uma oportunidade de observar as famílias que eles raramente, ou nunca, verão em seus próprios ambientes de trabalho. Também fornece uma lição do assunto sobre a maneira como o ambiente de trabalho organiza as respostas clínicas de um terapeuta. À medida que um supervisionado escuta os pensamentos e as sugestões de colegas que não estão restringidos pela cultura e pela organização de seu local de trabalho, ele reconhece o grau no qual suas próprias respostas clínicas não são, de fato, suas próprias, mas sim o produto da interação de forças que organizam seu ambiente. Aprender essa lição ajuda os terapeutas a apreciar o impacto que sistemas maiores, inclusive aqueles dos quais eles próprios são membros, têm nas famílias que tratam. Em um cenário ideal, isso também os capacita a tornarem-se ativistas dentro de seu ambiente de trabalho, advogando mudanças que permitirão que suas famílias de pacientes sejam mais bem servidas.

Expandindo o estilo do terapeuta

O processo de supervisão será visto em detalhes em capítulos posteriores, à medida que meus supervisionados anteriores descreverem as maneiras como o experienciaram. Portanto, é suficiente dar apenas uma breve introdução ao processo aqui.

O primeiro resultado desejado da supervisão é que o supervisionado comece a produzir sua própria versão da terapia familiar estrutural. Essa interpretação inevitavelmente será marcada pelas idiossincrasias do estilo interpessoal preferido dos supervisionados. É uma suposição fundamental do supervisor de orientação estrutural que cada supervisionado, assim como as famílias que são tratadas, são mais complexos do que aparentam inicialmente. Existem recursos mal-utilizados em seu repertório interpessoal que, se ativados, apresentarão ao terapeuta um instrumento mais complexo e mais efetivo.

Aqui a analogia entre a terapia e a supervisão torna-se mais pronunciada. Onde a terapia procura ativar recursos mal utilizados no repertório transacional da família, a supervisão procura apresentar alternativas mal utilizadas no repertório relacional do supervisionado. O terapeuta usa seu relacionamento com cada membro da família, juntamente com os processos familiares que ele instiga como líder do sistema terapêutico, como os mecanismos para produzir a expansão da família. De forma semelhante, o supervisor usa seu relacionamento com cada supervisionado, juntamente com os processos grupais que ele instiga como líder do grupo de supervisão, como os mecanismos para evocar a expansão do terapeuta.

Assim, o desenvolvimento do relacionamento com cada supervisionado ecoa o desenvolvimento do relacionamento entre aquele terapeuta e membros da família em terapia. De minha parte, o relacionamento é estratégico. De tempos em tempos assumo posturas interpessoais em relação ao supervisionado que o convidam a expandir-se além de seu estilo preferido de relacionamento. O fato de o supervisionado aceitar esse convite é contingente para sua aceitação de minha pessoa como um especialista, um guia confiável nesse processo de expansão; um supervisor obtém essa confiança mostrando respeito pelo supervisionado e apoiando o que ele já faz bem. Eu também, às vezes, me junto ao supervisionado adotando um estilo interpessoal que se encaixa no estilo preferido de relacionar-se do supervisionado. Porém, ao fazer isso, eu retenho a liberdade de desafiar o supervisionado para expandir-se além do familiar. Exemplos desse processo são vistos nos capítulos a seguir.

Os mecanismos para mudança em operação nesse tipo de supervisão são complexos e estratificados. Cada membro do grupo de supervisão experiencia um impulso para a expansão quando apresenta o segmento de um videoteipe e então torna-se participante do processo ativado em resposta à apresentação, particularmente quando o processo desafia as limitações do estilo do supervisionado.

Até certo ponto, o processo de expansão que instigo para cada supervisionado individualmente depende dos contornos particulares do estilo preferido do supervisionado e de minha leitura das rotas para expansão disponíveis para ele. Dessa forma, de certa maneira, cada história de supervisão é única. Porém, também é verdade que certos temas reaparecem com alguma regularidade na supervisão da terapia familiar estrutural. Variada como a jornada em direção à maestria na terapia familiar estrutural possa ser, parece que há certo espaço que é atravessado repetidamente. A seguir estão expansões típicas de estilo que peço que os supervisionados façam:

- *Da história para o drama.* Os terapeutas são quase invariavelmente bons ouvintes, tanto por temperamento quanto como resultado de treinamento. Aquilo que os terapeutas ouvem é o conteúdo, a história contada por membros familiares individuais. A atual popularidade de enfoques narrativos em relação à terapia reforçou a atenção dos terapeutas aos detalhes das histórias contadas por membros da família.

  A supervisão deve desafiar o terapeuta a ver, assim como a escutar – ver a transação, o comportamental, o subtexto interpessoal que cerca e cobre cada história familiar. O supervisionado deve ser desafiado a olhar além da *história*, a fim de ver como o *ato de contar a história* é organizado na família.

- *Da dinâmica individual à complexidade do relacionamento.* A idéia de que o comportamento humano é dirigido de dentro para fora é uma "verdade" cultural em nossa sociedade, verdade que tem sido elaborada por várias teorias de psicologia individual. Assim, é comum os terapeutas entrarem em supervisão com um estilo terapêutico que se concentra na dinâmica individual.

  Tais terapeutas precisam ser desafiados a explorar a complementaridade – a construção e a regulação mútua dos membros da família sobre o comportamento de cada um. Eu trabalho para que o supervisionado enxergue além do individual para ver padrões familiares.

- *Processo terapêutico centrado no terapeuta para o centrado na família.*
A terapia trata de cura. Se o terapeuta pensa em si mesmo como um curador, construirá um processo terapêutico no qual é central. Os membros da família falarão com ele, e o terapeuta com eles, em um processo que estabelece o terapeuta como a peça central da conversa terapêutica.
Um terapeuta familiar estrutural não é um curador, mas um ativador dos próprios recursos de cura da família paciente. Assim, o terapeuta procura construir um processo terapêutico no qual a interação entre os membros da família, e não a interação com ela, seja central.
Para o terapeuta que privilegia uma postura ativa e centralizada na terapia, a supervisão deve criar a capacidade de retirar-se para uma posição de distância média. Eu trabalho para ajudar o terapeuta a tornar-se habilitado a evocar a dramatização e para ficar à vontade com a postura do observador curioso.

Os autores das histórias que seguem são terapeutas que foram membros do meu grupo de supervisão durante o fim dos anos de 1980 e o início dos anos de 1990. As histórias são altamente individuais, refletindo a experiência de supervisão única de cada autor. Ao mesmo tempo, elas revelam muitos dos tempos descritos há pouco. Assim, enquanto cada história carrega a marca de seu autor, ela também pode ser lida como um modelo, ilustrando como uma supervisão de orientação estrutural pode começar a lidar com a produção de um terapeuta.

Meu próprio comentário está entrelaçado a cada uma dessas histórias. À medida que a história se desenrola, relato minha experiência com o supervisionado, ofereço minha leitura de seu estilo terapêutico preferido e discuto como eu mesmo costumava estrategicamente tentar induzir uma expansão daquele estilo. O que espero que surja dessas histórias é uma apreciação da dança peculiar de co-criação que é a supervisão.

8

A feminista e o professor hierárquico

Margaret Ann Meskill[*]

> *Durante todo o primeiro ano, Margaret escondeu-se. Eu a havia supervisionado em uma agência de adoções, onde ela era assistente social. Gostei de seu comprometimento com as famílias e o enfoque da experência sobre como se defender em um ambiente urbano violento. Era direta e impaciente com os procedimentos burocráticos da agência. Também tinha uma energia de que eu gostava. Para mim é mais fácil controlar energia em excesso do que reclamar de um estilo desengajado. Eu não conseguia compreender por que ela evitava a supervisão ou fazia comentários desafiando meu modo de ensinar.*
>
> *Às vezes, seus pequenos desafios misturavam-se com uma narrativa que era claramente feminista. Então, eu a abordava como a especialista e pedia-lhe uma perspectiva feminista. Esse enfoque está sintonizado com meu estilo de ensino de atribuir habilidade aos alunos, que então tornam-se os portadores de pontos de vista alternativos, mas não consegui fazer Margaret unir-se a mim.*
>
> *Não importava quão freqüentemente eu declarasse que ela era uma boa terapeuta e que eu gostava de sua habilidade de engajar as famílias, de unir-se a elas onde estivessem e de usar uma forma direta que elas reconheciam como respeitosa, Margaret não mudava sua perspectiva de que eu era o homem. Como não conseguia me vencer, evitava-me.*

---

[*] MARGARET ANN MESKILL é mestre em Serviço Social pela Universidade de Nova York e doutora em Psicologia pela Universidade de Hartford. Atualmente gerencia um centro urbano de saúde mental no Institute of Living, em Hartford, Connecticut.

O segundo ano começou como uma continuação do "caso de amor não-correspondido", mas então ela conheceu a família Ramirez, ou eles a encontraram e nosso relacionamento mudou. Nós juntamos forças para ajudá-los.

Margaret queria que eu fizesse coisas difíceis e complicadas que, por minha constituição, eu era incapaz de aceitar.

Mesmo apoiando totalmente a agenda política e social feminista, estou completamente comprometido com um ponto de vista sistêmico na terapia familiar. Não é que ele a controle, eles constroem um ao outro. Mas realmente uni-me a Margaret no comprometimento com a família Ramirez, gostei deles e gostei do trabalho de Margaret com eles. Mas eles não iriam, ou não conseguiriam crescer apenas com apoio. Quando se está trabalhando com famílias que apresentam problemas crônicos, quando nós, os terapeutas, contamos até 10 ou 20, a área está povoada de fantasmas. Todas as interpretações "corretas" foram usadas e muitas mais, que são destrutivas, foram adicionadas. Torna-se necessário introduzir novidades. A família Ramirez estava envolvida com o sistema de saúde mental há décadas. Eles eram especialistas em neutralizar terapeutas.

A estratégia que sugeri foi que Margaret cuidasse do marido. Ele tinha sido um bom pai e um marido leal, enquanto sua esposa passava por duas a três hospitalizações por ano devido a drogas ou a episódios psicóticos relacionados à esquizofrenia.

Então, Margaret – a ajudante, a apoiadora, a lutadora pelos direitos das mulheres – tinha que se unir a um marido beberrão e a um supervisor patriarcal para desafiar o padrão da Sra. Ramirez de episódios "psicóticos" repetidos e múltiplas hospitalizações. Como ficará claro na narrativa de Margaret, esse desequilíbrio não foi fácil.

Eu não sei como Margaret se sentiu. Continuei a ensiná-la a partir de uma posição de respeito por seu talento, gostando de sua determinação. Encarei seus comentários feministas não como uma provocação a mim, mas como seu ponto de vista. Nós nos alegramos com as mudanças e o sucesso da família.

Até eu começar a considerar este capítulo, não tinha feito nenhuma conexão entre minha escolha pela supervisão de terapia familiar e a dinâmica de minha própria família. Sempre soube que as duas escolhas profissionais – primeiro a escolha da própria modalidade de tratamento e então a escolha do supervisor – estavam restritas ao meu contexto psicológico particular. Eu apenas não sabia como. Esse é apenas um relato parcial dessa questão. É, por necessidade, um trabalho em andamento, pois ainda estou tornando mais clara minha compreensão sobre as maneiras como a supervisão teve um impacto sobre mim.

Fui criada em um contexto em mudança, no qual os laços familiares eram diminuídos como secundários a outras considerações. Havia muita ênfase na autonomia e nas realizações, no intelecto, no conhecimento e na experiência. Enquanto jovem, fui mais fortemente influenciada pelo matriarcado da avó e da mãe. Os homens em minha família eram provedores distantes que não se envolviam, especialmente durante minha juventude. As decisões sobre minha irmã e eu eram tomadas por minha mãe ou por minha avó, que freqüentemente entravam em conflito. Porém, elas concordavam que a educação é sagrada, sendo um fim em si mesma e o início de todo o crescimento profissional. O valor da educação foi um subenredo dentro da história maior de conquistas e lutas de mulheres, uma história na qual esperavam que minha irmã e eu tivéssemos um papel. Como outras filhas de nosso tempo, devíamos superar os aspectos dóceis e submissos de ser mulher que nossas mães tinham experienciado como tão limitadores.

Fui mandada para internatos na Nova Inglaterra e iniciei viagens para o México e para a América Central. Adaptando-me à maneira peculiar que minha família habitualmente faz as coisas, as experiências de verão com a pobreza do Terceiro Mundo deveriam reduzir o efeito do elitismo dos internatos e dar-me uma educação global. Os dois extremos eram vistos como relacionados à aventura de aprender. A educação era tão inquestionavelmente valorizada que, mais tarde, minha irmã e eu tornamo-nos muito habilidosas em realizar os pedidos e as provocações mais ultrajantes, aceitáveis aos olhos de nossa mãe, em nome de nossa necessidade de aprender, de crescer e de ter experiências.

Quando cheguei aos 13 anos, a família tinha se tornado algo a que eu me voltava quando nada mais estava acontecendo. Aventuras, novas experiências, sucesso acadêmico e, acima de tudo, independência, constituíam as expectativas que me formaram. Elas eram sempre colocadas no contexto de nosso gênero. Minha irmã e eu estávamos sendo criadas para sermos fortes, na esperança de que nós, dessa forma, ficaríamos acostumadas aos tipos de aflições que eram identificadas como referentes às mulheres. A força dessa solidariedade de gênero em si mesma manteve meu pai de lado, um provedor consciencioso, mas duvidoso emocionalmente.

Estudei antropologia na faculdade. Essa escolha foi prática em vez de intelectual, pois deu-me a licença para viajar e chamá-la de "trabalho de campo." Nessa época, rebelei-me contra minha família, e fazia isso na área que tinha aprendido que causaria o impacto mais poderoso sobre eles – o desempenho escolar. Saí da faculdade no meu segundo ano e fui viver uma vida de aventuras no México. Minha rebelião foi bem preparada, mesmo que totalmente inconsciente. Eu estava desafiando o deus familiar da aprendizagem.

Barnard College, nos anos de 1970, era um bom lugar para uma rebelião. O feminismo e o socialismo estavam em alta no clima acadêmico daquela época. Minha consciência intelectual teve o chamado de alerta que precisava depois de cinco anos do elitismo WASP* que é tão inconsciente e arrogantemente promovido nos internatos. O posicionamento feminista que aprendi em Barnard foram as lentes pelas quais eu perceberia meu mundo, um tipo de conjunto cognitivo básico que tanto me orientava como me validava.

Uma observação minha sobre feminismo: em minha família, o feminismo começou com um ato misto de que homens são monstros e mulheres são suas presas. Barnard deu um pouco de sofisticação e profundidade intelectual a essa ideologia familiar. A sociedade e o capitalismo foram incluídos na questão de gênero. Pontos de vista foram expostos, as irmandades estavam na moda, as posições eram energizadas por uma época e lugar que permitiam sentimentos que eram tão complicados quanto tumultuados. Olhando em retrospectiva agora, valorizo a experiência de fazer parte e a clareza moral que tinha então. Também reconheço as limitações, a rigidez e as simplificações que entraram para fornecer essa clareza e esse ato de fazer parte.

O tipo de feminismo que conheci na faculdade tinha muito a ver com minha própria passagem para a idade adulta e a reelaboração de *scripts* familiares que necessariamente ocorrem. O desafio em minha vida, do qual eu não estava consciente então, é aquele de chegar a um acordo com certos artefatos emocionais e familiares que podem ser facilmente armazenados sob o grande peso da questão feminista enquanto absolutamente não fazia parte disso. A supervisão e a presença do Dr. Minuchin ajudaram-me a entender a existência desse desafio e foram instrumentais em meu interesse por ele, em vez de ignorá-lo.

---

* N. de R.T. WASP – White Anglo-Saxon Protestant – A cultura WASP foca-se nos valores tradicionais baseando-se em uma religiosidade rígida.

Meu primeiro emprego fora da faculdade foi em adoção, simplesmente porque o mundo desconhecido da pobreza abjeta causava-me interesse. Foi como uma outra viagem, mas eu tinha que ficar em casa e ganharia um salário por isso, apesar de não ser muito. Como por acidente, durante a realização daquele trabalho, meu *self* profissional tomou forma. Eu fui grandemente influenciada pela falta de poder que meus pacientes tinham sobre suas vidas, o que ressoou com a imagem de mulher impotente a qual fui educada para combater. Ironicamente, apesar de não ter consciência disso, o emprego colocou-me exatamente na mesma posição de poder em face de meus pacientes do qual eu acreditava os estar defendendo. Infelizmente, o cargo de estudo de assistência social dá às pessoas uma quantidade obscena de poder para tomar decisões sobre as vidas dos outros. Esse poder é disfarçado de assistência e mesmo de proteção, então ninguém, inclusive eu mesma, tem que enfrentar o fato de que as decisões sobre se um bebê um dia terá a chance de conhecer sua mãe são feitas rotineiramente por mulheres de classe média de 22 anos sem treinamento, sem filhos e com pouca consciência.

Fui salva de cometer erros que teriam me causado grande remorso devido à minha rebelião inabalável. Estava firmemente decidida a desafiar um sistema que reconhecia como inepto e errado. Tornei-me uma ávida salvadora de famílias. Trabalhava para reabilitar mães e pais exaustos pela pobreza e desesperança. Tornei-me muito adepta a ajudar os pais a passarem pelo sistema sem perder seus filhos. Fiz isso como uma missão política, assim eu pensava. Achava que poderia dar poder a meus pacientes como picolés para as crianças. Não questionava meu direito de fazer isso. Agora entendo essa omissão evidente de autoquestionamento como uma das características previsíveis do poder – aqueles que o tem não precisam questionar.

O poder não foi a única dinâmica que me impulsionou durante aqueles primeiros anos. As compensações psicológicas de reunir famílias me motivava, especialmente devido a minhas próprias necessidades não-reconhecidas de conexão familiar.

Salvador Minuchin e sua faculdade chegaram até minha agência como parte de um projeto patrocinado por uma fundação para tornar os serviços de adoção mais convenientes às famílias. Em seu papel como consultor da professora, a Dra. Anne Brooks, ele me aterrorizou. Ele era a figura autoritária masculina que eu me sentia totalmente comprometida a desafiar.

A raiva que ele produziu em mim tinha uma relação direta com o poder que percebia nele. Ele tinha a habilidade de me fazer questionar a mim, a meu papel profissional e, mais importante ainda, às maneiras como minha falta de consciência da dinâmica do poder realmente reforçavam a injustiça que eu achava que estava comprometida a mudar. Essa consciência do poder – do poder encoberto – foi a mais revolucionária das mudanças que ocorreram em mim durante meu aprendizado com o Dr. Minuchin. Isso mudou minhas idéias não apenas sobre a terapia e a política, mas também sobre gênero e sexismo. Não se desculpando sobre sua própria forma de sexismo, ele teve uma influência liberadora na feminista dentro de mim.

> *Tem-se dito que minhas intervenções dão poder aos homens às custas das mulheres. Eu acho que não. Essa não é a maneira como trabalho. Eu posso ser extremamente acalentador com homens, com mulheres e com crianças, e posso ser o oposto. Posso ver que eu, às vezes, junto-me aos homens em um vínculo masculino confortável e que não tenho essa capacidade de trabalhar com as mulheres. Mas minha resposta a questões de gênero é de um ponto de vista sistêmico. Eu vejo os homens controlando e restringindo as mulheres, e vejo as mulheres controlando e restringindo os homens.*
>
> *Atualmente também acho que minha idade facilita minha união tanto aos homens quanto às mulheres. Como uma pessoa mais velha, sou aceito de maneiras que transcendem o gênero.*

Meu próximo emprego após deixar a agência de adoção foi em uma clínica de tratamento antidrogas com pacientes externos. Ao trabalhar nessa clínica, comecei a supervisão com Salvador Minuchin. Passei meu primeiro ano de supervisão permanentemente ansiosa quanto a ele. Esperava pelo momento em que alguma confrontação perturbadora ocorreria. Planejei estratégias de defesa, habilidades de sobrevivência e saídas seguras. Eu estava sempre à espreita de ofensas, não apenas contra mim, mas contra todas as mulheres. Sempre pronta a empreender uma batalha feminista, eu queria estar em terra firme para estar segura e certa.

Enquanto esperava por essas batalhas antecipadas, observava Sal com outros membros do grupo e absorvia algo de sua sabedoria de modo vicarial enquanto ele ensinava aos outros. Agora penso que ele me recebia melhor do que eu notava à época, mas não via como ele se desdobrava em relação às famílias que eu trouxe para consultas. Eu via aspectos dele que permaneciam em total contraste com o patriarca arrogante que é sua *persona* pública. Tornou-se cada vez mais difícil não acompanhar sua preocupação e investimento em mim e em meus pacientes.

> *A descrição de Margaret do processo de supervisão surpreendeu-me. Eu conhecia sua ideologia feminista, e freqüentemente evocava sua opinião de uma perspectiva feminista, mas não tinha consciência de sua desconfiança de mim como um homem. Vendo-a em sua agência, fiquei impressionado com seu comprometimento com as famílias que eram suas clientes. Ela tinha uma energia atrativa – a habilidade de conectar-se a pessoas de uma maneira que é tanto respeitosa quanto concreta e suportadora. E fiquei impressionado por sua sabedoria quanto ao ambiente urbano violento. Tem um comando tão soberbo daquela linguagem que pensei que ela deveria vir de uma família da classe trabalhadora, muito provavelmente do sul da Itália. Uma lição para minha competência cultural.*

Para aprender com Minuchin, primeiro tive de confiar nas coisas nele que, em treinamento, eu estava mais comprometida a combater. Tinha que confiar em seu uso benigno da autoridade e do poder. Mas eu estava em um dilema emocional e ideológico real quanto a presumir esse tipo de vulnerabilidade. Eu estava consciente de querer manter meu crescimento intelectual e de proteger as minhas outras partes de um estilo de supervisão que era emocionalmente arriscado. Acho que esse é um dos pontos que distingue a supervisão do Dr. Minuchin. Uma boa supervisão e uma boa terapia requerem não apenas destreza intelectual, mas disponibilidade emocional. Foram necessários muitos testes, tempo e experiência antes que estivesse pronta para tudo o que viesse.

Foi meu trabalho com a família Ramirez que me deu a oportunidade de emergir de trás da posição defensiva que achava que era feminista. Nina Ramirez, que tinha mais de 30 anos, havia tido muita experiência com sistemas de tratamento. Na verdade, ela tinha sido criada, em grande escala, por vários estabelecimentos psiquiátricos. Hospitalizada repetidamente por razões psiquiátricas desde os 13 anos, Nina tinha em média duas a três hospitalizações por ano, geralmente devido à psicose induzida por drogas e automutilação. Um ajudante do hospital tinha de acompanhá-la para sua consulta de admissão comigo.

Minha primeira vaga impressão de Nina foi que ela era uma paciente psiquiátrica de longo prazo, com uma linguagem em murmúrio estranhamente modulada e um modo de andar agitado e inclinado para um lado. Ela deu entrada em nossa clínica com o diagnóstico de esquizofrenia, mas tinha recebido uma ampla série de rótulos psiquiátricos em vários momentos durante seu quarto de século como paciente. Ela havia recebido diagnósticos de esquizofrenia crônica, transtorno do humor orgânico, abuso de múltiplas substâncias e esquizofrenia paranóide. Além da completa gama de drogas urbanas que Nina tinha usado, ela também havia sido medicada com uma ampla série de medicamentos prescritos como triaflon, prolixin, tegretol e cogentin. Nenhum deles tomou consistentemente ou conforme prescrito. Seu abuso de substâncias começou com álcool, aos 6 anos, e ela havia experimentado de tudo. Como os outros na clínica para drogados, ela considerava o *crack* o degrau final de miséria em sua espiral na descida da escada das drogas. Durante sua entrevista de admissão, Nina chamou a si mesma de cabeça de lixo. Esse é o termo afetuoso que os viciados usam para aqueles que mantêm suas opções abertas usando toda e qualquer droga que eles conseguirem, em vez de desenvolver um vício em uma droga apenas. Nina disse que estava farta das drogas e que queria parar.

Minha clínica geralmente não trabalha com pessoas que têm doenças mentais, mas o diretor da clínica, sentindo que o vício de Nina justificava nosso trabalho com ela, mesmo ela estando gravemente perturbada, fez um ajuste especial para ela. Eu não fiquei entusiasmada com essa decisão. Tive muito pouca experiência com o sistema de saúde mental e tinha um tipo de atitude sem interferência geral sobre a doença mental grave que me fazia agir como "deixe os médicos lidarem com elas e com sua química". Em minha mente, o tratamento bem-sucedido estava mantendo esses pacientes bem-medicados nas clínicas de outras pessoas. Eu ficava nervosa e era incompetente com pessoas "loucas".

Nina e seu marido, Juan, reclamaram de suas experiências de tratamento anteriores, não coincidentemente tornando claro para mim que estiveram na ala psiquiátrica uma ou três vezes e poderiam ter sucesso com a melhor das minhas intenções de tratamento. Eu estava realmente querendo ceder nesse ponto. Sabia que estava envolvida e tinha certeza de que me juntaria ao resto dos terapeutas perdidos dessa família dentro de pouco tempo. Assim pensei. E assim disse.

Essa é a maneira como o casal se apresentava naquele momento. Nina apresentava-se como uma boa mas incurável paciente. Falava clara e coerentemente sobre seus estados internos. Monitorava sua temperatura emocional cuidadosamente e poderia fácil e livremente relatá-la a qualquer momento. Era articulada e inteligente. Tinha grande *insight*. Possuía aquela fé dogmática que se aprende tão bem em círculos terapêuticos – aquela de que, discutindo novamente cada *nuance* de um sentimento isso trará alívio e cura. Até mesmo eu poderia dizer que ela era uma paciente excepcional. Ela poderia ter dado a qualquer terapeuta suficiente *angst* e oportunidade para interpretações interessantes para ser atrativa, apesar de imutável.

Juan não havia se beneficiado de anos de atenção psiquiátrica. Na verdade, sua apresentação refletia a desatenção que ele tinha experienciado em sua posição de cônjuge de uma pessoa muito louca. Ele estava pálido, mal percebendo a crise em que sua família estava. Ocasionalmente passava por um claro alívio, à medida que narrava fatos e fazia declarações sobre a doença de sua esposa. Então ele se desmaterializava. O casal tinha uma filha muito amada, agora com 14 anos. Eu decidi trabalhar apenas com o casal, tendo esperança de explorar o material que poderia surgir quando a filha não estivesse disponível, como sendo um desvio. Também escolhi trabalhar apenas com eles porque, limitando o escopo, também limitava meu senso de ficar perplexa.

O estágio inicial do tratamento foi conduzido da maneira usual de como a família operava. O foco foi perdido para a crise, as coalizões mudaram randomicamente e a ansiedade foi alta, incapacitando os membros da família, assim como o terapeuta.

A ameaça dos impulsos errados detectada pelos sintomas psiquiátricos, abuso de drogas e de álcool ou violência estavam sempre presentes. Nos primeiros três meses do tratamento, Nina oscilou no limite da recaída às drogas, Juan flutuou em estupores alcoólicos, e o casal ameaçou um ao outro com divórcio, suicídio e homicídio e relatou que Juanita, a filha, era sexualmente ativa e tinha sido abusada sexualmente. No final do terceiro mês, Nina foi hospitalizada depois de cortar os pulsos. Eu fiquei horrorizada e grata pelo resto.

Eu havia sobrevivido quase um ano e meio de supervisão neste ponto, mas tinham ocorrido poucas interações entre Sal e eu. Ele tinha me oferecido muitas sugestões boas, pois eu não estava tendo nenhuma. O que realmente me tinha ficado registrado era o que eu reconhecia como interesse e comprometimento genuínos com as famílias. À medida que comecei a confiar em sua receptividade em relação a eles, comecei a reconsiderar meu professor como um homem capaz de pontos de vista emocionais e acalentadores.

Trouxe uma fita da família Ramirez, na qual Nina e Juan estavam tendo uma briga cruel sobre Juanita. Eles concordaram que ela deveria ser punida por uma escapada recente, mas Nina achava que Juan estava sendo duro demais. Sal discordou.

MINUCHIN: Ele está zangado, e sua ira é justificada. E Nina também está zangada e nega sua ira e a ira dele. Ela junta-se à filha, negando sua ira devido à confusão que a filha adolescente havia feito de sua vida, e então nega a Juan o direito à ira dele. Eu teria me unido a ele e desafiado a falta de união dela com ele. Ambos estão no mesmo barco. Mas ela escolheu ser leal à sua filha e desdizer seu marido. Eu teria apoiado os cônjuges em sua dor e sua ira, e desafiado a esposa. Ela é uma pessoa incapaz de compreender que se pode ficar irado e ser também afetuoso. Ela nunca entendeu a ambivalência e fica louca com isso. E Margaret, você tem medo de forçar a aceitação de amor e ira ao mesmo tempo e criar uma psicose. O fato é que essa mulher tem episódios de psicose. Então ela pode ser psicótica por meia hora em vez de uma semana. Você não pode trabalhar com essa família se quiser evitar o estresse. Você precisa ser capaz de dizer: "Vamos fazê-lo, você sobreviverá e eu sobreviverei...". Então, nessa situação, eu desafiaria a mãe. Diria a ela que está errada porque não aceita o direito à ira e à dor dele. Ao usar a palavra dor, você a estará ajudando a aceitar a ira.

MARGARET: Está bem, acho que isso é perfeitamente simples e objetivo e realmente é o que acontece. O que eu preciso saber é se ela vai ficar psicótica de qualquer maneira.

MINUCHIN: Oh, não.

MARGARET: Mas se ela ficar? Meu medo não é perder o controle da sessão, mas que ela fique louca. Eu gostaria que você visse essa situação. Eles continuam a briga e então ela não consegue continuar e fica sintomática... Ela pára esse processo tendo um sintoma. E fico assustada com isso. Então, entro na minha zona de conforto. Eu teria dado uma bala para ela nesse ponto se tivesse alguma em meu escritório, porque eu estava com medo de que ela pulasse pela janela...Mas queria que eles continuassem, quero que eles continuem a ter uma discordância em relação à ira e a não serem chantageados pela loucura dela.

MINUCHIN: Ela a assusta, mas ela também provoca a sua ira. Nesse ponto ela precisa ser desafiada. Há muitas maneiras de se fazer isso. Uma das maneiras é se você desejar conversar com Juan, você conversa com Juan. Você sabe, ela realmente não está lhe permitindo isso...

MARGARET: E então, o que ela faria?

MINUCHIN: Ela está tendo um acesso de raiva e você está exaltando isso dizendo que seu acesso de raiva tem significado. O que você precisa dizer é que seu acesso de raiva não significa nada. Em vez disso, o marido torna-se protetor, você torna-se protetora. Ambos estão dizendo que ela tem o direito a um comportamento infantil, e isso é incorreto porque você está chamando o comportamento infantil de psicótico.

A mensagem de Minuchin para mim foi que, justamente como a família, eu precisava vencer o medo. Para mim, essa sessão de supervisão foi um grande avanço. Eu tinha sido capaz não apenas de expor uma parte de mim que eu não aceitava (pois eu a via como uma fraqueza), mas também de insistir que Sal me respondesse sobre isso sem acobertá-lo ou esconder-se atrás das questões teóricas mais atraentes (leia-se, mais seguras) levantadas pelo trabalho.

À medida que enfrentar o fato de como continuar a minha aventura de parar de me esconder, comecei a experienciar-me como cada vez mais centrada. Na supervisão, eu parei de instigar discussões intelectuais e, em vez disso, expressava qualquer ceticismo que sentia que envolvia todo o meu *self* e não apenas minha cabeça.

Quando Nina teve alta do hospital, perguntei à família se eles poderiam fazer uma sessão de consulta com o Dr. Minuchin. Eles não podiam ter feito mais elogios ao Dr. Minuchin, com a longa lista que tinham de falhas no tratamento, seu drama e sua loucura. Pobres e hispânicos, eles eram perfeitos para ele. Eu sentia que preferia que não acontecesse essa sessão – eles eram loucos demais. Mas Sal ficou interessado em minha descrição sobre eles e sugeriu que nós trouxéssemos a filha também. Em outras palavras, ele começou sua supervisão do caso cuidando de minha família, mesmo quando eu não conseguia. Em termos de unir-se a mim, isso foi tão efetivo quanto simples.

> *Nina tinha recentemente tido alta de um dos hospitais psiquiátricos onde ela "recolhia-se" quando obedecia às vozes que ordenavam que ela se ferisse. Eu tinha ficado chocado com a descrição de Margaret sobre o alto nível de funcionamento de Nina e comecei perguntando a mim mesmo sobre a discrepância entre sua capacidade e suas hospitalizações.*

MINUCHIN: Nina, conte-me sobre suas vozes. Elas são masculinas ou femininas?
NINA (*hesitante*): Femininas.
MINUCHIN: O que elas lhe dizem?
NINA (*muito angustiada*): Você sabe, eu realmente não deveria estar falando sobre isso na frente de (indica sua filha).
MINUCHIN: Juanita, você sabe sobre as vozes de sua mãe?
JUANITA: (*olhando para sua mãe muito firmemente*): Sim.

MINUCHIN: Sua mãe tem a habilidade – ou o infortúnio – de ouvir vozes como se elas viessem de fora. Eu ouço vozes também, mas elas vêm de dentro. Nós todos ouvimos vozes. Você ouve vozes, Margaret?
MARGARET: Eu ouço vozes.
MINUCHIN: Nossas vozes nos dizem algo sobre nós mesmos. Se você sente que não vale nada...
NINA: Sim! Minha mãe me diz que eu não valho nada! Então elas dizem para me punir!
MINUCHIN: Suas vozes podem ser amansadas. Mas elas precisam de outras vozes. Vozes bem fortes para lutar contra as outras. Você ouve a voz de Juan? Ou a de Juanita?
NINA: Não, nunca.
MINUCHIN: Ah. As vozes deles são muito suaves.
JUAN: Ela não me diz quando as vozes conversam com ela. Somente depois. Então eu não sei quando elas falam com ela.
NINA: Ele não quer dizer bem isso. Ele quer dizer que você deveria ser forte dentro de casa.
MINUCHIN *(para Nina)*: Se a voz de Juan fosse mais forte, ele poderia amansar as vozes que você ouve. Aquelas que dizem para você punir-se.
NINA: Estou começando a ouvir minha própria voz agora. Ela está ficando mais forte.

> Nina respondeu à minha sugestão sistêmica que suas vozes eram influenciadas pela qualidade calada das respostas de Juan e de Juanita com o típico ponto de vista "eu posso mudar sozinha", que tinha sido repetido para ela incessantemente pelo estabelecimento psiquiátrico.

MINUCHIN: Não, sua voz sozinha não consegue ser forte o suficiente. Eu não acho que você o consiga fazer sozinha, Nina. Você precisa da voz de Juan. Você precisa de Juanita. Se eles não ficarem mais fortes, as vozes que lhe dizem para ferir a si própria vencerão.

Terminamos a consulta enfatizando a complementaridade entre a intensidade das vozes negativas e a fraqueza da de Juan. Para Nina melhorar, Juan tinha que mudar. A direção do tratamento seria dada pela esperança de que Juan pudesse cuidar de sua esposa.

Todos têm lutas entre a consciência e o desequilíbrio. A minha geralmente tem sido feminista, assim como pessoal. O desequilíbrio requer que o terapeuta tome uma posição ao lado de alguém, e isso não é justo. Basicamente, o terapeuta dá poder a um parceiro em tal grau, que a complementaridade do casal é tão desfeita que os parceiros precisam reorganizar-se. Espera-se que a nova maneira seja mais saudável.

De que lado você está? Aí é onde minhas idiossincrasias conduzem-me a um dilema. Eu geralmente vejo as mulheres como prontas para um trabalho emocional e capazes de fazê-lo. De uma maneira que eu costumava pensar ser feminista, mas agora comecei a ver de um modo um tanto distorcido, vejo os homens comportando-se emocionalmente de uma forma confusa. Essa posição cognitiva leva-me a violar a solidariedade masculina que eu fui criada e educada para proteger e sustentar. Devido à minha firme crença na superioridade emocional do afeto feminino, sinto que preciso defender o homem que está em desequilíbrio. Preciso dar poder a ele. Então preciso traí-la, trair seus *insights* e sua validade, em nome da boa terapia, em nome do relacionamento.

Então fiquei do lado de Juan. Eu realmente não esperava muito. Em vez disso, fingi que esperava alguma coisa. Costumo rejeitar os homens, então encontrei pouca coisa nesse. Mas, ao longo do tempo, o fingimento que eu tinha aperfeiçoado tanto levou-me a algumas conseqüências não-previstas. À medida que eu fingia que Juan era emocionalmente capaz, ele começou a ter um foco mais claro durante nossas sessões. Comecei a me perguntar, tanto de forma pessoal quanto abstrata, sobre a voz masculina, sobre a contribuição de Sal para mim e sobre a maneira como eu, mulher, poderia criar solidão para mim mesma e minhas certezas sobre os homens.

Uma sessão fundamental com a família mostrou-me quão surpreendentemente Juan havia se tornado presente, quão importante era sua contribuição e quão empobrecida a família ficava sem ele. Juanita tinha há pouco revelado que estava grávida. Nina estava em choque, Juan com uma raiva extrema e a mãe de Nina tinha ficado muito brava. Nina queria conversar sobre a reação de sua mãe à gravidez de Juanita. Eu pedi a Juan para descrever seu encontro.

JUAN: Eu estava apenas sentado lá em total choque. Mas então, quando Mama começou a atacar Nina com palavras – pois é claro que ela está desapontada com a gravidez de Juanita, mas a maneira como ela estava culpando Nina...!
NINA: Eu estava terrivelmente infeliz. Mas ele cuidou de mim.

MARGARET: Espere aí. Você cuidou de sua esposa? E ela permitiu?
NINA: Sim.
MARGARET: Espere aí, isso é o mais importante. Você realmente sentiu-se bem cuidada por ele?
JUAN: Eu tomei conta dela.
NINA: Ele fez isso.
JUAN: Você sabe como a mãe dela me pareceu? Como: "Depois de tudo que eu fiz por você, você me trata como se eu não valesse nada. E eu o amo, mas você está me devendo". Bem, eu briguei com ela. Nós não lhe devemos nada.
MARGARET: Então, como foi tomar conta de Nina?
JUAN: Eu me senti bem. Eu tinha que fazê-lo. Ela precisava de mim. Pura e simplesmente. Eu sou o marido dela. Meu dever é cuidar dela.
NINA: Eu me senti segura com ele. Ele colocou seu braço ao meu redor.
MARGARET: Eu acho que tem alguma coisa a ver com ela, de ela lhe deixar à vontade. Você é tão competente, Nina, que seu marido está sempre batendo à porta e perguntando – Olá, o que posso fazer aqui? (*Apesar de conhecido educadamente como desequilíbrio mental, essa era uma mentira descarada*).
NINA: Eu estava me sentindo tão torturada que, quando ele colocou seu braço ao meu redor, senti-me confortada e segura. Ali estava meu marido tomando conta de mim quando eu necessitava dele.
MARGARET: Mas outras vezes, quando você precisa ser confortada, você fica torturada, você fica intensa e com muita dor, e algo acontece entre vocês dois quando você não sente que ele pode confortá-la.
JUAN: Eu acho que é porque me sinto pressionado, é como se não me sentisse à vontade naquela situação.
NINA: Eu só não quero que você fique infeliz.
JUAN: Mas então eu sinto que estou do lado de fora, então penso que talvez a melhor coisa é manter certa distância e que talvez isso funcione...(*sua voz tornou-se cada vez mais baixa, e então ele se recompôs*). Eu pensei sobre Mama, e agora me dou conta de que ela é um ser humano muito infeliz e solitário. Nesse sentido, sinto muito por ela. E é triste que me sinto tão incapaz de fazer qualquer coisa quanto a isso. Ela deseja tão desesperadamente ser amada. Sua mãe nem a amava. Ela deseja o amor da mãe assim como você deseja o amor dela, Nina. Quando penso sobre toda aquela raiva, é uma completa demência. Esse é o ponto importante a se considerar.

Essa não era uma declaração que eu já tivesse ouvido de Juan. Isso estava tão longe de um comportamento confuso quanto possível.

Então, minha concepção dos homens estava sendo desconstruída de maneiras complementares. Na supervisão, Sal estava provando não ser nem irrelevante nem opressivo. Nas sessões, Juan estava se tornando cada vez mais relevante e disponível. Com essas melhorias no mundo masculino, desenvolvia-se uma nova visão das mulheres (incluindo eu mesma) que era mais profunda e mais complexa. Violar a regra da solidariedade feminina, na qual me criei acreditando, foi vital para a própria sobrevivência. Aprendi mais sobre as maneiras como as mulheres, incluindo eu mesma, envolvem-se em mais problemas emocionais. Com essa expansão, eu fui capaz de ver configurações de gênero e personalidade para as quais eu estava cega anteriormente. Foi de grande significado para mim o fato de que pelo difícil processo com essa família, a própria Nina chegou a perceber o trabalho de desequilíbrio mental que estava ocorrendo como útil para ela, mesmo quando ele surgia com desafios ao seu funcionamento repetido. Ela é a responsável (e eu ainda acredito que seja um grande crédito para seu gênero) por ter sido capaz de fazer isso e, ao fazer isso, mostrar que verdadeiro trabalho as mulheres são capazes de fazer.

Quando Juanita deu à luz, ela e seu namorado mudaram-se para a casa de Juan e Nina. Esse foi um arranjo familiar um tanto complexo, especialmente por se tratar de um apartamento muito pequeno. Eu estava impressionada com o desembaraço da família. Nina e Juan, funcionando como uma equipe, dividiram o apartamento, preservando a autonomia de ambos os casais, mas deixando a maior área possível em comum. Juan parecia ter o melhor senso de limites familiares, e Nina aceitou seu julgamento. Nina não foi mais hospitalizada durante três anos.

Quanto a mim, ainda não estou bem certa quanto a gênero. Eu não sou nem tão fraca nem tão forte como mulher quanto eu tinha me considerado anteriormente, mas, em todo caso, abandonei a questão da força feminina e me interessei por dilemas mais complicados. Tenho um sentimento crescente de minha necessidade de continuar a me descobrir – como pessoa, como mulher e como terapeuta. Eu cada vez mais espero e permito tal empenho dos homens também. Porém, tenho certeza de que tenho mais liberdade para explorar questões complicadas de gênero. Para mim, a liberdade ainda é feminista, e a boa supervisão liberta.

PÓS-ESCRITO: DEZ ANOS DEPOIS

Fiquei surpresa e levemente ansiosa quando recebi a solicitação de ser supervisionada novamente pelo Dr. Minuchin. Eu não tinha revisado meu capítulo durante anos, e estava preocupada que ele poderia soar juvenil. Porém, após relê-lo, o que se destacou não foi minha juventude, mas a qualidade do trabalho que o capítulo descreve. Fui lembrada pela família Ramirez – pelas dificuldades que eles apresentaram e pelos ganhos que eles alcançaram. Isso ocorreu apesar de meus limites bem aparentes como clínica – minha pouca idade e minha falta de experiência, minha falta de treinamento clínico e meu medo da psicose.

Avaliando-me agora, a maneira como minha supervisão evoluiu foi altamente previsível. O Dr. Minuchin trabalhou tanto com família quanto comigo em questões paralelas, e havia um claro processo paralelo. O trabalho envolvia elementos terapêuticos e de supervisão universais: a confiança, o impulso para a mudança e a aceitação da falta de mudança. À época, eu estava envolvida no trabalho e inconsciente do processo. Olhando para trás, vejo que a supervisão do Dr. Minuchin mudou tanto a família quanto eu mesma.

Lembro-me de ter medo de Nina Ramirez, assim como tinha medo das pessoas que viviam nas ruas em Nova York, os sem-teto que, de vez em quando, de repente batem e ferem os transeuntes. Naquela época, eu via a psicose como imprevisível, ameaçadora e violenta. Eu estava envolvida em negar meu medo aos outros, especialmente ao Dr. Minuchin.

Eu também tinha medo do Dr. Minuchin. Não é pouca coisa ter seu trabalho exposto e criticado por alguém, ainda mais alguém tão enérgico e sincero como o Dr. Minuchin. Eu tinha assistido a todas as suas fitas antigas para ensino, e sabia que ele trabalhava sendo inquietante. Aquelas fitas pareciam destacar os aspectos exaltados de seu modo de ensinar, ou pelo menos elas o faziam com a minha visão seletiva. Eu certamente não tinha expectativas de sua bondade e aceitação – qualidades que eu comecei a apreciar nele somente mais tarde. Em uma tentativa enganada de lidar com minha ansiedade, tentei ficar imperturbável. Usei minha retórica e minhas crenças feministas defensivamente, baseando-me nelas para me ajudar a tolerar o processo.

Agora consigo imaginar que a família Ramirez teve medo também, e que eles estavam totalmente perplexos pelo circo que suas vidas tornaram-se. Acho que o desejo deles de mudar era igual ao seu desconforto em reconhecer o que eles eram. Então, passaram uma boa parte do tempo administrando as sessões de terapia, tentando manter-se afastados do impacto frontal total do que eles eram e em qual grau eles estavam se prejudicando. Eu, de maneira semelhante, gastei uma boa dose de energia na supervisão continuando com minha própria pretensão de invulnerabilidade. Enquanto relia meu capítulo, pensei: "Que maravilhoso foi o milagre da perseverança no tratamento da família, considerando seu estado de aflição, mas foi muito ruim para eles e para mim também que todos nós gastamos tanto tempo e energia sendo defensivos".

Em certo nível, consegui conectar-me empaticamente com a família, graças, em parte, ao fato de que eles apresentavam episódios psicóticos somente esporádicos. Eu acho que a família não poderia ter continuado o trabalho sem sentir minha aceitação. Vejo claramente que a paciência do Dr. Minuchin comigo teve um papel crucial em manter firme minha conexão empática com a família. Esse, é claro, foi um aspecto do processo paralelo de supervisão: minha aceitação pelo Dr. Minuchin permitiu-me aceitar a família.

Embora estivesse emocionalmente assustada, eu estava muito comprometida e engajada clínica e intelectualmente. Vejo que realmente queria ajudar essa família, e que estava querendo tolerar meu próprio desconforto a fim de ser capaz de fazer a coisa certa com eles. Nesse meio tempo, o treinamento que eu estava recebendo do Dr. Minuchin foi realmente empolgante. A promessa de aprender era muito rica. A empolgação que ele gera é parte integrante do estilo de ensino do Dr. Minuchin. Eu fiquei grata pela maestria com a qual o Dr. Minuchin pôde formular seu pensamento e pela generosidade de espírito que demonstrou ao explicar seu pensamento ao grupo de supervisão, e a mim repetidamente. Seu comprometimento em me ensinar igualava-se a meu comprometimento em ajudar a família, e até mesmo apesar de eu duvidar que poderia ter articulado isso à época, acho que essa situação lançou a base necessária para o sucesso do empreendimento.

Meu comprometimento com o processo de aprendizagem compensou, de certa forma, minha falta de autenticidade emocional. Da mesma forma, imagino que o acordo contínuo da família em engajar-se nas sessões permitiu a eles crescer, mesmo enquanto resistiam à dor da mudança. Atualmente, eu vejo esse caso com gratidão, ao Dr. Minuchin por seu trabalho comigo, e à família por sua adesão a ele. De fato, ele acabou bem. Nós realmente tivemos sucesso em proporcionar equilíbrio a essa família.

É difícil tentar achar significado nas partes do processo de supervisão que ajudaram essa família, e ajudaram-me a ajudá-los. É difícil extrapolar o sistema família/terapeuta/supervisor/grupo supervisor. Eu realmente sei que a família tinha sentimentos confusos quanto ao Dr. Minuchin. Apesar disso, eles nunca faltaram a uma consulta dele ou deixaram de processar suas interações com ele de uma maneira contínua. Acho que a família teve um bom sentimento em relação a partir desse ponto de vista e de sua proximidade pessoal, apesar de sua distância profissional e hierárquica. Acho que sua ternura com a filha deles ajudou enormemente. Seu estilo de presença nas sessões de consulta pode ter dado a eles um senso de valor que compensou o seu senso de perda. A esperança de uma vida melhor que o Dr. Minuchin consistentemente lhes dava deve ter sido afirmativa para eles. Em seus melhores momentos, acho que eles o viram como desejavam que seus avós tivessem sido: sábios e apoiadores, cheios de personalidade e idiossincrasias.

As partes da supervisão do Dr. Minuchin que me fizeram mudar tinham níveis. Precisa ser dito, mesmo que seja o mais óbvio dos níveis, que o Dr. Minuchin era um professor muito bom. Ele tinha um modelo conceitual claro que era abrangente e efetivo, também tinha fé em seu modelo: estava comprometido com o mesmo. Ele tinha a capacidade de pensar em vários níveis. Sua grande habilidade intelectual fazia parte do que me ajudou a me engajar com ele. Eu respeitava seu pensamento e sua teoria muito antes de começar a acreditar nele emocionalmente. O teórico e o intelectual eram as coisas fáceis com as quais eu poderia me comprometer.

Em um nível mais emocional, foi a capacidade de ternura do Dr. Minuchin, sua preocupação, sua aceitação benigna das dificuldades que eu lhe apresentava e seu comprometimento em ficar na linha de tratamento que, ao longo do tempo, efetuaram uma mudança em mim. Ele consistentemente me dava esperança de que eu melhoraria. Experenciar essa esperança permitiu-me arriscar uma mudança. O Dr. Minuchin, essencialmente, ofereceu-me algo como uma "reparentagem". Eu me sinto um pouco fraca intelectualmente dizendo isso. Tenho certeza de que há muitas coisas mais eruditas para se dizer. Porém, ainda acredito naquela soma de seu trabalho comigo, porque acredito que seja crucial para meu maior crescimento como terapeuta e como ser humano. Atualmente, sou mais capaz de experenciar minha própria vulnerabilidade, de confrontar minhas limitações e de resolver problemas, como resultado de meu encontro com o Dr. Minuchin. Também sinto-me mais capaz de entender a capacidade para a defesa que o medo instila nos outros.

Meu trabalho clínico durante os últimos dez anos tem sido moldado por minha experiência com o Dr. Minuchin. A maneira como uso a mim mesma terapeuticamente está diretamente relacionada a seus ensinamentos. Não sou uma observadora passiva nas sessões terapêuticas. Sou uma participante ativa no processo. Raramente assumo uma posição neutra, e quando o faço, faço-o estrategicamente. Presumo que os pacientes vêm até mim buscando mudanças, mesmo quando não conseguem articulá-las. Eu tento ajudá-los a conseguir essas mudanças.

Meu repertório conceitual atualmente tem certas bases que são diretamente atribuídas ao Dr. Minuchin: particularmente os conceitos de complementaridade dos casais e de triangulação em famílias. A utilidade desses conceitos está diretamente relacionada a sua simplicidade. Em relação à técnica, eu adaptei o uso que o Dr. Minuchin faz da passagem ao ato em muitas modalidades clínicas, desde o trabalho com indivíduos até o trabalho em grupo. Essa técnica me permite trabalhar no momento atual, direta e fortemente influenciando questões e conflitos fora da sessão.

Como resultado de minha experiência de supervisão com o Dr. Minuchin, também comecei a acreditar que a boa terapia não é política, e sim relacional. Acho que nós no campo fazemos muito barulho intelectual, do tipo político e teórico, o qual serve para nos proteger da intensidade do processo curativo relacional. Porém, no final, não importa quão politicamente correto ou teoricamente elegante sejamos, se tivermos questões pessoais não-resolvidas, elas bloquearão nossa eficiência no processo curativo. Acho que o Dr. Minuchin sabia disso. Pelo menos ele sabia disso quanto a mim. Em sua supervisão do meu trabalho, ele tornou o pessoal clínico, e o clínico pessoal. Ele me supervisionou, mas também fez terapia durante sua supervisão. Como minhas próprias questões me deixariam paralisada com a família Ramirez, o Dr. Minuchin abordou minhas questões cuidando de mim.

A supervisão do Dr. Minuchin afetou a família Ramirez e a mim em um processo paralelo, facilitando nossa passagem do medo e da ansiedade para a mudança e o crescimento. Como supervisor, o Dr. Minuchin trabalhou sistemicamente, mas com uma avaliação de dilemas e conflitos intrapsíquicos. É talento dele ser capaz de movimentar-se entre componentes estruturais internos e externos com graça e fluidez. É essa profundidade que lhe concede seu sucesso tanto como professor quanto como terapeuta.

9
Uma cabeça, muitos chapéus

Hannah Levin*

> Hannah era a diretora clínica de uma instituição para crianças. Ela estava tentando se tornar terapeuta familiar. Meu objetivo na supervisão foi que ela se tornasse uma terapeuta familiar trabalhando em uma instituição residencial. A diferença nas duas funções tinha a ver com a maneira como usamos a autoridade.
> O trabalho de Hannah requeria sua participação em todas as situações conflituosas na instituição. Sua capacidade de ver a dinâmica do conflito, de explorar suas origens, de atentar para os detalhes e de emprestar sua energia e comprometimento pessoais à resolução de problemas tornavam-na boa em seu trabalho. Esse mesmo nível de comprometimento pessoal para a resolução de problemas também caracterizava seu estilo terapêutico e, nesse sentido, coloca o problema.
> O paradoxo implícito em terapia familiar é que a família deve tornar-se sua própria curadora. Isso requer um terapeuta que não seja um auxiliar, mas um transformador, aquele que se une à família com o objetivo de ativar as próprias maneiras alternativas de relacionamento entre seus membros. A mudança de auxiliar para transformador, de gestor social para terapeuta requer que restrinjamos nosso forte ins-

---

* Na época em que escreveu este capítulo, Hannah Levin, Ph.D., atendia em consultório particular em Cranford e Maplewood, NJ. Durante 20 anos, ela foi professora universitária de psicologia na Universidade Rutgers, no Albert Einstein College of Medicine e no Richmond College, CUNY. Antes de sua aposentadoria, foi coordenadora de saúde mental, na Divisão de Serviços Juvenis, no Departamento de Correções de Nova Jersey, e diretora clínica de um centro residencial de tratamento para meninos adolescentes.

tinto de ajudar. Hannah precisava incorporar a incerteza em seu estilo – a capacidade de não saber, a capacidade de não agir. Ela precisava parar de resolver problemas e desenvolver o contexto terapêutico no qual a família luta com conflitos, não consegue resolvê-los, sofre o estresse e, enfim, aprende novas maneiras. Isso envolveria uma grande mudança. Para Hannah, a capacidade de mudar tornou-se mais difícil devido ao seu trabalho. O etos de uma instituição residencial para adolescentes com problemas mentais é o controle, não importando se a ideologia é benigna, e essa autoridade organiza o pessoal.

Na supervisão, minha esperança era ajudar Hannah a descobrir o poder de não fazer. O problema era que Hannah evocava em mim uma tendência a "microadministrar" sua terapia. A supervisão tornou-se involuntariamente isomórfica com sua maneira de trabalhar. Eu me tornei um solucionador de problemas e ela respondeu aceitando e resistindo a minhas sugestões.

Resolvemos nosso impasse quando ela começou a apresentar sua segunda família. Era uma família que sempre fez a coisa certa – e estava infeliz.

Meu pai e minha mãe foram um casal incomum quando se casaram em 1921. Ele, filho único, era açougueiro e trabalhava para seu pai no distrito de venda de carnes por atacado, tendo saído da escola secundária aos 16 anos. Ela, uma entre nove filhos, fora graduada com honra no Teacher's College da Universidade de Columbia. Eles tinham em comum a experiência de serem filhos de imigrantes judeus alemães e holandeses e de terem morado em casas com vários parentes adultos – alguns residentes permanentes e alguns de passagem. Isso, presumo, tornou bastante normal que minha mãe se mudasse para a casa de meus avós paternos. Assim, meu irmão mais velho e eu crescemos em uma casa movimentada com quatro residentes adultos permanentes. Diariamente recebíamos visitas de tias, tios e primos que falavam em alemão ou o ídiche quando eles não queriam que nós soubéssemos o que estavam dizendo.

Meu pai era socialista, e nossa família estava do lado do povo – os legalistas – na Guerra Civil Espanhola. Também estávamos ao lado da justiça nos casos dos meninos Scottboro e Sacco e Vanzetti. Foi lá, na mesa do jantar, que as sementes da minha identificação profunda e duradoura com as vítimas de injustiças sociais e meu senso de responsabilidade foram plantados. Eu devo à luta contra a injustiça social e sempre participarei dela.

Minha mãe morreu quando eu tinha 11 anos. Minha experiência consciente de sua morte foi incomum. Eu me senti especial porque não conhecia ninguém mais que não tivesse uma mãe. Todos os pais de meus amigos e meus professores foram muito solícitos comigo. À época, eu não estava ciente do intenso medo da separação que ocorreria em minha vida pessoal e em meu trabalho profissional. Essa combinação de tremenda liberdade em minha juventude, que se expandiu com a morte de minha mãe, a identificação com as vítimas da injustiça social, a sensibilidade à separação e uma família acalentadora levaram-me ao caminho tortuoso de tornar-me uma terapeuta familiar.

A liberdade de meus anos na faculdade encheram-me de emoções intensas sobre a Segunda Guerra Mundial, mas deu-me pouca orientação quanto a onde eu, uma mulher jovem, podia exercer um papel significativo. Meu verdadeiro investimento emocional durante a faculdade foi participar de um piquete em White Castle contra a discriminação aos afro-americanos, e tentar me unir ao programa de treinamento das Enfermeiras Canadenses para que pudesse participar da guerra.

Após a faculdade, casei-me com um aspirante a escritor que compartilhava dos meus valores e era seguro o bastante para permitir-me a mesma liberdade que meu pai tinha generosamente nos dado enquanto eu estava crescendo. Alan e eu partimos para a Europa em 1947 para o Festival Jovem Mundial, em Praga. Em Paris, naquele inverno, lecionei para jovens que tinham permanecido ao lado de seus pais e mães como partidários. Essa experiência aprofundou os valores políticos que eu havia absorvido de meu pai. Quando retornei aos Estados Unidos, queria me comprometer em mudar o sistema social do país.

Meu marido e eu demos uma grande guinada para a esquerda. Com uma visão grandiosa e com a energia da juventude, nós nos transformamos em organizadores e líderes sindicais na indústria básica. Nossos pais não compreenderam, mas tinham a sabedoria de acreditar que isso passaria. O subseqüente nascimento de nossos quatro filhos ajudou a diminuir a ansiedade de nossos pais quanto ao caminho não-tradicional que tínhamos escolhido. Nós e nossos filhos nos beneficiamos muito de viver em uma vizinhança com muitas pessoas da classe trabalhadora. Nossos filhos e seus amigos construíam carrinhos de criança e exploravam as áreas para carros usados sem supervisão parental constante, enquanto nós nos familiarizamos com a complexidade e a riqueza de estilos diferentes dos nossos. Em retrospecto, acredito que minha dedicação e envolvimento políticos salvaram minha família de serem vítimas de uma mãe super-responsável.

Após cinco anos desse estilo de vida alternativo, meu marido e eu decidimos fazer uma mudança, Alan dedicou-se ao jornalismo e eu voltei a estudar. Ingressei na universidade para estudar psicologia.

Muitos terapeutas familiares começam como terapeutas individuais e mais gradualmente em direção a sistemas familiares. Meu desenvolvimento foi diferente. Eu comecei a trabalhar com o sistema social nos mundos social e político não-profissionais, e então me tornei psicóloga social e professora universitária. Trabalhando no sul do Bronx no final dos anos de 1960 e no início dos anos de 1970 com conceitos como "controle comunitário" e "poder", fui um dos primeiros membros da nova Divisão de Psicologia Comunitária da Associação Americana de Psicologia.

Durante os 20 anos seguintes, fui professora universitária, ativista comunitária e terapeuta, atendendo indivíduos. Então comecei a trabalhar no ambiente residencial. Quando recebi uma bolsa da fundação para desenvolver um programa correcional para jovens com problemas mentais, procurei um comprometimento de trabalhar com as famílias dos jovens durante o ano em que eles estivessem no sistema correcional e durante um ano após eles o deixarem. Pedi ajuda ao Family Studies (o instituto do Dr. Minuchin em Nova York) e eles me mandaram um membro de sua faculdade, Ema Genijovich, para ajudar a treinar a mim e a meu pessoal em terapia familiar. Então me tornei diretora clínica de outro programa de tratamento residencial, administrado por uma organização sem fins lucrativos com bastante recursos. Os jovens nesse programa, encaminhados pela agência da juventude e da família por causa de "perturbação emocional grave", vinham, em sua maioria, de famílias pobres e com múltiplos problemas. Cerca de 30% deles eram afro-americanos ou latinos.

OS SISTEMAS INSTITUCIONAIS *VERSUS* O ENFOQUE DE SISTEMAS FAMILIARES

Ingressei na bonita sede do centro com a esperança de que, como uma das três diretoras que trabalhavam sob o comando da diretora executiva, eu teria a oportunidade de desenvolver um ambiente amigável para as famílias. A diretora executiva não me deu apoio entusiástico, mas ela também não colocou obstáculos. Seu principal interesse era ajudar a aumentar o número de pessoas em tratamento, sem aumentar a quantidade de pessoal clínico.

O ideal de muitos centros de tratamento residenciais é o ambiente terapêutico. Supõe-se que todos trabalhem juntos como uma equipe. Infelizmente, a realidade é freqüentemente bastante diferente. Os objetivos reais dessa instituição pareciam ser manter tudo tranqüilo e as camas ocupadas. Esses objetivos principais levantaram várias perguntas confusas para mim, a diretora clínica. Os objetivos dos administradores estavam em conflito direto com os dos clínicos. Por exemplo, em uma sessão familiar, o terapeuta desafiou os pais declarando que eles eram responsáveis pelo mau comportamento de seu filho. Os pais concordaram em estabelecer certos limites sobre o comportamento do filho quando ele fosse para casa nos finais de semana. É desnecessário dizer que a criança não ficou satisfeita. Quando ele retornava agitado ao hospital, era questionado superficialmente pelo pessoal de tratamento infantil sobrecarregado de trabalho: "Como foi lá?" Ele resmungava, mas era rapidamente levado a se acalmar e a se envolver na atividade prescrita para o momento. Logo aconteceram problemas: raiva, uma discussão, e então uma briga que o pessoal teve que apartar. No que se refere ao pessoal, a terapia familiar tinha feito isso novamente – atirado uma criança infeliz em suas mãos. A terapia familiar começou a ser vista de forma bastante negativa pelo pessoal. Em alguns casos, esse sentimento negativo generalizava-se para as famílias e para os terapeutas.

Eu não tinha certeza se alguma reconciliação seria possível. Mas eu tinha certeza de que, se melhorássemos nossas habilidades em terapia familiar, nossas crianças obteriam benefícios. Novamente recorri ao instituto Family Studies. Finalmente, planejamos um grupo de treinamento. Durante dois anos, quatro clínicos da agência passavam uma manhã por semana com Ema Genijovich. Eu os acompanhei por um ano e então entrei para o grupo de treinamento do Dr. Minuchin.

O GRUPO DE SUPERVISÃO MINUCHIN: "SORRIA, VOCÊ ESTÁ SENDO FILMADO"

Cheguei para minha primeira supervisão semanal com Salvador Minuchin bem-vestida, com uma blusa de seda e uma saia. Não sabia que estava usando mais do que um chapéu, daqueles que uso o tempo todo. E nesse sentido ocorria um dos principais problemas que teria que confrontar se quisesse me desenvolver como terapeuta familiar.

Em minha primeira sessão de supervisão, Minuchin disse: "Hannah é a diretora de uma agência. Ela está envolvida, ela é a responsável. Ela é a autoridade. Ela é a professora que dá as explicações. Mas ela precisa se unir à família". Parecia que unir-me a uma família requeria ouvir significados em vez do conteúdo das conversas e da observação de transações emocionais, em vez de orientar o pessoal durante alguma situação de crise. Eu concentrei minha atenção nessa tarefa.

Sal Minuchin serviu como a câmera que me fotografava usando diferentes chapéus. Havia meu gorro de mãe responsável, meu capacete de ativista e o sombrio e autoritário barrete de formatura que combina com minha toga – chapéus exatos e psicocinéticos, cada um com exigências e pressões distintas. De maneira gentil e às vezes até mesmo rudemente, mas com grande clareza, Sal tornou-me consciente dos deveres que meus diferentes chapéus impunham sobre minha cabeça de terapeuta e os discutia.

> *Minha tarefa era ajudar Hannah a adiar as intervenções, a mover-se do concreto em direção ao analógico e metafórico, longe dos detalhes e em direção à exploração de padrões, longe da resolução de problemas em direção à capacidade de suportar a ambigüidade e a descontinuidade. Essa não foi uma tarefa fácil para nenhum de nós. Minha única tática era provocar buracos em seus bonitos constructos. Suas respostas tendiam a ser criar outros constructos.*

Sal pediu a cada supervisionado daquele ano para concentrar-se em uma família e trazer fitas destas enquanto trabalhávamos com elas.

À medida que comecei a planejar, comecei a me questionar – e não pela primeira vez – se tinha qualquer interesse em estabelecer esse comprometimento. Sentia-me menos informada sobre as questões e a ideologia da terapia familiar contemporânea do que outros no grupo. Mesmo assim, meu profundo engajamento com as políticas e as práticas de uma agência que lidava com famílias deu-me uma estrutura de conceito e de valor na qual a terapia familiar estrutural logicamente se encaixava. Decidi que, como diferentes famílias evocavam pontos fortes e fracos diferentes em minhas intervenções terapêuticas, mostraria as fitas de pelo menos duas delas. Fui a voluntária da primeira sessão.

A FAMÍLIA DAVIS

A família consistia da mãe, Lisa, do pai, Larry, de Lil, com 19 anos e de Larry III, com 17 anos, um interno em nossa instituição. Larry III foi indicado para nosso programa por ser alcoólatra. Ele teve problemas com a lei por posse de arma e roubos triviais e teve também problemas na escola. Anteriormente, ele havia sido hospitalizado devido à ideação suicida.

O Sr. e a Sra. Davis eram um casal muito dramático, vigoroso e interessante. Eles estavam vestindo roupas dos anos de 1960. Ela usava uma blusa colorida ornada com contas e uma saia rústica, e ele tinha uma barba vermelha encaracolada e usava uma camisa *tie-dye* psicodélica. O pai era um músico de *rock* e os Davis tinham vivido uma vida na contracultura desde o tempo em que fugiram de casa para casar, em um ônibus escolar multicolorido pintado à mão. Tinham se estabelecido em uma área rural, onde possuíam uma pequena casa em terras onde também havia um velho celeiro. Nessa construção, Larry praticava com seus colegas músicos. Álcool e drogas eram vendidos, trocados e usados. Orgias sexuais acompanhavam seu uso de drogas e álcool. Tendo isso como modelo, Lil e Larry III tinham iniciado sua vida sexual cedo. Larry III esteve envolvido em relações sexuais desde os 6 anos.

Dois anos antes, os pais entraram em um programa de recuperação e descobriram Jesus. O Sr. Davis agora era membro de um grupo chamado Músicos para Cristo. Larry III vangloriava-se de quão "legal" seu pai era. Ele estava bravo porque seus pais, principalmente seu pai, tinha desistido de tudo e porque o Sr. Davis agora era apenas um auxiliar de pronto-socorro. Sua mãe era apenas uma entusiasta de Jesus, dizia. Ela queria que ele passasse todo o dia de domingo na igreja.

Estava claro que durante os primeiros 18 anos de seu casamento, os pais tinham assumido muito pouco suas responsabilidades parentais. Nenhum limite foi estabelecido e havia pouco controle. As crianças tinham sido seus próprios pais, cozinhando e limpando, até que começaram a se unir ao grupo que passava o tempo no celeiro bebendo e usando drogas. Agora eles passaram de uma situação sem regras para regras estritas, de maneira que parecia drástico demais e inapropriado para a sua idade. Quando eram mais jovens, as crianças não tinham regras. Na adolescência e na idade adulta, eles tinham demais.

Eu perguntei à Sra. Davis como as coisas tinham mudado na família quando seu marido ficou sóbrio. Até então, ela disse, eles eram "uma casa aloprada". O Sr. Davis concordou, adicionando: "Mas mesmo aquela vida sendo perversa, nós éramos alguém naquele tempo".

"Mas quando Larry não ficava mais bêbado, Larry III ficou louco", a Sra. Davis continuou: "Nós não conseguíamos controlá-lo".

Eles eram uma família muito unida. Bebiam e cometiam abusos juntos, e juntos todos eles pararam. Seria minha tarefa ajudar os pais a estabelecer uma hierarquia mais apropriada, orientando os filhos e impondo regras corretamente, mas dando a todos algum espaço e algumas alternativas para expressar raiva.

Minuchin fez muitos comentários após minha apresentação. A maioria eram apoiadores: "É uma boa primeira sessão...Os pais e a instituição estão trabalhando juntos...Hannah está respeitando a família".

Mas ele fez alguns comentários criticando meu papel como diretora, e esses tiveram um impacto doloroso sobre mim: "Hannah está falando como a diretora da agência...Ela está treinando os pais, o que significa que o problema está na criança...Como diretora da agência, Hannah pode ser suficientemente imparcial para ver e ouvir o que está acontecendo na família?".

Eu fiquei angustiada. Sim, eu era a diretora. O que eu deveria fazer quanto a isso? Por isso o dilema dos múltiplos chapéus que começou em nossa primeira sessão.

> Eu via um estilo de terapia que precisava de mudanças. Mas me concentrei primeiro na questão do papel e da influência da cultura institucional sobre o estilo do terapeuta. Selecionei um enfoque de meia distância, lidando no começo apenas com o ensino e o controle como um tema de supervisão.

"Essa é uma família muito difícil". disse Sal. "Eles enganam o terapeuta." Eles fizeram isso, e esse foi um exemplo de como meus papéis faziam demandas inteiramente diferentes. Como diretora, quando os pais vieram me consultar para discutir uma reclamação contra a instituição, eu ouvi e aceitei sua versão da história. Eles tinham um problema. Queriam meu conselho de especialista. Recompor, confrontar ou pedir a eles para discuti-lo entre eles teria sido desrespeitoso. Mas em uma sessão de terapia familiar, eu tive que me lembrar que os papéis e as expectativas são diferentes. Eu não poderia ser a diretora. Eu tinha de me afastar e tinha de desafiar a família com a compreensão de que todos são parte tanto do problema quanto da solução.

Minuchin apontou que havia relativamente pouca interação entre os membros da família durante a sessão que eu tinha apresentado, e que eu tinha feito muito pouco esforço para fazer com que eles lidassem um com o outro. Ele fez a observação novamente de que a família era muito poderosa e disse que eu seria capaz de desafiá-los somente quando criasse um contexto terapêutico em que eles interagissem. Então, trabalhar com elementos muito pequenos de seu comportamento uns com os outros apresentou-se como uma área na qual eu poderia trabalhar. Levou algum tempo para eu pôr isso em prática.

Um dos problemas que sempre surgiu foi a recusa de Larry III em ser gravado em videoteipe. Isso pareceu um pequeno detalhe para mim, então eu não objetei. Mas durante a sessão, dando-me conta de que o fato de ele sentar-se distante de seus pais inibiu sua interação com eles, eu o desafiei. Os pais, que estavam muito bravos com ele por muitas razões, uniram-se ao desafio. Enquanto olhavam para mim a fim de que eu o admoestasse, eu disse: "Vocês são os pais dele. Depende de vocês fazê-lo se comportar da maneira que vocês querem". Com dificuldades, esse casal de pais inexperientes iniciaram o estabelecimento de limites. Eles disseram a Larry III que ele não poderia ir para casa nos fins de semana se não começasse a cooperar.

Minuchin recompensou essa intervenção, mas também explicou que talvez a razão por que eu não tinha desafiado Larry antes era que eu não queria que as coisas ficassem fora de controle. Ele aconselhou-me a prestar atenção a quão desconfortável eu me sentia quando não estava no controle. O chapéu de diretor estava me protegendo como um casco de tartaruga? Eu havia contraído o vírus do controle pernicioso da instituição? Eu teria que ser mais vigilante e monitorar-me com mais cuidado.

Os comentários de Sal fizeram-me pensar sobre que chapéu eu estava usando. Ele sugeriu que, em vez de responder a um comentário da mãe ou do filho, eu o experienciasse. "Como você está em uma área de múltiplas demandas conflitantes na sessão familiar, você precisa de um conhecimento de si mesma e de suas limitações. Você precisa saber como usar a si mesma para criar instabilidade, de modo que o sistema possa crescer." À medida que analisava minha necessidade de controle nessa sessão, dei-me conta do efeito poderoso que a instituição estava tendo sobre mim. Nenhum terapeuta deseja ouvir na manhã seguinte de uma sessão familiar emotiva que houve um tumulto em casa quando Larry retornou naquela noite.

E o chapéu institucional não era meu único chapéu. Quando os pais me contaram que eles teriam que pagar ao Estado pela estada de Larry conosco, meu chapéu de ativista social radical exigiu que eu os orientasse nos passos precisos que eles deveriam tomar para lutar contra essa exigência injusta. De alguma forma, consegui resistir a esse impulso e simplesmente concordei que isso era uma demanda injusta. Assim, por um triz, eu obtive sucesso em usar a mim mesma para unir a família, em vez de aconselhá-la.

Obtive menos sucesso na sessão que demonstrava muita interação dentro da família. As crianças estavam criticando os pais porque a casa era muito suja. Elas disseram que havia montes de poeira em toda parte. Os pais responderam defensivamente, e eu, como a mal orientada diretora responsável, aconselhei os pais a limparem a casa. Minuchin destacou que, em vez de observar o que estava acontecendo e prestar atenção no significado, eu estava me prendendo a detalhes. "Você precisa estimular essa família a ir além de suas interações habituais.", disse ele. "Faça-os ver que a sujeira que eles estão descrevendo é a vida deles. Essa é a diferença entre desafiar e dirigir." Usando meu boné de diretora, eu havia passado para o papel confortável de chefe, em vez de colocar os pais na direção.

> Meu objetivo não era dizer a Hannah o que ela deveria fazer, mas fazê-la ver as metáforas e não os eventos, ver os símbolos, e não as coisas. Quando a família entrava em conflito por causa de coisas, eu queria que ela explorasse não as coisas, mas o conflito. Eu queria que ela expandisse o conflito em vez de oferecer soluções. Eu poderia ajudar Hannah a abandonar a mudança de primeira ordem em favor da de segunda ordem?

Vários meses depois, consegui apresentar uma sessão em que eu acreditava ter sido capaz de desafiar essa família, em vez de instruí-la sobre o que deveriam fazer. A mãe estava contando a história oficial novamente, recitando todas as coisas horríveis que seu marido tinha feito e como ela tinha mantido a família unida:

MÃE: *(lamentando-se)*: Eu odeio pensar nas coisas horríveis que você me fez fazer.
HANNAH: Ele alguma vez a ameaçou? Ele alguma vez lhe bateu?
MÃE: Não.
HANNAH: Por que você ficou com ele?
MÃE: A família! Minha religião. (*Ela ficou em silêncio por um momento e depois olhou para seu marido.)* Por baixo daquele exterior rude e aborrecido, há algo maravilhoso que eu amo.
PAI *(surpreso, depois de um momento de silêncio)*: Você nunca disse isso antes.

Desde aquele momento, eu disse ao grupo, o tom de sua conversa havia mudado. Sempre que alguém cometia um lapso, eu o indicava, e eles continuavam com seu novo diálogo interpessoal mais íntimo. Essa, apresentei orgulhosamente, era a mudança.

"Isso é sentimentalismo exagerado." foi o resumo de Sal. O casal estava se acomodando a mim, a diretora, e tinha me levado a segui-los. Eu ainda estava me concentrando no conteúdo, ainda sendo a professora e prestando atenção a um enfoque orientado a uma solução. Chamá-lo de "amor" não mudaria isso.

Minha primeira reação foi de afronta: ele havia entendido tudo errado. Ele não compreendeu a intensidade emocional do que aconteceu na sessão, o que, reconhecemos, é diminuído quando visualizado na tela de TV. Mas depois de pensar sobre isso durante a semana, dei-me conta de que, apesar de precisar trabalhar muito mais minha voz terapêutica, ela não havia interferido nesse caso para neutralizar o afeto.

A verdade é que fui pego de surpresa em meu foco no estilo de Hannah e em meu conflito com ela. Essa realmente tinha sido uma nova mudança familiar e eu não a reconheci. Mais tarde, disse a Hannah que ela estava certa. Provavelmente esse consentimento teve mais impacto do que muitos dos meus desafios anteriores.

Sentimentalismo exagerado ou não, meu foco no amor como solução estava completamente de acordo com os desejos da própria família. Os pais conversaram depois da sessão em sua longa viagem até em casa e decidiram que todos os dias eles diriam algo de que gostavam um no outro. Isso continuou por quase cinco semanas, até que eles esgotaram as coisas para dizer um ao outro. Então a mãe me disse que eles iriam se casar novamente, dessa vez em uma igreja, em seu vigésimo quinto aniversário de casamento.

A mudança na família, com os pais se aproximando um do outro, desequilibrou todos. Larry III, que anteriormente aliava-se com sua mãe contra seu pai, reagiu com grande raiva. Ele ficou abusivo em relação a mim e aos seus pais. Eu confrontei os pais, perguntando o que eles fariam sobre esse comportamento. Eles olharam para mim em busca de uma solução. Dessa vez deixei claro que ninguém estaria disponível. Eles eram os pais, e eles, juntos, deveriam encontrar novas maneiras de estabelecer limites e torná-los aceitos. Depois de duas semanas, Larry III estava participando sempre das sessões familiares, conversando com ambos os pais sobre seus sentimentos, preocupações e responsabilidades, e eles estavam todos planejando sua alta. Duas semanas depois, Larry III voltou para casa e conduziu sua mãe até o altar no casamento. A música para a ocasião foi escolhida pelo pai e tocada por seus amigos. Existe um bom e um mau sentimentalismo exagerado afinal. Esse foi o final feliz que facilitei. E foi o que essa família precisava e desejava.

A FAMÍLIA KRAUS

A segunda família que apresentei mostrou os perigos de cortar caminho no processo de terapia, direcionando as pessoas a um final agradável para o qual eles ainda não estavam preparados.

A família Kraus queria me agradar. Eles brincavam com meu papel de diretora, e qualquer novidade ou imaginação que eu possuísse era suprimida por sua vontade em concordar a serem bons pacientes. Eles pareciam querer conversar sobre sua vida em vez de atuar para modificá-la, e todas as suas frustrações na vida foram adocicadas com o sorriso da mãe e com sua frase que nunca falhava: "Isso foi há muito tempo". Tudo ficaria bem imediatamente, ela insistia, se os problemas externos pudessem ser resolvidos. Esses incluíam dois filhos adultos que ainda moravam em casa e o pai senil de 91 anos que também morava com eles.

Essa era uma família de pais super-responsáveis e de filhos não-responsáveis. O pai trabalhava com manutenção de máquinas em uma grande fábrica de montagem de carros de alta pressão. A mãe era uma enfermeira prática licenciada que tomava conta de convalescentes em suas casas. Eles tinham três filhos, os dois mais novos eram adotados. O mais velho, John, de 32 anos, havia se graduado em West Point, mas tinha deixado o exército porque sofria de asma, e morava em casa, sobrevivendo do seguro-benefício. Ted, de 26 anos, também morava em casa. Ele tinha um emprego de meio período e estava tentando superar uma longa história de abuso de drogas. Carl, de 18 anos, era um interno em nossa instituição. Ele chegou a nós porque ele e um amigo gostavam de deixar cair pedras nos carros de um viaduto em uma auto-estrada. Ele também tinha roubado a arma de um amigo e levou-a à escola. Na verdade, ele era um jovem extremamente agradável, frustrado por deficiências de aprendizagem e por pais que falavam e pensavam por ele. Ele disse que seu pai sempre gritava com ele, que Ted agia como uma criança de 3 anos e que seu avô vivia em outro mundo. Ele não poderia morar novamente em casa.

Na primeira sessão, os pais contaram sua história oficial. A mãe disse que tinha adotado dois filhos depois de dar à luz a um porque ela adorava crianças. O pai disse que eles queriam fazer algo de bom pelo mundo. Sonhavam em aposentar-se e morar em uma pequena casa que eles tinham na Nova Escócia. Quando questionados sobre o porquê de todos os filhos ainda estarem morando em casa, responderam que eles estavam sendo bons pais. John não estava bem. Ele poderia viver sua própria vida quando melhorasse. Ted precisava de ajuda por causa de seu vício e Carl não era capaz de viver sozinho.

Escolhi a terceira sessão para apresentar ao grupo de supervisão. Ela mostrava a mãe como o "painel de comando" da família. Ela explicava o que cada pessoa realmente queria dizer, freqüentemente interrompendo-o e terminando seus pensamentos e sentenças. Seu assunto era Carl, que não poderia ser responsável em casa. Eu estava realmente tentando manter a concentração para qualquer novidade. Talvez pudesse tentar alterar apenas um pouco essa história dos pais vitimados, trabalhadores e responsáveis. Tentando escapar do conteúdo, sugeri que a mãe se unisse a mim de modo que pudéssemos observar seu marido e seus filhos conversando. Minuchin viu isso como um artifício útil. Ele disse: "Isso foi correto. Essa era a hora de direcionar a conversa, e não de tomar parte nela".

O pai e os filhos começaram a discutir a raiva do pai. John mencionou que o pai havia batido nele. Carl tornou-se o protetor de seu pai, dizendo que ele nunca havia batido nele. Eu estava preocupada porque John estava obtendo muito espaço. Pus meu chapéu de diretora e entrei na conversa. Minuchin disse: "Hannah respondeu como se essa fosse sua tarefa. Ela neutralizou o afeto e não permitiu que a situação piorasse. Ela criou um bonito cenário, com os homens conversando. Mas depois ela falhou em exercer o autocontrole".

> *Nesse momento da supervisão, Hannah tinha incorporado minhas observações. Era sua tarefa observar-se durante as sessões. Naquele momento, a supervisão não era uma questão de descobrir inovações, mas de repetir as orientações, conforme eu tinha feito anteriormente: "Hannah está sendo responsável". "Hannah está ensinando".*

A terapia estava ficando estagnada na doçura desses "bons pais." Eu tive que tentar algo novo e colocá-los no controle. Conversei com eles sobre a história que tinham criado, a história da responsabilidade e do auto-sacrifício. Então eles poderiam escrever uma história diferente.

Eles começaram a aceitar essa estrutura. Eu fiquei satisfeita. Mas então o telefone tocou em meu consultório. Era um telefonema para mim, como diretora, sobre outro interno. Apesar de levar apenas um minuto, tirei meu chapéu de terapeuta. Quando voltei para a sessão, em vez de observar seu diálogo à meia distância, tornei-me a diretora, perguntando aos pais qual seria o maior obstáculo para eles viverem uma nova história. Obedientemente, os pais descreveram eventos externos que provavelmente tornariam a nova história irrealizável. Em vez de levá-los de volta à estrutura de escrever uma nova história, permiti que eles continuassem com uma antiga descrição de como os eventos externos eram o problema.

Quando assisti a essa fita em casa antes de apresentá-la, reconheci meu erro grave. O que não entendi foi por que não estive consciente dele durante a sessão. Sal começou muito prestativo, lidando com uma maneira que eu pudesse ter resgatado minha nova estrutura. Ele sugeriu que eu poderia ter dito, à la Whitaker: "Tenho um pensamento maluco. Fico pensando se vocês dois realmente querem ficar juntos sozinhos". Isso teria balançado a narrativa e lançado uma nova idéia. Ou eu poderia ter dito ao pai: "É impossível para a sua esposa pensar sobre liberdade?" Eu poderia ter conseguido um movimento de impacto sobre ambos os pais: "Estou fascinada por seu auto-sacrifício e por sua capacidade de serem explorados por seus filhos. Como isso aconteceu? Vocês dois são tão bons! Sua bondade é boa?".

> Uma vez que a exploração do estilo de um terapeuta tenha atingido um platô, eu tendo a trazer minhas muitas vozes ao supervisionado. Pergunto como Peggy Papp, Jay Haley, Carl Whitaker, Murray Bowen ou eu poderíamos ter-nos envolvido em tal situação. Ou conto histórias ou peças que li. É o momento para eu compartilhar minhas vozes e esperar que elas sejam articuladas de uma maneira idiossincrática por meus supervisionados.

Felizmente, consegui utilizar essas sugestões em sessões futuras. Carl continuou tentando expressar sua necessidade de não retornar para casa quando tivesse alta. A mãe, sempre a gestora dos sentimentos familiares, sempre o desviava, tendo satisfação em desqualificar seus sentimentos. Eu queria capacitar Carl e aumentar a intensidade na sessão. A família efetivamente solapava minhas tentativas, querendo fazer coisas que me agradassem. Expressei minha raiva e minha frustração no grupo de supervisão. "Tente ser má com eles." disse Minuchin. "Tente acessar algum conflito."

"Eu poderia reclamar da mãe", ele disse à turma, "pois ela cria a necessidade de apoio e harmonia. Mas Hannah tem que aprender a ser amável. Ela tem essa capacidade, mas não fica à vontade reclamando das pessoas. Ela deseja finais de Walt Disney e não de Fellini".

Tinha me ocorrido que eu não estava sendo justo com Hannah. Eu não havia me comprometido com sua mudança. Dei-me conta de que precisava sair da complacência e criar tensão suficiente entre Hannah e eu a ser transferida para Hannah, a terapeuta.

Fiquei furiosa. Ele achava que eu era tão simplória que não conseguiria apreciar a complexidade? Ao mesmo tempo, continuei murmurando sozinha: "Quem não deseja finais felizes?".

Assim que minha raiva passou, comecei a ver como tinha permitido que essa família, e algumas outras, evitassem ou minimizassem o conflito na sessão. O fato de ser a diretora tornou isso mais fácil, pois a maior parte das famílias desejava agradar-me e eu desejava agradar a elas. Acredito que a provocação de minha raiva feita por Sal me fez começar a mudar. Comecei a obter a capacidade de acessar a raiva de uma família, e minha necessidade de ser agradável diminuiu.

Talvez tenha sido teimosia, ou a licença para ser má, mas me ative à família Kraus até que todos os três rapazes estavam morando fora de casa; Carl em uma situação de vida independente e supervisionada. É claro que a mãe precisou de muita reafirmação de que ela tinha feito a coisa certa. Recentemente, os pais conseguiram que uma prima tomasse conta do avô enquanto eles saíram em suas primeiras férias em 31 anos, para a Nova Escócia. Eles estavam começando a viver sua nova história. E eu comecei a apreciar que tanto Fellini quanto Walt Disney ocupam seu lugar na terapia familiar.

STRIP MÖBIUS: O FINAL É APENAS O COMEÇO

Sal Minuchin fez conosco o que ele diz para fazermos com nossas famílias. Ele forçou-me a pensar de maneira diferente. O desconforto, a perda de equilíbrio e os pensamentos malucos são as novas penas no meu chapéu terapêutico. Deixando meu córtex de lado e indo para o tálamo, Minuchin fez-me experienciar como devo lidar com famílias que estão procurando uma solução. Eu freqüentemente deixava as sessões de supervisão preocupada. Sentia falta do final feliz ou, pelo menos, da justificativa. Mas eu também fui estimulada, levando em consideração muitos pensamentos novos e malucos. Os sentimentos vinham em primeiro lugar; os pensamentos e as idéias depois.

Acredito que um dos pontos fortes que trago na vida é um sistema muito claro de valores. Não tenho medo de tomar uma posição. O que devo desenvolver é a capacidade de julgar quando é útil expressar minha posição. Também é importante saber que ter uma posição firme apresenta o perigo de focalizar nossa atenção sobre o conteúdo em vez de sobre o relacionamento.

Então, apesar de eu não ter jogado fora nenhum dos meus chapéus, estou ficando mais consciente de qual serve em minha cabeça. Também sou mais capaz de controlar a que vozes devo ouvir e quais devo ignorar durante uma sessão. Estou aprendendo como mudar os filtros e trocar a figura e o fundo na sessão terapêutica. Minuchin faz essas mudanças e muda com facilidade empolgante. Eu ainda giro constrangida a manivela manualmente. Perco o senso de controle e conforto que combinavam com o meu chapéu de diretor. Mas, assim como os pacientes são motivados pela esperança que vem com algo novo, eu também experienciei a esperança e a empolgação, à medida que aprendi a inovar. Estou satisfeita que a supervisão tenha me ajudado a aumentar o alcance de minha voz terapêutica.

— 10 —
A poeta e o baterista

Adam Price*

Adam é um contador de histórias. Ele se apropria das palavras, e com facilidade as organiza em frases, parágrafos e conteúdo perfeitamente consistentes. Mas existem dois tipos de contadores de histórias. Alguns vêem suas pessoas movendo-se em um cenário, interagindo entre si, lutando pelo mesmo espaço. Outros apenas ouvem suas pessoas conversando umas com as outras. Adam emprestava riqueza aos seus personagens usando palavras, mas, de certa forma, eles permaneciam palavras. Um dos problemas em apenas ouvir as pessoas em terapia familiar é a sedução do enredo e a atração de enriquecer o enredo tornando-se parte da história. Adam tendia a ser básico e lógico, uma pessoa que explicava. Ele também acreditava na realidade das palavras. Acreditava na racionalidade.

Mas as famílias são insanas. Como se pode explicar sua defesa tenaz de posições absurdas, sua competição por recompensas sem valor, sua luta por domínio da verdade inconseqüente? Um dos legados do trabalho de Whitaker é a sua apreciação do absurdo nas pessoas e da aceitação de sua qualidade de ser humano. Acho que os personagens de Shakespeare são tão universais e perenes porque todos eles são loucos.

Para um terapeuta aceitar o absurdo, pensamentos tangenciais e descontinuidade, ele precisa aceitar sua própria irracionalidade e a criatividade de momentos em que o conteúdo do enredo é interrompido, momentos de incerteza, silêncio e a possibilidade da novidade. Cassan-

---

* ADAM PRICE, Ph.D., atende em consultório particular em Nova York e em Chatham, New Jersey.

dra e Raymond, que eram conhecedores da loucura, invadiram o mundo organizado de Adam, com sua ilusão de previsibilidade. Afro-americanos pobres, sendo sobreviventes da violência e do caos que freqüentemente cercam a vida dos oprimidos, o que eles poderiam obter da apreciação que Adam tinha por narrativas complexas?

Na terapia estamos sempre trabalhando com pessoas que são diferentes de nós, porque todos são. Nós os compreendemos por meio de metáforas, analogias e suposições. Eu uso assuntos amplos para conectar-me com estranhos. Sou um ser humano, um homem, um cônjuge, um pai, velho, judeu... tenho uma cultura e sou uma minoria. Fui pobre. Agora sou rico, famoso, incompetente, desajeitado, criativo, imigrante, estranho... Então crio suposições sobre mim e eles. Existem maneiras nas quais eles também são diferentes.

Então construímos pontes e aprendemos. Aprendemos mais se aceitamos a diversidade. Aprendemos mais se aceitamos a universalidade. Aprendemos mais se aceitamos ambas, seqüencialmente e ao mesmo tempo. É possível. Isso sempre ocorre de fato quando um terapeuta familiar une-se aos pacientes.

Na verdade, a terapia funciona porque o terapeuta trabalha com diferenças. A diferença entre ela e eles, e entre eles e elas. O objetivo é a exploração de diferenças na busca por alternativas. Para Adam trabalhar com Cassandra e Raymond foi necessário que ele desistisse da firme adesão à lógica do conteúdo, apreciasse seu senso de humor, aceitasse seu medo e ignorância e entrasse com grande interesse no encontro sem script. Ele poderia fazê-lo se pelo menos fosse ousado.

Um terapeuta sábio precisa apresentar sua estranheza à família. Adam poderia ter dito algo como: Como vocês vêem, eu sou branco. Às vezes eu verei vocês da maneira certa. Outras vezes não perceberei porque ignoro suas maneiras. Quando faço isso, se vocês me corrigirem, eu aprenderei.

Sou Adam, um psicólogo judeu de 34 anos. Sou inteligente, verbal e até mesmo espirituoso. Disse minhas primeiras palavras aos nove meses. Vivo na linguagem, às vezes com o prejuízo de outras formas de comunicação. Uso a linguagem para transmitir um senso de conhecimento e confiança. Fico inteiramente à vontade em um mundo de palavras. Essa habilidade de unir uma palavra à seguinte na comunicação coerente e de pensar na condição estável tem sido muito útil. Na escola, isso às vezes ajudava-me a sair pela tangente, como quando tive que fazer uma apresentação para meus colegas da quinta série e seus pais sobre pilotos *kamikaze*. Enquanto eu falava, minha mãe estava sentada horrorizada no meio do auditório, percebendo que tudo o que eu sabia sobre o assunto foi sua breve resposta à minha pergunta na noite anterior: "O que é um *kamikaze*?". Falei durante 10 minutos. Inventar coisas à medida que vou adiante não tem sido tão fácil como adulto. Porém, ainda adoro demonstrar minha compreensão das questões e sou um ávido fã da National Public Radio.

Cresci em uma família judia liberal. Meu pai era advogado e minha mãe, psicóloga. Sua ênfase na aprendizagem e no treinamento como pensadores analíticos sem dúvida contribuíram para a perspicácia verbal de seu filho. Os pais de minha mãe eram da geração de imigrantes ativos no movimento trabalhista, assim como no movimento socialista/sionista. Pete Seeger e Eugene McCarthy foram ícones na minha casa na infância. Meu pai devotava talvez demais sua prática jurídica a pessoas que não podiam pagá-lo e gostava de contar-me sobre o tempo em que ele dirigia um caminhão de sorvetes em um bairro pobre e distribuiu todo o sorvete. Esse ambiente certamente moldou meu desejo de ajudar, de tratar e de resgatar. Pode também ter me levado a hospitais no centro da cidade, onde trabalhei desde que recebi meu diploma. Apesar de não ser um "praticante do bem", nem mesmo um ativista socialista, acho esse trabalho significativo. Porém, é importante observar que também cresci confortavelmente em uma comunidade afluente e que estou ocupado tentando dar a minha família o mesmo.

CASSANDRA E RAYMOND

Cassandra é atriz e poeta. Seus trabalhos são estimulados pela dor profunda que ela sofreu quando criança. Sendo afro-americanos e pobres, vivendo na América afrodescendente de classe baixa, estava sujeita a todos os "abusos", um termo profissional anti-séptico que é aplicado a todas as formas de tortura contra uma criança: fisicamente, sexualmente e emocionalmente. Agora com 42 anos e mãe de um filho crescido, trabalha em empregos durante o dia para sustentar sua arte, Cassandra é uma verdadeira sobrevivente, uma *Sojourner Truth** moderna, lutando por reconhecimento.

---

* N. de R.T. Mulher que luta pelos direitos da mulher. *Sojourner Truth*: Abolicionista e feminista norte-americana que foi uma líder defensora da abolição da escravatura e dos direitos das mulheres.

Raymond também é artista, um músico de *jazz*. Pouco se sabe sobre Raymond. Ele é um afro-americano possante que sempre usa óculos de sol, mesmo dentro de casa durante o inverno. Seus óculos de sol, sua estatura e certamente sua conduta fazem-no parecer ameaçador. O que se sabe sobre Raymond é que ele, como Cassandra, passaram por maus momentos durante seu crescimento. Ele bebe. Acredita em atacar antes de ser atacado. Também se sabe que ele tem histórico de abuso da esposa.

Cassandra e Raymond estão lutando para sobreviver como marido e mulher. Seu casamento foi de esperança. Seu amor tinha que ser uma consolação, minorando a miséria da amargura e dos maus tratos. Mais importante ainda, eles esperavam encontrar no casamento a salvação do relacionamento de abusador/vítima que lhes era tão familiar. Dessa vez as coisas seriam diferentes. Naquele momento eles estavam envolvidos na luta de poder viciosa de que a esperança tinha desaparecido. O prospecto perturbador de fazer vítimas tinha retornado. Raymond é mais o agressor, e Cassandra mais a conciliadora, mas cada um deles conhece bem ambos os lados do conflito.

Cassandra e Raymond estão fazendo terapia de casais. Eu sou seu terapeuta. Estou no processo de me tornar um terapeuta familiar já há algum tempo. Para a terapia ser bem-sucedida, algo novo deve ser aprendido. Alguma coisa no casal, em cada membro do casal, e no terapeuta deve ser despertado.

SER VISTO OU NÃO SER VISTO

O grupo semanal de supervisão com Sal Minuchin foi diferente de qualquer outra experiência em que estive envolvido. Eu estava determinado a ser visto como competente, mas apreensivo de que minhas falhas fossem expostas. Quando o primeiro aluno se apresentou, ele mostrou uma fita de uma sessão de terapia de um casal que revelava sua tentativa de manter o equilíbrio, o *status quo*. Minuchin classificou esse problema apresentando Libra, a figura astrológica cujo símbolo é uma balança. Ele falou do perigo de manter o equilíbrio e repreendeu o terapeuta a entrar de um lado ou outro, a fim de gerar desequilíbrio e criar uma oportunidade de mudança. Então ele virou-se para o aluno e perguntou, jocosamente: "Qual é seu signo astrológico?". O aluno, como se estivesse lendo um *script*, respondeu: "Libra". Eu temi que meus dias na turma estivessem contados.

Várias semanas depois, foi a minha vez de apresentar um caso. Minha primeira fita foi a de uma família que eu tinha visto apenas uma vez. Preocupado de não parecer competente, respondi como tinha feito na quinta série: comecei a falar. Falei tanto quanto pude sobre tudo o que poderia falar, tentando demonstrar meu conhecimento sobre a família, sobre sua história e sobre sua dinâmica. Quando meu monólogo foi concluído, assistimos à fita. Depois de vários minutos assistindo-a, Minuchin parou a fita, que era um tanto monótona e perguntou: "O que você estava pensando nessa altura da sessão?". Eu dei uma resposta desajeitada, incapaz de dar-lhe uma resposta coerente. Minutos depois ele parou a fita novamente e perguntou: "O que você estava pensando aqui?". E então novamente, alguns momentos depois daquele: "E aqui?". Nesse ponto eu estava totalmente constrangido. Nenhuma palavra inteligente veio à minha mente.

Adam era um aluno brilhante que estava tentando tornar-se terapeuta familiar. Para atingir esse objetivo, ele precisaria passar da compreensão para a empatia. Trabalhando em uma clínica no centro da cidade, ele precisaria ter empatia com a desesperança, o desamparo, a violência e o desespero, experiências que nunca fizeram parte de sua vivência. Ele tinha que aprender como algumas pessoas podem transformar a capacidade de sobreviver à pobreza e ao racismo desumanos – o que não é uma jornada curta.

Quando Adam apresentou sua primeira família, ele era como queria ser: um aluno brilhante, inteligente, espirituoso e atencioso. Mas quando assistiu à fita, sua fluência desaparecia sempre que eu lhe perguntava o que ele tinha pensado em determinada parte da sessão.

Quando, em uma sessão, os membros da família conversam entre si e o terapeuta fica silencioso, eu geralmente pergunto: "O que você estava pensando nesse momento?" Meu propósito é ajudar o supervisionado a reconhecer quaisquer pensamentos tangenciais. Freqüentemente, os terapeutas intervêm sem articular o mapa mental da família que está servindo para sua intervenção. Um outro propósito que tenho é destacar as informações da família trafegando pelos canais auditivos e visuais. O auditivo carrega principalmente significado, e o visual principalmente mensagens de afeto e relacionamentos. A maior parte dos meus supervisionados foram bem-treinados para ouvir ao conteúdo e responder a ele mas eles parecem incapazes de articular o significado de dados visuais.

> Se eles permanecem míopes às transações refletidas no comportamento não-verbal, eles podem estar despreparados pela emotividade das sessões ou simplesmente cegos a eventos que modificam significativamente as histórias que os membros da família contam. A falta de respostas de Adam a minhas perguntas simples organizaram meu modo de supervisioná-lo. Eu senti que sua confiança no conteúdo tinha o efeito de restringir sua compreensão e o contato com os membros da família. Esse estilo precisaria ser expandido. Eu não sabia como ou onde.

Minuchin pediu aos membros do grupo de supervisão que comentassem aquilo que eles assistiram na fita, e eles o fizeram com maior clareza e *insight* do que eu tinha exposto. Eu havia falhado na minha primeira missão de obter a aceitação e os elogios de meus supervisores e de meus colegas. Senti que estavam me dizendo, "você acha que sabe, e você precisa saber, mas você não sabe". Essa experiência me perturbou enormemente. Onde eu esperava ser visto como capaz, senti-me incompetente.

Não esperava sentir-me tão confuso durante a primeira sessão de supervisão do ano. Esperava que Minuchin fosse cordial, encorajador e até mesmo lisonjeiro em minha primeira exposição. Eu sei que tentei evocar tal resposta por minha cordialidade e humor, mas isso não aconteceu. Em vez disso, fizeram-me sentir muito inseguro. Eu fui desafiado, admoestado e até mesmo comparado negativamente em relação a meus colegas. Mais tarde naquele ano, quando brinquei que me pouparia de embaraços se não tivesse que apresentar uma sessão recente, Minuchin respondeu: "Não, você não deve se poupar dos embaraços. É importante que você se sinta embaraçado". Eu sabia que ele tinha razão.

> Como supervisor, sabia que não poderia aplaudir Adam toda vez que ele fosse brilhante. Tinha que me manter distante, parcimonioso com aprovações e exigente, na esperança de que ele pudesse experienciar, no estresse da supervisão, algum elemento que ele pudesse transformar em empatia pelas pessoas que enfrentavam reveses impossíveis.
> Aprendi a me sentir à vontade com a incerteza com Carl Whitaker. Com Borges aprendi a pegar as duas estradas em um cruzamento. E tento comunicar a meus supervisionados essa abertura a múltiplas realidades. Eles precisam aceitar que, em qualquer ponto, sua visão da realidade familiar é parcial. Portanto, quase todas as intervenções são corretas, mas são apenas o início de possibilidades. Essa aceitação é necessária para a capacidade de ousar, de sugerir uma possibilidade e

de não ficar embaraçado se isso não der certo. Senti que a necessidade de Adam de estar correto e de ser apreciado como correto simplesmente tinha de ser desafiada.

Para me desenvolver como terapeuta, eu teria que correr riscos. Teria que sair da concha do intelecto e permitir que me tornasse vulnerável. Também teria que permitir que as partes sensíveis de mim mesmo fossem vistas: o inseguro, o experimental e o ignorante. Alguns aspectos fundamentais de quem eu era como terapeuta estavam sendo testados. Pediram que eu mudasse, mas eu estava inseguro do que exatamente mudar ou como mudá-lo. Recebi alguma ajuda de Raymond e de Cassandra Jackson, os quais, ao tentar apresentar-se um ao outro como inofensivos e controláveis, criaram o que eu mais temia, um terapeuta incompetente.

A POETA E O BATERISTA

Cassandra inicialmente telefonou para a clínica, localizada em uma comunidade predominantemente afro-americana, atravessando uma depressão econômica, para obter ajuda nos problemas conjugais. Ela tinha feito tratamento com terapia individual anteriormente em outra clínica. Aparentemente, ela terminou o tratamento quando a terapeuta disse-lhe para deixar imediatamente seu marido. Os registros clínicos dessa terapeuta indicavam que Raymond era um alcoólatra que ficava bravo e violento quando bêbado. Em certa ocasião, estava registrado, ele atacou Cassandra até o ponto em que havia "sangue por todas as paredes." Também foi relatado que ele era extremamente ciumento e restringia a maior parte das interações sociais de Cassandra.

A história de Cassandra era trágica. Quando ela tinha dois anos e meio foi abandonada por sua mãe e cresceu em lares de adoção até a idade de 8 anos, quando ela e sua mãe uniram-se novamente. Cassandra tinha um filho, que nasceu quando ela tinha 15 anos. Raymond e Cassandra foram morar juntos depois de se conhecerem por apenas alguns meses. Eles casaram no ano seguinte. Cassandra tinha completado dois anos da faculdade e fazia aula de teatro.

Raymond foi criado com desvantagens semelhantes. Seus pais eram separados, apesar de seu pai permanecer em contato com ele. A mãe de Raymond tinha sido explosiva e abusadora fisicamente. Uma vez ela quebrou o seu braço. Raymond também estava exposto aos encontros sexuais freqüentes com sua mãe. Descreveu seu lar como caótico. Raymond envolveu-se profundamente com drogas quando adolescente mais velho e jovem adulto. Parou de usar drogas quando ingressou na Nation of Islam, enquanto ela estava sob a liderança de Elijah ben Mohammed e Malcom X. Mais tarde, saiu da Nation of Islam, mas ainda é praticante do Islamismo. Raymond tem dois filhos com mais de trinta anos, produtos de seu primeiro casamento. Ele também tem dois filhos que são adolescentes jovens, produto de um segundo casamento. Cassandra relata que Raymond era fisicamente abusador com sua segunda esposa, que morreu quando as crianças eram pequenas. O que dizem na comunidade é que Raymond era o culpado por sua morte, talvez não diretamente, mas pelos abusos constantes. Cassandra fica ao lado de seu marido nessa questão.

A primeira vez que falei com Cassandra pelo telefone, ela me disse que muitas pessoas se sentiam intimidadas por seu esposo. Ela preocupava-se que eu também pudesse sentir medo dele. Reconheceu que, para ser útil, eu não deveria ficar com medo. Eu reafirmei que tinha trabalhado com uma variedade de pessoas e sentia-me confiante que podia lidar com isso.

> *Adam tinha sido criado em uma família de classe média tranqüila, recebendo segurança, amor e proteção. Tal educação torna a compreensão de histórias como a de Cassandra e Raymond muito difíceis. Que tipo de habilidades humanas, flexibilidade e tolerância são necessárias para superar uma infância frustrante? Adam realmente tinha as ferramentas para ajudar? Ou ele estava mentindo mais ou menos convincentemente para si mesmo: eu consigo lidar com isso.*

Depois de conhecer Raymond, fui tomado de surpresa por seus óculos de sol, que ele continuou usando durante toda a sessão, e pelo cheiro de álcool em seu hálito. Durante a primeira sessão, perguntei a Raymond e Cassandra sobre sua história de violência e fiz referência ao relato de sangue nas paredes. Raymond respondeu que esse comentário era exagerado e reconheceu apenas um incidente violento, quando eles se encontraram pela primeira vez anos atrás. Cassandra confirmou essa afirmação.

Cassandra falou do ciúme e da proteção de Raymond. Ele negou essas acusações, observou que ele estava sempre sendo acusado e revidou que ela era controladora. Eu senti ao que Cassandra estava se referindo em seu telefonema inicial para mim. Raymond era um homem grande. Sua presença me deixou intimidado. Foi durante essa primeira sessão que eu comecei a me dar conta de que os planos de Raymond eram que Cassandra recebesse aconselhamento individual em sua presença. O objetivo desse tratamento seria ajudar Cassandra a lidar com sua história de abuso sexual. Raymond estava presente ostensivamente para "ajudar", mas, de acordo com Cassandra, ele não conseguia tolerar que ela fosse atendida sozinha. Suspeitei que Cassandra esperava usar as sessões como uma atividade para casais, e procedi dessa forma.

Parte de minha resposta a Raymond durante aquela primeira sessão e as posteriores tinha a ver com o seu tamanho e com o seu jeito. Porém, também estava claro para mim que parte de minha resposta tinha a ver com a raça. O estilo preferido por Raymond para se apresentar tornou mais fácil ver nele uma encarnação do estereótipo do "homem afro-americano bravo".

Gosto de pensar em mim como um terapeuta sensível a questões de raça e etnia. Certamente, sendo criado em uma família que se orgulhava de sua consciência social me predispôs a pensar dessa maneira. Aprendi o valor de um reconhecimento aberto de minha ignorância com pacientes diferentes de mim quanto à raça e etnia. Percebo que, devido à difusão e à incidência do racismo em nossa sociedade, os afro-americanos precisam avaliar o potencial para discriminação em qualquer interação com a América branca, sendo que a terapia não é nenhuma exceção.

Então, quando detectei em minha resposta a Raymond a presença de um estereótipo racial, empenhei-me para não dar importância a ela. Pensei que tinha sido bem-sucedido. Olhando para trás agora, fico pensando se meu senso de competência cultural me traiu. Talvez minha habilidade de detectar meu pensamento estereotipado tenha me enganado e me feito superestimar a facilidade com a qual eu poderia ir além dela. Pois enquanto pensava que tinha sido bem-sucedido em justificar minha resposta a Raymond quanto a seu componente racial, continuei a experienciá-lo como bravo e ameaçador. Como ficará mais claro, foi precisamente essa estrutura de Raymond como ameaçador que teve que mudar antes que eu pudesse intervir efetivamente no comportamento dele.

Várias das minhas primeiras sessões com Raymond e Cassandra não chegaram a lugar nenhum. Eu consegui reconhecer o quanto Raymond dominava Cassandra, como ele discutia com ela e a interrompia. Eu também vi como ela se sentia uma presa de suas armadilhas verbais e como ela tentava, sem sucesso, fazê-lo compreender que ele era dominante. Apesar dessas observações, minhas intervenções foram esparsas e nãoefetivas. O que segue é um excerto de uma sessão que apresentei em supervisão. Cassandra começou observando que seu marido parecia tenso naquele dia. Ela achou que isso era devido à sua expectativa em relação à sessão:

RAYMOND: Não foi como: Oh, eu detesto vir a esse lugar. Agora, o estresse que se sente quanto a vir aqui hoje, então você tem que expressá-lo. Você sabe, fale você.
CASSANDRA: Eu não me senti realmente (*olhando para baixo*)...
RAYMOND: E seria bom se você não tentasse...
CASSANDRA: Falar por você?
RAYMOND: Falar por mim.
CASSANDRA: Eu só estava tentando julgar por que hoje pareceu que cada pequena coisa que eu dizia você me entendia mal.
RAYMOND: Ah, é, por exemplo?
CASSANDRA: Não tem importância. Eu não tenho que escolher...
RAYMOND: Você se lembra?
CASSANDRA: Sim, mas não vou falar sobre isso.
RAYMOND: Ah, você não vai falar sobre isso. Então eu não sei sobre o que você está falando.
CASSANDRA: Eu apenas senti que nós estávamos mais ou menos em desacordo um com o outro toda a tarde e eu apenas atribuí isso ao fato de vir aqui hoje à tarde.
RAYMOND: Ah, sim, foi a isso que você atribuiu? Eu perguntei o que você queria jantar. Eu lhe perguntei isso?
CASSANDRA: Sim.
RAYMOND: E nós conversamos sobre o que poderíamos querer jantar. Concordamos em camarão ou algo parecido.

Nessa interação, Raymond anulou a tentativa de Cassandra de discutir suas preocupações ao negar sua validade, pedindo a ela para focalizar em especificidades e desviar-se para detalhes. Ele também dominou a conversa ao freqüentemente interrompê-la. Ela respondeu apenas ao conteúdo e, assim, foi controlada por ele. A sessão continuou mais ou menos da mesma maneira. Mais tarde, Raymond aumentou o preço a ser pago, sugerindo que, se Cassandra estava tão infeliz, ela deveria pedir o divórcio ou então parar de reclamar. Eu me senti silenciosamente ficando do lado dela como a vítima e desejando que ela deixasse Raymond. Mas eu estava ciente de que ela não queria deixá-lo. Eu também estava consciente de que estava observando os Jacksons comportarem-se de apenas uma maneira. Essa, talvez, era a única dança que eles conheciam, mas havia a possibilidade de que, em outro contexto, um estilo diferente de interação surgisse.

Nessa sessão, fiquei silencioso a maior parte do tempo. Eu não tinha nenhuma pista de como ajudá-los a mudar o contexto. A verdade é que eu estava com medo de Raymond e não tinha palavras para me opor a seu ponto de vista combativo. Fiz uma tentativa um tanto fraca de apontar a complementaridade da situação deles: que Cassandra queria que seu marido se tornasse menos intimidante, enquanto ele queria que ela sentisse menos medo. Meu enfoque intelectual foi tão efetivo quanto tentar fazer um menino de dez anos deixar de lado sua luva de beisebol e ir tocar piano. Minhas palavras e minhas idéias tinham pouca relevância à emotividade e à raiva do casal. Como Cassandra, eu estava imobilizado. Não é que eu não soubesse o que fazer. Mas estava sob o estresse resultante de ver Raymond como ameaçador. E sob estresse, voltei a meu ponto forte: minha habilidade de usar a linguagem. Na sessão, eu era um prisioneiro de meu estilo terapêutico preferido. E da maneira como minha facilidade com a linguagem refletia minha origem judia, eu era prisioneiro de minha própria etnia.

Eu também estava sob estresse quando apresentei a sessão para a supervisão. Estava apreensivo sobre como Sal responderia à minha imobilidade durante a sessão. Depois de assistir à fita por muito tempo e perguntar em momentos-chave por que eu fiquei silencioso e não intervim, ele perguntou: "Ele toca em uma banda?".

> *Adam estava acompanhando o diálogo de Cassandra e Raymond e fazendo comentários sobre a natureza de seu relacionamento. Suas intervenções foram bem construídas, mas insípidas, de modo que desapareceram na emotividade desse casal. Achei que ele precisava estar lá e não comentar. Também sabia que, quando Adam falava, ele iniciava uma narrativa perfeitamente consistente que não deixava espaço para perguntas ou dúvidas. Eu o tinha observado durante dez ou quinze minutos da sessão, incapaz de levantar sua voz sobre a intensa área interpessoal, e então eu o tinha escutado racionalizar sua ineficiência em uma narrativa coerente na supervisão. Eu precisava ajudá-lo a descobrir onde ele havia estado, como se sentia, como poderia fazer uma pausa, como aumentar a intensidade, como ser descontínuo, como sobreviver à emotividade e à raiva do casal e ser útil.*

> *Comecei com "ele toca numa banda?", sabendo apenas que eu queria era que Adam experienciasse que ele tinha se controlado e se tornado ineficiente por causa de seu medo de Raymond.*

ADAM: Sim, acho que ele toca em várias bandas.
MINUCHIN: É o líder?
ADAM: É o baterista.
MINUCHIN: Ele não é o líder? Ocorreu a você que ele seja o líder?
ADAM: Ocorre a mim que a percussão controla o ritmo. Mas o líder, não. Também ocorreu a mim que tocar bateria é muito irado.
MINUCHIN: Sim, mas você vê, se pensa em raiva, você será intimidado, mas... se pensar em uma orquestra e ele for o maestro, mas não deixá-lo tocar qualquer instrumento que você toca, mesmo que seu instrumento seja pratos, você sabe que não terá uma boa orquestra. Eu teria passado para algum tipo de metáfora que falasse sobre os silêncios e a melodia. É possível haver uma orquestra apenas de percussão? Nesse ponto, eu diria: "Sabe, nessa sessão me sinto silencioso. Você não é apenas o baterista, também é o terapeuta". Algo que diga: "Dê-me um espaço", "Dê-me uma voz".

> *Imitando o estilo de Adam de brincar com as palavras, eu ofereci a ele uma metáfora que usava o conteúdo da sessão, mas se afastava dela, indo para um nível mais generalizável. Talvez ele fosse capaz de restringir as questões do contexto interpessoal, a mutualidade e a autonomia na área da música, juntando-se a Raymond ao mesmo tempo em que o desafiava.*

ADAM: Eu me senti intimidado por sua raiva.
MINUCHIN: Isso não é raiva, é apenas controle. Você se sentiu intimidado pelo controle dele. Você não se sentiu à vontade porque ele não o deixou falar. Mas você deveria ter procurado algo para trazer de volta seu senso de competência. Levante-se, faça algo.
ADAM: Você quer dizer mudar minha postura? Ficar de pé?
MINUCHIN: Se você desafiá-lo diretamente, ele o vencerá. Não há perigo. Ele apenas o vencerá. Você fica mais à vontade na posição em que pode dizer algo que tenha significado e ele acatará o que você disse e se divertirá com isso.
ADAM: Sim, sei que ele é mais forte do que eu. Eu sei que não consigo vencer.

MINUCHIN: Então, o que você pode fazer?
ADAM: Eu não sei.
MINUCHIN: Mas você precisa saber porque está lá.

Nesse ponto, Minuchin me engajou na interpretação de um papel no qual ele fazia a parte do paciente. Às vezes ele se dirigia a mim e, às vezes, falava com a turma, mas seus comentários estavam todos dentro do contexto da interpretação de um papel em que ele tentava vencer minha eficiência como terapeuta, de forma semelhante ao que Raymond tinha feito.

> *Eu sabia que não tinha sido útil. Em uma guinada dinâmica estranha, na qual estávamos encenando novamente a sessão sob supervisão, Adam, sentindo-se controlado por mim, emudeceu.*
>
> *O isomorfismo entre a supervisão e a terapia apresentaram-me, neste ponto, a experiência de como Adam responde quando não pode usar a linguagem e o significado livremente. Mas eu duvidava que Adam entendesse isso. Portanto, eu o engajei na interpretação de papéis, uma técnica que uso raramente, esperando levá-lo a usar outros aspectos de seu repertório em situações semelhantes.*

MINUCHIN *(muda de assento)*: Então diga alguma coisa. Eu sou Raymond. E eu disse a Adam o que Raymond tinha dito a Adam. *(Como Raymond)* eu estou dizendo algo correto e você muda o significado das palavras.
ADAM: Ah, bem, eu...
MINUCHIN: *(interrompendo)*: Espere aí. Você realmente sabe. Porque isso é exatamente o que você fez. E viemos, até pagamos em dinheiro, mas...
ADAM: Eu acho que...
MINUCHIN *(interrompendo)*: Não! Você vê...
ADAM: Você não está me deixando tocar meu instrumento. É uma coisa difícil!
MINUCHIN: Que tipo de instrumento você toca, Adam?
ADAM: Eu toco o instrumento de ser um terapeuta.
MINUCHIN: Bem, que instrumento é esse?
ADAM: Você vê...
MINUCHIN: Você vê o que está fazendo?
ADAM: Você afasta minha melodia! Você me coloca na defensiva. Eu não posso ajudá-lo. Eu não posso falar se estou contra a parede. Você é muito bom nisso.

MINUCHIN: O que você está fazendo agora?
ADAM: Eu acho que você sabe sobre o que estou falando.
MINUCHIN: Você está fazendo um jogo. Melodias, instrumentos. Por que você não fala diretamente? Acho que você tem algo em mente, mas não está dizendo o que é. Você está fazendo jogos.
MINUCHIN *(agora como supervisor)*: Você precisa fazer algo que não crie uma operação de poder. Raymond não é perigoso. Ele é controlador e paranóide, mas ele não representa um perigo para você. Exceto que, no momento, ele o paralisou. Ele está ameaçando sua posição de terapeuta competente. Veja o que ele estava fazendo com você aqui. Ele o está envergonhando na presença desse excelente público. Nesse ponto ele está ganhando de você em seu próprio jogo. Não é o jogo dele. Raymond está dizendo a Cassandra como pensar e como sentir. E você está em silêncio

> *Eu queria que Adam sentisse a presença da turma da próxima vez em que ele atendesse Cassandra e Raymond. Então terminei a supervisão em um pico de intensidade. Esperava que Adam, sentindo-se observado por nós, fosse além de seu estilo preferido fazendo algo diferente. Qualquer coisa diferente.*

Apesar de terem me dito que foi minha falta de presença na sessão e não pelo fato de eu ser ruim, me senti ruim. Eu tinha tentado na interpretação de papéis incorporar a metáfora e o estilo do supervisor indiscriminadamente na interação. No final, reconheci que nem o estilo do meu supervisor, nem sua aprovação me tornariam um terapeuta melhor. Eu tinha que ir além de meus limites percebidos e ser diferente antes que meus pacientes pudessem agir de forma diferente. A supervisão ajudou-me a reconhecer meu medo de Raymond. Também me ajudou a ver como eu tinha sido induzido a representar um papel que Raymond e Cassandra precisavam que eu representasse.

A ironia é que realmente precisei tornar-me incompetente. Eu tinha que experienciar o desconforto de não saber como intervir e de ver minha primeira linha de defesa falhar a fim de descobrir outros recursos.

Esse próximo segmento, da sessão seguinte, ilustra como a luta emocional que experienciei após sentir-me incompetente tanto na frente do casal quanto na supervisão permitiu que eu achasse uma voz diferente. A supervisão ajudou-me a ir além de minha dependência da linguagem. Com Sal como meu inimigo fui ineficiente, pois meramente lançava palavras para ele, e minhas palavras me fizeram falhar. Reconheci que minha posição em relação a Raymond tinha que ser diferente. Eu tinha que desafiar Raymond em um nível diferente, mais emotivo, a fim de criar um espaço para mim mesmo. Escolhi interromper Raymond até que ele me ouvisse. Não era o que eu tinha a dizer que fez a diferença. Foi o fato de eu solicitar que ele escutasse.

Nessa sessão, Cassandra começou pedindo-me que terminasse o tratamento do casal e começasse uma terapia individual. Ela também solicitou uma terapeuta do sexo feminino. Raymond acreditava que ela se sentia desconfortável em consultar um homem, mas Cassandra insistiu que o gênero do terapeuta era irrelevante para ela:

CASSANDRA: Estou dizendo, se Adam fosse meu conselheiro – digamos que eu e você não fôssemos casados e eu precisasse de um conselheiro e eles o escolhessem como meu conselheiro, ele estaria sentado naquela cadeira e eu contaria para ele exatamente como me sinto. Isso não é nenhuma censura a você, Raymond, eu não me importaria desde que houvesse uma conexão.
RAYMOND: Você revelaria toda a sua história passada a ele?
CASSANDRA: Eu não me importaria. Não me importo com o que Adam pensaria sobre isso.
RAYMOND: Então você iria e não iria...
CASSANDRA: Não me importaria, só desejaria obter ajuda.
ADAM: Raymond, deixe-me fazer-lhe uma pergunta.
RAYMOND: Então você não teria problemas com isso.
CASSANDRA: Não me importaria. Porque eu sei que é você, não sou eu quem tem problemas com isso.
RAYMOND: Você acha que não me sinto à vontade com isso?
CASSANDRA: É claro que você não se sente à vontade com isso.
ADAM: Raymond.
RAYMOND: Então por que não fico sentado aqui enquanto você revela seus assuntos?
ADAM: Raymond, gostaria de fazer-lhe uma pergunta.
RAYMOND: Por que não posso ficar sentado aqui enquanto você revela seu passado?
ADAM: Raymond.
RAYMOND: Não consigo encontrar uma resposta.
ADAM: Raymond.
CASSANDRA: Principalmente quando você parece tão zangado.

RAYMOND: Ah, então agora pareço zangado. Ela está me acusando de parecer zangado.
ADAM: Raymond, é difícil conseguir sua atenção.
RAYMOND: Não, quero obter uma resposta a essa pergunta.
ADAM: Não, estou lhe dizendo que é difícil conseguir sua atenção. O que queria dizer era que você é um músico. Você é um baterista. Eu me interesso por jazz, mas não sei muito sobre esse assunto. Quando você está atuando como baterista, quem lidera o grupo?
RAYMOND: Qualquer pessoa que esteja no controle. Pode ser o tecladista. Pode ser quem estiver tocando trompa.
ADAM: E alguma vez é o baterista?
RAYMOND: Às vezes.
ADAM: E quando você está tocando bateria, você ouve o que as outras pessoas estão...
RAYMOND: Você fica envolvido no ritmo! Você está bem lá, sabe, em sincronia com o que está acontecendo. Nós nos encaixamos e continuamos em frente. Como um relógio sincopado. Você faz isso constantemente, você constantemente mantém o ritmo. E o que for, as trompas, o piano que estiver tocando. Você sabe onde estão as mudanças porque você volta à ponte da música. Faz suas mudanças e retorna. E arrebenta.
ADAM: O que está acontecendo aqui nesse dueto é que você está tocando bateria e dominando. Você está liderando o, como você chamaria, o duo? E não acho que o instrumento de Cassandra esteja realmente sendo ouvido.
RAYMOND: Certo, então, de acordo com o que ela disse há pouco, ela não tem problemas em estar na sessão com você, ou com qualquer outra pessoa, na situação entre duas pessoas como você e ela. É isso?
CASSANDRA: Sim.
RAYMOND: Então acho melhor que eu saia.
CASSANDRA: Por que você deseja sair?
ADAM: Vocês vêm, há diferentes melodias em uma orquestra.
RAYMOND: Como posso estar...
ADAM: Raymond, estou falando.
RAYMOND: Como...
ADAM: Raymond! (*Raymond suspira*). Raymond, existem diferentes melodias em uma orquestra, um dueto, um quarteto. Existem diferentes melodias. Você tem a melodia dominante.
RAYMOND: Aqui, somente porque estou sob a proteção dessa reunião, de você. Em casa não lido com isso.

ADAM: Estou lidando com o que há aqui.
RAYMOND: Em casa ela é a orquestra para tudo.
ADAM: A voz dela não está sendo tocada. Assim como em um quarteto de *jazz*, você precisa dar espaço para o baixo, porque se você não der espaço para o baixo, ele não será ouvido.

Apesar da metáfora de um maestro e de uma orquestra apresentados por Minuchin ter sido útil, o que fez a diferença foi minha persistência em fazer Raymond me escutar. O desafio de sua dominância foi crucial para ajudar o casal a sair de seus papéis de dominante e submissa. Basicamente, Cassandra precisaria sentir-se capacitada o suficiente para dar detalhes sobre Raymond.

Mais tarde, durante a sessão, desafiei Raymond mais diretamente:

ADAM: Você não está me deixando falar. Você está desconsiderando minha voz.
RAYMOND: Fale, não estou desconsiderando a voz de ninguém.
ADAM: Não, não, com os olhares que você dá.
RAYMOND: Eu estava olhando para minha esposa.
CASSANDRA: Mas tento dizer a ele o que isso me causa.
ADAM: Cassandra, estou falando com Raymond. Você é um homem dinâmico. Tenho certeza de que é talentoso no que faz. Mas o que noto quando assisto à fita da última sessão – (*Raymond começa a me interromper e Cassandra toca na perna dele. Raymond sorri*).
RAYMOND: Vê o que ela fez comigo? Ela fez um gesto para eu me calar.
ADAM: O que estou dizendo é que quando vi a fita na semana passada, não disse nada. O que eu achei é que você estava me anulando.
RAYMOND: Na semana passada?
ADAM: E hoje. Isso pode ser o que você precisa fazer, e está bem assim, mas então não posso ser seu terapeuta.
RAYMOND: E então o que você sugere que eu faça?
ADAM: Não tenho uma sugestão para você...
RAYMOND: Mas você está dizendo...
ADAM: Em termos do que você deveria fazer. Quero ver se você consegue entender Cassandra, e quero que você compreenda de onde estou partindo.
RAYMOND: Está bem. Se eu lhe disser de onde você está partindo e estiver certo, isso mostraria que a entendo?
ADAM: Ela precisa dizer a você que se sente compreendida. Talvez você possa descobrir. Não sei se você será capaz ou não.

Então, pedi que Cassandra explicasse a Raymond por que ela tinha se sentido ofendida por ele durante a sessão anterior. Nesse ponto, houve uma mudança perceptível nela. Pela primeira vez, ela abandonou sua postura resignada e sentou-se mais para a frente na cadeira. Sua voz ficou mais alta e animada. Ela estava pronta para encarar seu marido em vez de se engajar em uma discussão sem sentido. Permaneci em silêncio, e Cassandra lutou por seu direito de falar, de maneira semelhante à que ela tinha me observado fazer momentos antes. Quando Raymond tentou encostá-la na parede para obter detalhes, ela resistiu. Ela disse a Raymond que as reações dele a seus comentários a silenciavam.

Já pelo fim da sessão, Raymond interrompeu Cassandra, que respondeu com uma risada. Eu perguntei por que ela tinha rido quando, nesse momento em particular, ela desejaria chorar. Ela reconheceu que seus sentimentos verdadeiros não estavam sendo revelados. Sugeri que esse tipo de resposta tornava mais difícil a tarefa de Raymond compreendê-la. Então perguntei como, em sua poesia, ela comunicava a tristeza. Cassandra recitou um poema muito triste e bonito que ela tinha escrito e começou a chorar. Então dirigiu-se ao marido de uma maneira direta e franca sobre os problemas em seu casamento. Ela continuou com esse ponto de vista mais capacitada na sessão seguinte. Infelizmente, para mim, essa sessão era para ser a última. Cassandra conseguiu um novo emprego e disse que era incapaz de continuar o tratamento.

Um ano depois, telefonemas de acompanhamento para Cassandra e Raymond produziram descobertas interessantes. Aproximadamente dois meses antes do telefonema, Raymond chegou em casa uma noite e descobriu que Cassandra havia saído do apartamento. Depois que ele a tinha deixado no trabalho naquela manhã, ela havia voltado com uma amiga, pegado suas coisas, a televisão e até mesmo os quadros na parede e mudara-se para um novo apartamento. Raymond ficou devastado e não conseguiu comer ou dormir durante vários dias. Ele também admitiu que chorou. Apesar de saber onde Cassandra trabalhava e de ter acesso ao novo número de telefone, ele não a importunou. Três semanas depois, Cassandra contatou Raymond e eles se reconciliaram, mas com a condição de que Raymond conseguisse um emprego durante o dia. Raymond relatou que as coisas haviam melhorado e que a partida de Cassandra o tinha levado a reexaminar seu papel no relacionamento. Ele estava chocado pelo quanto tinha ficado entristecido quando ela foi embora, e que ele agora a levava mais a sério.

Cassandra considerou a reconciliação condicional, apesar de reconhecer que ela não tinha tornado esse ponto claro para Raymond. Ela insistiu que ele mantivesse seu próprio apartamento e que não estava preparada para que ele se mudasse para o dela até que ele encontrasse um emprego e o relacionamento tivesse melhorado. Ela reconheceu que ele tinha deixado de ser sarcástico e abusivo verbalmente e que ele permitia que ela tivesse relações sociais sem ele. Porém, ela sentiu que as mudanças adicionais eram necessárias e acreditava que o casal precisaria de terapia para obter mais progresso. Tanto Cassandra quanto Raymond relataram que não havia ocorrido violência desde o término da terapia comigo.

Raymond sentia que aspectos da terapia eram benéficos. Ele achava que minha presença o tinha ajudado a demonstrar seus sentimentos sem ser visto por Cassandra como um monstro. Ele também sentiu que havia reconhecido que poderia ganhar na discussão com Cassandra somente por motivos técnicos, independentemente de quem tivesse razão. Ele reconheceu que esse fato impedia sua comunicação consideravelmente.

Cassandra também achava que a terapia havia sido útil. Ela disse que fui o primeiro terapeuta que não tinha medo de seu marido ou, pelo menos, não demonstrava qualquer medo que eu tivesse escondido. Ela sentia que essa falta de medo me ajudou a trabalhar com o casal e também permitiu que ela testemunhasse a presença de alguém que não temesse Raymond.

Mais útil ainda foi a compreensão que ela obteve sobre sua falta de uma voz no relacionamento. Uma semana antes ela havia saído de casa, tinha assistido novamente a uma das fitas das sessões das que eu havia copiado para ela. Ela sentiu que essa fita foi instrumental em sua decisão de partir.

Para mim, esses telefonemas de acompanhamento de um ano foram extremamente interessantes e cheios de surpresas. Surpreendi-me ao ouvir que foi Cassandra quem havia terminado a terapia, apesar de ela ter feito isso sob pressão de Raymond. Fiquei impressionado que cada um deles tinha retido algo concreto e substancial das sessões, e ainda mais impressionado com o fato de Cassandra ter assistido a uma fita gravada que a incitou a realizar uma mudança. Não havia dúvidas de que muito trabalho ainda era necessário para esse casal. Mas eles deram um passo à frente, entraram no desconhecido e começaram a mudar. Cassandra experimentou uma nova voz e começou a tocar um novo instrumento, e acho que Raymond talvez tenha voltado a tocar bateria.

Ao revisar meu trabalho com os Jacksons, dei-me conta de que também tinha feito algumas mudanças. Por intermédio da supervisão, reconheci que tinha de interagir de forma diferente com Raymond a fim de obter espaço para mim mesmo como terapeuta. Para desafiá-lo, tive que sair da distância segura de uma conduta calma e objetiva e afastar-me de meu castelo de palavras. Tinha que usar luvas de boxe e entrar no ringue. Desde aquela época, notei uma mudança em mim mesmo como terapeuta. Vejo o que digo e como digo como uma intervenção, e não como uma comunicação. Como resultado, minha linguagem reflete mais o histórico da família e é mais metafórica. Por exemplo, com uma família cujo pai servia como militar e está agora na área da segurança, usei frases como: "dividir para conquistar" ou "linha de defesa". Ao abordar uma mãe cujo namorado tinha abusado sexualmente de seus filhos, perguntei: "A alma de quem foi a mais ferida por esses eventos?". Eu não perguntei a ela como cada um de seus filhos havia reagido e quem a preocupava mais.

Também senti mais vontade de correr riscos e acho que me divirto mais. Em um exemplo recente, um casal tinha vindo consultar para ajudar a resolver seus conflitos conjugais. Um foco do conflito envolvia a dificuldade do marido em manter a ereção durante o ato sexual com sua esposa. O casal era constituído de profissionais, judeus, e seu estilo altamente verbal e intelectualizado era inteiramente familiar para mim. Suas brigas freqüentemente começavam por causa de alguma qualidade abstrata do relacionamento. Qualquer detalhe poderia se tornar central de um momento para outro. Então o casal vagueava em discussões insignificantes que efetivamente evitavam o conflito.

No início do tratamento, tendi a me unir a eles em sua superconfiança nas palavras. Assim que compreendi a área e o histórico, minhas intervenções tornaram-se mais complexas. Em uma sessão, a esposa tentou convencer o marido de que, como ele sabia que não conseguiria manter uma ereção, não havia motivo para se preocupar se ele seria capaz ou não. Observei a crítica não-sincera, mas, em vez de comentar, escrevi duas observações, amassei os dois pedaços de papel e atirei um para a esposa e outro para o marido.

A incompetência que eu havia experienciado nas mãos dos Jacksons, combinada com o desafio que experienciei de Sal, criaram tensão e desconforto em mim. A solução que encontrei foi descobrir uma nova área de competência, uma familiar a mim em outras áreas de minha vida, mas não-familiar a mim como terapeuta.

No final, o que encontrei durante o transcorrer da supervisão foram novas vozes dentro de mim. Na linguagem metafórica que eu usava com Raymond, apesar de na supervisão eu estar tocando na orquestra de Minuchin, ainda era minha interpretação do material que importava.

Estou me lembrando da história de Leo Smitt, o pianista famoso por sua associação com o compositor Aaron Copland. No início de sua carreira, Smitt teve a oportunidade de realizar um novo trabalho de Copland para o compositor. Ele aproximou-se da data com medo. Afinal, o que aconteceria se sua interpretação da música não agradasse seu criador? Quando chegou a data da apresentação, ele ficou surpreso em encontrar Copland estirado em um sofá como se – Smitt disse – estivesse prevendo um evento prazeroso. Depois da apresentação, Copland o elogiou. Smitt perguntou-lhe se a apresentação estava de acordo com as intenções originais do compositor. Copland respondeu que ele não se importava. O que o fascinava era a variedade com a qual seus trabalhos eram interpretados.

Da mesma forma, apesar de me esforçar para emular o estilo de Minuchin, meu sucesso dependia de mim. Enquanto algumas coisas mudam, outras realmente permanecem iguais. Não sou um devoto da música clássica. Ouvi a história de Smitt/Copland na National Public Radio.

PÓS-ESCRITO: DEZ ANOS DEPOIS

Dez anos depois – essa é uma reunião de estilos, um tempo para relembrar, para refletir, para ver aonde cheguei e para avaliar o que poderia ter acontecido. Também é um tempo para me acostumar novamente com uma experiência importante, tanto profissional quanto pessoalmente, em minha vida. Que sorte tenho que essa experiência foi documentada em um capítulo que incluiu minhas reflexões e as do meu supervisor e professor, o Dr. Salvador Minuchin.

Dez anos depois, a distinção entre ser um *terapeuta familiar* e ser um *terapeuta individual* não é tão pronunciada para mim como já o foi. Na verdade, a distinção entre ser um *terapeuta* e ser uma *pessoa* parece estar desaparecendo. Esse não foi sempre o caso. Nos anos durante e após meu treinamento em Family Studies, ser um terapeuta familiar significava muito para mim. Ser um terapeuta familiar parecia-se muito com uma identidade, assim como era uma maneira de pensar e de trabalhar. Os terapeutas familiares com quem aprendi em Family Studies, os mestres, eram pioneiros dinâmicos que pareciam ver o mundo da terapia e além dele de forma muito peculiar: Ema Genijovich (cujo forte sotaque argentino não interferia em seu inglês introduzido com cor e intensidade) e Salvador Minuchin (brilhante, irascível, incompreensível, mas mesmo assim completamente conhecedor) foram pessoas para se admirar e imitar.

Depois de minha experiência de treinamento em Family Studies, não me tornei exatamente um terapeuta familiar que tenta imitar o que pensei que um terapeuta familiar fosse – identificar-me com um movimento. Sempre rebelde, eu queria libertar-me do *establishment* da prática individual, especialmente no contexto da clínica de saúde mental da zona urbana onde tive meu primeiro emprego como terapeuta, e me tornei mais tarde seu diretor. É seguro dizer que eu estava em uma cruzada, e conforme acontece em cada cruzada, existiam vítimas inocentes.

Porém, também queria me libertar de mim mesmo. Em sua supervisão comigo, Minuchin realmente me entendeu. Achei seus desafios – ser menos elaborado, aceitar a irracionalidade, viver no momento presente – incrivelmente úteis. Agora, dez anos depois, alcancei a segurança para ir além de viver apenas no que é conhecido. Em vez de tentar coletar tanto conhecimento quanto possível, estou à vontade sendo apenas alguém que é intelectualmente curioso. Ser "intelectualmente curioso" significa aceitar que há coisas que não sei, e tolerar sentimentos de insaciabilidade, inadequação e incompetência. Minuchin ajudou-me a me sentir à vontade vivendo esses momentos – aceitar quando não estou bem seguro de mim. No processo, desenvolvi uma maior compaixão e empatia por meus pacientes e a habilidade de aprender com eles. Raymond, por exemplo, ensinou-me muito – a não ter medo, não apenas dele, mas também de mim mesmo.

Àquela época, não avaliei com precisão o quanto a experiência de supervisão tem a ver com o terapeuta. Eu acho que ela tinha a ver com o paciente e com técnica de domínio. E sabia, por minha própria experiência, que apresentar uma sessão em videoteipe para supervisão tinha um efeito desestabilizador sobre o terapeuta. Porém, somente depois que li seus comentários sobre meu capítulo original que me dei conta de que Sal usava as sessões de supervisão para mudar o terapeuta e torná-los (ele ou ela) mais eficientes.

À medida que leio meu capítulo antes de escrever esse pós-escrito, fico impressionado com como o processo de supervisão de Minuchin permanece relevante para mim hoje. Ele continua importante para eu desafiar a importância da narrativa e da história pessoal em favor de uma consciência do que está acontecendo em minha frente. Luto para ter a coragem de deixar a fortaleza confortável de minha própria racionalidade e de ir a lugares que me assustam, assim como encorajo meus pacientes a fazê-lo. Para mim, essa abertura é um aspecto vital de qualquer encontro terapêutico, tanto no tratamento familiar quanto individual. Sal escreveu aquilo a fim de ajudar Raymond e Cassandra; eu tive que desistir de meu "controle rígido e lógico", aceitar meu "medo e ignorância e transpor o encontro sem *script*." Certamente entendo a relevância desses dez anos depois e luto para torná-los uma parte de minha prática diária como terapeuta e como ser humano.

Então, o que aconteceu com meu trabalho como terapeuta familiar? A partir de *Family Studies,* continuei tentando reformar o mundo. Assumi a tarefa de me tornar um terapeuta familiar com uma paixão imperturbável, tentando converter os terapeutas individuais confiantes com quem eu devia trabalhar e, mais tarde, que deveria supervisionar. Como clínico em um hospital urbano, tornei-me conhecido como o "terapeuta familiar" da clínica. Eu apaixonadamente acreditava (e ainda acredito) que, ao trabalhar com qualquer paciente, devemos levar em conta os sistemas mais amplos da família, da escola e da própria sociedade.

No início, eu aceitava casos considerados pela equipe como "casos familiares". Então me dei conta de que, se eu era verdadeiramente um terapeuta familiar, deveria tratar a família de qualquer caso encaminhado. Nós organizamos um seminário sobre terapia familiar e até mesmo encenamos um "coro grego", da maneira de Peggy Papp. (Parte da diversão foi improvisar a tecnologia; como nos faltava um sistema de comunicação interna e um espelho de um lado só, um cabo de vídeo comprido e uma extensão de telefone funcionaram bem.)

À medida que me tornei mais experiente, assumi o seminário sobre terapia familiar, convidando minha equipe a trazer casos e videoteipes. Encorajei, animei e estimulei e, apesar de haver um movimento, geralmente não era bem-sucedido em transformar o pessoal. A terapia individual parece mais confortável para muitos terapeutas. No tratamento individual, os terapeutas podem ter um enfoque passivo e observador, deixando o paciente dirigir o processo. Porém, é muito mais difícil ser um participante ativo e um agente de mudanças. A terapia familiar estrutural é teatro, e nem todos são atraídos para esse tipo de trabalho. Um terapeuta familiar precisa estar à vontade para correr riscos de tal maneira que os terapeutas individuais não precisam. Assim, acredito que seja mais fácil falhar como terapeuta familiar. Não há subterfúgios no trabalho com famílias. Tenho certeza de que eu estava ciente dessas distinções quando me interessei por transformar a maioria.

Finalmente, deixei a saúde mental pública e as famílias como Raymond e Cassandra e ingressei na prática privada. Não tem sido razoável para mim atender famílias apenas em prática privada. A maioria do trabalho teria que acontecer durante a noite. Os pais nas famílias de classes média e alta trabalham até tarde, apresentando um grande obstáculo para engajar tais famílias no tratamento. Outro obstáculo é convencer os pacientes que solicitam terapia individual de que o problema apresentado por eles é realmente uma questão familiar. Esse é um dos aspectos mais difíceis da terapia familiar. Além disso, posso ter sucumbido à "zona de conforto" do trabalho individual que costumava me frustrar.

Talvez seja menos importante para mim *ser* um terapeuta familiar. Eu realmente sei que o trabalho que faço com indivíduos é grandemente influenciado por meu treinamento em terapia familiar. Eu não poderia tratar uma criança sem engajar os pais e a família ativamente. Fico intrigado quando o histórico e as experiências dos pais restringem a liberdade de eles conhecerem e verem seus filhos. Às vezes, convido os pais a se engajarem em uma terapia "segmental" em que eles explorem um aspecto de sua psicologia que afeta o relacionamento com seu filho. Enquanto essa é uma intervenção indubitavelmente de uma pessoa, é uma conseqüência fascinante de meu treinamento em terapia familiar e é muito efetiva tanto para os filhos quanto para os pais.

Esse processo de refletir sobre os últimos dez anos teve o efeito surpreendentemente afortunado de estender o processo de supervisão. Sem dúvida, o tempo passado em Family Studies ajudou-me a ser um terapeuta melhor. Ele ajudou-me ser mais livre e a ver mais claramente quem sou, o que eu sinto e como aceitar as coisas boas, as coisas ruins e as coisas feias. Ao fazer isso, tornei-me mais aberto para ajudar os pacientes a fazer o mesmo. A terapia familiar é um enfoque muito efetivo e pode ser divertida, mas estou menos interessado em *ser* um terapeuta familiar do que em *ser* eu mesmo e em ajudar os indivíduos e as famílias a aceitar quem eles são, a viver uns com os outros e a viver consigo mesmos.

— 11 —
"O filho edipiano" revisitado

Gil Tunnell*

> *A verdade é que não me lembro claramente dos dois primeiros anos de supervisão de Gil. Logo no início, identifiquei seu estilo de aprendizagem como um estilo que mantinha distância e que assimilava conhecimento sem risco de envolvimento pessoal. Aceitei esse estilo, mas ele me cooptou. Dei um feedback que foi quase que exclusivamente teórico e didático.*
>
> *Então Gil começou a trabalhar com a família Hurwitz. Eles eram judeus, agradáveis, de classe média que genuinamente se importavam com seus filhos. David, o mais jovem, tinha sido hospitalizado na ala psiquiátrica porque empurrava seu dedo para dentro do olho com tanta força que isso ameaçava cegá-lo.*
>
> *David ficava assintomático no hospital. Seu sintoma reaparecia sempre que ia para casa. Desnecessário dizer que todos se davam conta de que seus sintomas deveriam estar relacionados à sua família. Mas o pessoal da psiquiatria é cego (sem querer fazer trocadilho) por concentrar sua atenção ideológica no mundo interno do paciente individual.*
>
> *Gil trabalhava nesse mundo também. Ele atendia David como um paciente individual quando iniciou a terapia familiar. Gil tinha trazido de sua própria família uma capacidade de distanciamento que o salvou*

---

* GIL TUNNEL, Ph.D., é co-autor com David Greenan de *Couple therapy with gay men* (Guilford, 2003). Leciona terapia familiar no Teachers College, na Universidade de Columbia, e é o antigo diretor do programa de treinamento em terapia familiar do Beth Israel Medical Center, em Nova York. Atende em consultório particular em tempo integral em Nova York.

da família Hurwitz. Ele criou uma terapia em jornadas paralelas. A família e o terapeuta moviam-se sem se tocar.

Mas para modificar famílias psicóticas é necessário uma terapia de paixão. Gil poderia ter aprendido muito com Carl Whitaker, que apreciava os emaranhados absurdos da irracionalidade e passava aos seus alunos a criatividade desde suas fontes. Meu estilo de irracionalidade é diferente. Eu luto contra moinhos de vento. Mas Gil não poderia me seguir no desafio direto.

Não obstante, existem muitas maneiras de se desafiar, e muitas delas são polidas. Existe uma diferença entre desafio e confrontação. Meu estilo é, freqüentemente, o de confrontação – na verdade, essa é minha marca registrada. Mas os terapeutas também precisam saber como intervir em uma família em diferentes níveis de intensidade. Eles precisam ter todo um repertório de maneiras de desafiar os padrões familiares.

Em uma família violenta, a cortesia pode ser um desafio. O apoio, as emoções abertas e o tratamento podem trazer hesitação e desconforto. "Pensamentos malucos" ao modo de Whitaker podem introduzir uma descontinuidade a uma família correta e lógica. Quanto à intensidade, eu me lembro de uma sessão na qual Charles Fishman perguntou a um paciente: "Por que você não sai da casa de seus pais hoje?". Sua voz era gentil e suave, mas ele repetiu a pergunta vinte vezes durante a sessão. Um terapeuta muito gentil pode ser um desafiador extremamente efetivo sem nunca levantar a voz.

Mas a família Hurwitz precisava de mais. Gil vinha de uma família muito cortês, isso estava em seus genes. Mas com essa família ele teria que passar por cima dos esquemas interessantes de seu estilo imparcial e intelectual. Ele teria que criar uma intensidade que não seria sempre tão polida.

A supervisão do caso de tratamento descrito aqui começou durante meu terceiro ano de treinamento com Salvador Minuchin, após vários anos de treinamento em terapia familiar. Antes desse caso, o pensamento por sistemas foi primariamente um exercício cognitivo para mim. Eu apreciava ensinar comparações das várias escolas sobre terapia familiar e desenvolver intervenções interessantes em meu trabalho clínico, mas vejo em retrospectiva que não estava engajado emocionalmente em meu trabalho com as famílias. Raramente sentia sua dor e não participava ativamente de suas lutas. Meu estilo terapêutico distante "não se envolva demais" foi uma conseqüência de vários fatores. Sou um *WASP* sulista, cuidadoso quanto a me aproximar demais das pessoas na vida real ou na terapia. Meu treinamento inicial como psicólogo pesquisador tinha me ensinado o ceticismo sobre a possibilidade de mudança pela psicoterapia. E meu primeiro treinamento em terapia familiar foi a partir de um modelo estratégico (Haley/Erickson).

Quando saí do sul e fiquei exposto a outras formas de ser, comecei a perceber quão dominante um aspecto de minha personalidade estava sendo criado devido ao *WASP* sulista em que havia me tornado. Mas já estava em treinamento há muitos anos quando percebi a extensão em que meu histórico havia influenciado meu estilo terapêutico também. Em minha família, os sentimentos eram um anátema. Eles obscureciam a mente e impediam a objetividade. Pode-se ter sentimentos às vezes, é claro, mas devemos, de certa forma, nos livrarmos deles e geralmente mantê-los para nós mesmos. As emoções, com muita certeza, não servem para conectar as pessoas umas às outras. Mesmo quando estava claro que um membro da família estava aborrecido ou com problemas, eu aprendi, como um jovem que seguia o código *WASP*, que era indelicado mencioná-lo. Os membros da família preocupavam-se uns com os outros, mas limites individuais tinham maior relevância do que conexões emocionais.

Apesar de grande importância ser colocada na vida familiar em minha pequena comunidade rural, muito mais importância era dada a aparecer como uma unidade familiar para a comunidade do que a sentir-se conectado com nossos parentes. A família grande pelo lado de meu pai quase nunca perdia uma visita semanal aos domingos a meus avós. Parte disso era como um tribunal familiar, onde os membros mais jovens da família eram chamados para acertar contas e os mais velhos despendiam conselhos. A ênfase, parecia-me quando criança, era em acumular realizações das quais a família pudesse ter orgulho. Qualquer coisa mais complexa emocionalmente era minimizada. Boas notas na escola eram elogiadas, mas o hábito de beber de um parente era apenas sussurrado. Na visão de minha família, as pessoas poderiam ser bastante confusas, e nós deveríamos tentar, tanto quanto possível, evitar a confusão. Meu álbum de fotos familiares contém muitas fotografias de mesas em festas elegantemente postas com comida sulista preparada de forma maravilhosa. Mas não há pessoas nessas fotos. Elas foram tiradas antes de a família sentar-se. Das crianças, que eram consideradas como "pequenos adultos", esperava-se que fossem vistas, mas não ouvidas. O acalento físico quase nunca ocorria depois de uma tenra idade, principalmente para os meninos.

A parte positiva de ser criado dessa maneira era que se ensinavam as crianças a ser autônomas e independentes, a assumir responsabilidade por si mesmas e a resolver seus próprios problemas sem incomodar os outros. Mas oferecer apoio a membros da família no nível emocional era desencorajado e raramente gratificante. Quando alguém tinha a chance de confiar em alguém, o *feedback* era geralmente do tipo "reconheça seus erros, chegue a um acordo". A mensagem essencial era que a vida é primeiramente aceitar a responsabilidade por si mesmo. Envolvimento demasiado com os outros o desviaria.

Tanto quanto me lembro, eu era curioso sobre o comportamento humano, apesar de ser rotineiramente criticado por minha família por fazer perguntas demais sobre esse assunto. Apenas minha avó paterna e uma tia me faziam as vontades. Quando chegou o momento de escolher uma profissão, não escolhi a psicologia clínica. Obtive um doutoramento em pesquisa em psicologia social e da personalidade, uma escolha que novamente reflete uma atitude de manter-se distante e ser objetivo, passando por grandes dificuldades para não se envolver. Fazia pesquisa e estava feliz lecionando matérias de psicologia e estatística para graduandos até que, em um verão, comecei a supervisionar teses de mestrado de alunos de serviço social. Encontrei-me menos interessado em seus projetos de pesquisa do que nas questões clínicas sobre as quais estavam escrevendo.

Muitos anos depois, retornei à pós-graduação para uma nova especialização em psicologia clínica. Porém, não busquei o interesse tradicional do psicólogo em psicodinâmica individual, mas optei por um treinamento em terapia familiar. O pensamento por sistemas parecia muito mais objetivo e menos misterioso do que o inconsciente. Apesar de ser um psicólogo por inclinação, eu achava que os fenômenos de interesse – as famílias – poderiam ser mais prontamente observados (especialmente por trás de um espelho unidirecional), e que, portanto, potencialmente, intervenções mais "objetivas" poderiam ser formuladas.

Em meus seminários sobre terapia familiar, li textos clássicos de Minuchin sobre terapia familiar estrutural, mas meus primeiros trabalhos clínicos seguiam um modelo estratégico. De supervisores estratégicos, aprendi a dar montes de tarefas para casa e a contar histórias metafóricas usando as sessões para semear idéias e esperando que mudanças ocorressem entre as sessões. Esse modelo permitiu-me manter uma atitude científica apropriada. Se a família mudasse entre as sessões, isso demonstrava que a intervenção foi efetiva.

No modelo estratégico, o terapeuta é visto como o perito que conhece a solução para o problema da família. O terapeuta apenas tem que ser inteligente o bastante para projetar uma intervenção que mudará a família antes que eles retornem para a próxima sessão. (Esse modelo parece agora vagamente reminiscente do tribunal de domingo à tarde da minha família, com meu avô dando seus conselhos semanais para cada um de nós, mas geralmente não se envolvendo demais.)

Para mim, o trabalho estratégico era muito empolgante, mas, essencialmente, era um esforço intelectual. De certa forma, "eu" estava ficando mais envolvido com as pessoas, mas meu trabalho clínico era decididamente conduzido a certa distância.

Durante meus primeiros dois anos de treinamento com Sal Minuchin, rapidamente aprendi que a terapia familiar estrutural tentava criar uma mudança dentro da sessão – e que essas sessões freqüentemente eram intensas. Eu vi Sal criar mudanças em muitas famílias, e a terapia estratégica começou a parecer desinteressante por comparação, mas não conseguia me ver agindo tão vigorosamente. Isso demandava envolvimento pessoal demais no processo clínico. Então continuei trabalhando à certa distância e conseguia não apresentar meus casos familiares com muita freqüência. Sal deve ter sentido minha relutância em mostrar meu trabalho, mas ele não abordou o assunto. Eu aprendi passivamente, observando o trabalho de Sal com os outros alunos.

Sentia-me aliviado por ele não me desafiar, apesar de saber que eu estava me omitindo. Sal trabalha com alunos desafiando seu estilo terapêutico, de forma semelhante a como ele trabalha com as famílias ao desafiar seu processo familiar. Assim como ele escolhe qual membro da família a ser desafiado e não trabalha com todos com igual intensidade, Sal não trabalha com cada aluno com igual intensidade. Eu ficava pensando comigo mesmo se ele me via como não sendo forte o suficiente para aceitar seu estilo intenso de treinamento ou se ele acreditava que minhas habilidades clínicas eram tão subdesenvolvidas que eu realmente não tinha um "estilo". Por qualquer que seja a razão, não aconteceram muitas mudanças para mim naqueles dois primeiros anos. Agora acho que a razão mais fundamental para que nada de especial acontecesse foi que eu era tão contido como pessoa e com meu trabalho clínico que não dei a Sal muito com o que trabalhar. Eu não estava pronto.

> *Acho que, no começo, tanto Gil como eu estávamos satisfeitos com nosso arranjo tácito. Mas comecei a me adaptar demais à sua evitação. Não acho que ele tenha aprendido muito durante o segundo ano, pelo menos comigo. Talvez eu tenha sentido que ele não conseguia ou não*

iria mudar, então meu interesse em seu desenvolvimento como clínico diminuiu. Não sei por que ele se matriculou para o terceiro ano, ou por que o aceitei, mas estou satisfeito que o tenhamos feito.

Pronto ou não, a situação mudou dramaticamente no terceiro ano de treinamento. Minuchin começou a desafiar-me na primeira supervisão do ano. Eu realmente tinha um estilo terapêutico, mas este era muito leniente. Já sabia que o ano seria diferente, talvez por causa da natureza do caso sob supervisão, talvez porque Sal estivesse finalmente farto da minha reticência, talvez porque eu estivesse mais pronto.

Agora, anos depois, posso pôr essa experiência sob certa perspectiva. Foi um ano de transformação para mim – de perturbação pessoal, mas também de crescimento pessoal – e isso teve efeitos duradouros em mim. Pela primeira vez como terapeuta familiar, e provavelmente em minha vida, experimentei ser confrontador, ser descontínuo e também ser mais autêntico. Em nenhum momento naquele ano confrontei minha família-paciente muito efetivamente, mas a semente criou raízes e agora consigo confrontar outras famílias com eficiência. A confrontação ainda não é meu estilo preferido, mas tenho menos medo dela e encontrei maneiras de fazê-la que combinam com minha personalidade básica. Enquanto minha voz permanece leniente, algo em que suponho que esteja estagnado, leniente não é mais a primeira palavra que os observadores usam para descrever meu estilo. Porém, mais fundamental do que qualquer mudança na voz ou no estilo é a mudança na maneira como penso. O que quer que eu faça ou diga a uma família, estou sempre pensando estruturalmente sobre a família e sobre que intervenções podem ter uma chance de ajudá-la a mudar sua estrutura. Além de tudo o mais, Sal ensinou-me a pensar.

> *Acho importante repetir aqui que existem diferentes maneiras de se criar uma mudança. A confrontação é uma delas. Mas o desafio e a confrontação são coisas diferentes. Você pode desafiar um padrão sendo leniente e apoiador. Em uma família violenta, ser leniente e cortês é um desafio. Da mesma forma é ser concreto em uma família que aprecia abstrações intelectuais, ou ser cortês com uma família rude. Minha habilidade particular de ampliar as diferenças e encorajar conflitos foi chamada de confrontação. Eu acho que é mais complexo do que isso.*

Acredito que Sal pense que a principal coisa que me ensinou é ser mais confrontador e desafiador. Ele certamente fez isso. Mas também me ensinou como unir-me emocionalmente a uma família. Acho que ele não pensa sobre seu próprio estilo dessa maneira. Em seu treinamento, ele enfatiza o desequilíbrio e a confrontação, não a importância da união e da conexão. Mas em seu trabalho ele é tão habilidoso nas últimas coisas quanto nas primeiras. Sal ensinou-me como recuar e avançar, às vezes trabalhando de perto e às vezes sendo distante. Ele chamaria isso de "aproximando o *zoom* e afastando". Eu consigo usar essa técnica agora. Consigo também ser tanto empático quanto sensível com uma família e ser provocativo. Mais importante ainda, quando surge afeto em uma sessão, eu não tenho medo disso. Às vezes, encontro-me chorando junto com eles, e isso não está errado.

> *Um terapeuta precisa conhecer uma família de forma experiencial. Ele tem que ser estimulado pelas necessidades dos membros da família. Se o terapeuta sempre vai até o meio do caminho, ele perderá essa experiência. Então, a tarefa do supervisor é ensinar o supervisionado sobre como os membros da família pressionam e forçam uns aos outros pelas próprias respostas do terapeuta a eles. Eu tive que encontrar a maneira de dar um empurrão em Gil para ele ter essa experiência.*

A família Hurwitz

David Hurwitz, de 22 anos, foi hospitalizado por infligir ferimentos em seu olho direito. Ele golpeava o olho com o dedo, parando apenas quando alguém da família descobria o que ele estava fazendo ou o olho começasse a sangrar. Hospitalizado, ele foi tratado com uma combinação de medicação para ansiedade e terapia comportamental. O ato de arrancar o olho parou bem rapidamente, mas o pessoal observou que sempre que David ia para casa nos fins de semana, ou sua família o visitava no hospital, o sintoma reaparecia.

> *É surpreendente que, durante uma hospitalização de 18 meses devido a um sintoma que reaparecia sempre que ele se encontrava com sua família, David permanecia o paciente identificado oficial.*

David era o filho mais novo de uma família de cinco filhos adultos que ainda moravam com os pais. David e o filho mais velho, Herb, de 35 anos, trabalhavam na empresa dos pais. Mary, de 32 anos, estava empregada e morava em um pequeno apartamento que tinha remodelado para si mesma no porão. As filhas mais jovens, Shelly, de 28 anos, e Rebecca, de 24 anos, trabalhavam meio período e freqüentavam a faculdade. Mary, Rebecca e Shelly, que não tinham cargos na empresa familiar e que atualmente tinham namorados, eram menos centrais à coalizão próxima de David, Herb e seus pais.

Parecia ser um casamento tradicional, Herbert trabalhava na empresa da família e Stella cuidava da casa. Stella havia sido despedida de vários empregos por causa de conflitos interpessoais. Ela queria trabalhar, mas Herbert dizia que ela tinha causado muitos problemas e que preferia que ela ficasse, cuidasse da casa e fizesse a contabilidade da empresa. O sonho que tinham para a família era que todos os filhos no final trabalhassem em sua empresa. Stella disse que os filhos iriam, é claro, se casar, mas esperava que eles nunca viessem a morar a mais de uma quadra de casa. Ela disse que ficava muito ansiosa quando qualquer um dos filhos estava longe dela, principalmente David, que tinha sido doente quando criança. Herbert também ficava ansioso. Ele era um jogador fazendo uma tentativa de parar com o jogo e agora regularmente participava do grupo de Jogadores Anônimos. Essa era sua principal atividade social.

A primeira sessão ocorreu no hospital com a família inteira presente. Eu assisti Stella abraçando David. Ele estava usando uma roupa de hospital. Stella correu até ele, pôs seus braços ao seu redor e ficou abraçando-o, brincando com os pêlos em seu peito. Espantado com isso, eu pedi a eles para sentarem-se e tentarem se concentrar em contar a história da família. Hoje, enquanto escrevo sobre essa cena, não consigo me imaginar não sendo mais ativo naquele momento.

Cada membro da família se concentrou em David. Eles disseram que ele era o único problema da família e reclamaram que seu comportamento estava perturbando suas vidas. Tentando obter um cenário mais completo da família que não estivesse centrado em David, pedi a eles para me falarem sobre sua família antes de David adoecer. Eles me contaram sobre sua rotina usual após o jantar: o pai ia para a reunião dos Jogadores Anônimos ou ficava na parte de baixo da casa, enquanto a mãe e os filhos assistiam à melhor TV da casa – no quarto dos pais. David freqüentemente sentava-se ao lado da mãe na cama e com freqüência permanecia lá depois que os outros filhos iam dormir.

Ainda conseguindo ignorar o óbvio, tentei fazer a família pensar mais sobre quem eles eram. Perguntei a eles que temas um produtor de televisão escolheria para fazer um filme para TV sobre eles. Ele eram, aparentemente, uma família "junta", uma família que era "todos por um e um por todos". Terminei a consulta formulando um contrato de tratamento que tentava reestruturar seu emaranhado. Disse a eles que pareciam um conjunto de luzes na árvore de Natal ligadas em série. Se um bulbo apagasse, eles todos faziam a mesma coisa. Se quisessem trabalhar comigo, minha tarefa seria ligá-los em paralelo, de modo que cada bulbo, ainda conectado a todos os outros, poderia ser independente. A resposta da família foi indulgente. "Essa é uma bela maneira de se olhar para a situação, Dr. Tunnel, e nós trabalharemos com você. Lembre-se apenas de que somos judeus."

INICIANDO A SUPERVISÃO

Naquela época, Minuchin supervisionava fazendo com que cada aluno selecionasse três membros do grupo para servirem como uma equipe de supervisores de seus colegas. O papel dele era supervisionar as equipes.

> *Eu gosto de estar no centro e de me envolver em transações diádicas com meus supervisionados. Mas, às vezes, sinto que isso interfere na participação e na aprendizagem de todos os alunos, ou eu me sinto esgotado. Então posso pedir aos alunos que trabalhem em grupos de supervisão e posso ficar em posição mais distanciada de ensino do processo de supervisão. Acho que alternar entre as duas organizações durante o ano traz empolgação e novas dimensões de aprendizagem a grupos avançados de alunos.*

Sal não poderia ficar de fora das tentativas de minha equipe de supervisionar o caso Hurwitz. Todos ficaram tão interessados quanto eu estava pelo elemento edípico individual fascinante. Sal era crítico e direto, mas não rude. Ele disse que minha tentativa de reestruturar a metáfora das luzes de Natal era inadequada. Disse que isso refletia minha equanimidade de um *WASP*. Esse comentário levantou o tema judeu/protestante que tinha começado na terapia sob supervisão. Sal também era cético quanto a qualquer tentativa de usar histórias. O enfoque narrativo estava apenas começando a se tornar popular na área da família, e muitos de nós estávamos fazendo experiências com ele. Mas ele achava que isso falharia nesse caso. Com a família Hurwitz, eu teria que fazer mais para criar uma crise que provocasse mudanças.

> Eu estava muito preocupado com a evidente falta de afinidade entre as necessidades dessa família e o estilo de Gil. Ali estava uma família com demandas intensas por proximidade e lealdade. Extremamente emotiva, não-autoconsciente, indiferenciada na sua estrutura interna, mas fortemente em posição de defesa contra o exterior, eles seriam capazes de se adaptar a quase qualquer coisa para permanecerem juntos. Contra esse grupo judeu unido, Gil estava tentando apresentar comentários inteligentes. Seus pronunciamentos não tinham uma súplica para serem efetivos. Os familiares estavam se comportando como bons pacientes, requisitando aconselhamento. Mas eu havia trabalhado com esse tipo de família e sabia que tais famílias simplesmente absorvem a razão, às vezes refletindo-a, mas nunca permitindo que ela afete sua experiência.
>
> Eu estava satisfeito que Gil tinha que trabalhar com a família Hurwitz. Eles seriam bons para ele. Mas, como eu poderia ajudar Gil a ser bom para eles?
>
> Tentei primeiramente fazer Gil experienciar a família como um adversário. Era culpa dele parecer incompetente. Eles estavam criando a situação que estava mostrando sua inépcia para mim e para a turma toda. Eu esperava muito que Gil desenvolvesse uma raiva autodefensiva e que a levasse com ele para a próxima sessão. Comigo e com a turma toda em primeiro plano, ele não usaria suas respostas lógicas tão automaticamente, mas deixaria sua incerteza conduzi-lo a uma busca mais ativa por algo novo.

Sal disse que essa família estava me esmagando. Ele exigiu que eu fizesse algo para induzir uma mudança estrutural, pois esse era um sintoma muito sério de um caso sério. Determinado a criar intensidade, decidi usar o tema edipiano. Na sessão seguinte, disse à família que David estava "inconscientemente" curioso quanto ao relacionamento sexual de seus pais. Eu liguei sua curiosidade ao fato de ele querer arrancar o olho: David estava colocando coisas onde elas não deveriam estar.

Eu não penso de forma psicanalítica e não acreditava nessa hipótese. Usei-a para me arriscar e provocar uma reação na família. A resposta deles foi perguntar a David se isso era verdade. Para minha surpresa, ele disse: "Bem, sim". Ele tinha estado curioso e começou a fazer-lhes perguntas detalhadas sobre seu relacionamento sexual. Eu fiquei ainda mais surpreso quando Herbert começou a responder às perguntas de seu filho em detalhes, até que Stella finalmente perguntou: "David, o que isso tudo tem a ver com você?"

Assistindo à sessão em videoteipe, Sal ficou menos espantado com a conversa da família do que com minha falta de ação. Eu havia permitido, senão encorajado, uma conversa inadequada entre os pais e seu filho adulto sobre seu relacionamento sexual. Ele atacou minha exploração do tema edipiano como excessivamente racional e disse que meu estilo de conversar com a família era totalmente polido e paciente demais. Eu tinha perdido o controle da sessão. Sal ficou visivelmente zangado. Ele levantou-se e fingiu derramar café sobre minha cabeça, envergonhando-me perante os outros alunos.

Eu fiquei abalado. Não havia feito o que ele me disse para fazer? Eu tinha intensificado a terapia. Tinha levantado tópicos que eram tabu durante a sessão. Um *WASP* característico tinha pedido a uma família para discutir sexo. O que Sal esperava de mim?

> *Eu queria que esse pensador lógico experienciasse uma gramática joyciana, mais parecida com a da família. A "novidade" de Gil tinha sido na direção de mais da mesma coisa. Ele tinha mantido David como o paciente identificado, aumentado a curiosidade dos pais sobre a maneira de pensar e de ser de David e, ao explorá-lo, aumentou a proximidade da família. Todo o tempo ele tinha permanecido como o terapeuta curioso, mas imparcial.*
>
> *Eu fiquei frustrado. Virar minha xícara de café vazia sobre sua cabeça foi uma importunação simulada, mas eu estava ficando realmente zangado com Gil. Eu tinha passado dois anos tentando ensiná-lo. Ele era brilhante e competente. Então por que era tão paralisado? Parte de mim estava trabalhando estrategicamente, criando intensidade e hierarquia entre nós. Mas eu também estava consciente de que havia realmente perdido minha compostura.*

Eu sei de primeira mão agora como uma família deve se sentir quando sua estrutura é desafiada. O seu senso de organização é totalmente perturbado. Reagrupar-se na antiga estrutura é impossível, mas ainda não há nada para substituí-la. Em vez disso, existe uma ansiedade intensa.

As horas após aquela supervisão foram uma agonia para mim. Os outros alunos me pressionaram para almoçar com eles e conversar sobre isso. Agradeci e recusei o convite. Eu deveria voltar ao hospital. Em vez disso, caminhei pelas ruas perto do escritório de Sal sentindo-me pasmo, ansioso, confuso e impotente. Esse caso tinha feito com que me sentisse impotente desde o início, mas o que senti naquela tarde foi muito mais extremado. Sal tinha finalmente sido bem-sucedido em me atingir. Mas o que eu iria fazer agora?

Naquela época, eu não conseguia perceber o paralelo entre o que Sal tinha feito comigo e o que eu tinha que fazer com a família. Eu somente sabia que tinha que fazer alguma coisa que não fosse delicada. Mas e se eu fizesse uma confusão disso e David piorasse? E se ele realmente se cegasse?

Não sei como aconteceu, mas minha aflição – e minha ansiedade de que David pudesse se cegar – tornou-se o novo foco da terapia. Na sessão seguinte, fiz algumas intervenções estruturais muito simples. Fiz os pais sentarem-se no sofá e David sentar-se em sua própria cadeira. Sempre que os pais falavam com David, ou quando eles interferiam em uma conversa com David, eu fazia com que parassem. Encorajei os pais a falarem e fiz com que David parasse de interromper. Tudo isso é uma técnica de terapia familiar estrutural um tanto básica. Mas eu nunca havia sido tão ativo em uma sessão.

Sal disse que essas técnicas estruturais não seriam suficientes para prover seja um alívio sintomático rápido ou uma mudança estrutural duradoura. Mas ele realmente reconheceu que essa foi uma mudança importante para mim. Ele manteve seu papel crítico usual, instigando-me a ser menos delicado e mais ativo, mas reconheceu a mudança. Foi interessante ele notar que essa mudança de estilo estava, na verdade, enraizada em quem eu sou como *WASP*, sempre consciente dos limites e da distância adequada. Talvez minha herança pudesse ser utilizada como um recurso, em vez de ser vista como um déficit. Aqui novamente esse era o tipo de terapia dele. Sal encontrou um pequeno passo na dança disfuncional de uma família que poderia ser usado como base para um futuro progresso. Agora ele havia encontrado um recurso dentro de mim que poderia ser utilizado efetivamente com essa família.

O videoteipe da supervisão mostra que Sal estava sentado mais próximo de mim. Ele estava mais amigável, particularmente quando assistiu a meus novos artifícios em relação à família. Ele continuou a me criticar, mas também deu muito apoio. Esse senso de apoio permitiria que eu corresse riscos maiores em me tornar um adversário da família.

> *Gil estava mudando. Não era apenas o fato de ele estar trabalhando com a definição de limite estrutural. Ele estava ousando correr*

riscos. Suas interpretações eram mais do que intelectuais. Sua postura corporal demonstrava participação. Ele se movia para a frente quando direcionava ou interrompia um membro da família.

Eu estava feliz porque ele estava sentindo claramente minha amizade. Eu tinha ficado preocupado com minhas reações na sessão de supervisão anterior, então fiquei contente por ele sentir-se à vontade comigo.

A CONSULTA DE MINUCHIN COM A FAMÍLIA

Comecei a tentar mudar o rótulo de paciente identificado de David para Stella. Desenvolvi o tema de que a mãe estava deprimida e solitária porque o pai a negligenciava e esse era o motivo pelo qual ela se voltou para seu filho David. Mas faltava vigor a essas idéias. E eu nunca disse diretamente aos pais que seu comportamento, se não fosse acompanhado, terminaria por cegar seu filho. Sal fez exatamente isso em uma consulta muito intensa. Na verdade, em meus quatro anos observando-o trabalhar, eu nunca havia visto Sal desafiar uma família com tamanha intensidade.

No início da sessão, Sal denominou a tentativa de David de arrancar os olhos de um *show* particular, feito em benefício de seus pais. Seu comportamento estava ligado a eles e não a alguma coisa dentro dele. "Eu sou judeu", disse Sal, "e entendo dessas coisas. David é um bom filho, sacrificando-se por sua mãe. Essa é uma tragédia grega com atores judeus".

Essas eram meramente idéias, mas Sal começou a desequilibrar a estrutura de poder ao ignorar deliberadamente a intrusiva Stella. Quando ela insistia em falar, ele a interrompia. Quando ela perguntou se o comportamento compulsivo de David poderia ser ocasionado por ele comer doses massivas de carboidratos, Sal disse que isso era uma loucura. David não estava louco. A família é que estava. Ele saiu da sala nesse ponto.

Os pais começaram a brigar. Herbert chamou Stella de mulher burra com quem ninguém queria lidar. David permaneceu quieto, mas inclinando-se para a frente, acompanhando a briga de seus pais. Sal retornou e rapidamente pontuou o que todos tinham testemunhado há pouco: uma esposa emocionalmente humilhada, negligenciada pelo marido, buscando consolo em um filho que tinha que se cegar para permanecer leal a ela. Nesse momento, a compreensão do sintoma de David tornou-se totalmente sistêmica. Ao cegar a si mesmo, ele daria a sua mãe um novo papel na vida, um papel que a livraria das mãos de seu pai. Stella estaria sempre lá para ajudar David enquanto incapacitado. No ato final impressionante, Sal disse que não havia saída. David iria cegar-se como um sacrifício a seus pais, e Stella se tornaria a mãe que enxergava com o olho de David. Era isso. E então ele saiu.

Na prestação de contas na supervisão após essa consulta, discuti sobre minha satisfação de finalmente chegar à verdadeira explicação sistêmica para o sintoma de David. Tudo fazia sentido para mim agora. Fiel à forma, Sal não fez uso de uma maneira coerente. Ele disse que não se importava se a idéia estava correta ou não. O que importava era se as idéias eram suficientemente novas para sacudir a estrutura familiar. A terapia é um processo imaginativo que faz as famílias pensarem e se comportarem de um modo diferente. Se algo é verdadeiro ou não, nós nunca conseguiremos saber. Eu me senti desconfortável novamente. Ao mesmo tempo, isso me libertou para encontrar novas maneiras de desafiar a família.

> Na consulta, experienciei as dificuldades que sempre tenho ao lidar com famílias altamente complicadas. Elas são cooperativas, pedem instruções e parecem querer seguir orientações das quais, na verdade, querem se desviar completamente. Eu tinha que causar com minhas intervenções um impacto tanto na família quanto no terapeuta.
>
> Gil estava mudando. Mas ele ainda acreditava no poder das palavras. Como o Deus todo-poderoso, se ele falasse a palavra, haveria luz.
>
> Uma consulta é um formato ideal para alta intensidade emocional. Um consultor pode ser como um motorista que bate e foge. Ele pode criar um forte impacto sem a necessidade de se unir e confortar. Então eu perguntei a David por que ele estava no hospital. Ele disse que estava melhorando. Eu disse que ele estava errado. Eles trataram-no como se ele fosse louco, mas era sua família que estava louca. Stella o defendeu recontando seus sintomas bizarros. Eu disse que ele a estava protegendo. Quando Herbert atacou Stella, eu disse que ele era cruel ao forçá-la a procurar a proteção de David. Cada elemento foi interpretado como impelir ou deter algum membro da família. Nada era desconectado, nada era autônomo. A "verdade" daquela interpretação é irrelevante. O que importa é que, em uma sessão carregada de emoção, tudo parecia fazer sentido. No final da consulta, tudo estava ligado ao fato de David tentar arrancar o prórpio olho. Como em todas as tragédias, tudo levava à inevitável queda autodestrutiva. David iria se cegar por causa de sua família. Gil foi capaz de usar essa previsão como uma ferramenta para a individuação da família.

Nas sessões seguintes, repeti a profecia várias vezes. De forma triste, mas inexorável, disse à família que David, no final, se tornaria cego por causa de Stella. Não havia saída.

Procurando distrair-me de seu triste destino e rejeitar a estrutura interativa do sintoma de David, os pais foram contrários ao fato de seu drama ser menos trágico do que os problemas de outras famílias com filhos disfuncionais. Eu sacudi minha cabeça por causa disso. Sua tragédia era muito maior, porque o filho deles estava propositadamente incapacitando-se por sua mãe. Eu fui educado e silencioso. Mas os pais ficaram muito constrangidos.

Quando se aproximava o feriado de Natal, os pais compraram para mim uma bonita carteira de couro. Eu pensei que isso poderia ser um suborno para me afastar. Então agradeci a eles e a devolvi. Mas disse que, se ao final do meu trabalho com eles, David tivesse conseguido não se cegar, eu aceitaria o presente.

Minha equipe de treinamento ficou chocada porque recusei o presente. Mas Sal me apoiou, o que foi muito importante para mim naquele dia. Ele explicou que aceitar presentes é freqüentemente apropriado mas, nesse caso, fiz a coisa certa. Acho que o apoio dele foi mais do que uma aprovação de como eu havia lidado com uma questão técnica. Acho que ele estava satisfeito por eu conseguir ser descortês. Fui capaz de ser incoerente e, ao responder de uma forma que a família não previa, eu havia salientado a seriedade de suas circunstâncias.

Sal também pareceu apreciar uma sessão subseqüente na qual eu comparei minha família protestante aos Hurwitz. A família estava dentro de seus padrões usuais, interrompendo um ao outro, todos intrometendo-se nas coisas uns dos outros. Eu disse: "Todas as famílias judias são assim? Eu vou lhes dizer, vocês são diferentes da minha". A família começou a discutir sobre as famílias protestantes. Quão impassíveis nós somos. Permanecemos equilibrados sob as condições mais difíceis, mas nunca demonstramos nossos sentimentos uns pelos outros.

"Vocês estão certos", eu disse. "Nós temos maneiras diferentes de lidar com a adversidade, e também de ver o mundo. O que me surpreende sobre vocês é que são próximos, mas ensinaram a David que o mundo é um lugar tão perigoso que ele nunca será capaz de interagir nesse mundo. Ele nunca será capaz de deixá-los. E para um *WASP*, essa é uma coisa muito triste. Minha família não é tão próxima, mas pelo menos meus irmãos e eu fomos capazes de sair de casa".

Lentamente durante os nove meses seguintes, a família começou a mudar. Os pais pararam de pôr David sob seu microscópio. Eles continuaram a brigar, mas David aprendeu a ficar de fora. Ele parou de intrometer-se nas questões de seus pais e parou de querer arrancar seu olho. Depois de 18 meses de hospitalização, ele teve alta e voltou para casa.

Quando se tornou claro que o comportamento de David havia mudado, o filho mais velho, Herb, assumiu o papel de intermediário para os pais. Nas contínuas sessões da família, Herb foi treinado para ficar de fora do relacionamento de seus pais e para passar mais tempo com seu irmão. Foram formadas coalizões diferentes, e limites diferentes e flexíveis foram criados. David ficou assintomático. No final, ele conseguiu um emprego de meio período e começou a ter seus próprios amigos.

Um ano depois de Sal ter conhecido a família, ele convidou todos nós para uma nova consulta. Enquanto Sal permanecia por trás do espelho de um lado só, a família explicou aos espectadores invisíveis, assim como a mim, o quanto eles tinham mudado. Eu expressei minhas dúvidas de que essas mudanças eram reais. Mas a família me desconsiderou. Todos os filhos agora recusavam-se a ser seduzidos pelos problemas de seus pais. Shelly estava noiva e iria se casar. Herb e Rebecca tinham saído de casa e Mary estava procurando um apartamento. Sal entrou na sala e disse que a família realmente tinha mudado. Por que eu estava tão perplexo, ele perguntou. Claramente eu tinha sido efetivo com essa família.

Stella falou daquele primeiro encontro com Sal, de como ele a tinha chamado de louca e o quanto ela tinha ficado furiosa. Ela disse que entendia agora o que ele estava tentando fazer e agradeceu a Sal. Eu sinto o mesmo quanto à minha supervisão.

PÓS-ESCRITO: DEZ ANOS DEPOIS

Dois anos depois que terminei a terapia com a família Hurwitz, o Sr. Hurwitz foi diagnosticado com câncer de pulmão, e a família voltou a fazer terapia. Ele faleceu seis meses depois. Durante esse tempo estressante, David nunca tentou arrancar o olho. Ele continuou a trabalhar meio período e a participar de um programa de tratamento durante o dia.

Seis anos depois que o pai morreu, uma assistente social me telefonou de um centro psiquiátrico de pacientes internos em outra cidade para me dizer que David tinha sido internado. Meses depois, a Sra. Hurwitz foi diagnosticada com câncer ovariano. Ninguém ainda havia contado a David sobre o quadro clínico de sua mãe, apesar de ele ter testemunhado em casa que ela estava perdendo peso e quase todo o seu cabelo. Ao não obter nenhuma explicação, ele ficou cada vez mais ansioso e, pela primeira vez em oito anos, recomeçou a mexer no seu olho. A assistente social disse que a família queria fazer terapia, mas somente se fosse comigo. Como a logística tornava isso impossível, aconselhei a assistente social a realizar uma sessão familiar na qual a família contasse a David a verdade. A sessão ocorreu, e David viu sua mãe apenas mais uma vez. Ela morreu algumas semanas depois e David teve uma alta de 24 horas para comparecer ao funeral.

Cerca de um ano depois da morte da Sra. Hurwitz, a irmã de David, Rebecca, me telefonou. Ela queria ler para mim parte de uma carta que a Sra. Hurwitz tinha escrito para seus filhos e que o rabino tinha lido em seu funeral. Na carta ela falava sobre o psicólogo que tinha ajudado sua família. Ele tinha dito a ela uma vez que a família o lembrava de um conjunto de três luzes de Natal que estavam ligadas em série, tão interconectadas que quando um bulbo queimava, todos apagavam também. O terapeuta havia dito que a tarefa dele era ligá-las de maneira diferente. A Sra. Hurwitz disse a seus filhos postumamente: "Apesar de a terapia ter sido muito difícil para mim, ele realmente conseguiu nos ligar de forma diferente. E agora, apesar de dois bulbos terem se apagado, eu tenho confiança que cada um de vocês continuará a brilhar sozinho".

Eu conto a história sobre as três luzes para ilustrar dois pontos. O primeiro é que, apesar de ser uma intervenção "delicada" que não levou a absolutamente nenhuma mudança na família Hurwitz naquela época, a metáfora realmente deu uma nova idéia à matriarca da família. Em segundo lugar, naquele ano difícil em que Stella Hurwitz e eu estávamos engajados em um processo paralelo de crescimento e mudança, ela e eu viemos a ter um impacto duradouro um sobre o outro. Estou profundamente comovido que essa mulher mencionou meu nome em seu próprio tributo fúnebre.

Um aspecto do caso que se perdeu dez anos depois foi que a estrutura terapêutica fundamental desenvolvida na terapia – de que o filho estava se cegando por lealdade à mãe porque o pai a negligenciava – foi minha. O que estava dolorosamente faltando no meio do tratamento foi um resgate mais poderoso dessa intervenção. O *próprio* Sal conseguiu isso em sua consulta dramática com a família, dizendo que era a família que estava louca, e não o filho que estava destinado a se cegar nessa "tragédia grega com atores judeus". Dessa maneira provocativa, Sal ficou interessado em minha intervenção. Em sessões subseqüentes, meu papel foi de ficar silencioso e solenemente reforçando essa profecia ("É triste para mim que David irá se cegar, mas não há saída").

No final, a família realmente mudou, mas eu mudei? Sal conseguiu me conectar de forma diferente? A resposta curta é que ele iniciou seu trabalho, mas não o terminou.

Enquanto escrevia o capítulo original, a supervisão de Sal ensinou-me como pensar da maneira de um terapeuta familiar estrutural, e agora sou muito mais adepto de mapear cuidadosamente a estrutura familiar. Enfim, Sal não me ensinou a intervir como um terapeuta familiar estrutural. Usar uma marreta para fragmentar estruturas familiares disfuncionais rígidas é uma ferramenta que eu francamente nunca dominei. A confrontação direta não é meu ponto forte. Eu posso evocá-la se necessário, mas essa não é minha primeira, segunda ou mesmo terceira estratégia ao trabalhar com famílias. Depois de dez anos, não sou mais apologético quanto a isso.

Até aquela supervisão particular, meu estilo terapêutico não estava bem-definido, e Sal estava tentando ajudar-me a desenvolver um estilo mais distinto. Infelizmente, aquele que ele queria para mim era mais dele do que meu. Durante os últimos dez anos, eu reivindiquei e cultivei minha voz "suave", a mesma voz que Sal parecia odiar. Enquanto Sal ensinou-me a pensar como um estruturalista, meu estilo é decididamente delicado, empático e afetuoso.

É assim que sou ligado. O que está diferente agora é que eu propositadamente uso minha delicadeza como um mecanismo de mudança. Minha delicadeza ironicamente tornou-se um método poderoso para facilitar às famílias e aos casais correrem mais riscos emocionais uns com os outros.

A supervisão de Sal nesse caso foi muito mais difícil para mim do que o capítulo original sugere. Para fazer-me ser mais intenso (e confrontador) com a família, ele aumentou sua intensidade (e confrontação) comigo. Para me fazer ficar zangado com a família, ele ficou zangado comigo *na frente da turma*. Foi uma experiência embaraçosa. Sal não sabia na época, mas eu estava internamente lutando com minhas próprias dúvidas sobre se um homem *gay* poderia ser um terapeuta familiar. As críticas implacáveis de Sal à minha voz suave, minhas intervenções fracas e minha incapacidade de ser forte e firme, voltando dez anos para trás, parecem ser mais uma tentativa de uma figura paterna "fazer de mim um homem". Minha delicadeza e o modo de contar a história da família Hurwitz, o que ele via como uma inépcia, perturbavam-no pessoalmente, como ele reconheceu mais tarde no capítulo original, e ele determinou-se a me fazer endurecer. Apesar de ele ter escrito na capítulo que desafios "delicados e corteses" podem ser efetivos, meu sentimento é que ele realmente não gostava dessa parte minha. De qualquer forma, ele não me encorajou seriamente a desenvolver o que era para mim um recurso mais natural.

Na fábula de Esopo em que o Vento e o Sol discutem sobre a melhor maneira de fazer um homem caminhar por uma estrada e tirar seu casaco, Sal é decididamente mais Vento, e eu sou mais Sol. Um bom terapeuta precisa ser tanto Sol quanto Vento e saber quando usar o quê (Osimo, 2004). Com a maior parte dos casais eu sou mais Sol, tentando, por meio de um processo paralelo, usar minha empatia, compaixão e afirmação para ajudar os casais a desenvolverem e a fornecerem essas qualidades um ao outro. Eu tento conduzir o casal a um terreno diferente – um que é decididamente mais emocional do que comportamental – e mantê-los lá para encarar um ao outro diretamente, sem artifícios defensivos. Porém, apenas porque o enfoque é mais Sol não significa que ele seja um desafio menor à família. Empatia, compaixão e afirmação não são respostas que casais que se hostilizam esperam de um terapeuta.

Nos anos seguintes ao meu treinamento com Sal, prossegui meu trabalho predominantemente com casais de homens *gays* (Greenan e Tunnell, 2003), seguindo um modelo estrutural modificado. Dada a dificuldade que há para muitos homens, e para *gays* em particular, de ser vulnerável com outros homens, um terapeuta ser crítico e fortemente desafiador da dinâmica de um casal parece contra-indicado, mesmo se o objetivo global for aumentar sua capacidade para a intimidade. Para melhorar a intimidade é necessário prática. A última coisa que a maior parte dos casais do mesmo sexo precisam é que alguém em posição de poder julgue seus comportamentos e os considere patológicos. Enquanto passagens ao ato são uma parte muito importante da maneira como eu trabalho, raramente eu desafio de forma direta a complementaridade que surge, pois isso apenas aumenta a condição defensiva de cada homem e me transforma em adversário.

Em vez disso, eu me torno um treinador cortês – mas estimulante e implacável – para o casal, indo de um lado para outro entre cada indivíduo, ajudando cada homem a entender seus medos de ser vulnerável, explorando qualquer que fosse a razão desses medos, e então facilitando que o outro respondesse empaticamente em vez de fugir de momentos de uma conexão e intimidade mais profundas. Um estruturalista puro se retrairia nesse ponto e operaria à certa distância a fim de desequilibrar o padrão, desafiando os homens a fazer algo de forma diferente. No trabalho estrutural, o desafio é lançado, e depende de cada casal apresentar uma resposta própria. Contrastando com isso, permaneço próximo ao casal e uso minha voz delicada terapeuticamente para facilitar um diálogo entre o casal, o qual aumenta sua capacidade de profundidade emocional e intimidade. Tecnicamente, esse mecanismo terapêutico desequilibra, em um senso amplo de Minuchin, pois eu perturbo um antigo padrão relacional. Mas o mecanismo é uma intervenção delicada, apoiadora e orientada, em vez de dura, confrontadora e desafiadora.

Isso remete à questão de como o treinamento com Sal provocou mudanças em mim. Sal iniciou um processo para que eu encontrasse minha própria voz. Enquanto escrevia o capítulo original, quando comecei a trabalhar com os Hurwitz, eu estava temeroso de me envolver demais emocionalmente com as famílias. Eu me detive atrás de uma fachada intelectualizada e não corria riscos reais. Esse estilo imparcial tornou-se ainda mais pronunciado quando conheci os Hurwitz. O sintoma de David mexer em seu olho era tão sério que me assustou, levando a tornar-me cada vez mais experimental e cauteloso em vez de servir como uma chamada à ação. Sal conseguiu tirar-me de minha reserva de *WASP* e me envolver com essa família. Mas, em seu trabalho comigo, eu não encontrei minha própria voz. Na verdade, no estilo de supervisão de Sal, essa não era a sua tarefa. Conforme a terapia de Minuchin com famílias, sua tarefa supervisora com alunos é demonstrar, freqüentemente de forma provocativa, o que não está funcionando. O aluno fica desorientado para encontrar uma solução.

Enquanto a confrontação zangada de Sal comigo, no caso dos Hurwitz, induziu a um processo de mudança pessoal, um algo mais que Sal fez que foi muito mais significativo em minha busca por minha voz terapêutica. Foi a concordância de Sal comigo um ano antes quando eu mostrei a ele que era um homem *gay*. Essa conversa não foi planejada ou prevista. Ela aconteceu espontaneamente um dia durante a supervisão da turma quando me vi em videoteipe tendo dificuldades em desafiar a dinâmica de um casal heterossexual. Suponho que eu tinha ficado mais à vontade naquele ponto apenas falando a verdade, apesar de estar me tornando vulnerável. Então disse a Sal que tinha medo de desafiar o casal heterossexual porque eu era *gay*. Sal parou com o caso de supervisão. Ele me encorajou a falar com ele sobre minha ansiedade de ser um homem *gay* tratando de famílias heterossexuais. Sua própria aceitação e apoio corteses naquele dia foram profundos. Depois de me fazer uma série de perguntas e de ouvir atenciosamente, ele me olhou diretamente nos olhos e disse: "Sim, você é um homem *gay* e, sim você é um terapeuta familiar. Eu realmente não vejo o problema. Você sabe o que está fazendo".

Agora, dez anos depois, eu vejo o desafio de Sal para mim não apenas como um apelo de um supervisor para se envolver com uma família de pacientes, mas como um truque para me envolver com ele. Ele ficou zangado comigo para me fazer ficar zangado com a família, mas, durante esse processo, eu fiquei zangado com Sal. O perigo de fazer esse tipo de supervisão (e terapia) é que os alunos (e as famílias) podem desistir. Eu passei o resto daquele ano de supervisão me curando do dia de confrontação quando ele derramou café sobre minha cabeça, zombando de mim. À medida que eu trabalhava mais estruturalmente com os Hurwitz, Sal tornou-se mais ativamente apoiador. Eu estava experimentando coisas novas e ele me encorajou. Nós nunca falamos realmente sobre ou "processamos" o dia de confrontação, ainda que, de alguma maneira, nós estávamos (e ainda estamos) trabalhando em um processo de cura.

Enquanto os métodos de Sal me iniciaram na jornada para encontrar minha própria voz terapêutica, eu realmente me pergunto se ele poderia ter me ajudado de uma forma menos embaraçosa. Dito isso, eu tenho que dizer também que ele se arriscar por mim – vendo um potencial em mim e tentando ativá-lo da maneira "tempestuosa" que ele conhece muito bem – foi o começo de minha abertura, engajando-me com as pessoas e correndo alguns riscos. Isso é exatamente o que eu tento conseguir que os casais façam – engajar-se um com o outro e arriscarem-se, mas meus métodos são mais Sol do que Vento.

— 12 —

Entrando no vasilhame

Israela Meyerstein[*]

Em Yentl, de Isaac Bashevis Singer, o que Barbra Streisand adaptou para o cinema, uma menina se disfarça de menino para satisfazer sua sede de conhecimento, já que não era permitido às mulheres serem eruditas dentro da ortodoxia judaica. Israela tinha essa sede de conhecimento.

Eu a conhecia há vários anos. Nós tínhamos nos encontrado em muitas reuniões profissionais, e ela havia organizado uma oficina para mim em Sheppard Pratt, o hospital onde ela dirigia o programa de terapia familiar. Então, minha primeira pergunta quando ela me pediu para supervisioná-la foi: "Por quê?". Estava claro que ela não precisava de mais treinamento. Ela havia feito peregrinações por quase todas as escolas de terapia familiar: Peggy Papp, Goolishian, Weakland, a Escola de Milão, terapia breve, narrativa, estrutural e algumas de que não me lembro.

E ali estava o problema. Ela as levava todas consigo, intactas. Seu conhecimento era enciclopédico. A sua prescrição da Escola de Milão no final de uma sessão abrangia todos os componentes essenciais. Era neutra, incluía todos os membros da família, uma conotação positiva, as conseqüências da mudança e o direcionamento paradoxal para não mudar. Seu enfoque narrativo nunca deixava de explorar as exceções como um caminho para recontar uma história. Na terapia breve, Israela

---

[*] ISRAELA MEYERSTEIN, LCSW-C, LMFT, atende em consultório particular em Baltimore, Maryland. Supervisora aprovada pela American Association for Marriage and Family Therapy, ela lecionou e supervisionou terapeutas durante 25 anos, e publicou artigos e capítulos de livros na área de terapia familiar.

era sempre positiva. Igualmente familiarizada com a escola estrutural, criava passagens ao ato, desequilíbrio e assim por diante. Mas, infelizmente, seu estilo parecia-se com o estado da área da terapia familiar: havia pouca integração.

Acho que Israela nunca abandonava a exploração de qualquer novo enfoque até que ela o dominasse. Mas então, sempre achando que havia lacunas, ela iniciava uma nova procura. Acho que buscar supervisão comigo marcou esse novo começo.

Para mim, seu estilo parecia talmúdico. Ela prestava atenção em detalhes entre os membros da família para elaborar narrativas elegantes. Como ela unia-se confortavelmente com as pessoas, trabalhava bem com a proximidade e explicava bem as coisas, as famílias gostavam dela e melhoravam com ela. Então minha tarefa era um tanto complicada.

Acho que sem estar consciente disso, uni-me a ela e desafiei Israela dentro da tradição judaica. Enquanto ela era uma intelectual discreta, respondi enfatizando a espontaneidade e o sentimento – o hassídico versus o talmúdico, o mistério da cura versus a exploração do significado. Isso levou Israela a abandonar sua centralidade intelectual e a colocar seu conhecimento de lado em favor de uma maior atenção às suas respostas pessoais à uma dança familiar. Presumi que seu conhecimento então reaparecesse integrado.

No espírito da tradição talmúdica, tenho comentários a oferecer sobre o comentário de Sal. Enquanto ele tinha captado corretamente tanto minha sede de conhecimento e minha busca, não sei se ele se deu conta de que minha procura por ele como supervisor era para terminar minha procura. Eu não estava querendo estudar mais um enfoque ou método de terapia familiar atual. Em vez disso, sabia que Sal lidaria comigo, com meu estilo terapêutico e com meu uso do *self*. Eu considerava Sal não tanto como um terapeuta familiar "estrutural", mas como alguém que, devido à sua vasta experiência e sabedoria clínica, tinha um conhecimento integrativo da área inteira que transcendia o método.

Vasilhame: um recipiente refratário (capaz de suportar altas temperaturas) no qual um processo transfigurativo ocorre por meio do calor, da pressão ou de algum outro catalisador alterando a forma, a força e a natureza das substâncias. O vasilhame mantém a integridade estrutural e a não-reatividade enquanto contém esses processos transformativos. (Schnarch, 1991, 158-159)

Correr o risco de entrar no vasilhame de treinamento, tornando-me aluna depois de 20 anos como terapeuta e professora, parecia uma aventura de meia-idade que valia a pena. Por algum tempo eu vinha sentindo um crescente desconforto de que meu conhecimento intelectual e minhas práticas de terapia familiar tinham se tornado desproporcionais a minhas habilidades experienciais. Comecei a questionar se minhas escolhas teóricas/clínicas nos últimos anos eram mais do que apenas preferência estética e estavam mascarando áreas do meu *self* subdesenvolvido.

Como terapeuta, eu queria me sentir mais à vontade lidando com paixão no interior das famílias, não deixando a raiva ou outras emoções fortes criarem ansiedade e distorcerem minhas opiniões para proteger certos membros ou evitar desafiar outros. Eu queria restaurar minha visão, minha capacidade de observar um processo – uma capacidade que eu acho que havia sido embotada por um crescente foco em crenças, conteúdo e linguagem – então eu poderia compreender melhor os dramas subjacentes às histórias que foram contadas. Como supervisora, queria ajustar e melhorar minha capacidade de avaliar os estilos idiossincráticos dos estagiários e ajudá-los a ampliar seus repertórios de respostas disponíveis. Na terapia e na supervisão, queria desenvolver mais foco e intensidade em minhas sessões. Então eu teria que expandir meu *self*.

As qualidades que eu procurava em um supervisor eram a vocação e a sabedoria clínicas, a abertura para me esforçar com novos desenvolvimentos da área no nível teórico e prático, uma disposição integrativa e um interesse em expandir o *self* do terapeuta. Além disso, o supervisor, que seria uma espécie de escultor em cujas mãos eu estava me colocando, precisava ter qualidades pessoais de lealdade, respeito e interesse em meu crescimento.

Nasci em 1948, em Nova York. Meus pais eram da primeira geração de imigrantes judeus da Polônia. Eles se conheceram nos Estados Unidos e casaram-se antes da Segunda Guerra Mundial. Depois de terminada a guerra, meu pai, voltando do serviço, soube que seus pais, seu irmão e sua irmã tinham sido mortos em campos de concentração. Em 1947, meus pais perderam sua única filha de 3 anos e meio após uma apendicectomia emergencial. Em 1948, o estado de Israel foi criado, daí o meu nome.

Eu devo ter representado um novo começo para meus pais à medida que tentavam consertar sua vida despedaçada. Eles estavam determinados a me proteger das dores que haviam experienciado. Tendo encontrado segurança um no outro, eles se desenvolveram criando uma infância longa e feliz para seus filhos, talvez para compensar as infâncias abortadas que cada um teve.

Minha mãe era uma cuidadora muito paciente e acalentadora, alegre e otimista. Inteligente e sábia no senso comum, ela era cheia de entusiasmo quanto a nossas vidas e exerceu muito controle para nos direcionar. Meu pai era um homem bom e afável, com um temperamento sensível. Como oftalmologista, ele genuinamente importava-se com seus pacientes e alunos. Ele era instruído e inteligente, falava várias línguas e escreveu vários livros. Sendo um homem da ciência, ele parecia ter respostas para todas as perguntas de "por que" que uma criança pudesse fazer.

Eu sou a mais velha de três filhas. Minhas irmãs são seis e oito anos mais jovens do que eu. Minha proximidade com minha mãe e com meu pai fizeram-me séria, responsável e excessivamente sensível às expectativas e à aprovação de meus pais. A educação era um valor supremo para a minha família. Todas as três filhas foram encorajadas a seguir uma educação profissional, mas também a tornarem-se mães e a criar seus filhos. Meus pais sempre nos apoiavam em nossas conquistas, mas raramente encorajavam-nos a correr riscos ou a perseguir desafios difíceis.

Minha família era quieta e reservada. Meus pais raramente brigavam. Quando surgiam tensões, minha mãe procurava acalmá-las. Quando eu estava crescendo, sempre vi minha mãe como a pessoa forte e meu pai como a pessoa fraca. Somente pensando naquele tempo compreendo como ele mais do que se controlava. Minha mãe tinha dificuldade em tolerar a melancolia dele, então ela tentava animá-lo. Mais tarde, a doença cardíaca de meu pai organizou a vida familiar e dominou as vidas de meus pais. Minha mãe o protegia de todas as maneiras possíveis, inclusive de nossos distúrbios na adolescência. Ela progressivamente funcionava demais por duas pessoas. Nós todas crescemos com o pavor de que meu pai morresse, então foi um choque quando minha mãe ficou doente e morreu de câncer no pâncreas aos 65 anos. Meu pai sobreviveu. Depois da morte dela, ele dedicou-se à poesia e viveu até quase os 80 anos.

Acho que fui uma criança desafiadora mas boa, que sempre seguiu os desígnios familiares. Talvez eu tenha me tornado terapeuta familiar para entender melhor o interior complexo das famílias.

Freqüentei a faculdade em Nova York, onde conheci meu marido, que me introduziu nas viagens, na aventura e em correr mais riscos em minha vida. Ele me arrancou de meu nicho familiar confortável para vivermos como estudantes em Israel, onde estabelecemos vidas separadas de nossas famílias. Durante 25 anos, criamos três meninos bonitos, todos com aparência e personalidade diferentes. Nosso filho mais velho está saindo de casa agora, então uma nova parte do ciclo familiar está começando.

PROCURANDO EM TODAS AS ESCOLAS

Entrei em contato com a terapia familiar pela primeira vez em Israel, em 1971, quando era voluntária social no hospital Hadassah, observando as famílias em tratamento atrás de um espelho de um lado só. Minha compreensão limitada da língua levou-me a usar meus olhos para observar a comunicação não-verbal, as regras invisíveis que organizam a interação familiar. Trabalhar com várias famílias pobres ensinou-me o relativismo das normas de diferentes culturas e mostrou-me que as condições emocionais raramente são separáveis dos contextos socioeconômicos.

Em Israel eu lia tudo que pudesse encontrar sobre terapia familiar. Tendo aprendido que o que estava observando era chamado de terapia familiar estrutural, conforme praticada por Avner Barcai, voltei aos Estados Unidos determinada a absorver mais. Eu apresentava casos avidamente quando Harry Aponte veio me consultar em minha agência de colocação na área. Meu primeiro cargo depois de concluir meu mestrado em assistência social foi em Galveston, no Texas, onde um grupo pequeno e entusiasta de terapeutas familiares tinha criado a Terapia de Múltiplo Impacto nos anos de 1950. Galveston provou ser um ambiente de aprendizagem empolgante e criativo, no qual a terapia familiar florescia com fervor contra o estabelecido. Trabalhei com Harry Goolishian, um mentor, durante vários anos em co-terapia, o que era o modelo preferido usado em treinamento e em terapia. Depois do ano em que tive bolsa de estudos, solicitaram que eu organizasse um programa de treinamento em terapia familiar destinado a paraprofissionais em um centro comunitário de saúde mental.

Em Galveston, novas idéias eram bem-vindas na busca por modelos funcionais para o tratamento de famílias. Em 1975, John Weakland chegou para ensinar um enfoque de terapia breve, novo e popular. Essa foi a primeira vez que experienciei a sedução da linguagem. Esse era um território não-familiar, no qual a audição e as palavras contavam mais do que a visão. Repentinamente, os terapeutas estavam tomando notas a uma distância respeitosa durante as sessões, tratando partes parcimoniosas das famílias e expressando com inteligência intervenções habilidosas. Havia pouco interesse em integrar modelos. Quando uma nova onda chegava, ela varria todas as outras idéias.

Em 1977, nós nos mudamos novamente para o leste, em Allentown. Freqüentei o Programa externo da Philadelphia Child Guidance Clinic, estudando com Peggy Papp porque eu queria integrar o trabalho dela sobre "resistência" com o enfoque estrutural. Interessei-me pela equipe de Milão: seu uso da conotação positiva, o enfoque da equipe e seu estilo cognitivo mais elaborado. O enfoque da equipe parecia uma extensão natural da co-terapia. Lembrava-me da Teoria do Múltiplo Impacto, de Galveston. Ela adicionou perspectivas e a segurança do terapeuta como parte de uma "mente grupal". Achei a colaboração da equipe uma maravilhosa ferramenta de aprendizagem quando liderei uma supervisão grupal em um programa de treinamento independente que co-dirigi.

Em Allentown, também me interessei por famílias com doenças médicas, resultado de uma crescente consciência dos padrões de minha própria família durante a provação da doença e da morte de minha mãe. Finalmente eu tinha descoberto uma área que me arrebatava intelectual e emocionalmente, e comecei a procurar experiências profissionais que me ensinassem mais sobre ela. Colaborei com um médico de famílias em seu consultório e consultei Ed Friedman para aprender uma perspectiva boweniana sobre famílias que lidavam com doenças.

Na metade dos anos de 1980, nos mudamos para Baltimore, onde renovei uma prática privada e comecei um programa de treinamento em terapia familiar no hospital psiquiátrico Sheppard Pratt. Com o advento dos enfoques centrados em soluções, vi-me adotando o enfoque positivo e favorável às famílias. Ele era todo tão egossintônico. Mesmo assim, enquanto seguia as novas ondas da linguagem determinada por problemas, construtivista e colaborativa, sendo então idéias narrativas, comecei a sentir uma perda de conexão quando a ênfase na narrativa e na conversação dominavam o processo de interação familiar. Eu queria ser mais clara no relacionamento entre as histórias familiares e o processo: como integrar as narrativas faladas com os dramas invisíveis que aconteciam no interior das famílias e como responder quando os dois estavam em conflito. Senti a necessidade de esclarecer para mim mesma o que era fundamental e o que valia a pena se agarrar.

Para mim, as realidades essenciais incluíam imperativos desenvolvimentistas, contexto cultural e gênero. "Fatos" biológicos de nossas vidas – que o tempo traz mudanças físicas no tamanho, na complexidade, no envelhecimento e na morte – influenciam as pessoas como indivíduos e à medida que eles constroem relações com os outros. Procurei uma terapia familiar que não dissesse respeito a perder essas essências, então comecei minha aventura de treinamento com Salvador Minuchin.

ENTRANDO NO VASILHAME

Tornar-me novamente uma aluna foi liberador e apavorante ao mesmo tempo. Era um risco repleto de auto-exposição, do perigo de finalmente ser descoberta e de sentir-me fracassada.

Primeiramente eu apresentei um casal com quem havia tido um bom relacionamento na terapia durante vários meses. Edward era estudante em uma universidade local. Ele era brilhante e articulado. Kathy era professora de meio período em uma escola maternal. Ela era agradável, espirituosa e respeitosa. Edward e Kathy estavam casados há 14 anos e tinham dois filhos. Havia humor e afeição em seu relacionamento um tanto tradicional e complementar, mas isso freqüentemente era ofuscado pela raiva, pela depreciação e pelo desespero de quando Edward xingava Kathy. O padrão do casal de responsabilidade moralista e sua rebelião irresponsável, principalmente em questões financeiras, caracterizavam muitas de suas transações.

O problema apresentado era a solicitação de Edward por uma orientação para lidar com a doença bipolar de sua esposa após ela ter sido hospitalizada. Meus esforços incluíam ampliar a definição do problema para além de seu diagnóstico em sua vida diária e ajudá-los a negociar questões como trabalho, finanças e responsabilidades domésticas. O primeiro segmento que mostrei ilustrou meu encorajamento para Edward interessar-se por sua esposa emocionalmente como uma igual, em vez de agir como seu pai ou sua mãe super-responsáveis. Eu estava tentando convencer Edward a parar de ter um superfuncionamento, explicando que isso aumentava a irresponsabilidade de Kathy.

> *O segmento mostrava um marido inteligente e altamente verbal, falando como um acadêmico. Ele era ávido para aprender e estava muito interessado na explicação de Israela. A esposa parecia agradável e complacente. Ela participava quando encorajada, mas preferia uma passividade sorridente. Israela estava engajando bem o marido com o chamariz da razão, mas seu diálogo estava excluindo a esposa.*

Sal parou a fita e perguntou as opiniões do grupo. Eles achavam que eu estava centralizando demais, que estava falando demais como a perita, e não estava facilitando a interação entre o casal. Sal disse: "Você está ocultando o afeto. Está trabalhando a partir da cabeça. Está cognitivo demais. Explicativo demais". E em tom mais desafiador, perguntou: "Onde você aprendeu isso?".

Eu me senti como se há pouco tivesse sido atirada em uma piscina congelada. Não recebi absolutamente nenhuma validação do grupo ou do supervisor. Tive que dizer a mim mesma: "Continue nadando, você irá se esquentar no final. Você superou o medo da exposição e sobreviveu".

> *Eu realmente não me reconheço nesses pronunciamentos. Pensei que estava sendo controlado e delicado, seguindo minha decisão de que minha supervisão de Israela se acomodaria a seu estilo cognitivo em respeito a seu nível de experiência. O fato de eu ter experiência como uma autoridade tão esmagadora foi provavelmente devido ao sentimento de exposição de Israela na frente do grupo e à sua própria necessidade por excelência.*

Na sessão seguinte com o casal, fiz um esforço tremendo para introduzir mais simetria, encorajando Kathy a falar de forma mais decidida. Internamente, senti uma mudança, focalizando o casal como uma unidade, tentando fazê-los interagir mais. Mas quando apresentei a fita, vi pouco dessa mudança. Eu estava desconcertada em notar que, mesmo enquanto estava encorajando Kathy, Edward estava acenando com a cabeça, aprovando minhas palavras. Sal disse: "Você é racional demais. O seu privilégio à razão e à linguagem está perpetuando uma coalizão com o marido que tira o poder da esposa".

Fiquei pensando se era necessário um terapeuta orientado a um processo para notar isso. Um foco apenas na linguagem teria mantido o processo invisível? Que efeito isso teria na terapia?

> *Israela tinha respondido às minhas informações sobre a supervisão aumentando sua união com a esposa, focalizando em suas necessidades e encorajando sua participação. Mas como seu próprio estilo permaneceu intelectual e explicativo, muito similar ao do marido, o efeito foi novamente um diálogo com o marido que deixou a esposa incompetente.*

Nós continuamos mostrando a fita por mais alguns minutos, incluindo um segmento em que eu estava tentando encorajar Kathy a negociar com Edward sobre finanças. "Isso não tem a ver com dinheiro", Sal lembrou-me. "Isso tem a ver com um relacionamento."

Como eu poderia mudar algo tão fundamental para mim quanto a ser racional? "Está em meus genes!", protestei. Sal respondeu que uma mudança de personalidade não era necessária – apenas uma mudança específica ao contexto. Eu combati o desafio. Precisava me tornar irracional? Ou o oposto da razão poderia ser simplesmente a emoção? Percebi que tinha de encontrar alguma maneira de lidar com o pensamento e a linguagem que estavam me detendo.

Na sessão seguinte, decidi criar uma escultura que pudesse fazer Edward sentir o extremo absurdo de sua posição e fazer Kathy experienciar o desconforto da sua. Eu fiz Edward levantar-se do sofá, apontar seu dedo para Kathy enquanto a repreendia pela ofensa de irresponsabilidade financeira. Pedi a Kathy para se ajoelhar no chão, pegar sua carteira com uma atitude parcialmente penitente e parcialmente rebelde e usei meu espelho na parede para refletir seus padrões invisíveis para eles.

A escultura foi poderosa para o casal. Os membros do grupo gostaram dela, e Sal chamou-a de "muito boa", perguntando se era uma novidade para mim e se eu estava familiarizada com o trabalho de Peggy Papp.

> *Israela havia realmente produzido uma escultura muito boa como resposta à minha sugestão de um movimento de afastamento da exploração intelectual. Secretamente considerei essa atitude pelo fato de ela ser boa demais como aluna. Sendo tanto criativa quanto altamente conhecedora de todas as escolas de terapia familiar, Israela poderia acessar qualquer técnica correta e usá-la adequadamente sem alterar seu estilo. Essa era uma alteração de técnica, não uma mudança.*

Finalmente tive um senso de conquista que seria recompensado, sobretudo se ele representasse uma novidade no estilo terapêutico. Com felicidade, mostrei um segmento posterior da mesma sessão, no qual reestruturei os extremos de comportamento de Kathy, principalmente sua irresponsabilidade, como "ultra-responsável" na tarefa de encorajar Edward e de proporcionar uma infância feliz para seus filhos. Sal duvidava que a reestruturação cognitiva elaborada afetaria uma mudança.

Meu estilo repetido freqüentemente era ser desafiada e nocauteada. Sal comunicou que estava do meu lado, apesar de seu desafio, mas deixou claro que esperava que eu resolvesse esse problema. Eu teria de procurar alternativas não-utilizadas. Mas o desafio não foi o único mecanismo. Se eu tivesse meramente sido bloqueada, eu me sentiria estagnada. A união e o desafio de Sal incluíam comentários como "Você é boa em explicar", rapidamente seguidos de "mas isso a faz cair em uma armadilha". "Você usa palavras demais." "Seja mais direta." "Use mais a linguagem metafórica." Parecia que alguém estava usando um holofote em uma nova direção sem instruções específicas. E senti que meu repertório cognitivo não era inútil, mas que teria de expandi-lo mais.

Na sessão seguinte, passei mais tempo encorajando Kathy a falar sem medo, desafiando os comentários favorecedores de Edward e bloqueando as repreensões dele. Kathy resistiu ao convite de ser mais competente e assertiva, dizendo que era impossível tentar mudar Edward. Eu fiz com que eles repetissem a escultura como uma provação, pedindo a Kathy que reformulasse suas posições a fim de criar maior igualdade. Então os deixei com o dilema de permanecer em seu estranho ajuste.

Na sessão seguinte, pareceu que meus esforços de desequilíbrio tinham conduzido o sistema para além de seus limites. Kathy estava mais diretamente assertiva, e Edward sugeriu que essa fosse a última sessão. Kathy estava protestando dizendo que Edward era um "sargento". Edward estava sempre pronto para a criticar severamente as obrigações financeiras de sua esposa.

Ao assistir à fita, Sal indicou a necessidade de fazer uma união com Edward. Ele também sugeriu que eu encorajasse Kathy a relaxar e a se divertir.

Sal continuou a querer me afastar de sua linguagem: "Use metáforas mais surpreendentes. Você faz bem o seu trabalho, mas deveria fazer mais saltos e correr mais riscos". Assim como o casal tinha passado do alcance de seu termostato, eu deveria passar do meu. Meu próximo desafio seria como avançar. Encontrei inspiração em um dos poemas de meu pai, percebendo que, como filha de meu pai, uma veia poética poderia existir também em mim:

O salto do poeta

Um poeta precisa avançar
Da imaginação, abandonar
A horizontalidade da prosa

Que lida com seqüências
De ação em um plano.
Familiarizar-se com física quântica

Para perceber um mundo
De quatro dimensões, onde
O espaço-tempo vai para o coração

Da Criação. Se você deseja
Imitar o Criador, suas palavras
Esparsas que fizeram as coisas acontecerem

No universo, torne suas
Imagens relevantes, avançando
Para esconder-se nas entrelinhas.

Esteja ciente de onde você está pisando
Em um terreno alto, onde o ar é rarefeito.
Há o risco de cair no
Mundo do mundano.

George Gorin (1990)

UM CASO ESTAGNADO, OU SOBRE ENFRENTAR O MEDO DO FRACASSO

Sal sentia que Edward e Kathy tinham um alcance limitado de expressão emocional. Ele questionou como me sairia com uma família que tinha mais emocionalidade. Criei coragem para apresentar um caso estagnado de um casal cuja interação fazia me sentir inútil. Fazer isso significava encontrar meu medo de fracassar, mas aceitei correr o risco.

Jerry e Susan, um casal com quase 60 anos, tinha me procurado depois de rejeitar dois outros terapeutas. Jerry era engenheiro e Susan, bibliotecária. Recentemente, ela havia passado por uma cirurgia depois de um acidente automobilístico. Estava enfurecida com Jerry por ele não "entender" as necessidades dela e não oferecer bastante apoio e elogios. Enquanto Jerry acompanhava Susan em todas as suas consultas médicas, ele fazia esforços pouco adequados para se comunicar. Exceto por um período de dois meses, quando Susan demonstrou abertamente suas privações e Jerry respondeu com proximidade, suas interações eram caracterizadas por ataques hostis de Susan e a defesa própria de Jerry. O grande dano verbal de Susan era bastante visível para mim. A defensibilidade e o retraimento de Jerry, não eram o que fazia Susan sentir-se julgada e abandonada.

O casal estava casado há 30 anos e tinha um filho jovem adulto. Durante a maior parte de seu casamento, Jerry havia sido o principal paciente, sofrendo de várias doenças. Susan havia sido a cuidadora que administrava tudo dentro de casa. Agora, pela primeira vez, ela estava um tanto dependente de Jerry, e eles estavam em um beco sem saída. Eu me senti bloqueada pelos ataques de raiva e de reclamação de Susan e compartilhava os sentimentos de Jerry.

Esse era um casal extremamente difícil, no qual a esposa desqualificava todos os comentários do marido e depois criticava seu silêncio. À medida que Israela tentava intervir nos padrões de raiva cada vez mais intensos, a esposa experienciava sua intervenção como uma união com o marido, e desafiou Israela.

Ao apresentar o caso, resumi as intervenções que tinham falhado, desde o foco para a solução de externalizar as demandas do "incapacitado" como uma ameaça comum, até definir Jerry como um principiante que precisava de prática, e até descrever sua raiva como uma proteção contra a vulnerabilidade.

Novamente fiquei impressionado não apenas com o número de vozes que Israela tinha à sua disposição, mas também pela maneira como ela conseguia levá-las como curadora, disponível para seu uso como padrões separados. Mas a voz que ela tinha selecionado para usar com esse casal foi uma escolha infeliz entre suas grandes qualidades.

O primeiro segmento que selecionei mostrava minha interrupção de seu padrão repetido de acusação e defesa como se pegasse um grande travesseiro e colocasse uma barreira simbólica entre eles. Eu descrevi como eles estavam em "trincheiras de guerra", capturados em um padrão dos mísseis sendo lançados pela esposa para chamar a atenção de seu marido, e o marido correndo para se abrigar porque a esposa estava atacando. Sal gostou da escultura concreta. Ele disse: "Você precisa ser mais absurda". Ir do racional ao absurdo foi um salto realmente bastante grande. Mas Sal havia criado uma grande perturbação e bloqueado todos os caminhos anteriores. Eu estava sob grande pressão para tentar uma nova maneira de me expandir.

Eu estava tentando introduzir distância num sistema terapêutico onde a esposa, no desespero de seu trauma, exigia apoio de todos e atacava severamente qualquer pessoa que o fornecesse. Pensei que uma capacidade como de Whitaker de ver o absurdo dos dilemas da vida poderiam introduzir mais tranqüilidade na complexidade do casal e dar ao terapeuta uma folga.

Refletindo profundamente sobre a diretiva de ser mais absurda, cheguei a duas intervenções diferentes, uma cognitiva e distante e outra mais orientada à ação e mais próxima. Criei uma carta elaborada no estilo de Milão a partir da equipe, com sugestões de conotação positiva, diretas e estabelecidas, e uma risada absurda criticando o terapeuta até por tentar mudar os padrões do casal. Mas realizar a intervenção pareceu ter pouco efeito nesse casal. Eles meramente recomeçavam suas brigas. Eu experimentei em primeira mão o avanço estratégico dessa intervenção remota e amplamente cognitiva com um casal tão carregado emocionalmente.

> *Como intervenção de Milão, a criação de Israela foi perfeita. Mas como foi introduzida no momento em que o casal não poderia responder a seu conteúdo intelectual, isso não poderia funcionar.*

Sal atacou minha confiança contínua em métodos cognitivos: "Seu lobo frontal é ativo demais. E quero que você entre no limbo". Tentei criar o absurdo. Ofereci ao casal uns bastões, já que eles já estavam batendo um no outro emocionalmente. Organizei um jogo de objetivos, que eles jogaram relutantemente. Depois, Susan deixou uma mensagem dizendo que não retornaria porque eu não havia escutado seus sentimentos. Retornei a ligação para pedir desculpas e consegui convencê-los a voltarem ao tratamento. Na sessão seguinte, focalizei cuidadosamente em ouvir a dor, os medos e o sofrimento psicológico de Susan. Mas reunir-se a ela foi um engano, pois qualquer esforço para conectar-me com Jerry era visto como se estivesse ficando do lado dele. Eu explorei a história para alterar a interação no presente, mas Susan não pôde tolerar qualquer escrutínio interpretativo de seu passado. Ela ficava satisfeita somente quando eu mostrava o poder de Jerry sobre ela de forma punitiva e, nesses momentos, ele sentia-se culpado. Eu sabia que tinha sido bem-sucedida em reunir-me a Susan, mas não estava claro se Jerry retornaria. Senti-me intimidada por Susan, mas não sabia como me desprender de forma construtiva. E juntamente com tudo isso, eu deveria estar trabalhando em "entrar no limbo"?

Eu havia experimentado em primeira mão que uso a terapia cognitiva quando estou sob pressão, talvez para criar uma distância mais segura. Isso era, muito provavelmente, uma tendência nativa que tinha sido reforçada durante meus anos como a terapeuta "neutra", a assistente social de confiança e uma pessoa relativamente reservada. Eu estava sendo racional demais? Ou estava com medo do que poderia acontecer se mergulhasse com maior intensidade emocional?

Eu também fiquei pensando sobre a aprendizagem de tais saltos. Algumas pessoas aprendem melhor por meio de apoio e treinamento, enquanto outros se dão melhor pelo desafio e confusão? Se eu tendesse a usar a terapia cognitiva sob ansiedade, como a supervisão que produz ansiedade me ajudaria a me soltar? Eu entendia que precisava estar mais presente emocionalmente, usar mais meus sentimentos e desafiar enquanto estava sendo conectada. O que me ajudou a absorver essa lição foi o desafio de Sal seguido por uma direção clara ("ENTRE NO LIMBO") e uma demonstração de como fazer isso e de seu "estar presente lá".

RE-EVOLUÇÃO DENTRO DO CÉREBRO, OU ENTRANDO NO LIMBO

Em sessões subseqüentes, consistentemente testei mais minha coragem. Como isso faz com que me sinta? Do que isso me faz lembrar? Decidi concentrar-me em sentimentos e usá-los, esperando que isso seria apenas uma questão de tempo e prática. Comecei a fazer associações livres antes, durante e depois das sessões e a contar espontaneamente histórias pessoais e reações em sessões de forma um tanto impulsiva. Comecei a compreender o que significava "ser impulsiva" e, pela primeira vez, apreciei Whitaker. Fiquei espantada com a profundidade e com o impacto poderoso que essa mudança produziu. Abrindo uma caixa de Pandora, achei, em vez disso, um tesouro, e descobri um recurso novo e poderoso como co-terapeuta: eu mesma.

Para a próxima supervisão, apresentei Edward e Kathy novamente. Eles estavam progredindo um pouco mais. Evoquei uma fantasia de Kathy, as filhas e um cachorro aconchegando-se juntos na cama com calor e conforto, como se estivessem em um clube exclusivo, com Edward batendo na porta e pedindo para entrar. Queria contaminar o quadro de mãe feliz de Kathy e as filhas sozinhas junto, de modo que ela pudesse dirigir-se a seu marido. Fiquei pensando alto se suas jovens filhas saberiam como virar-se para seus maridos quando elas se casassem ou se permaneceriam ao lado apenas de sua mãe.

Minuchin deu-me um *feedback* muito positivo dessa sessão: "Gosto de você e acho que você é uma terapeuta muito boa. Gosto de assistir o seu trabalho porque ele é complexo, como uma história do *New Yorker*". Então: "Mas sua linguagem é muito nova-iorquina para esse casal, especialmente para a esposa". Sal é tão bom em mudar da união para o desafio que o anzol chega antes de o vermos arremessar a linha.

Sal gostou da fantasia do "clube" descontínuo, que validava meus esforços de "entrar no limbo". Entrar no limbo tinha me ajudado a acessar diferentes canais, e as metáforas estavam fluindo livremente para mim agora. Eu entendi por que tinha sido incapaz de "pensar" em metáforas com meu filtro cognitivo fazendo uma triagem de tudo.

Foi empolgante explorar esse novo território. Encontrei-me criando "metáforas esculturais" idiossincráticas ao concretizar modos peculiares de expressão da linguagem. Eu tinha usado um travesseiro para fazer "trincheiras de guerra" a fim de ilustrar a comunicação bloqueada. Acessórios como dardos e alvos dramatizavam a interação hostil. Uma corda esticada descrevia meu sentimento de que as mãos estavam amarradas. Expressar e externalizar uma descrição metafórica de um relacionamento de uma forma escultural completa parecia ter o potencial de penetrar em uma experiência mais profunda.

Na sessão seguinte com Susan e Jerry, eu estava determinada a não deixar Susan me intimidar. Insisti em que cada um deles conversasse comigo para diminuir suas brigas não-produtivas um com o outro. Dessa maneira, Jerry teria que escutar os medos e a dor de Susan sem defender-se, e Susan teria de ficar quieta enquanto ele falasse. Ambos falaram sobre o que parecia perdido na relação e de seu desejo de namoro e romance. Eu apresentei a tragédia de cada um paralisando o outro e ficando sozinho. Desafiei Jerry a tomar a iniciativa e Susan a abrir uma fresta na porta. Na supervisão, Sal sentiu útil esse enfoque de diminuir a reatividade deles.

Na sessão seguinte, Jerry relatou ter convidado Susan para vários encontros. Eu o apoiei e o parabenizei por ter começado a cortejar sua esposa apesar da resistência dela. Reestruturei sua "malevolência vomitada", como ela se descreveu, como se isso protegesse ambos de lidar com medos e vulnerabilidades estranhas um com o outro. Gostei da atitude evasiva de Susan para a lula que esguicha uma nuvem preta como tinta para escurecer as águas e manter confusos os inimigos percebidos.

Posteriormente, mostrei um segmento da sessão na qual interrompi Susan no meio de um discurso bombástico e fiz com que ela amarrasse um cordão ao redor de minhas mãos. Descrevi meu dilema de querer ajudá-la, apesar de me sentir impotente porque ela tinha amarrado minhas mãos. Sal gostou do meu uso de uma ação descontínua, sugerindo que eu aumentasse a intensidade por meio da duração e da repetição. Ele sentiu que a ligação de Susan à sua vitimização consolidava e justificava sua ira. Ampliar minha impotência foi uma forma de desafiá-la para que ela não fosse capaz de se opor.

Susan telefonou para cancelar a sessão seguinte, dizendo que Jerry tinha ficado doente. Parecia que Jerry tinha se tornado novamente o paciente e que Susan tinha voltado a ser a cuidadora. Susan expressou interesse em retornar à terapia, mas meu sentimento foi que o equilíbrio de sua relação anterior tinha sido restaurado.

Sal pensativamente descreveu meu estilo na última sessão com Jerry e com Susan: "Você é como um beija-flor que pega os pequenos detalhes da linguagem pelas bordas. Em vez disso, você deveria aprender a ser um condor". Isso me atingiu, pois eu freqüentemente sentia que faltava intensidade concentrada em minhas sessões.

DE BEIJA-FLOR A CONDOR: SOBRE COMO VOAR INTENSAMENTE

Como o desafio usual parecia imenso. Estavam me pedindo para fazer exatamente o que não poderia fazer com facilidade – caminhar em direção à tempestade. Beija-flores são pequenos e delicados, batendo suas asas setenta vezes por segundo para produzir um zumbido. Os condores são pássaros poderosos, graciosos, que planam por longas distâncias, raramente movendo suas asas. A imagem do condor de Sal atingiu-me de uma forma masculina agressiva e deixou-me confusa quanto a como implementá-la sendo uma mulher, com meu próprio estilo.

Ir de beija-flor a condor também significava economia – menos é mais. Comecei a dizer menos e a encorajar os membros da família a conversar uns com os outros. Descobri que, se administrasse minha ansiedade e me detivesse em super-responsabilidade, realmente tinha a paciência para acalmá-la, fazendo intervenções mínimas e deixando os membros da família fazer a maior parte do trabalho. Meu papel tornou-se menos central. Eu era mais uma catalisadora, intensificando transações ao prolongar sua duração, ao repetir e ao não responder. Senti-me mais eficaz. Estava trabalhando menos e mais coisas estavam acontecendo. Eu estava desenvolvendo uma nova confiança na minha habilidade de orientar meu vôo. Era um sentimento muito diferente do meu planejamento cuidadoso, ansioso e cognitivo das sessões. Estava exercendo a liderança pelo uso espontâneo do *self*.

EM DIREÇÃO À LIDERANÇA TERAPÊUTICA: SOBRE A CONSTRUÇÃO IMAGINATIVA

O *feedback* final de Sal para mim foi: "Você é pega quando ouve muito de perto a linguagem. Para manter a liderança, você deve se tornar centrada em sua experiência com a família". Ouvir meu *self* interior ajudou-me a descobrir e a definir reações internas e a usá-las como trampolins. Eu estava começando a me dar conta de que a inspiração de minha imaginação poderia ajudar a transportar-me para um plano diferente, transcendendo a linguagem, o humor, a realidade e o transe saturados de problemas da família. A colaboração com a família era essencial, mas a imaginação era um recurso interior importante que poderia reforçar minha influência terapêutica, especialmente quando traduzida em movimento para a família.

Eu senti tristeza à medida que o ano de treinamento aproximava-se de seu final. Dei-me conta de que expandir meu *self* não é uma tarefa simples nem breve. Como o maestro de uma orquestra, precisava usar todos os meus recursos instrumentais. O treinamento confirmou o que eu sabia sobre terapia, supervisão e mudança. Tem a ver com a saltologia – o estudo dos saltos. Para mim, os maiores passos de crescimento seguiram-se a sessões em que um forte desafio era equilibrado com preocupação e presença. Uma vez que o holofote estava apontado em uma direção e que compreendia o que precisava mudar, eu conseguia abraçar o desafio e seguir em frente.

Assim como os terapeutas nunca são invisíveis para as famílias, os supervisores nunca são invisíveis para os alunos. Sal Minuchin ensina de forma direta e indireta. Ele cria um tipo de duplo vínculo difícil para um aluno: "Você é perito em fazer isso e fica impedido de prosseguir porque é tão bom nisso". Ele positivamente conota comportamento, e então abre falência à sua utilidade. Canais antigos são bloqueados à medida que ele nos desafia a arriscar um novo comportamento, a criar uma intensa motivação propelida pela energia positiva do relacionamento. Quando há alternativas, Sal as estabiliza, e então continua até o próximo desafio.

Minha experiência de treinamento foi inquestionavelmente um processo transformador em muitos níveis: a técnica do terapeuta, seu estilo, suas tendências de personalidade e sua programação de origem familiar. Pressão e estresse eram necessários para o processo. O resultado foi uma terapeuta mais forte, mais autêntica e mais resiliente, com uma crença renovada em mim mesma. Ao refletir com gratidão sobre minha experiência na situação aflitiva, eu estou muito impressionada com o engajamento pessoal de Minuchin com suas famílias e com seus alunos, com sua profunda fé na capacidade de as pessoas continuarem a crescer e a expandir seu potencial. Outra coisa que também é notável quanto ao estilo de supervisão intenso de Sal é que, quando você sai da situação aflitiva, pode olhar para trás e dar crédito a si mesmo por realizar o trabalho que permitiu que a transformação ocorresse.

PÓS-ESCRITO: DEZ ANOS DEPOIS

Minha experiência de supervisão "dentro da situação aflitiva" foi toda sobre correr riscos, ser desafiada e expandir-me. A experiência teve um grande impacto inicial sobre mim, produzindo efeitos graduais bem além do consultório. Ao longo do tempo, alguns dos efeitos desgastaram-se, mas um processo de autodescoberta significativo foi iniciado e continua até hoje.

Quando iniciei a supervisão com Sal, em 1994, meu filho mais velho estava saindo de casa e iniciando a universidade. Hoje, meu terceiro filho, e o mais novo, está se formando na universidade e começando a fazer sua vida. Eu estou em um estágio diferente da vida: uma mãe com o ninho vazio que cuida de filhos adultos maravilhosos, aprecia novas aventuras de viagem com seu marido, escreve e trabalha em tempo integral com casais e famílias em prática privada. Essas mudanças contextuais expandidas certamente também contribuíram para meu processo de autodescoberta.

Dez anos após meu treinamento com Sal, ainda vejo a experiência como um dos pontos altos de minha vida profissional. O sonho de estudar com Sal, de tornar-me mais sofisticada em terapia familiar estrutural e de aprender sobre meu próprio estilo, ajudaram-me a correr o risco de fazer Sal inspecionar o meu trabalho. Os esforços de Sal para me ajudar a desenvolver a "integração" em meu trabalho clínico atenderam às minhas aspirações, mas ele tinha uma visão mais clara do que era necessário. Ele via que, para meu trabalho tornar-se mais "integrado", eu teria que expandir meu estilo terapêutico – para ser capaz de reivindicar uma "presença" mais terapêutica pessoal na sala de terapia.

Minha experiência de supervisão foi relativamente curta (nove sessões de outubro de 1994 a abril de 1995, durante o último ano de Sal em Nova York), mas foi intensa e plena de autodescoberta. Sal compreendia quem eu era, juntou-se a mim e desafiou meu estilo cognitivo elaborado demais. Ele me pressionou a me esforçar e a confiar mais em minha experiência emocional pessoal no consultório. A descrição resumida autobiográfica que me foi solicitada para seu livro ajudou-me a explorar a programação da família de origem em meu estilo emocional. A supervisão levou-me a passar por uma "re-evolução" interna: uma liberdade crescente de usar a mim mesma com mais criatividade. Sal encorajou-me a adotar o uso do processo emocional descontínuo de Carl Whitaker. Comecei usando associações livres, construindo fantasias e criando metáforas esculturais concretas nas sessões. Meu enfoque expandiu-se para além de analisar interações comportamentais até a reagir a estilos emocionais de membros das famílias. Quando a supervisão terminou, eu estava me baseando mais em usar a mim mesma, o que me fez sentir mais resoluta e mais flexível como terapeuta. Senti-me mais à vontade e mais efetiva em usar desafios. Com os alunos, expandi meu repertório de supervisão geralmente apoiador e incluí um enfoque mais sintonizado a seus estilos clínicos. Além disso, tendo sobrevivido ao treinamento de Sal, não seria pouca coisa que me intimidaria.

O enfoque de Sal sobre o "mistério do tratamento hassídico" tornou-se um tanto profético quando, imediatamente após meu treinamento na primavera de 1995, enfrentei vários episódios de câncer de pele, os quais requereram cirurgias faciais significativas. Minha abertura recém-descoberta para privilegiar a experiência emocional ajudou-me a embarcar numa jornada de cura pessoal fantástica, levando a uma década de desenvolvimento espiritual significativo e a melhores condições de saúde. Estando nesse caminho, continuei a criativamente aplicar meu interesse em espiritualidade e em doenças médicas para desenvolver grupos de discussão/estudo espiritual para pacientes, assim como integrar esse trabalho clínico com meu histórico judaico.

Humberto Maturana uma vez sugeriu que a direção da mudança não pode ser totalmente prevista. Após o treinamento, no verão de 1995, juntei-me a um grupo musical Klezmer por brincadeira. Nós nos denominávamos "The Tummelers" (aqueles que fazem um barulho alegre). Comecei com o violão e depois passei para todos os tipos de instrumentos de percussão. Também cantei e dancei por um tempo, tudo o que requeria uma expressão espontânea de sentimentos. Um dia notei que a sacola na qual eu estava carregando meus instrumentos musicais era a mesma que eu carregava em Nova York para meu treinamento com Sal. Foi então que me dei conta da conexão entre a supervisão de Sal e meu salto intuitivo em direção a um treinamento continuado em espontaneidade emocional por intermédio da música.

Além de querer aprender, sei que busquei a supervisão de Sal para receber validação e reconhecimento como terapeuta. Interagindo com Sal e recebendo seu *feedback* positivo, aumentaram enormemente minha autoconfiança e meu nível de conforto para lecionar e supervisionar. Isso também ampliou minha auto-expressão, resultando em uma agitação de publicações e de apresentações nos anos subseqüentes. Meu senso de mim mesma expandiu-se e ajudou-me a ser levada para novos lugares.

A conexão com Sal colocou um processo de crescimento em ação, mas nove sessões não foram suficientes para absorver todas as complexidades da terapia familiar estrutural, ou para superar anos em que se privilegiou um certo estilo. Sempre acreditei que são necessários vários anos de treinamento contínuo para se integrar novas maneiras totalmente. Além disso, devemos ter um contexto que reforce os novos comportamentos, e meu cenário isolado de prática privada não proporcionou tais oportunidades. Ficar altamente harmonizado com um processo relacional e emocional dentro da sessão, em vez de decair para um enfoque no conteúdo, requer uma revisão rigorosa de videoteipes, uma supervisão contínua ou estar com colegas que reforçam a perspicácia.

Durante minhas nove sessões de supervisão com ele, Sal fez mais desafios ao meu estilo de valores iniciais do que explicando ou demonstrando maneiras de expandi-lo. Bloquear um caminho cria uma busca por alternativas, mas pode não levar, automaticamente, a alternativas que sejam mais viáveis. Essas novas maneiras freqüentemente precisam ser mostradas, praticadas e reforçadas. Para mim, mais explicações de Sal poderiam ter ajudado. Porém, também estou ciente de que conseguir que eu explicasse menos em minha terapia foi precisamente a mudança em meu estilo que Sal estava tentando obter, então talvez houvesse alguma intenção isomórfica aí. Estou muito ciente de que, quando comecei a demonstrar mais expressão emocional pessoal em minhas sessões de terapia, Sal foi rápido em reforçar esses comportamentos a fim de estabilizá-los.

Nos anos seguintes ao meu treinamento, até 2003, tentei me ater à minha aprendizagem e reforçá-la observando Sal tratar famílias a cada ano durante uma sessão de treinamento intensiva no verão. Porém, ao longo do tempo, a perda de estímulo contínuo teve o efeito de diminuir o retorno de minhas habilidades e do meu nível de confiança. Quando meu filho mais novo saiu de casa, em 2001, terminando minha tarefa de maternagem "no local", em vez de encontrar um aumento de energia profissional disponível como eu esperava, encontrei-me desejando descansar e parar por um tempo. Depois de quase 30 anos de trabalho clínico e de quase o mesmo tempo de ensino e supervisão de casos de outros, agora sentia uma necessidade de investir em mim mesma. Refleti que eu provavelmente me doava mais ao ensino e à supervisão do que a meu próprio desenvolvimento clínico. Comecei a sentir que não tinha sido tão completamente "transformada" por meu encontro com Sal como tinha originalmente pensado ou desejado.

Em 2003, comecei uma supervisão clínica mensal com Harry Aponte para dar continuidade ao processo de crescimento que Sal havia iniciado. Tendo começado meu trabalho clínico como uma terapeuta sistêmica decidida que não tinha sido treinada em psicoterapia dinâmica anteriormente, hoje estou obtendo, como resultado de meu trabalho com Harry, uma compreensão mais sofisticada de entrelaçar os mecanismos de defesa subjacentes à interação de estilos emocionais. Essa consciência mais profunda tem ajudado minha terapia a ter mais "tração emocional". Também aprendi a concentrar-me mais na responsabilidade pessoal dos indivíduos e na responsabilidade entrelaçada. Às vezes, encontro-me subvertendo conceitos sistêmicos consagrados em favor de responder às exigências emocionais do momento - uma experiência que é tanto perturbadora quanto expansiva. Acho que o crescimento contínuo é mais dolorosamente lento, mas o fato de que os membros da família estão usando mais uma rede nas sessões é um *feedback* encorajador. A terapia familiar estrutural continua sendo minha orientação teórica principal, mas eu seleciono livremente a partir de uma sacola de ferramentas que contém a sabedoria técnica cumulativa da área.

Sempre gostei de pensar sobre mim como uma aprendiz para a vida toda porque acredito que ou você cresce ou fica estagnada. Sal continua a ser um exemplo inspirador nesse aspecto, desenvolvendo novidades e expandindo com elas à frente dos tempos. Sinto meu caminho atual tanto estimulador quanto enriquecedor. Estou grata a Sal por ser o "facilitador" que deu início ao processo. Mesmo hoje, eu aproveitaria uma oportunidade de aprender com sua vocação clínica. Para mim, espero que a próxima década, ou as próximas duas décadas, conduzam-me para mais perto de meus objetivos de ser mais eficiente e econômica em minhas intervenções, pois procuro a simplicidade e a graça que pode chegar com a idade e a experiência. Enquanto a terapia é mais freqüentemente confusa do que artística, ainda aspiro a tornar minha terapia algo como um desenho de Picasso, com amplas pinceladas simples que dizem tudo.

— 13 —
Os homens e a dependência
O tratamento de um casal do mesmo sexo

David E. Greenan*

> *Em nossa primeira entrevista, David queria que eu soubesse que ele era gay. Acho que ele me contou isso antes mesmo de descrever seu treinamento em terapia familiar. Não sei o que ele queria que eu fizesse ao saber disso, apesar de ser claramente algo que ele não desejava esconder. Mas é claro que essa definição de si mesmo também me definiu como heterossexual. Isso criou um mundo em que tínhamos de nos encontrar a partir de continentes diferentes, definidos por nossa orientação sexual. Ele também me disse que havia sido ator e diretor durante 10 anos. Disse-lhe que uma de minhas ambições não-realizadas na vida era ser dramaturgo. Isso uniu os continentes para mim, apesar de não achar que teve qualquer efeito sobre ele. A questão da autodefinição tornou-se o foco de nosso diálogo na supervisão.*
>
> *Um dos problemas que o pós-modernismo introduziu na terapia familiar é seu foco na diversidade. O desafio do imperialismo da cultura dominante pode produzir um mundo de pequenas pistas de corrida, onde somos protegidos contra o Outro.*
>
> *David estava trabalhando com um casal homossexual que o havia escolhido porque, entre outras coisas, eles acreditavam que, por ser homossexual, os compreenderia melhor e também o contexto. Quando*

---

* David E. Greenan é terapeuta familiar e psicólogo em Nova York. Leciona na faculdade do The Minuchin Center for the Family, onde dá consultas em hospitais, ajudando famílias da parte mais pobre da cidade. Professor assistente adjunto no Teachers College, da Universidade de Colúmbia, ensina e supervisiona alunos no doutorado em terapia familiar. É co-autor do livro altamente aclamado *Couple therapy with gay men* (Guilford, 2003).

> *David decidiu trazer esse caso para a supervisão comigo, atravessou o limite de nichos culturais restritos, confiando que eu poderia respeitar as idiossincrasias do casal e do terapeuta e juntar-me a eles com minha compreensão de aspectos universais dos casais. Aceitei prontamente sua decisão, pois, como Harry Stack Sullivan, acredito que "toda e qualquer pessoa é mais humana do que o contrário". Essa crença não nega as diferenças ou se opõe à diversidade, mas incorpora as idiossincrasias de nossa complexa humanidade.*
>
> *Como ficará claro a seguir, o processo foi complicado. Nem David nem eu estávamos à vontade. No começo, David sentia que, como representante da comunidade gay, tinha de defender sua "qualidade de gay" contra os meus preconceitos e os de outros supervisores. Eu, por minha vez, senti que, para unir-me a David, teria que andar delicadamente, ser cauteloso em minhas respostas de supervisão e abrandar meus desafios. Enquanto a terapia e a supervisão prosseguiram, aprendemos a confiar na perspectiva um do outro. A terapia de David tornou-se mais complexa à medida que ele se tornou apenas um terapeuta familiar que era gay, e seus pacientes tornaram-se menos representantes de um grupo social e mais idiossincráticos em sua dança como casal.*

Nasci justamente quando a companhia de infantaria montada de meu pai chegou à África setentrional para preparar a invasão da Itália, durante os estágios finais da Segunda Guerra Mundial. Quase três anos depois, quando ele retornou para nossa casa no norte da Nova Inglaterra, segundo dizem, gritei de meu berço: "Quem é esse homem?". Seja a história exata ou não, ela tem um significado simbólico para mim. Como entrar em contato com meu pai – ou com mentores e amigos homens – tinha sido um desafio por toda a vida. Em minha experiência, não sou o único a passar por essa situação. Em minha família, os homens sabiam como competir uns com os outros ou como colaborar em alguma tarefa, mas tínhamos dificuldades em expressar nossos sentimentos, de reconhecer nossa necessidade uns dos outros.

Depois de retornar do exterior, meu pai dedicou-se totalmente ao trabalho, construindo uma prática como médico de uma cidade pequena. Como seu pai havia sido, ele também era um bom provedor para a família. Eu era o mais novo de três filhos. Minha irmã mais velha morreu quando era bebê. Meu irmão é quatro anos mais velho, sempre à frente de mim no que tange a desenvolvimento. Eu nunca conseguia chegar ao nível dele. Quando ingressei no primeiro ano do ensino médio, ele estava pensando na universidade. E quando iniciei o último ano do ensino médio, ele ingressou na universidade. Meu irmão e eu tínhamos papéis específicos em nosso sistema familiar. Meu papel era estar a postos para quando meu pai estivesse ausente. Quando ele estava presente, eu era empurrado para ser o pacificador da família. Meu irmão teve muita sorte, conseguindo fazer o papel de rebelde, um papel que sempre cobicei. Foi difícil para mim assumir o empurrão para o papel de pacificador, e isso influenciou o modo como inicialmente trabalhei com famílias como terapeuta. Para mim, famílias desafiadoras significavam conflito e, conflito, especialmente entre homens, deveria ser evitado.

A hierarquia patriarcal da Igreja Católica teve um papel central em minha família de origens célticas, em paralelo com a sua dinâmica emocional. Freiras me ensinaram o catecismo e tentaram me treinar em subserviência, tentando domar meu desejo de ser o rebelde da turma. O padre permanecia como a figura de autoridade máxima e afastada dentro desse sistema. O problema era que ele também permanecia evasivo, escondido atrás da tela do confessionário. Os pais de meu pai, ambos imigrantes da classe trabalhadora, que morreram antes de eu nascer, devotaram-se à norma cultural deles de que um padre, ou um médico, era o cidadão mais estimado em uma cidade. Dizem que eles deram a meu pai essas duas escolhas de carreira – poderia ser padre ou médico. Felizmente para mim, ele escolheu tornar-se médico. Como uma segunda geração de americanos de origem irlandesa, ele sentia uma forte necessidade de assimilar-se e de ser bem-sucedido. O dialeto do inglês na Irlanda nunca foi ouvido em nossa casa.

Além de minha mãe, as mulheres na família consistiam de uma avó materna e de suas três irmãs. Elas amavam muito a mim e ao meu irmão. As mulheres conseguiam expressar afeição na minha família. A única vez em que os homens poderiam ser desculpados por demonstrar seus sentimentos era quando estavam sob o efeito do álcool. Então, sua erupção de sentimentos poderia ser atribuída a "tomar uísque". Essa norma foi reforçada para mim juntamente com outro tabu cultural contra os sentimentos eróticos pelo mesmo sexo. Quando adulto, tive que lutar às vezes com sentimentos de vergonha e fraqueza que surgem quando preciso de apoio e acalentamento de um homem. A mensagem não-expressa que internalizei quando criança igualava minhas necessidades de acalentamento *masculino* com fraqueza ou defeito. E não acho que esses sentimentos sejam exclusivos a mim como um homem *gay*. A vergonha que experiencio ao negociar necessidades íntimas com um homem é um tema recorrente que observo quando trabalho tanto com homens heterossexuais quanto com homens *gays*.

A família de origem e a cultura contribuíram para tornar-me um futuro terapeuta familiar. Outra grande influência que formou minha identidade profissional como terapeuta familiar foi minha carreira anterior no teatro. Durante dez anos, antes de retornar à universidade para me graduar como psicólogo, fiz um treinamento e trabalhei como ator. Uma grande parte desse treinamento foi feito com Uta Hagen e Herbert Berghof, os quais enfatizavam que a essência do teatro é a ilu-minação do comportamento humano à medida que o autor assume o imaginário "como-se" do caráter nas circunstâncias do jogo. A auto-observação e o uso de si mesmo para explorar as experiências universais das quais compartilhamos como seres humanos formaram a base da verdade essencial e da arte da experiência teatral. Também não foi um treinamento ruim para um terapeuta. Devido à minha origem familiar, não é de se surpreender que eu era atraído por uma forma de arte que encoraja a expressão dos sentimentos. Porém, a vida de um ator é freqüentemente formada por desemprego crônico, incompatível com meu valor familiar de ser diligente e auto-suficiente.

Em 1986, respondendo às muitas perdas que eu havia experienciado com a epidemia de AIDS, comecei a fazer trabalho voluntário com indivíduos e famílias que enfrentavam a AIDS. Eu achava o trabalho desafiador e recompensador, tanto que decidi voltar à universidade para estudar o impacto de doenças catastróficas em famílias. Durante a universidade, também trabalhei intensamente estudando dinâmica de grupos. Os conceitos de processo paralelo e de identificação projetiva me interessavam muito, assim como expandir meu treinamento prévio como ator. Eu aprendi que, se pudesse compreender sentimentos e comportamentos induzidos pelo grupo, teria *insights* sobre o processo psicológico do grupo como um todo. Apesar de não saber disso naquela época, esse treinamento também serviria como um trampolim para a expansão de meus papéis àquele de um terapeuta familiar sob a supervisão de Sal Minuchin.

Quando iniciei minha residência clínica, comecei a trabalhar com famílias pela primeira vez desde que tinha sido voluntário durante meus primeiros anos na universidade. Como residentes, aprendíamos um modelo estratégico para trabalhar com famílias, com treinamento e tarefas para fazer em casa focalizados na solução, dados no final de cada sessão. A supervisão era feita ao vivo por trás de um espelho unidirecional. Era um meio relativamente bom. O conflito era minimizado nas sessões.

Esperava-se que a família fizesse grande parte de seu trabalho entre as sessões. As sessões freqüentemente eram usadas como um período de *check-up* para determinar os objetivos das famílias e monitorar seu progresso nas tarefas para fazer em casa. O conceito de usar meus sentimentos como uma ferramenta de diagnósticos para construir hipóteses sobre a dinâmica da família, ou encorajar dramatizações na sala de tratamento, a fim de observar como a família co-construía uma à outra, ainda não fazia parte de meu repertório como terapeuta familiar.

Quando concluí meu ano de pesquisa de doutorado, comecei a supervisão com Minuchin. Também estava trabalhando, tendo uma bolsa federal, para desenvolver intervenções de sistemas para mulheres perinatais, que eram viciadas quimicamente, na parte pobre da cidade. Muitas das intervenções que desenvolvemos para essas mulheres sem-teto focalizavam-se na crença de que, se elas pudessem assumir seus papéis como mulheres e mães responsáveis, seriam motivadas a levar vidas livres das drogas. As intervenções desenvolvimentistas que permitiram que elas reunissem suas famílias desafiou a norma tradicional da comunidade terapêutica que postula que o autotratamento é o ingrediente necessário para ficar livre das drogas. Simultaneamente, estava trabalhando com famílias mais tradicionais e continuei a atender casais de homens, um interesse que havia desenvolvido enquanto fazia minha pesquisa para o doutorado. Quando comecei a supervisão com Sal Minuchin, escolhi apresentar primeiro uma família oriental de classe média. Vários meses se passaram antes que eu tivesse a coragem de trazer um casal de homens para fazer supervisão. Em retrospecto, dou-me conta de que minhas defesas contra sentir-me vulnerável em relação aos homens já estavam mobilizadas quando comecei a supervisão. Sentimentos antigos, o medo de ser exposto como incompetente, como impostor, erigiam suas partes não-aceitas. Apesar de achar que todos os homens compartilhem desses sentimentos, eles são tóxicos principalmente para homens *gays*, pois somos freqüentemente encorajados pela sociedade a apresentarmos o "falso *self*", a adaptar-nos à cultura heterossexual maioritária.

O CASAL DE HOMENS E AS QUESTÕES DE TRATAMENTO

De algum modo, no meio de um inverno muito longo, reuni a coragem para trazer um casal de homens para supervisão. Revelei minha orientação sexual a Sal durante minha entrevista inicial, mas senti que estava me revelando para ele novamente. Além disso, não estava seguro como meus colegas sob supervisão iriam responder. Mais desconcertante de tudo foi meu medo de que o casal e, por inferência, todos os homens *gays*, fossem tratados como portadores de uma patologia.

> *Essa necessidade de solidariedade não foi um bom presságio para a tarefa terapêutica que exige uma exploração do casal individual com suas idiossincrasias em vez de suas universalidades.*

O casal consistia de Robert, um artista de 30 anos, e de Samuel, um executivo financeiro de 37. Eles moravam juntos há dois anos. Robert não tinha "se revelado" até os 20 e poucos anos, e esse era seu primeiro comprometimento em um relacionamento. Samuel, que relatou que sabia que era *gay* desde a infância, já havia tido vários relacionamentos de longo prazo.

Na primeira vez em que atendi o casal, Robert pulou para dentro da sala usando um boné de beisebol, uma camiseta atlética, calça *jeans* e tênis. Ele parecia ter bem menos de 30 anos. Ele facilmente se engajou e prontamente expôs detalhes sobre sua vida. Samuel, vestindo um traje formal de *tweed*, parecia reservado. Ele contou que trabalhava muitas horas por dia em Wall Street e freqüentemente sentia-se oprimido por seu trabalho. Parecia exausto e muito mais velho para a sua idade.

Na primeira sessão, o casal identificou seu principal problema como dificuldades de comunicação. Eles haviam participado de uma cerimônia de comprometimento no ano anterior, mas, como muitos casais do mesmo sexo, ainda não tinham desenvolvido rituais que os identificasse como uma família. Apesar de Robert ser gregário e de terem um charme ocidental, eles pareciam reservados. Eu tive dificuldades para extrair problemas específicos que eles estavam experienciando. Para ir devagar, inicialmente me concentrei mais neles como indivíduos do que como um casal. Escolhi fazer um genograma que tirou o foco do casal e explorou suas histórias individuais.

Ambos tinham crescido no oeste dos Estados Unidos. Samuel relatou ter sido criado em família aristocrática, cercado de antigüidades e lindas peças de porcelana. Sua família tinha grande dificuldade de expressar sentimentos. As emoções eram expressas principalmente por meio de discussões com palavras intelectuais. Seu papel em sua família de origem era ser o confidente de sua mãe e de "consertá-la", sempre que ela ficasse perturbada. Eu estava ciente de sentir-me escrutinado por ele e, quando tentei uma intervenção com pretensões de desafiá-los enquanto casal, senti que ele me repudiou.

Robert relatou ter sido criado por padrastos. Ele cresceu em uma família da classe trabalhadora altamente volúvel, onde os limites eram inexistentes e o caos emocional o oprimia. Ele falou com raiva sobre não ter sido capaz de reconhecer que era *gay* até os 20 e poucos anos. Ele não parecia psicologicamente frágil, mas relatou uma história de instabilidade emocional. Na faculdade, ele havia sido tratado para depressão, mas não havia experienciado nenhum sintoma desde sua graduação. Ambos relataram histórias de terapia individual e tinham a facilidade com o jargão psicológico como prova disso.

Um dos fatores estressores que o casal experienciava mutuamente era a tensão de dificuldades financeiras. Robert estava sem dinheiro, não tendo vendido nada de seu trabalho artístico há vários meses. Ele tinha feito alguns trabalhos passageiros, mas nada que pudesse aliviar as pressões financeiras do casal. Para fins práticos, o salário de Samuel era a fonte de renda do casal, e ele parecia ter o controle do lar também. Com esse material vindo à superfície, senti que tínhamos muito com que trabalhar. Fizemos um contrato de oito sessões.

EVITAÇÃO DE CONFLITOS

Durante a terceira sessão, Robert disse que estava ansioso quanto à aproximação dos feriados natalinos. No último ano havia sido difícil para eles. Robert relatou que tinha tido um breve caso com outro homem pela segunda vez desde que eles estavam juntos como um casal.

Na semana anterior, tinham ido a uma festa alegre, onde Samuel ficou bêbado, incitando os antigos medos de Robert de que seu relacionamento estava instável. Samuel disse que ele estava usando o álcool para aliviar a tensão que sentia em seu trabalho. Ele concordou em limitar o uso do álcool para dois drinques a cada vez. Eu também estava preocupado com o uso de uma terceira pessoa para aliviar a tensão em seu relacionamento. Eles concordaram em não ter casos extraconjugais durante o tratamento.

Na época em que trouxe esse casal para supervisão, eu estava frustrado com meu próprio sentimento crescente de impotência e ineficiência com relação a eles. Eu tinha terminado as duas últimas sessões tentando consertar suas diferenças durante a sessão, temendo que eles poderiam se separar antes da sessão seguinte. Vendo em retrospecto, fui pego na antiga crença de que os conflitos interpessoais sempre levam a um distanciamento.

A boa notícia foi que eles relataram ter passado os feriados sem vivenciar um incidente importante. Pela primeira vez eles tinham passado o Natal e o Ano Novo juntos como um casal, socializando com outros casais em vez de retornar separadamente para suas famílias de origem. Eu apoiei esses novos comportamentos normalizando a necessidade de os casais encontrarem seus próprios rituais e tradições à medida que criavam sua família adulta. Mas as explosões no final de cada sessão continuavam, possivelmente indicando que precisavam fazer alguma coisa que eu não estava permitindo.

> *David assumiu duas tarefas, sendo que apenas uma delas era terapêutica. A tarefa terapêutica era seu relacionamento com Robert e Samuel. Mas ele também viu a si mesmo como um portador padrão de um grupo. Ele tinha medo de que, se falhasse terapeuticamente, seria culpado como um homem gay pelo fracasso de um casal gay.*
>
> *Enquanto eu o tinha visto trabalhando com outras famílias, quando ele era um terapeuta familiar que era gay, aqui ele se via como um terapeuta familiar gay.*

Apesar de eu não estar ciente disso, um processo paralelo já estava ocorrendo em meu grupo de supervisão. Eu estava tão ansioso sobre deixar Minuchin ver-me como terapeuta familiar como o casal havia estado quanto a me deixar entrar em seu relacionamento. Meus colegas de supervisão disseram-me que eu tinha descrito os homens muito claramente como indivíduos, mas não tinha dado sentido aos homens como casal. Fiquei surpreso quando assisti à fita, vendo quão calmo eu parecia, sabendo o quão ansioso eu me sentia de o casal ser considerado como uma patologia e de eu ser percebido como incompetente. Também fiquei surpreso ao ver o quanto minha apresentação calma na supervisão espelhava a maneira descansada de Samuel na sessão, uma outra pista para o processo paralelo que estava ocorrendo.

Mantive uma conduta profissional para esconder minhas ansiedades e medos de incompetência. Mas Sal acalmou meus medos com seus primeiros comentários: "Eu não sei muito sobre casais de homens e não tenho certeza de que o grupo tenha muita experiência com eles. Você terá de nos educar".

Eu tinha ficado preocupado com essa supervisão. Sabia da relutância de David em apresentar um casal do mesmo sexo, e estava determinado a que nenhuma homofobia vinda de mim ou do grupo o embaraçasse ou interferisse em seu progresso como terapeuta. Então, comecei a supervisão atribuindo-lhe a tarefa de ensinar-nos e refreei meu impulso de comentar sobre os padrões de interação do casal e sobre o fato de a maior parte das intervenções de David serem dirigidas a insights *individuais.*

É claro que, evitando um desafio direto, eu estava restringindo minha liberdade de supervisão e, involuntariamente, juntando-me à evitação de David.

Os comentários de Sal, além de me fortalecerem para assumir meu papel, ajudaram-me a me concentrar na dinâmica que pode ser característica de casais de homens, assim como na dinâmica que eles compartilham com casais heterossexuais. Pensei sobre a teoria desenvolvimentista da formação da identidade *gay* e sobre a necessidade exagerada que os homens *gays* freqüentemente experienciavam de manter sua independência. Em geral, os homens são aculturados para serem independentes. Porém, para os homens *gays*, as necessidades de dependência em um relacionamento íntimo com um outro homem podem incitar medos de rótulos vergonhosos prévios. Ou seja, como adultos em relacionamentos íntimos de homens, os homens *gays* podem reexperienciar muitos incidentes vergonhosos da infância, relembrando memórias de serem condenados ao ostracismo pelas figuras dos colegas e do pai por serem "veados". Então, quando um homem *gay* em um relacionamento íntimo com outro homem experiencia a necessidade de ser defendido e confortado, ele pode rejeitar a necessidade porque confunde o sentimento com o rótulo homofóbico internalizado de que ele é "veado", defeituoso. Além disso, como com qualquer casal, as necessidades de dependência podem incitar o medo de fusão e de enredamento.

Fiquei pensando se minhas intervenções os estavam conduzindo para longe de suas necessidades como casal. Sal confirmou o meu medo. "Eu não os vejo como um casal. Há negação de sua complementaridade como casal. Sua ênfase está em trabalhar com o indivíduo. Mas acho que a dependência dentro de um casal é uma coisa boa". Mais tarde, ele disse: "Estou interessado em como eles são como casal. Mas eu passaria para a concretude com eles, pois essa é uma família que fala sobre conversar. Eles conversam sobre generalidades, então eu passaria para os detalhes.

Seu uso de metáforas intelectuais está perdido porque, com um intelectual como Samuel, elas não são uma novidade".

Saí da sessão de supervisão refletindo se eu também fui pego em uma dinâmica semelhante, superintelectualizando sentimentos para me defender contra o medo da dependência de meu supervisor. Minha própria necessidade de aprovação e aceitação estavam me impedindo de correr riscos para ser mais criativo no tratamento e mantendo-me na defesa contra a exposição de meu sentimento de vulnerabilidade por não ter as respostas. À medida que continuava a trabalhar com Minuchin e com esse casal, esclareci para mim mesmo meus próprios "pontos cegos" contra as necessidades de dependência.

> *Uma das complexidades de se supervisionar o estilo de um terapeuta é que, enquanto estou focalizando o sistema e a expansão terapêutica do repertório do terapeuta, posso, involuntariamente, estar tocando em aspectos da vida individual do supervisionado. Acho que esse fenômeno caracteriza a maioria dos encontros humanos e, enquanto estou ciente de minhas intenções de supervisão, não sei como minha intervenção pode estar reverberando para o indivíduo. Essa é outra maneira por que a terapia e a supervisão são isomórficas. O supervisor deve ser respeitoso porque ele é responsável pelos efeitos de suas intervenções.*

A sessão posterior de supervisão com esse casal ocorreu cerca de um mês depois. Nesse ínterim, eles haviam comparecido a três sessões. Dessa vez, Robert relatou estar se sentindo muito deprimido e ansioso quanto a pensamentos adolescentes recorrentes de se ferir, e Samuel parecia letárgico e deprimido. Seus estados de humor contrastavam com os da sessão anterior, quando eles tinham entrado entusiásticos e afetuosos um com o outro. Dessa vez, relataram terem feito uma "travessura" com um terceiro homem durante o fim de semana. Tinham ido a uma danceteria, onde o outro homem havia manifestado um interesse sexual por Samuel. Levaram-no para casa e passaram a noite juntos.

Imediatamente fui envolvido na dinâmica do programa a três e senti que isso poderia ser uma influência desestabilizadora sobre o casal. Concentrei a sessão sobre o incidente e reestruturei o evento conforme a maneira de Samuel de cuidar do relacionamento – uma intervenção que não se unia ao casal. Minha compreensão da dança do casal tinha sido que a apresentação de Samuel de uma terceira parte que estava explicitamente interessada nele permitiu-lhe uma intimidade moderada no relacionamento deles. A terceira parte temporariamente salvou Samuel de ter de lidar com os sentimentos de vazio emocional de Robert. A dinâmica também pode ter servido para refrear os medos de fusão e de enredamento dentro do relacionamento, pois as possibilidades de uma intimidade mais profunda aumentaram durante a sessão.

Minuchin apresentou outro possível curso que a sessão poderia ter tomado. "Quando um casal heterossexual me consulta e fala apenas sobre sexo, eu os levo a falar sobre quem lava a louça. A mesma dinâmica é vista em todas as transações deles." Mais adiante na sessão, usando a terminologia de Rorschach, disse, "estou interessado em *dds* e não em *Ws*. Parta das generalidades para as coisas específicas".

> *Nesse ponto, eu estava convencido de que a ideologia de David estava impondo desvantagens em seu tratamento. Ele estava vendo um casal do mesmo sexo. Eu estava vendo um casal que, como todos os casais, tratava de questões de poder e intimidade nos pequenos detalhes dos eventos diários.*

O que me confundiu foi que na sessão em que eles relataram ter participado de um programa a três, Samuel e Robert estavam se comunicando de maneiras que eu não tinha visto antes. Parecia que eles conseguiram ouvir um ao outro pela primeira vez. Samuel falou sobre seu medo de que ele precisava "consertar" Robert quando seus sentimentos de fracasso como artista o oprimiam. Robert tinha conseguido contar a Samuel que ele não precisava de conserto, se Samuel apenas o escutasse. Robert também falou sobre seu sentimento de adolescência perdida, de não ter namorado nenhum homem até quando tinha 20 e poucos anos. Eles falaram um com o outro, como tentativa, sobre seus medos de fusão e absorção no relacionamento. Eu tinha me concentrado na dinâmica da introdução de uma terceira parte no relacionamento, perdendo uma oportunidade de destacar sua maior capacidade de ouvir um ao outro.

Sal focalizou principalmente a minha proximidade com o casal. "Você trouxe novidades ao relacionamento, e isso é bom, mas o que você está vendo é o perigo. Você está próximo demais deles. Sua resposta à novidade deveria ser apoiadora. Em vez disso, você manteve sua linguagem clínica. Eles estão descobrindo complementaridade, experimentando a si mesmos como indivíduos dentro de um casal. Use a linguagem do construcionismo. 'Samuel, você está criando um Robert em que pode confiar. Robert, você esta criando um companheiro que não é um pai'. Você deve dizer-lhes que eles estão fazendo um trabalho muito bom. É importante salientar o comprometimento, a descoberta genuína de ser um casal e de reforçar esse comportamento. Se vejo um bom momento, desejo enfatizá-lo, evito os maus momentos. Do contrário, você difunde o efeito do comportamento novo que o casal alcançou."

Eu não tinha apoiado o novo comportamento que observara naquela sessão. Esse foi um ponto cego na minha compreensão de construir relacionamentos.

Várias semanas e sessões se passaram até minha próxima apresentação. O casal novamente experienciou um programa a três. Eu criei uma narrativa que focalizava a necessidade de Robert de agitar o relacionamento e de acordar Samuel, emocionalmente engajando uma terceira pessoa. Sabendo que muitos casais *gays* relatam que negociam com sucesso um relacionamento aberto, também questionei minha visão de que casos extraconjugais não funcionam para a maioria dos casais.

Nessa sessão que apresentei, Robert tinha ficado altamente emotivo e Samuel se fechou, dizendo que estava cansado demais para trabalhar.

> *Quando vi a dinâmica do casal, Robert era um jovem brilhante, um tanto exigente e infantilizado ao qual Samuel respondia com cautela estudada. Quando Robert estava com raiva de Samuel, Samuel diminuía seu ritmo e tornava-se pedante, assumindo uma postura de afastamento que incitava Robert a procurar proximidade.*

Eu estava ciente de sentir-me aborrecido com Samuel e do que percebia ser sua posição de retenção. Ofereci a ele duas escolhas. "Nós podemos terminar a sessão ou você pode pegar um pouco de café para se acordar!" Apesar de ciente sobre a minha frustração com Samuel, eu não tinha distanciamento suficiente do casal para compreender e usar meus sentimentos.

Minuchin respondeu à fita, "Samuel o faz ficar bravo à medida que você tenta envolvê-lo na sessão. É isso que ele faz com Robert. O que isso lhe diz? Essa é a dinâmica do casal. Sinta o que está acontecendo e use".

Comecei a me perguntar se novamente eu estava acobertando o afeto, assumindo o papel familiar de pacificador, ecoando minha família de origem. Samuel estava zangado com Robert. Eu fiquei entre eles e desviei a raiva. Como Sal apontou, até mesmo minha linguagem concentrava-se no afeto como um objeto impessoal. Robert disse que tinha medo quando ele e Samuel levavam outro homem para casa. Eu disse: "de quê?", em vez de "de quem"? O efeito foi desincorporar esse sentimento.

O processo paralelo não era um conceito novo para mim, mas, por alguma razão, eu não estava usando minha consciência de meus sentimentos para compreender como o casal dançava junto. Eu ainda não estava livre para ouvir e interpretar o subtexto de suas comunicações. Como muitos homens, eu temia que, alimentando o conflito entre eles, levaria a um desengajamento em vez de a uma oportunidade para maior intimidade.

Mais cedo durante a sessão, Samuel havia reclamado de fadiga. Ele também mencionou o peso de suas cargas financeiras. Ele não era apenas a fonte principal de renda do casal, mas também aquele que mantinha a casa, sempre cozinhando e fazendo a contabilidade. Sal sugeriu que, se eu não estivesse abertamente próximo ao casal, poderia ter visto que a raiva reprimida de Samuel abordava desigualdades reais no relacionamento. Ele estava carregando a parte do leão da carga, mas ninguém estava ouvindo isso.

> *Qualquer terapeuta que trabalhasse com um casal heterossexual provavelmente sentiria se cada cônjuge estava carregando muito peso. A situação seria bastante visível e a desigualdade do relacionamento seria explorada. Por que a posição de Samuel como o membro explorado desse casal não fazia parte da história terapêutica? Parece um resultado interessante do casal ser visto como um casal homossexual, em oposição a um casal. As questões de complementaridade que são naturais em um casal tendiam a ser obscurecidas.*

Os comentários de Sal proporcionaram-me certo distanciamento, de modo que pude ver a dinâmica de uma distância intermediária. "Os casais do mesmo sexo estão em um território inexplorado. Este casal está trabalhando como se eles tivessem poder igual. Eles não têm. Mas enquanto um casal heterossexual pode conversar sobre papéis e a reversão de papéis, para os homossexuais não há papéis tão claros para se reverter."

À medida que se aproximava a primavera, o casal indicou um desejo de terminar a terapia. Pela época em que as sessões terminaram, Robert tinha conseguido um trabalho lucrativo de meio período que ajudou a aliviar suas dificuldades financeiras. Eles também tinham negociado uma divisão de tarefas domésticas que distribuía as tarefas mais equilibradamente. Ambos relataram mais estabilidade no relacionamento. À medida que o término se aproximava, revisamos o que eles haviam obtido durante a terapia, e eu garanti a eles que poderiam voltar para um *check-up*, se um dia tivessem essa necessidade.

CRISE: UMA OPORTUNIDADE PARA *INSIGHT* E INTIMIDADE

Durante o verão seguinte, o padrasto de Robert morreu subitamente. Robert telefonou e disse que gostaria de marcar algumas sessões para lidar com essa perda súbita. Sessões individuais focalizaram esse luto. O padrasto de Robert sabia que seu enteado era *gay*, apesar de raramente ter reconhecido o relacionamento conjugal de Robert com Samuel. Falando sobre um tema que freqüentemente vejo com homens *gays*, Robert afligia-se com as oportunidades perdidas de proximidade com seu padrasto. Robert sentia que seu padrasto sabia que ele era diferente dos outros meninos quando criança, mas eles nunca conseguiram conversar sobre sua resultante alienação. Robert tinha se sentido próximo a seu padrasto quando adulto. Experienciou sentimentos mistos no funeral, quando muitos dos amigos de seu padrasto contaram histórias sobre seu motivo de orgulho do próprio enteado. Apesar de estar triste porque eles nunca tinham tido uma conversa, ele sentia-se aceito por seu padrasto à medida que lidava com sua principal perda na vida. Simultaneamente, Robert foi capaz de obter *insight* sobre o efeito de distanciamento que sua raiva freqüentemente causava em outras pessoas, e como ele tendia a isolar-se, um padrão de repetição que restabelecia a dinâmica de sua família de origem. Esse efeito tornou-se mais claro para nós dois quando ele ficou bravo comigo em uma sessão por não lhe oferecer uma resposta rápida a uma pergunta que eu acreditava ser complicada demais para responder daquela maneira. À medida que me esforçava para explicar a montanha-russa de sentimentos que freqüentemente acompanha uma perda importante, ele retraiu-se e pareceu desanimado. Enquanto explorávamos seus sentimentos, Robert novamente experienciou o luto pela morte de seu padrasto e sua raiva de mim por não ser capaz de desfazê-lo. À medida que ele reconhecia o quanto seu retraimento impedia a possibilidade de eu poder ajudá-lo, nós exploramos o significado paralelo que isso poderia ter em seu relacionamento com Samuel.

A resposta de Robert a seu luto – seu retraimento inicial e depois sua raiva – é uma reação que eu mesmo tinha experienciado e freqüentemente vejo em outros homens como uma defesa contra os sentimentos intoleráveis de abandono que experienciamos com a morte de alguém que amamos. Minha prontidão em testemunhar sua raiva e não fugir, a fim de explorar seu significado e o efeito que ele poderia ter sobre outras pessoas, ajudou Robert a atravessar esse período de luto até o fim da terapia. Eu não sabia então quão importante esse trabalho se tornaria quando o casal retomou a terapia e exploramos a reconstrução de seu relacionamento em novo nível.

RETOMADAS DE TERAPIA DE CASAIS: O CONFLITO LEVA AO CRESCIMENTO

Em algum momento no final do outono, quando eu não os tinha visto como casal há vários meses, Robert telefonou e requisitou uma sessão de casais. Eu estava preocupado que, como tinha visto Robert individualmente, Samuel pudesse sentir que eu estava mais unido ao seu parceiro. Mas Minuchin pensava que o tratamento continuado de casais era possível, desde que eu fosse cuidadoso em me unir a Samuel quando eles retornassem. Ele recomendou que, para facilitar a união, seria bom para Robert revisar com Samuel os *insights* que ele havia obtido durante o trabalho de perda.

Estava claro que o casal encontrava-se sob considerável estresse. Samuel tinha recentemente começado em um emprego novo e muito bem-pago em Wall Street que requeria trabalhar muitas horas por dia. Ele parecia exausto e confirmou que estava, relatando sentir-se oprimido não apenas por seu trabalho, mas pelas exigências emocionais que Robert estava manifestando. Robert opôs-se, pois ele sentia que Samuel o havia abandonado desde que iniciara em seu novo trabalho. Isso foi confirmado, disse ele, em uma festa recente na nova empresa de Samuel. Apesar de ser uma empresa que respeitava os *gays*, Samuel tinha apresentado Robert a seus colegas como um amigo.

À medida que Robert rebelava-se contra Samuel por essa trivialização percebida de seu relacionamento, observei o afastamento de Samuel. Seus olhos pareciam cansados. Agi evasivamente entre as posições dos dois. Apoiei Robert com uma metáfora de que havia "uma festa contínua e que ele se sentia excluído". Possivelmente, em um vôo para a intelectualização como defesa contra os fortes sentimentos que estavam expressando, escolhi normalizar o comportamento de Samuel com uma explicação. Apesar de "revelado" no trabalho, Samuel poderia ter experienciado um ressurgimento da antiga homofobia no evento em seu escritório. Eu também conversei sobre como não era incomum para os homens *gays* sentir que sua auto-estima é ameaçada sempre que eles "se revelam", principalmente em um cenário de cultura dominante. Minha intervenção não acalmou a tempestade emocional que se formou na sessão. Samuel reclamou que Robert não o tinha entendido e fugiu da sessão, dizendo que estava exausto demais para engajar-se nesse tipo de interação emocional. Apesar de eu ter sentido empatia por Samuel em sua luta por sentir-se à vontade como um homem abertamente *gay*, dei-me conta de que, perto do final da sessão, tinha me unido emocionalmente a Robert em sua posição de "vítima".

Na supervisão, Sal comentou sobre minha meia distância em relação ao casal. Ele ficou pensando por que eu não tinha me unido a Samuel em sua capacidade de responder ao fluxo de emoções de Robert. Oprimido pelas emoções de Robert, Samuel havia se fechado, exacerbando o medo de abandono de Robert. Eu poderia trabalhar com maior proximidade com o casal e não temer que perderia minha hierarquia na sessão? Essa questão não apenas me ajudou a compreender meus sentimentos com o casal, mas simultaneamente deu-me um *insight* sobre meu relacionamento com Minuchin e o grupo de supervisão. Durante esse segundo ano de supervisão, conforme apresentei outras famílias, comecei a experienciar a mim mesmo tornando-me mais confiante em Sal. Apesar de ainda querer sua aprovação, eu tinha mais vontade de me engajar em um diálogo e poderia ainda me sentir apoiado por ele. Isso seria interessante para ver como esse relacionamento mais complexo se transferiria para o tratamento do casal.

Um pouco antes do Natal, o casal cancelou sua sessão por causa de seus horários de trabalho e do feriado. Porém, alguns dias antes do Natal, Robert telefonou para dizer que estava tendo ideações suicidas e precisava de uma sessão individual. Eu disse que senti que seria mais útil se eles viessem à consulta como um casal, mas ele insistiu em ter uma sessão individual. Durante essa sessão, ele revelou que estava tendo um caso sexual com um colega escultor durante os dois últimos meses. Recentemente, enquanto a carreira desse homem tinha alcançado mais sucesso, Robert sentiu que estava destinado a ser um fracasso. Estava preocupado que Samuel descobrisse sobre o caso, que seu relacionamento fosse destruído.

Depois de ter certeza de que ele não tinha um plano suicida e de avaliar que ele não estava acentuadamente suicida, fiz um acordo com Robert de que conversássemos por telefone durante os feriados. Para minha consternação, ele não telefonou no horário combinado. Telefonei para sua casa. Ele ficou surpreso em me ouvir e disse-me que estava se sentindo melhor. Ele e Samuel tinham aproveitado seu Natal, e ele havia simplesmente esquecido de telefonar no horário combinado. Eu marquei uma consulta para eles para a semana seguinte.

Nesse meio tempo, tive uma sessão com Minuchin. Minha principal pergunta era o que fazer com meus próprios sentimentos de frustração e de raiva. Eu tinha ficado preocupado durante o Natal, enquanto Robert havia aproveitado o feriado. Nós tínhamos feito um acordo e ele não o tinha respeitado. Sal refletiu: "Robert insiste em ver a si mesmo como vítima. Ele não tem responsabilidade sobre seu comportamento. Você tenta ajudá-lo e ele o desaponta. É isso que ele faz com Samuel". Então explorei com Sal o que deveria fazer com o segredo do caso extraconjugal. Ambos sentimos que revelar o caso nesse momento seria destrutivo e poderia apenas sustentar o papel auto-selecionado de Robert como "a vítima". Concordamos que o caso não era uma grande ameaça ao relacionamento deles.

Quando fui para a próxima sessão, senti que tinha *insight* suficiente quanto ao significado de meus próprios pensamentos, que poderia usá-los para ajudar o casal a explorar os possíveis paralelos em sua dinâmica. Mas as sessões nunca transcorrem como planejado. Robert veio sozinho, dizendo que Samuel estava acamado com uma gripe forte. Decidi usar a sessão para concentrar-me em nosso relacionamento diádico, semelhante à maneira como tinha trabalhando com ele no verão. Durante a sessão, ele conseguiu identificar seu sentimento de raiva e ressentimento em sentir-se emocionalmente oprimido e dar-se conta de que ele estava engajando-se em um caso sexual para aliviar esses sentimentos. Ao procurar ajuda comigo e então rejeitar meu auxílio, ele tinha apenas aumentado seus sentimentos de desamparo e isolamento. Essa dinâmica evocou memórias da infância, de fazer parte de uma família enredada que não dava espaço para suas necessidades emocionais. Ao rejeitar minha oferta de ajuda, ele tinha recriado a dinâmica familiar da pessoa abusada e do abusador. O que não estava claro para nenhum de nós, conforme Sal observou em minha supervisão seguinte, era quanto poder Robert obtinha sobre Samuel nesse papel de "vítima".

A próxima sessão começou com o casal relacionando uma discussão ocorrida quando dois outros casais viriam para jantar. Robert tinha concordado em limpar o apartamento, enquanto Samuel preparava o jantar. Conforme a hora do jantar se aproximava, Samuel ficou bravo com Robert porque ele não havia feito a limpeza. Durante a sessão, Robert começou a repreender Samuel sobre como ele gostava de fazer as coisas no seu próprio ritmo. Não havia tanta importância se o apartamento não fosse limpo para a festa. Novamente, observei os olhos de Samuel ficarem cansados à medida que se distanciava de Robert.

Levantei, caminhei até o casal e pedi para Samuel ficar de joelhos. Robert deveria levantar-se e continuar falando. Essa mudança simples teve um efeito poderoso, pois tornou explícito para ambos a dinâmica que eles estavam construindo juntos. Samuel ficou entusiasmado a princípio. Então ficou constrangido quando Robert me disse o quanto o meu comportamento o tinha feito ficar bravo. Eu disse que pensava que ele estava repreendendo Samuel e que tinha perdido seu público. Se esse era o impacto que ele desejava ter em Samuel, deveria continuar. Do contrário, ele poderia desejar explorar uma maneira diferente de se comunicar com ele.

Robert então recusou-se a falar e ficou retraído. Ambos os homens pareciam embaraçados, como se uma explosão estivesse para acontecer. Decidi não evitar o conflito, confiando no conselho de Sal de que as oportunidades de mudança freqüentemente surgem quando o terapeuta está querendo desequilibrar o sistema. Usando minha experiência da sessão, direcionei meus sentimentos para Robert. Disse que sentia que o tinha ferido e que agora estava consciente do sentimento de uma necessidade de ser cuidadoso com ele. Também fiz uma observação de quão rapidamente ele tinha se tornado o paciente na sessão, e como isso parecia isolá-lo. Quando nosso tempo terminou, encerrei a sessão pedindo ao casal para pensar sobre como eles tinham criado esses papéis um para o outro.

Essa sessão marcou uma mudança drástica de comportamento em mim como terapeuta familiar. Em vez de falar sobre afeto e evitação de conflito, usei uma nova passagem ao ato no "aqui-e-agora" da dinâmica do casal para intervir e desequilibrar o sistema. Em vez de conversar sobre sentimentos, intensifiquei-os na sessão pela movimentação física do casal. Robert conseguiu experienciar seu poder no "papel de vítima" com Samuel. Samuel compreendeu visceralmente como se retraía de Robert em resposta à desigualdade percebida de poder. Foi necessário muito automonitoramento para mim, mas até consegui não tentar reequilibrar o sistema quando eles partiram.

Senti a sessão seguinte como totalmente diferente. Samuel começou a sessão – uma novidade – falando sobre sentir-se exausto e sobre a dificuldade que ele tinha de se permitir ser consolado. Relacionou isso à sua infância e às normas que tinham existido em sua família *WASP*, uma família que considerava uma falha de caráter a necessidade de reconforto. Esperava-se que os homens tivessem a capacidade de não se abalar.

Eu nunca tinha visto Samuel falar tão abertamente. A certa altura, ele começou a chorar por causa dos muitos amigos que tinha perdido desde o início da epidemia de AIDS. Esse era um novo comportamento para ele. Mas Robert continuou a responder no padrão familiar ao casal. Começou um monólogo, oferecendo sugestões a Samuel, falando sobre quão útil ele achava pedir o que queria.

Depois de um ou dois minutos, eu estava ciente de que Samuel estava se retraindo. Interrompi Robert e perguntei a Samuel o que estava sentindo. Ele disse: "Sinto como se estivesse na escola sendo repreendido". Perguntei a ele como Robert poderia falar de modo que não sentisse que estava sendo repreendido. Samuel respondeu: "Eu acho que palavras diferentes ajudariam. Tudo começa com 'Eu quero'". Perguntei a Samuel por que isso o fazia ficar enraivecido. Nesse ponto, Samuel mudou de um diálogo de construção conjunta de seu relacionamento para um monólogo introspectivo. O resto da sessão concentrou-se na falta de conforto de Samuel em deixar Robert apoiá-lo. Estruturei isso como um desafio ao casal. Samuel poderia desistir de seu papel de cuidador e permitir que Robert tomasse conta dele?

A supervisão que se seguiu levantou muitas perguntas, e Sal não me fez sentir bem ao apresentar qualquer resposta. "A sessão é boa, mas eu sempre a conduziria para a complexidade. Robert está falando apenas sob a perspectiva de Robert. Samuel diz que não confia que as pessoas o escutem. Quando ele disse para Robert 'Você sempre diz eu, nunca nós', por que você não fez um movimento para apoiá-lo?"

Respondi que talvez não confiasse no que estava vendo. "Você diz que Samuel está mudando. Você não confia que Samuel lhe aceitará se você unir-se a ele? Eles estão trabalhando em um nível diferente, respondendo de novas maneiras. Agora eles estão em terapia."

O desafio de Minuchin continuou a reverberar dentro de mim muito depois da supervisão, e não encontrei nenhuma resposta rápida. Descobri que uma parte da resposta poderia estar em sentir-me mais à vontade com uma forma dinâmica de terapia que ativa a emotividade nas famílias a fim de descobrir novas maneiras de se relacionar. Esse é um estilo de terapia que requer que eu use totalmente o meu ser durante o encontro. É impulsionado pela teoria, mas não é apenas terapia falada. É teatro ao vivo com todo um elenco de personagens – o drama humano sendo atuado na sessão de terapia em toda a sua complexidade.

Outra parte da resposta tem a ver com confiança. Preciso ter mais vontade de confiar no que estou pedindo que o casal faça – dar um tiro no escuro em um encontro sem *script*. Preciso confiar na sacralidade do horário terapêutico para descobrir algumas das verdades universais que compartilhamos coletivamente em nossa experiência como seres humanos. Isso requer não apenas o uso do *self*, mas a crença no potencial humano para crescimento e confiança na sabedoria coletiva do "nós". Também tive que aprender que não sou responsável pelas respostas. Meu papel é desequilibrar o sistema, começar as perguntas.

O resto da resposta tem a ver comigo como homem e com o modo como aprendi a forma de os homens negociarem o poder e a intimidade e reconhecem as necessidades de dependência. Os homens, *gays* ou heterossexuais, são aculturados para serem fortes e invencíveis. Como nós lidamos então com os inevitáveis sentimentos de fraqueza e de vulnerabilidades? É mais seguro identificar-se com o papel da vítima do que se arriscar a ser desafiado por ser forte? Como toleramos sentimentos de força e de fraqueza simultaneamente, as necessidades de independência e de dependência? Esses sentimentos, que parecem tão dicotômicos, existem em um *continuum*? E como os homens em um relacionamento íntimo resolvem esses conflitos juntos?

Não posso terminar este capítulo com a pretensão de dizer que encontrei todas as respostas. Mas posso relatar que Robert e Samuel encontraram uma nova maneira de se relacionar. Eles têm menos medo de fusão e enredamento à medida que parecem mais versáteis em seus papéis um com o outro. Eles tornaram-se mais aceitadores da complementaridade. Samuel adora seu novo trabalho. Robert gosta de improvisar seus *hobbies* enquanto continua esculpindo, e isso vai bem. Eles estão muito mais tolerantes com as idiossincrasias um do outro e simultaneamente mais apoiadores um ao outro. Suas personalidades básicas e a maneira como se relacionam com o mundo não mudou, mas eles parecem mais à vontade em discordar e menos ameaçados por cuidar das necessidades um do outro. Eles têm um senso muito maior de serem um casal, e eu os experienciei dessa maneira também quando terminaram a terapia. Me senti muito mais livre para entrar e desafiar o sistema, mesmo que meu papel tenha sido freqüentemente o de agir como testemunha de seu processo familiar, talvez como um irmão mais velho que apóia seu crescimento.

Sal modelou esse comportamento proporcionando um lugar seguro para explorar os relacionamentos humanos, livres da indução que ocorre nos tratamentos de famílias. Durante essa supervisão, obtive maior confiança e crença na força dos relacionamentos para promover o crescimento. A aceitação e os *insights* fornecidos pela supervisão desintoxicaram meu medo de sentir-me incompetente e envergonhado como um novo terapeuta familiar. Simultaneamente, Sal normalizou a dinâmica de um casal de homens, honrando as características particulares de homens *gays* que estão em um relacionamento, enquanto colocava sua dinâmica dentro de um contexto de lutas inerentes a todos os casais. Expressando uma crença em mim como terapeuta, ele desafiou e enconrajou-me a pensar com maior complexidade. Meu medo de que o desafio crie distância teve o efeito paradoxal e terapêutico de criar proximidade, tanto na supervisão quanto no tratamento.

O medo que experienciei antes de começar a supervisão com Minuchin foi espelhado na desconfiança inicial do casal no tratamento. O impacto da marginalização de homens *gays* pela maioria da cultura tem ramificações para os casais *gays* à medida que experienciam a realidade do isolamento e da patologização da sociedade. O tratamento concentrou-se em normalizar suas necessidades de acalentamento e dependência e em expandir a complementaridade de seus papéis. Quando eles deixaram o tratamento, eu os experienciei como menos hierárquicos no relacionamento um com o outro e comigo. Simultaneamente, havia menos necessidade de tornar um ao outro patológico e de mais aceitação de seu *status* de um jovem casal negociando os estágios iniciais de seu relacionamento. De forma paralela ao tratamento, estava a dinâmica que experienciei na supervisão – um mentor masculino sênior, respeitoso ainda que desafiando a crescer, paciente comigo quando eu falhava, treinando-me para desenvolver novos pontos fortes. Quando a terapia e a supervisão terminaram, eu me experienciei em um relacionamento semelhante confiante e respeitoso com o casal de homens.

PÓS-ESCRITO: DEZ ANOS DEPOIS

Onde começar? Nada mudou e, mesmo assim, tudo mudou.

Por um lado, nada mudou. Ao reler o capítulo que escrevi há dez anos, fiquei espantado ao descobrir que, naquela época, eu já estava pensando na inserção da formação da identidade *gay* e na aculturação do gênero masculino como contextos mais amplos a serem explorados ao se trabalhar com casais de homens. Dez anos depois, fui co-autor, com Gil

Tunnell, de *Couple therapy with gay men* (Greenan e Tunnell, 2003), um livro que se concentra nessas mesmas dinâmicas. (O processo de germinação não pode ser apressado, acho). Infelizmente, apesar de alguns avanços nos direitos dos *gays*, os casais *gays* continuam, como faziam há dez anos, a lutar contra os desafios que o heterossexismo e a homofobia criam para famílias do mesmo sexo que tentam criar relacionamentos estáveis de longo termo.

Por outro lado, tudo mudou. Dez anos atrás, faltava-me experiência e eu era ingênuo como terapeuta familiar. Apesar de estar na meia-idade quando mudei de carreira e tornei-me psicólogo, tive apenas dois anos de treinamento em terapia familiar quando Sal foi meu supervisor. Depois de me sentir confortável de que ele era um aliado dos *gays* e não recriava experiências vergonhosas anteriores que muitos homens *gays* experienciam com figuras de autoridade masculinas, confiei nele para ajudar-me em minhas limitações como um terapeuta familiar no processo de germinação. Seu desafio inicial para mim foi que eu precisava aprender a jogar xadrez – uma metáfora que pretendia livrar-me de tornar-me superenvolvido emocionalmente com as famílias. Apesar de alguns de meus colegas poderem discutir comigo, não tenho certeza de que cheguei a aprender a jogar o jogo de xadrez de Sal. Mais importante ainda, aprendi como jogar meu próprio jogo com as famílias nos últimos dez anos.

O que Sal realmente me ensinou, e que se tornou parte de meu esquema interno quando trabalho com famílias, é a capacidade de ver uma dinâmica familiar no nível de processo. Essa maneira de pensar cria um mapa, permitindo-me formular hipóteses sobre onde a família está estagnada em suas interações uns com os outros. Esse mapa sugere possíveis escolhas para ajudá-los a tornarem-se mais complexos e criativos em suas interações. Seja trabalhando com uma família afro-americana caribenha, uma filha adolescente suicida ou com um casal *gay* que está negociando os estresses de se tornar uma família mista, eu tenho um guia para me orientar no labirinto de informações e detalhes que todas as famílias apresentam no tratamento. Através das lentes multiculturais de raça, etnia, classe e orientação sexual, consigo ver as universalidades de um processo familiar para descobrir que interações complementares previsíveis mantêm o problema que se apresenta. Essa é a dádiva de Sal, e me foi muito útil com a multiplicidade de problemas que as famílias trazem para o tratamento.

Os outros legados que tive a partir de meu tempo passado com Sal foram, em primeiro lugar, sua crença de que os terapeutas devem evitar atender famílias através da lente da psicopatologia e, em segundo lugar, sua insistência em que exploremos os pontos fortes dormentes das famílias para ajudá-las a se curar usando suas interconexões. Em meu trabalho no Minuchin Center – o herdeiro institucional do Family Studies – freqüentemente faço sessões de consulta com famílias que são marginalizadas, seja devido à pobreza e/ou ao abuso de substâncias. Sempre que faço isso, essa nova maneira de ver as famílias – como mais complexa do que parece à primeira vista – deu-me as habilidades para torna-me um melhor defensor em meu trabalho com aqueles privados de direitos civis.

O que Sal não pôde me ensinar nesses breves dois anos que passamos juntos foi como encontrar minha própria voz. Essa descoberta veio da tentativa e erro de atender famílias durante dez anos e da supervisão de meu grupo de colegas no Minuchin Center for the Family. A cada semana, George Simon torna isso mais fácil para um grupo de colegas que consistem de Ema Genijovich, Rich Holme e eu mesmo. Nós assistimos a sessões familiares em videoteipe e ajudamos uns aos outros a sermos terapeutas familiares mais criativos e eficientes. Esse grupo de supervisão foi essencial em meu crescimento e em minha expansão como terapeuta familiar. Eu acho que meu trabalho com as famílias também é intenso demais, e o foco em soluções orientadas à individualidade com as famílias é poderoso demais para não ter o apoio desse grupo focalizado sistemicamente.

Durante vários anos após ser supervisionado por Sal, literalmente imitei sua voz nas sessões. Eu ostensivamente peguei emprestadas suas intervenções enquanto lutava para encontrar minha própria voz terapêutica. Então, um dia, encontrei-me sendo provocativo e desafiando famílias usando meu próprio sotaque *yankee*.

Dei-me conta de que as metáforas que estava usando para reestruturar um problema que se apresentava em uma família eram as minhas próprias metáforas. O humor que usava para dar-lhes alguma distância de seu dilema tornou-se mais criativo em sua ligação e vinha de minhas próprias experiências de vida. Essa liberdade vinha da experiência obtida de atender muitos tipos diferentes de famílias e do apoio de uma supervisão de colegas que continuamente me desafiam a expandir meu uso do *self* à medida que me permito ser impactado pelo processo cliente-família. Se Sal foi o escultor que me moldou na forma de um terapeuta familiar, meu grupo de supervisão poliu e refinou minha imagem.

O uso do *self* tanto como uma ferramenta de diagnósticos como um instrumento de mudança para a família não pode ser ensinado. Cada vez mais aprecio que cada terapeuta é um instrumento psicológico complexo que deve lutar para encontrar sua própria voz e estilo por meio da prática e do apoio supervisor contínuos. Sal deu-me as técnicas que me iniciaram na estrada para tornar-me um terapeuta familiar. Mais importante ainda, mostrou-me uma maneira de pensar sobre como as famílias mudam e como auxiliá-las nesse processo. Porém, meu grupo de supervisão expandiu meu estilo, instigando-me a sair de meu casulo, a arriscar entrar nas águas turbulentas da dinâmica familiar. Nessa expansão de meu estilo, obtive a coragem de saltar com a família para dentro de um espaço criativo desconhecido. Esse ato de fé requereu bravura de minha parte, pois meu estilo preferido sempre foi minimizar o conflito. Poderia ter ocorrido apenas depois de eu adquirir e me apossar das técnicas que Sal me passou.

Para encontrar minha voz terapêutica, voltei e adotei minha experiência anterior no teatro. O teatro é o manipulador máximo da realidade para explorar as universalidades do que significa ser humano. Aprendi que, uma vez identificada a "peça" que a família escreveu, freqüentemente posso fazer-lhes uma "crítica" a partir de minha perspectiva como observador de sua produção. Não hesito mais em ser transparente, em compartilhar minhas próprias lutas e em reconhecer o absurdo de nossos dilemas compartilhados. Alternativamente, não tenho vergonha de pôr minhas mãos para o alto me rendendo e exclamando: "Vocês venceram. Vocês me derrotaram! A menos que vocês possam me convencer de que estão motivados para criar um novo *script*, nós vamos encerrar". Dessa maneira, sou congruente com minha crença de que as famílias, dados os contextos corretos, têm as forças inerentes para curarem a si mesmas. Aprendi a colocar a responsabilidade pela mudança nos ombros da família.

Nos anos seguintes, após refinar minhas habilidades, passei a confiar naquele ato de fé entrando em um espaço desconhecido com minhas famílias. Ser *gay*, agora, parece-me mais um ponto forte do que uma limitação, e me dá a capacidade de ser mais fluido em meu trabalho com a variedade de famílias que atendo. Sal cita Harry Stack Sullivan dizendo: "Nós somos todos muito mais parecidos do que pensamos". Eu encontro conforto e força nessas palavras.

— 14 —
O pintor de fezes

Wai-Yung Lee[*]

Com Wai-Yung, a dança da supervisão foi mais complexa do que com qualquer outro dos supervisionados. Eu comecei com um relacionamento hierárquico no qual vi a mim mesmo como interessado – mas a uma certa distância – em meu ponto de vista de supervisão preferido. Wai-Yung, procurando um comprometimento mútuo para sua busca por aprendizagem, insistiu que eu aceitasse a proximidade que ela associava a uma jornada professor/aluna.

Demonstrou a seriedade de seu engajamento voando semanalmente de Toronto, uma viagem que iniciava no alvorecer e a mantinha em seu consultório, assistindo a fitas, até a noite, antes de pegar um avião de volta para casa. No grupo, era curiosa, aparentemente sem medo de exposição, sempre pronta a se engajar a mim e a outros supervisionados em diálogos de exploração.

Como professor, fiquei fortemente atraído pela propensão poética de suas intervenções e uma certa qualidade excêntrica em suas respostas. Ela não era convencional e atraía curiosidade sobre a natureza de seu pensamento. Gostei quando perguntou a um paciente judeu ortodoxo se seu Deus era nocivo. Algo em seu estilo permitia-lhe fazer perguntas fora dos limites sem evocar suspeitas. Para minha compreensão ocidental, aqui estava uma mulher chinesa adulta inteligente que, com freqüência, se comportava com a abertura indefesa de uma criança.

---

[*] WAI-YUNG LEE, Ph.D., é a diretora do HKU Family Institute e professora associada no Departamento de Assistência e Administração Social na Universidade de Hong Kong, além de docente na faculdade do The Minuchin Center for the Family, em Nova York. Colaborou em três livros de Salvador Minuchin.

Ela estava sempre fazendo perguntas. Esperava por respostas também e, à medida que eu as fornecia, comecei a tornar-me seu professor. Sendo o professor, Wai-Yung desejava uma expansão em meu estilo. Exigia proximidade e respeito mútuo juntamente com o conhecimento. De alguma maneira, conseguimos estabelecer um relacionamento hierárquico, apesar de colegial, o qual facilitava sua aprendizagem. Aprendi a complementar a sua exploração. Quando ela era extravagante, eu era simples. Quando ela era concreta, eu era criativo. Se ela saía pela tangente, eu centralizava. Sei que cresci como professor, porque ela exigia com muita força para ser ensinada.

Em minha primeira entrevista com Minuchin como candidata para seu grupo de supervisão, ele me perguntou: "Você se considera uma americana-chinesa ou uma chinesa vivendo nos Estados Unidos?". Morei a maior parte de minha vida adulta na América do Norte, principalmente no Canadá. Mas minha resposta à pergunta de Minuchin veio sem pensar: "Sou uma chinesa morando na América". Foi pra mim um longo caminho encontrar a mim mesma em Nova York para estudar terapia familiar com Salvador Minuchin.

Eu vinha do que se pode chamar de uma família totalmente disfuncional, de uma subcultura de origem chinesa complexa e moribunda. Meu pai tinha três esposas ao mesmo tempo. Minha mãe era a segunda. Ela o deixou por um outro homem quando eu tinha 3 anos. Em um álbum de fotografias, recortei a única foto que tenho dela e a substituí por uma da terceira esposa de meu pai, simplesmente porque ela era a mais bonita de todas. Quando minha nova mãe também foi viver com outro homem, eu disse para todo mundo que ela havia morrido em um acidente estranho. Fiz isso não porque estava brava com ela, mas apenas porque isso não repercurtia bem sobre meu pai, pois duas de suas esposas o haviam deixado por outros homens. Quando criança, eu sentia a mágica de aceitar e rejeitar pessoas conforme minha vontade. Minha ligação com as mulheres era principalmente por meio de minhas babás, e eu tive três em diferentes momentos de meu crescimento.

Tenho apenas um irmão, 20 anos mais velho do que eu. Ele nunca trabalhou na vida e, mesmo depois de se casar, ainda mora na casa de meu pai. Mas a casa estava sempre cheia de gente, principalmente na hora do jantar. Foi depois da guerra, então os parentes que vinham com suas famílias para ter um refúgio por algumas noites acabavam ficando para sempre. Empregadas viúvas que vinham trabalhar e traziam seus filhos, e estranhos que apenas apareciam na casa, permaneciam. Minha casa era um cenário para muitos dos dramas de vida diários que aconteciam, exceto que alguns dos personagens que se colocavam no centro do palco de minha casa eram totalmente estranhos.

Portanto, não sei se devo posicionar minha família na categoria de enredada ou desengajada. Era enredada porque as pessoas pareciam nunca sair de casa (exceto minhas duas mães), mas era desengajada porque havia grande quantidade de espaço mental entre todos nós, enquanto o espaço físico continuava encolhendo. Era uma maneira tão diferente de viver e de relacionar-se, mas para mim era um lar bem-coordenado e todos os relacionamentos eram conduzidos de forma ordenada.

Como não havia valores claros ou restrições firmes que eu devesse seguir, nunca aprendi a raciocinar. Aprendi que não existem regras absolutas nas pessoas, exceto as regras da vida. Quando menina, passei noites na sala de ópio onde meu pai entretinha seus amigos escutando todas as conversas e histórias adultas no meio da fumaça e do barulho feito pela "arma" de ópio. Meu pai era um homem de muito poucas palavras, e as únicas vezes em que me lembro de ele ter expressado seus sentimentos foram quando cantava fragmentos de alguma ópera popular chinesa durante o banho. Com ele aprendi que as coisas são compreendidas sem necessidade de explicação. As pessoas podem se sentir muito próximas em silêncio.

Meu papel de gênero também era indistinto. Nunca prestei muita atenção a diferenças de gênero até ingressar na universidade. Quando tinha 10 anos, meu pai deu-me uma arma que atirava balas de chumbo. Eu passeava atirando em pássaros e nas janelas dos vizinhos. Um dia atirei uma pedra no filho de um vizinho e escorreu sangue de sua testa. Tive tanto medo de que ele morresse, que me escondi. Quando finalmente voltei para casa, lembro de meu pai parado no pátio admirando seu grande tanque de peixes-dourados exóticos. Com seus olhos fixos nas criaturas que nadavam graciosamente, disse suavemente para mim: "Por que você fez aquilo? Que tipo de mulher você vai se tornar?".

De meu pai, aprendi que a vida é muito cheia de perguntas e que não há necessidade de respostas. Portanto, havia muito pouca preocupação com planejamento excessivo ou com o estabelecimento de objetivos e, certamente, não havia por que fazer um espalhafato de qualquer manifestação emocional. Houve muitas vezes em que meu pai saía para viajar e então reaparecia pouco tempo depois porque tinha perdido o trem ou o avião. Mas não havia problema nisso, desde que houvesse peixes-dourados nadando no tanque, ou outras distrações na vida que chamassem nossa atenção.

Quando meu pai finalmente fez viagem sem retorno, nunca acreditei nisso completamente. Eu ainda tinha sonhos recorrentes de sua volta à casa dizendo que tinha perdido seu vôo novamente. Em meu repertório de constructos cognitivos, não havia uma coisa chamada fim.

Minha infância ensinou-me que o mundo era apenas a cortina de fundo de um palco. Havia um teatro dentro de casa e havia um teatro a partir da janela de meu quarto onde eu testemunhava todos os absurdos da vida diária. Certa vez, vi uma mulher correndo atrás de seu marido com um cutelo. Quando ela conseguiu alcançá-lo, cortou o guarda-chuva que ele estava carregando, em vez de cortar o próprio homem. Havia outra mulher que disse ao seu marido que, se ele saísse de casa, ela sairia nua na rua, e o fez. Meu pai uma vez tirou um mendigo da rua e ofereceu-lhe um emprego para ajudar-me com meu tema de casa. Em sua segunda noite, ele tentou agarrar uma das meninas serventes, que lhe deu um soco no nariz. Ele voltou para a rua imediatamente, mas sempre que eu precisava de ajuda com meu tema de casa, ainda gritava minhas perguntas para ele da varanda e ele sempre ficava contente em dar-me uma resposta. Minha experiência da infância foi um teatro de confusão, onde os papéis que as pessoas escolheram representar e as regras que acompanhavam a peça poderiam mudar e intercambiar de todas as formas e maneiras, com ou sem limites, até que atingissem um estado de harmonia. Bateson diria que isso é apenas a teoria da cibernética. Eu prefiro chamá-la de vida.

Meu amor pelo caos e pela excitação do mundo salvaram-me de muitos momentos solitários e infelizes de minha vida. Quando tinha 11 anos, um homem se atirou do quarto andar e caiu em uma poça de sangue bem em frente à minha janela. Dali em diante, comecei a ver um fantasma e pude ouvir seu sofrimento.

Quando imigrei para o Canadá, não deixei esses cenários para trás. Apenas expandi meu palco para um mundo maior. Mas, como muitos outros imigrantes, deixei para trás meu tesouro do passado e fechei meu peito com uma chave. Não via a necessidade de conectar os dois mundos. Quando olhava para fora de minha janela, via apenas a neve.

Portanto, a vida fazia perfeito sentido para mim quando iniciei minha carreira como repórter. Minha experiência até me deu um sentimento de profundidade quando aprendi o trabalho psicanalítico. Mas para alguém cujo senso de família está sempre um pouco fora de foco, parece estranho que decidi me tornar terapeuta familiar.

O CONTEXTO PROFISSIONAL

Trabalhei durante muitos anos como psicoterapeuta no campo do retardo mental, o que as pessoas preferem chamar atualmente de "atrasados em seu desenvolvimento" ou os que apresentam "desafios intelectuais". Não importando quantas vezes o nome mudasse, contudo, o campo da deficiência mental era conhecido como muito mundano e refletia uma história de tratamento em uma instituição. Era realmente um campo a respeito de controle e contracontrole, e era um pedaço hilariante do drama humano quando os dois se misturavam.

Novamente, dessa vez olhando através de minha janela profissional, revisitei os absurdos de minha infância. Vi uma mulher jovem, pesando 91 kg, que tinha encharcado a cortina do banheiro de *design* de sua mãe com sua própria urina e depois ficado nua na janela do banheiro para chamar a atenção da vizinhança rica. Como ela era "taciturna", ninguém pensava que era capaz de sentir raiva. Vi um homem de meia-idade que não queria perdoar seu pai por tê-lo humilhado enquanto estava crescendo, então adotou uma maneira de abusar de si mesmo e dos outros a seu redor. Eu também vi salvadores que faziam armadilhas para suas vítimas, enquanto proclamavam que estavam lá para libertá-los, e instituições de cuidadores oferecendo sonhos que eles próprios não podiam conquistar.

À medida que eu estava vendo cada vez mais, a multidão de fantasmas do lado de fora da janela crescia. Comecei a identificar-me com o mundo dos deficientes mentais. Todos somos criaturas imperfeitas e incompletas lidando com as restrições e com as imposições do mundo. Vi que nossas manobras cognitivas para resolver problemas comportamentais eram apenas nossas tentativas desesperadas de encontrar soluções em um mundo onde elas não existiam.

Tornou-se claro para mim que não se pode lidar com deficientes mentais em isolamento. Então fui trabalhar com as famílias e forneci treinamento para os funcionários. Promovi a ambigüidade e a ambivalência em uma áera que geralmente é refreada e restrita por uma superabundância de explicações. Entretanto, todas as vezes em que era vista como uma terapeuta familiar e consultora de sistemas, estava realmente focalizando os padrões de interação dentro do sistema. Tratei famílias da mesma maneira que estava tratando o sistema mais amplo. Não conseguia diferenciar os limites entre os dois.

Desde a infância até a idade adulta, meu palco tem sido sempre o mundo mais amplo. Eu era boa em conectar pessoas totalmente estranhas, mas não tinha idéia do que fazer com os membros da família quando eles se tornavam estranhos. Comecei a me sentir entediada comigo mesma e vislumbrei uma necessidade de expandir meus horizontes.

Primeiramente, fui a Milão. Eu me sentia em casa com o ponto de vista distante da equipe de Milão e sua maneira de usar a linguagem, pois eu era também uma narradora com anos de prática em ver as coisas, seja através de uma janela ou de um ponto de vista imparcial. Quando retornei e fui trabalhar com Minuchin, de repente os refletores estavam sobre mim. Embarquei em um aprendizado de treinamento que, pelos próximos dois anos, colocaram o meu trabalho e, conseqüentemente, meu próprio *self* no centro do palco.

A FAMÍLIA

A família que trouxe para supervisão tinha um homem de 24 anos portador da Síndrome de Down, que havia sujado as paredes do banheiro com suas próprias fezes. O caso foi relatado pela mãe como uma questão urgente. Eu me dispus a vê-los rapidamente, mas no dia da consulta apenas Bill veio com um acompanhante. Perguntei a Bill por que ele estava lá para a consulta. Disse que sua mãe o tinha mandado. Essa resposta é muito típica na área da deficiência mental, em que a terapia é vista como uma maneira de consertar o problema do paciente identificado apresentado pela família e pelos funcionários. Dispensei-os com uma mensagem de que eu somente os veria se a família viesse junto com Bill.

Na sessão seguinte, o resto da família – os pais e um irmão de 31 anos, Michael – veio, mas sem Bill. Essa era uma família inglesa-canadense. Ambos os pais haviam servido no exército e ainda carregavam a mesma atmosfera de *nonsense* dos militares. A mãe explicou que não queriam falar sobre Bill na frente dele. A conversa da família ficou centralizada no problema de comportamento de Bill, que aparentemente tinha uma história de ocorrências repetidas. A família tinha tomado várias medidas diferentes, mas o problema persistia.

Esse casal compartilhava as características de muitos pais que têm crianças adultas com deficiências em seu desenvolvimento. Os pais que tiveram uma criança deficiente freqüentemente são descritos como enlutados pela perda do bebê perfeito de seus sonhos. Vi esse luto persistir e, à medida que a criança cresce, toma a forma de um treinamento e de uma correção contínuos em nome do amor e da proteção. A tragédia de pessoas incapacitadas é que, com freqüência, são tratadas como crianças, mesmo quando chegam à idade adulta. Enquanto permanecem crianças, elas se encolerizam por viver em um mundo de infantilismo.

Bill era um jovem altamente funcional que tentava levar uma vida normal, até mesmo deixando a barba crescer. Era capaz de obter alguns empregos em restaurantes, mas, sempre que se frustrava, ia até o banheiro e espalhava suas fezes pelas paredes. Esse comportamento fazia com que sua família questionasse sua inteligência ainda mais. Cada problema era atribuído ao fato de que ele era mentalmente retardado. Sua maneira de ajudá-lo o enfurecia ainda mais. Seu irmão, Michael, tentava se relacionar com ele como um bom irmão deve fazer. Mas seus mundos encontravam-se a quilômetros de distância, um deles era um arquiteto bem-sucedido e vivia em um mundo intelectual, enquanto o outro levava uma vida restrita em uma casa grupal e vivia com qualquer tipo de trabalho que conseguisse.

O sentimento de fracasso com que Bill estava lidando era estranho para o resto de sua família, para os quais sua raiva era inconcebível. Assim, todos focalizavam em mudar o comportamento de Bill, em vez de enfrentar sua dor e seu protesto. Apesar de profissionais terem, há muito tempo, identificado a necessidade de envolver as famílias no tratamento de pessoas com incapacidades, seus métodos também se focalizavam em apoio e compreensão. Freqüentemente há uma ética não-mencionada de que deveríamos ser gentis com aqueles que sofreram muitas injustiças na vida. É politicamente incorreto abalar o sistema, mesmo se a rigidez do sistema estiver criando ou mantendo o problema.

Então, como se promove uma terapia mais complexa para as famílias com doenças ou incapacidades crônicas? Isso se tornou a indagação de meu treinamento.

A SUPERVISÃO

Na época em que trouxe esse caso para supervisão, já havia estudado com Minuchin por um ano. Meu primeiro ano de supervisão foi tanto fascinante quanto cheio de embaraço. A linguagem que ele usava na supervisão era muito diferente de qualquer coisa a que eu havia sido exposta. Ele falava sobre criar descontinuidade, tanto nos padrões interativos da família quanto no estilo do terapeuta, mesmo se a maior parte de nós gostasse muito do valor da consistência. Ele ensinava seus alunos a serem "injustos" e "irresponsáveis" para um benefício terapêutico, enquanto que para muitos de nós esse era um pecado primordial. Seus pontos de vista eram estranhos e, mesmo assim, havia algo curiosamente liberador quanto a eles que tocava uma parte de nossas psiques internas que estavam dormentes e queriam muito ser acordadas.

Com a intensidade como seu hábito, a interrupção de discursos com exclamações e o desafio como suas ferramentas, ele usava uma linguagem relacional que refletia um pensamento sistêmico. Também era uma linguagem de mudança e de movimento, consistentemente proferida como uma mistura de desafio e de acalentamento. Para Minuchin, sua assinatura de "protestar e rebater" eram gêmeas inseparáveis, uma não tendo nenhuma utilidade sem a outra. Ele criava desordem e tensão, acreditando que com o desconforto as pessoas acessariam sua força para criar uma mudança, principalmente ao ter um apoio. Sem conflitos, não acontece a resolução de problemas. É necessário permitir-se ser capturado antes de libertar-se. Esse estilo de supervisão está longe do treinamento cognitivo, apesar de conter um elemento do cognitivo. Ele envolve toda uma gama de intensidade interpessoal que coloca todas as faculdades em funcionamento. Quando eu trouxe o caso do pintor de fezes, repentinamente meu estilo terapêutico e meu trabalho com famílias que apresentavam problemas crônicos começou a tomar forma. A família tornou-se um palco para a transação da aprendizagem.

SALTANDO PARA DENTRO DE UM TERRITÓRIO DESCONHECIDO

Em sua terceira sessão, com a minha insistência, a família inteira veio. Foi por meio do videoteipe dessa entrevista em particular que, pela primeira vez, apresentei essa família a Minuchin para supervisão.

Era uma família conservadora, baseada na lógica e que, mesmo assim, tinha produzido um filho que tinha lhes dado um problema tão irracional e absurdo com o qual lidar. Mesmo tendo vindo como uma família, eles insistiram que eu deveria falar com Bill sem envolvê-los. Sua insistência ativou meu sentimento de absurdo, então decidi começar uma conversa jocosa com Bill. Em primeiro lugar, lembrei o espalhar de sua "assinatura" e pedi a ele para descrever em detalhes o que estava pintando, que dedo usava e se precisava cheirar seu dedo ou não. Essa conversa, é claro, estava deixando os pais muito desconfortáveis.

Depois de ouvir minha descrição da sessão familiar, Minuchin ofereceu uma explicação elegante para minha intervenção. "Perguntar que dedo você usa e se você cheira ou não é uma resolução para o problema. Wai-Yung está dizendo que o problema que as pessoas estão tentando resolver é organizado de maneiras que não são solucionáveis. E se você está adicionando à dimensão do problema, a solução precisa ser diferente". Ele se virou para mim e continuou: "Se deseja expandir ainda mais, deve perguntar se deseja desenhar o rosto de seu pai ou se é sua mãe que deseja desenhar. Você deseja colocar um pênis lá, ou não quer ser correto anatomicamente? No ponto em que você está tentando expandir o sintoma, as pessoas precisam lidar com o problema de maneira diferente".

Entrar nos detalhes do meu trabalho, sem falar em apontar meu estilo e minhas limitações, não foi tão fácil como achei que seria. Em certo ponto, eu estava mostrando um segmento no qual estava falando com a família sobre Bill sem envolver o jovem na conversa. Minuchin estava determinado a ir no meu encalço. Ele disse: "Bill fala?"

WAI-YUNG: Ele fala de forma muito vaga...
MINUCHIN: Como você sabe?
WAI-YUNG: Não aqui, mas ele fala...
MINUCHIN: Ele falava antes?
WAI-YUNG *(murmurando)*: Sim.

Eu não tive outra escolha, a não ser mostrar-lhe um segmento no qual Bill estava participando da discussão. Nesse segmento, eu estava conduzindo a família a falar sobre como podiam ter silenciado Bill com a habilidade altamente verbal deles. Eu era a líder da discussão. Algumas vezes Bill tentou participar, mas eu estava mais preocupada com o tópico. Gestos sutis de uma pessoa incapacitada simplesmente não são registrados para mim como importantes. Tornou-se mais pungente quando, em certo ponto, a família descreveu Bill como um "homem-cortina", aquele que baixava a cortina sempre que os refletores estavam focalizados nele. Em vez de aproveitar a oportunidade para fazê-lo falar, eu pedi à família que pensasse como expandir o "repertório" do "homem-cortina". Bill perguntou: "O que significa repertório?". Seu irmão começou a explicar.

Em minha opinião, sua explicação não foi muito clara, e dei-lhe a explicação do significado de repertório.

Minuchin interpôs-se: "Eu faria um diagnóstico da maneira como essas pessoas falam com o jovem, não dizendo a eles sobre o que conversar, mas dizendo 'Falem com ele'. Durante o processo de escutar a maneira como as pessoas falavam com ele, perguntaria sobre uma experiência de tentar se comunicar e não conseguir. Eu estaria ajudando e criticando, pressionando e modificando. Em determinado ponto, chegaríamos a algum tipo de entendimento sobre o processo de silêncio". Então virou-se para mim: "Em vez disso, você fala sobre silêncio e sobre linguagem. Do ponto de vista de seu conteúdo, você está desafiando o silêncio. Do ponto de vista da forma, você está fazendo exatamente o que eles estão fazendo".

Merda! Me amaldiçoei! Para neutralizar o foco de Minuchin, fui adiante e mostrei-lhe outro segmento no qual estava contando uma história à família: "A cada semana venho para Nova York para a supervisão, e meu professor sempre me diz que acredito demais nas palavras. Se ele acha que eu acredito demais nas palavras, eu gostaria que ele os conhecesse aqui". A família sorriu. Meus colegas de turma sorriram.

Minuchin ficou sem expressão. Ele se sentou e olhou diretamente em meus olhos: "Meu sentimento é que você será muito bem-sucedida com a família. Meu problema é como eu posso ser bem-sucedido com você?".

"Você me força a ser abstrato e eu desejo forçá-la a ser concreta, e você está vencendo."

Então me disse suavemente: "O que você está fazendo não está errado. É parcial e quero que você tenha a liberdade de fazer algo diferente. Quero que você inclua em seu repertório coisas que não estão incluídas – o concreto, o experiencial e o relacional".

Ele levantou para imitar a sessão e começou a apertar as mãos de dois alunos, fingindo que eles eram os irmãos. "Michael, acho você maravilhoso. Bill, gosto do que você fez." Então se virou para mim e terminou sua demonstração: "Não há nenhuma elaboração, nenhuma linguagem, apenas a compreensão do que eles estavam fazendo. Você é muito inteligente. Quero que você finja, finja que é burra".

Enquanto estávamos saindo, Minuchin repentinamente falou comigo: "Tudo o que quero que você faça é aprender como fazer uma dramatização. Não sei por que tentamos por tanto tempo e não o estamos conseguindo".

Eu saí experienciando grande desconforto, ansiedade e um forte sentimento de desordem. Muitos pensamentos misturavam-se dentro de mim.

Era verdade que eu nunca havia usado dramatização em minhas entrevistas. No passado, quando assisti à maneira como muitos, assim chamados, terapeutas familiares estruturais diziam para um membro da família conversar com o outro, isso me parecia artificial e arbitrário.

Como meu estilo estava em questão, tornou-se claro para mim que eu não era sempre uma observadora passiva. Gostaria de fazer coisas como tirar meus sapatos e dá-los a um homem como um fetiche, enquanto seus pais e o oficial da condicional ficavam chocados. Ou tentaria fazer um coelho ficar malvado. Quando tivesse meu próprio palco, também dançaria com as famílias. Mas uma terapeuta ativa que não consegue criar uma dramatização em uma família é facilmente mantida em uma posição centralizada, controlando o fluxo de todas as conversas e atividades. A história que extraí é basicamente de seu próprio pensamento, mesmo que ela a tivesse descrito como uma colaboração com a família.

Essa opção de tomar uma posição menos centralizada era nova para mim e, de alguma maneira, levou um ano para compreendê-la. A coisa estranha é que Minuchin havia dito isso para mim bem no início. Eu provavelmente a teria tratado simplesmente como uma instrução sobre técnica e não teria dado muita atenção a ela. Agora encontrava-me em posição de ou inventar outra técnica para produzir os benefícios de uma dramatização, o que eu não poderia fazer, ou seguir uma que tivesse sido desenvolvida e aprender a usá-la criativamente.

O ABC DA TERAPIA FAMILIAR

Esperei impacientemente por uma nova consulta com a família, mas, quando voltaram, eu estava perdida quanto ao que fazer. Sabia apenas que tinha de escapar de minha dependência das palavras. Mas, sem linguagem, eu ficava estagnada em posição de transformar um *talk show* em filme mudo. A conversa animada que tinha organizado uma sessão agora estava ausente e foi substituída por uma tensão. Em minha ansiedade, a única coisa que lembrava sobre terapia estrutural era seu aperto de mãos como assinatura. Então continuei trocando apertos de mão com eles. No início, foi estranho e quase cômico. Porém, enquanto estava fazendo isso, comecei a compreender o que uma pequena interrupção na sessão pode fazer para perturbar a continuidade. Comecei a prestar atenção a pequenos movimentos. Descobri gestos e comecei a ver imagens de organizações familiares com suas próprias transações idiossincráticas, como em uma peça.

Na última sessão, disse à família que eles eram muito quadrados e não conseguiam compreender nada sobre o absurdo. Assim, eles poderiam não entender o significado da pintura de Bill com fezes. Para provar que estava errada, o pai chegou usando a peruca de sua esposa e estava em um estado de humor elevado, muito brincalhão. Michael estava obviamente embaraçado e com raiva pelo comportamento de seu pai, até que pegou a peruca dele e a colocou na cabeça. Então, estranhamente, ele também ficou risível.

Relembrando a cena de minha última supervisão, quando tinha falhado em capitalizar a conexão entre os irmãos, reencenei propositalmente o ato e me refreei de interferir com qualquer palavra. Pedi a Bill para mostrar-nos como ele poderia pintar o rosto de seu irmão. Bill levou isso a sério e, com uma mão segurou o rosto de Michael, enquanto simbolicamente desenhava uma figura na parede:

BILL: Estou usando um pincel grande.
MICHAEL: E se você estivesse no banheiro. Você estaria usando merda?
BILL: Não! Eu não farei isso.
MICHAEL: Como assim? Você já fez isso antes.
WAI-YUNG: É muito bom que seu irmão esteja dizendo que não pintaria seu rosto com merda.
MICHAEL: Sim, é legal. Estou contente que ele disse isso.
WAI-YUNG: O rosto de quem ele pintaria com merda?
MICHAEL: Boa pergunta!
BILL *(aborrecido):* Eu não usarei meu traseiro para isso.

À medida que essa conversa se desenvolvia, a mãe parecia muito tensa. Para complementar o humor cômico de seu marido, veio usando um chapéu de palha e calças compridas, mas seu traje descontraído parecia deslocado enquanto ela se sentava na cadeira com ambas as mãos cruzando com força os braços. Comentei sobre seu estado de tensão:

MÃE: Foi o assunto. Não foi a maneira. Concordo com vocês – foi uma conversa muito boa. Nunca tinha ouvido Bill dar-nos uma ilustração de como ele pensava, ou de qualquer coisa que ele estivesse fazendo.
WAI-YUNG: Esse foi o "assunto" que os trouxe à terapia.

MÃE: *(lentamente):* É a conotação do banheiro e ele, certamente, co-necta-o com algo que fez que é ruim, e não quer repeti-lo, e esperamos que nunca o repita.
PAI: É uma dessas coisas que surgem com freqüência, como um vulcão. Chega e explode! Esse é o jeito dele. Se ele carregasse uma palheta com ele, então bem que ele poderia usar cores na parede. Mas ele não tem uma palheta, então ele usa o que estiver por perto... por alguma razão.

Chamando a atenção para esse jovem, Minuchin disse: "Ele tem pais que exigem dele um nível mais elevado de funcionamento e, ao mesmo tempo, o tratam como uma criança. Então o pai está certo ao dizer que há um vulcão, e o vulcão pode ser "merda" ou pode se tornar o que quer que seja. Se eu pensasse assim, me uniria a Bill na expressão de seu sentimento de impotência e raiva em ser posto nessa posição na qual, qualquer coisa que faça, não agrada".

Apesar de ele continuamente mudar o foco para os relacionamentos, Minuchin obviamente estava satisfeito com minha tentativa de sair da posição centralizada usual. Tornou-se claro para mim que, antes de uma terapeuta poder fazer uso de uma dramatização efetivamente, ela precisa compreender a aplicação do espaço e do movimento da mesma maneira que um *designer* utiliza o palco. Como Minuchin disse certa vez: "Uma dramatização age muito como um carrossel. Uma vez que você o põe em ação, ele gira sozinho, o que permite à terapeuta uma chance de observar, de pensar e de decidir se ela deveria chegar mais perto, ficar afastada ou assumir qualquer posição que julgasse útil no momento".

Eu certamente tinha achado isso verdadeiro. Quando mobilizei a família para agir entre si, isso não apenas me permitiu utilizar minha energia de forma diferente, mas, mais surpreendentemente, Bill começou a falar!

No próximo segmento, perguntei à mãe por que era tão difícil encarar a situação do banheiro:

MÃE: Porque esse comportamento em particular torna as coisas difíceis para ele. Se ele tentar conseguir empregos ou coisas, se alguém souber sobre esse tipo de coisa, ou se ele fizer isso novamente, perderá outro emprego.
WAI-YUNG: A senhora acha que ele não sabe disso?
MÃE: Não sei se ele sabe disso ou não. Falamos bastante sobre issso...
BILL: É claro que sei!

Todos ficaram surpresos com tal declaração clara vindo de Bill. A mãe não conseguia acreditar no que tinha ouvido:

WAI-YUNG: Ele está lhe dizendo agora.
MÃE: *(para Bill):* O que, querido?
BILL: É claro que sei.
MÃE: *(não acreditando)* Você realmente sabe disso?
BILL: Sim.
MÃE: Então, quando você fez isso na última vez sabia que iria lhe custar seu emprego, não sabia?
BILL: *(assentindo com a cabeça)* Ahã!
MICHAEL *(Para Bill):* É por isso que fez aquilo? Para perder seu emprego? Ou você fez isso por uma outra razão?

A condição de uma pessoa deficiente é que, quando ela é capaz de fazer uma afirmação clara, ninguém acredita muito. Nós precisamos checar com ele repetidamente para ter certeza de que sua declaração está baseada na compreensão, e não é apenas uma questão de coincidência, até que ele alcance um ponto onde resolve desistir. Depois de erigir uma fachada durante um momento, Bill começou a agitar-se. Ele disse que não faria aquilo novamente. Felizmente, Michael pôde corrigir a si mesmo:

MICHAEL: Não, não, não, não é isso que eu quis dizer, Bill. A última vez em que fez aquilo foi em seu último emprego?
BILL: Ah, sim, foi no Queens Park...
MICHAEL: Foi lá que fez aquilo pela última vez?
BILL *(lentamente):* Acho que sim...
MICHAEL: Então você sabia quando fez aquilo que eles iriam despedi-lo?
BILL: Sim.
MICHAEL: Você sabia que perderia seu emprego. Era isso que você queria?
BILL: De repente ele começou a ficar chato.
MICHAEL: Ele começou a ficar chato, o trabalho? Como assim, eles não lhe deram coisas diferentes para fazer?
BILL: Sim, deram!
MICHAEL: E o que tinha de chato nisso?
BILL: Eles queriam que fizesse duas ou três vezes.
MICHAEL: A mesma coisa?
BILL: Uma atrás da outra.
MICHAEL: Por quê? Porque você não fez certo da primeira vez, ou...

BILL: Eles disseram que não estava bem limpo.
MICHAEL: Você estava lavando a louça?
BILL: Não, eu estava lavando o alface.
MICHAEL: Você não o estava lavando bem?
BILL: É isso que eles acharam!

Quem quer que tenha inventado a técnica de conversar com pessoas deficientes de uma maneira concreta e explícita, não tinha idéia de como eles destituíam essas pessoas de sua chance de desenvolver a espontaneidade e, sem saber, tornavam-nas insípidas e mecânicas. Normalmente, eu teria assumido a conversa e treinado Michael para conversar com Bill em um estilo mais natural, mas meu pensamento havia mudado. Não importava como eles conversassem, desde que estivessem tendo uma conversa. Eles continuaram a explorar a razão para a "pintura no banheiro". Então, a mãe, que originalmente não queria abordar o tópico, começou a falar como Bill também havia feito isso na casa de seu amigo quando foram juntos fazer uma visita. Eu estava no fim da sessão, mas o pai insistiu que eu deveria saber disso. Antes de sair, disse à família: "Então Bill fez um 'cocô' de todos vocês!".

MINUCHIN: Por que você disse isso?
WAI-YUNG: Eu acho que os pais realmente rejeitavam Bill. Eles estão vendo Bill como o problema, e eu estava tentando devolver-lhes o problema.
MINUCHIN: Transformar um sintoma em uma mensagem relacional dá ao sintoma um significado diferente. Então, não é mais "Eu faço cocô". Para Bill, se ele defeca, ele defeca no pai, ele defeca na mãe. Do ponto de vista da família, é um reconhecimento de que isso é relacional. Mas esse é apenas o primeiro passo. O próximo é: Como você produz essas fezes? Você controla, estimula, organiza seus sintomas? Então você pode começar a lidar com a rejeição. Eu lidaria com a rejeição em termos concretos. Nós temos aqui o irmão, que está conversando com Bill e, claramente, fazendo um trabalho muito bom. Eu pediria ao pai que conversasse com Bill e à mãe que conversasse com Bill. Então eu pediria ao irmão que olhasse como eles falavam com Bill. Eles falam com Bill como se estivessem falando *com* Bill? Eles conversam *com* Bill? Eles conversam *calmamente com* Bill? Eles podem conversar com Bill de maneira que haja um diálogo e não um número de espetáculo?

Minuchin estava obviamente interessado em assistir à fita que apresentei, dizendo: "Você está mostrando o processo de despersonalização desse jovem e o está fazendo muito bem. Está muito bom, estou gostando de ver".

Eu agora vejo essa sessão como meu aprendizado do ABC no pensamento sistêmico. Comecei a expandir minha postura terapêutica na sessão e a ativar o sistema para fazer seu próprio trabalho, em vez de fazer o papel da professora ou daquela que resolve problemas. Houve momentos desconfortáveis, mas aprendi que, ao combater esse desconforto, realmente estava me unindo à família de uma maneira mais significativa. Eu sentia que agora fazia parte da família, à medida que experienciava seu dilema e eles também me experienciavam de uma maneira mais pessoal.

O leste encontra o oeste

Na sessão seguinte, planejei lidar com a questão da rejeição. Porém, Bill estava atrasado e, quando finalmente apareceu na sessão, seu pai o confrontou imediatamente por estar atrasado. Eu vi que essa era uma boa chance de começar uma dramatização. Pedi para Michael explicar a Bill sobre o que eles estavam falando:

MICHAEL *(para Bill):* Sabe, quando papai e eu conversamos, falamos muito rapidamente, nós usamos palavras fortes e gritamos. Nós pensamos que talvez quando estamos fazendo isso, você ache difícil tomar parte nessa conversa. *(Bill, não estando acostumado a lidar com tais preocupações, parecia sentir-se desconfortável.)* Era sobre isso que estávamos conversando. Eu não sei, você pode nos dizer se estamos certos ou errados. Você disse que não sentia que estava se sentindo ignorado?
BILL *(sua voz baixa, com a cabeça abaixada):* Não que eu saiba.
PAI: Você acha que nós o amamos?
BILL: Em meu coração, sim.
PAI: Em seu coração. E em nossos corações?
BILL *(colocando sua mão no coração):* Está bem, o coração da família.
PAI: Nós o amamos.
BILL: É verdade.
PAI: Eu amo você?
BILL: É claro que você ama.

PAI: Esta é uma resposta honesta? Ou você acha que eu estou brincando quando digo que amo você?
BILL: Você disse o que sentia.
PAI: O que acontece quando fico bravo, eu ainda amo você?
BILL: Sim, você ama.
PAI: Eu amo você mesmo quando estou bravo. Você sabe disso porque é verdade.
WAI-YUNG *(para Bill):* Qual a sua idade?
BILL *(alegremente):* Tenho 26 anos, vou fazer 27.
WAI-YUNG: 26 e vai fazer 27. Por um momento, quando vi seu pai conversando com você, pensei que você tivesse 6 anos. *(Michael respondeu sim; Bill sentiu-se ofendido com meu comentário.)*
WAI-YUNG *(para Bill):* Pergunte a seu irmão. Ele concorda comigo.
BILL *(olhando para Michael):* Você acha que eu tenho 6 anos?
MICHAEL: Quando papai estava conversando com você, parecia que você poderia ter 6 anos.
PAI *(pego de surpresa):* Por quê? Por que vocês disseram isso?

Michael imitou seu pai à medida que ele repetia a troca entre o pai e Bill. Eles continuaram conversando e Bill ficou silencioso.

Na verdade, a família tinha voltado a um show de dois homens, de Michael e seu pai. Para conseguir que eles lidassem com sua própria dor e ressentimento, achei que poderia criar um cenário no qual cada um deles tivesse que abordar seu relacionamento com Bill. Eu disse: "Kenneth Clark, historiador de arte, disse que a verdadeira arte não é a que agrada ao olho, mas a que toca a alma... Se vocês tivessem que tirar a pintura de Bill do banheiro e emoldurá-la como aquelas no museu de arte moderna, o que essa pintura lhes diz? Ela toca sua alma?". Eu pedi a Bill que encarasse sua família e perguntassse a cada um deles como eles seriam afetados se Bill se tornasse a própria pintura:

PAI *(para Bill):* Quando vejo aquilo, fico muito bravo. Toca a minha alma ver um filho meu fazer aquilo.
MICHAEL: Incomoda-lhe porque você sente vergonha disso.
WAI-YUNG *(para Michael):* Você não sente vergonha disso também?
MICHAEL *(olhando para o chão):* Tenho vergonha porque ele é meu irmão. É uma maneira tão estranha de expressar algo, pintando de "merda" a parede. Há melhores maneiras de fazer tal coisa do que assim.

WAI-YUNG: O que tem de tão estranho nisso? Ele está usando ingredientes da vida real para pintar. *(Havia uma atmosfera carregada na sala. Todos ficaram em silêncio.)*
MÃE: Eu acho que nunca fingimos que é fácil.
PAI *(dirigindo seu olhar para Bill):* A pintura está aqui. Ele é a pintura. É contra isso que estamos.
MÃE *(olhando intensamente para Bill):* É apenas um grande ponto de interrogação para mim. Eu não compreendo isso. Como você pode fazer tal coisa?
PAI: Está bem. Existe a arte abstrata, da qual nós não gostamos. *(A mãe, aborrecida, começou a discutir com seu marido, e depois sentou-se em silêncio.)*
WAI-YUNG: O que isso está provocando nela? Essa pintura que...
MÃE *(irritada):* Não é a pintura, é a interrupção. Não estão me deixando dizer o que eu quero dizer. Isso é irritante para mim *(para Bill)*. Eu não dou a mínima se é arte abstrata ou não. Tanto quanto sei, para começar isso não é arte. É uma expressão e é uma expressão terrível. É algo que não entendo. Portanto, isso me assusta.
PAI *(para Bill):* A "merda" na parede é arte?
BILL *(embaraçado):* Não, não é.
PAI: O que é, então?
BILL *(solenemente):* Que tudo é uma grande confusão!
WAI-YUNG: Ele está lhe dizendo que a vida dele é uma grande confusão!
MÃE: Essa é a melhor resposta que ouvi.

Aqui Minuchin comentou: "Wai-Yung é uma magnífica contadora de histórias e é capaz de transformar merda em pintura... Ela então muda o significado e Bill é uma merda, e a família fica envergonhada, e assim por diante. Uma história! Há outra história que se pode contar aqui, e a história segue os comentários de Michael de que 'É uma maneira estranha de se fazer uma afirmação'. E dessa história surge uma confrontação: 'Nessa família não há outro jeito, e você é parte da criação de uma história feita de merda. Deve haver uma razão por que na sua família não se pode usar tinta a óleo, por que não se pode usar aquarelas. Provavelmente sua família o impede de fazer qualquer coisa que não seja pintar com merda.' É uma história diferente". Ele virou-se para mim e disse: "É uma história que agrada meu senso estético e não o seu senso estético".

"Quais são as diferenças entre essas duas histórias?", perguntou à turma. "Na história que Wai-Yung conta, as pessoas terão um sentimento de vergonha, embaraçamento, culpa. Em minha história, o que quero é que Bill fique bravo com a famíla. Minha história é uma que evoca transações. Sua história (virando-se para mim) é uma história que evoca entendimento e emoção." Então ele disse: "Ela tem um estilo bastante efetivo, mas incompleto".

Eu sabia que os elogios de Minuchin eram sempre seguidos de um novo desafio. Agora, era uma aventura enfrentar seus desafios. E sentia-me acalentada e energizada pela troca intelectual e interpessoal o que, por sua vez, esgota qualquer criatividade em mim.

Minuchin continuou: "A evitação da agressão não vem apenas da família. Ela vem de Wai-Yung, que apresenta uma pintura da vida que não tem agressão ou hostilidade, e que é mais bonita do que a vida é". Olhando para mim, enfatizou esse ponto. "Suas pinturas sobre famílias são benignas, e as famílias são homicidas. A menos que você aceite que está na área de terapia familiar e que as famílias são organismos conservadores e repressores que cortam as pessoas em pedaços, você não será capaz de ajudar as pessoas a expandir os nichos que a família cria para elas. Suas sessões são como bolos de aniversário que contêm açúcar demais. Você consegue dar às sessões uma intepretação particular benigna."

O DOCE GOSTO DA AGRESSÃO

Comecei minha próxima supervisão dizendo a Minuchin: "Na última supervisão, o que mais me atingiu foi quando você disse que minha sessão não tinha agressão nem hostilidade. E você pensa que talvez isso aconteça por causa do meu passado como uma pessoa de origem chinesa. Eu saí e disse não, porque a China, como qualquer outra nação antiga, conhece a hostilidade e a agressão".

A verdade é que fiquei furiosa durante as duas semanas seguintes à minha última aula. Vinda de uma família com um histórico não-convencional, eu não teria me importado em ser vista como imoderada, irracional ou irresponsável. Eu até mesmo teria gostado de ser vista como excêntrica e imprevisível. Mas doce e açucarada! Isso foi um golpe para mim. Durante duas semanas, chutei pedras e caminhei com raiva, batendo em quem encontrasse pela frente. Esperei que a família voltasse, e quando voltaram, amarrei-os com um rolo de cordão que achei em meu consultório. Como uma aranha, fiz minha teia e esperei pelo momento de atacar.

A família ficou surpresa quando comecei a tecer uma rede ao redor deles com um rolo de cordão. Eu caminhei em volta deles quieta, enquanto os unia, primeiro os seus corpos e depois suas mãos e pés. O pai e Michael pareceram gostar e viram isso como um outro jogo que eu jogaria com eles, enquanto a mãe e Bill estavam sem inspiração, como sempre.

Quando comecei essa tática, não sabia onde o confronto ocorreria. Eu tinha que provocar a agressão nessa família para mostrar sua conexão com a pintura com "merda". Lutei para encontrar maneiras de desordenar seu equilíbrio:

WAI-YUNG: Com que freqüência vocês dizem que amam Bill? Que amam uns aos outros?
MICHAEL: Você não acredita nisso?
WAI-YUNG: Eu vou lhes dizer em que acredito. Eu vim de uma cultura diferente, como vocês todos sabem. Amor não é uma palavra que nós usávamos costumeiramente. E sua maneira de usar as palavras me faz pensar sobre o exército. É quase como depois de terem cometido um assassinato bem-sucedido, vocês colocarem uma medalha em seu uniforme e chamarem isso de amor.
PAI *(exprimindo desagrado)*: Isso é muito estranho!
MICHAEL *(desconfortável)*: Acho que é principalmente um pouco rude. Eu me senti embaraçado pela maneira como você nos acusa de sermos falsos quanto a nossos sentimentos uns pelos outros.
WAI-YUNG: Eu não sei qual é o seu sentimento, mas sinto que vocês matam Bill com palavras...
PAI: Nós podemos fazer isso, nós podemos até ter feito isso!
WAI-YUNG: Vocês o matam com palavras e então adornam o corpo com amor.
MÃE *(gritando)*: O quê? O que ela disse?
PAI: Nós adornamos o corpo com amor!

Minuchin parou o vídeo e disse: "Acho que essa é uma expansão de seu estilo e que você está trabalhando em um nível mais alto de complexidade. Acho que antes você precisava assumir muito mais o controle do processo e está abandonando isso. Isso é muito bom".

Na sessão, continuei a provocar a família:
WAI-YUNG: Michael, você sabe, a dança entre você e sua família tem sido uma dança contínua. Desde que vocês dancem juntos, todas as outras pessoas são deixadas de fora. Fico pensando como seria para seu pai e sua mãe se você não estivesse nesse quadro?
MICHAEL: Ah, não sei. Você quer que eu faça especulações?
WAI-YUNG: Você pode sair e ver como eles lidam com isso? Porque é interessante, é quase como você ter se tornado a mãe dessa família ao lidar com Bill. *(Bill riu.)*
MICHAEL: Bem, acho que estou mais próximo dele. Acho que me relaciono melhor com ele. Isso não significa que aja como mãe dele.
WAI-YUNG: Por que você precisa fazer o papel de sua mãe?
MICHAEL: Bem, eu acho que minha mãe é de uma outra geração. Isso tem muito a ver com esse assunto.
WAI-YUNG: Você está tentando protegê-la?
MICHAEL: Não, não estou tentando protegê-la. Estou tentando dar a Bill, talvez, uma visão mais honesta de como é a vida.
WAI-YUNG: Você não gosta da visão dela? Você duvida da visão dela?
MICHAEL *(um pouco irado):* Não, eu não duvido da visão dela!

Minuchin parou a fita novamente e comentou: "Isso é completamente novo para Wai-Yung. É uma experiência completamente nova! Ela não trabalha assim. Trabalhar nesse nível de mensagens relacionais, é a primeira vez que vejo isso".

Foi um momento de descoberta! Até esse ponto, eu apenas tinha entendido relacionamentos em um nível auto-reflexivo. Eu era boa em pensar, mas não em dar tudo de mim e certamente não em me expor. Como essa mudança aconteceu? Parecia como se tudo o que tinha acontecido durante e fora da supervisão tinha algo a ver com isso e que finalmente veio espontaneamente, sem pensar.

O calor continuou a esquentar a sessão. Michael tentou se soltar do cordão, que agora se encontrava entrelaçado. Ele anunciou que precisava ir ao banheiro, mas o cordão estava restringindo seu movimento:

PAI: Você não vai pintar a parede?
MICHAEL: Não, eu não estou com tanta raiva. Não vou pintar a parede.
(Bill fez um sinal positivo com o polegar.)

A mãe estava ficando cada vez mais agitada. A tensão na sala era intolerável:

PAI *(sacudindo a cabeça confuso):* Não tenho certeza de onde queremos chegar.
MÃE: Eu também não tenho certeza. Não sei exatamente o que estamos tentando alcançar...

Nesse ponto, eu estava desesperada pelo auxílio de Michael. Depois de trabalhar tanto para ele se libertar, eu, involuntariamente, o conduzi para fora sessão:

WAI-YUNG: Michael, é tão engraçado que a conversa surja tão naturalmente entre você e seu pai. E as conversas não surgem entre seu pai e sua mãe.
MICHAEL: Meu pai e eu somos ambos sem reservas e minha mãe é muito reservada, então...
WAI-YUNG: Então como é a vida para eles? Como duas pedras tumulares sem você?
BILL *(com felicidade):* É sim!
(Michael olhou atentamente para sua mãe, que tinha chegado a um ponto de ebulição. O olhar dela trespassou meu olho por um momento.)
MÃE: Não sei por que, mas você está nos pintando de forma muito ruim hoje.
WAI-YUNG *(para Michael):* Você sempre foi um espreitador deles quando estava crescendo? Você sempre escutava a maneira como conversavam? Acho que você vai dedicar sua vida inteira a eles a fim de fazer o relacionamento deles funcionar.
PAI: Ora, ora. Você deve estar brincando.
MICHAEL: Não, eu não posso fazer isso.
WAI-YUNG: É por isso que suas duas esposas o deixaram?
PAI: Ele não teve duas esposas...
MICHAEL: Apenas uma. Não, eu não acho que foi minha família.
WAI-YUNG: Se você é tão ligado a seu pai, como qualquer outra pessoa pode ser tão ligado a você em sua vida?
MICHAEL *(confiantemente):* Posso me aproximar de muitas pessoas. Posso ser muito próximo a várias pessoas, e isso não é um problema. *(Sua voz ficando mais suave)* Minha esposa me deixou porque não conseguia ser próxima de mim. Ela só não se importava comigo. Então

essa é realmente outra questão. Eu não acho que foi por causa do relacionamento com minha família que ela não conseguia ter um relacionamento comigo.

Bill escutou cuidadosamente enquanto ambos os irmãos tentavam desamarrar os nós do cordão:

WAI-YUNG *(para a mãe)*: Apesar de a senhora parecer estar mais em desacordo comigo, sinto que a senhora é a única pessoa real aqui. Porque a senhora é agressiva, tem raiva. E esses três homens aqui – não vejo muita agressão neles. Como vocês explicam isso? *(O pai riu.)*
MICHAEL: Eu não sei. Não sou uma pessoa agressiva. A agressão me assusta.
WAI-YUNG: A agressão assusta? *(Michael assentiu.)* O que você faz com sua própria parcela de hostilidade?
MICHAEL: Não sei. Talvez eu a dirija para mim mesmo.

Minuchin comentou nesse ponto: "Então aqui estamos em uma encruzilhada muito interessante. Está claro que Wai-Yung está explorando novas modalidades de funcionamento. *(Virando-se para mim.)* Você está usando duas modalidades. Uma lhe é familiar – o uso da linguagem – e nisso você é muito boa. A metáfora do amor como uma medalha para pessoas mortas é muito bonita. Ela carrega todos os níveis de intensidade metafórica, mas isso é algo que você sabe como fazer. Mas você o está fazendo de uma maneira diferente. Você está trabalhando pessoalmente com pessoas em um confronto de uma contra a outra, e isso é novo. E como isso é novo, é mais difícil, mas você o está realizando. Claramente, Michael está experienciando essa sessão como uma sessão terapêutica para ele".

Se a supervisão é uma história de experiências, seguindo o pensamento de Bruner: "As histórias tornam-se transformadoras apenas quando se realizam", não há dúvidas de que minha sessão familiar foi apenas uma dramatização de minha supervisão. Porém, o conceito de história pareceu vazio e distante no ponto em que eu estava experienciando um pico de emoção, uma sensação somente alcançada na profundidade de um encontro interpessoal. Por meio de uma experiência imediata, descobri que mesmo a agressão pode ser um ato de intimidade. Não foi Satir, a deusa do amor, que uma vez disse a uma esposa perturbada que a razão por que seu marido estava correndo atrás dela com uma faca era porque "ele está tentando se aproximar de você"?

É o relacionamento humano que dá à vida seu significado, seu propósito e sua mágica. É estranho que o relacionamento entre professor e aluno não seja um tema altamente popular na cultura ocidental. Pelo contrário, os professores são como budas – pertencem à esfera da ilusão. É necessário matá-los se os encontrar na rua para provar que você tem valor por si mesmo.

Aprendi com muitas pessoas em minha vida pessoal e profissional, mas nunca tive um professor que me fizesse passar por um processo de aprendizagem. Alguém que, dentro de uma determinada estrutura de tempo e em um cenário especialmente encenado, impeliu-me quando sentiu que eu tinha me tornado banal, desafiou-me quando me achou limitada, acalentou-me quando minha luta estava perdida e valorizou-me quando fui capaz de ter pequenos ganhos. No final, aproveitei completamente o fato de ser uma aluna.

O APOGEU DA INTENSIDADE

Minuchin tinha considerado minha supervisão completa após a última sessão, mas a saga da família continuou à medida que a agressão aumentou. No final, houve uma explosão.

Na sessão seguinte, Bill veio falar comigo antes de sua família chegar. Declarou que se sentia rejeitado por seus pais, dizendo: "Meu pai me trata como um refugo". Eu o encorajei a dizer para sua família como se sentia.

Porém, Bill tornou-se uma pessoa diferente quando a família se juntou a nós mais tarde. Tornou-se uma criança novamente e ficou evasivo como de costume, abordando coisas sem conexão e perdendo toda a credibilidade.

Com meu encorajamento, Bill finalmente contou a seus pais que se sentia rejeitado em casa. Sua mãe imediatamente sugeriu que essa idéia tinha sido implantada por mim durante o tempo em que Bill e eu tínhamos ficado sozinhos:

MÃE: Quando Bill falou com você antes de nós chegarmos, ele disse: "Eu me sinto rejeitado por minha família"? Foram essas as palavras que ele usou?
WAI-YUNG: Essas foram as palavras que ele acabou de usar aqui.
MICHAEL: Sim, essas foram as palavras que ele usou aqui.
PAI *(apontando para Bill):* Pergunte a ele!

MÃE *(agindo de forma semelhante a uma juíza):* Certo! *(para Bill, enunciando palavra por palavra):* Você honestamente compreende o que quer dizer quando fala rejeitado?

Tanto o pai quanto a mãe insistiram que era muito importante para eles ter certeza de que Bill sabia o que rejeição significava. Bill começou a murmurar:

WAI-YUNG *(para Bill):* Não é de se admirar que você não queira se abrir. Quando falou sobre rejeição hoje, foi como se tivesse lançado uma bomba na família. É muito difícil para eles ouvir isso. É por isso que estão com raiva...
MÃE: Sim, estamos com raiva. Porque não achamos que ele entenda a palavra.
WAI-YUNG *(para o pai):* O senhor é um homem com tremenda capacidade. Por que é tão difícil encarar essa emoção? Eu acho que é difícil porque é seu próprio filho, não é?
PAI *(abruptamente):* Encarar o quê?
WAY-YUNG: Encarar o fato de que o senhor possa tê-lo rejeitado.
PAI: Não posso ter... tenho certeza que rejeitei. Mas novamente...
WAY-YUNG: Que ele é um produto errado para o senhor, talvez?
PAI: Bem, sim, desapontamento talvez. Tenho certeza de que ultrapassei isso há muito tempo, mas ainda há...há um elemento de...de...vergonha. Eu usaria a palavra "vergonha". Não deveria haver, mas há. Então o que por Deus, você pode fazer? *(Mudando de assunto):* Escute, eu admiro Bill por ter a coragem de se abrir e dizer o que pensa.
WAY-YUNG: Então dê os parabéns a ele. Diga: "Eu estou realmente feliz, Bill, que você consegue me dizer isso".

O pai inclinou-se em direção a Bill. Deu sua mão a Bill e começou a abraçá-lo. Mas vi que, logo que tinha feito isso, bateu de leve no ombro de Bill em um gesto amigável, indicando que a coisa toda teria um fim. Foi nesse ponto que eu disse: "Não adoce isso".

Como um raio, o pai saltou, apontou seu dedo para mim e começou a gritar:

PAI: Não me diga o que fazer. Eu lidarei com isso, mas não me diga o que fazer ou como agir.

WAI-YUNG *(tentando permanecer calma)*: Por que o senhor está dirigindo sua raiva contra mim?
PAI: Porque foi você que fez a afirmação. Bill não está ofendido com isso. E não deveria haver ofensa por isso. *(Michael tentou intervir.)* Sim, eu estou emotivo agora! Se a maldita chinesa é desordeira ou não, isso não importa...
MICHAEL *(saltando e gritando)*: Ei, escute! Não fique abusivo. Cale a boca! *(eles começaram a empurrar um ao outro)*.
PAI *(gritando)*: Não ouse apontar seu dedo para mim!
MICHAEL *(continuando a apontar)*: Escute, o que eu ia dizer antes de você começar a gritar e a ficar odioso era que, quando abraçou Bill, você estava realmente desconcertado, quase chorando.
MÃE: Ele estava muito desconcertado.
MICHAEL *(batendo sua mão na cadeira)*: Eu aceito que...
MÃE *(apontando o dedo para mim)*: Foi ela...
MICHAEL *(ignorando a mãe)*: Antes de toda essa agressão começar, você abraçou Bill. E eu pude ouvir uma repressão de emoção em sua voz. *(O pai assentiu, concordando.)* Por que você não consegue apenas abraçá-lo?

Essa pergunta precipitou outro acesso de raiva no pai, que insistia que tudo tinha sido arruinado por minha afirmação. O rosto de Michael também estava completamente tomado pela raiva. Houve muita confusão e tensão na sala. O pai e o filho estavam engajados em um jogo de gritos, com a voz da mãe ecoando no fundo:

WAI-YUNG: Hoje é a primeira vez que Bill é capaz de dar sua opinião. E vejam a intensidade. Vejam como é difícil para vocês se aproximarem dele. Quando digo que não amenizo, é porque acho que o que vocês fizeram foi muito bonito quando foram abraçar Bill. E então, quando estavam tentando rir e superar isso rapidamente, é então que quero...
PAI *(aproveitando a chance e continuando a briga comigo novamente)*: Você não viu meu rosto.
MÃE: Você não viu o rosto dele.
PAI: Agora estou satisfeito de que Bill foi capaz de declarar o que ele tem. E Michael está totalmente certo de que fiquei com a voz engasgada e com lágrimas nos olhos como estou agora. Mas fico desapontado quando você faz isso, e você faz isso com bastante freqüência. Você estragou um momento que estava se desenrolando. Fim da história. Vamos prosseguir.
WAI-YUNG *(para a família)*: Agora tenho uma questão quanto a isso. Quando ele me insultou, minha nacionalidade e tudo, senti que não

seria capaz de trabalhar com ele. Essa é a parte abusiva que não posso aceitar. Bill talvez a tenha aceitado.
BILL: Sim, eu aceitei!
WAI-YUNG: Você aceitou? Mas eu não.
BILL: Se isso continuar, eu vou embora.
WAI-YUNG: Eu realmente sinto uma coisa com sua família. É tão difícil abordar assuntos pesados sem suavizá-los. Hoje ouve uma mudança, e eu queria avisá-lo para não repetir o padrão. E vocês ficaram com raiva de mim. Eu vou deixá-los sozinhos por um momento para que possam e para que eu também possa reparar nossas emoções. Do contrário, acharia muito difícil continuar trabalhando com vocês.

Saí da sala. A verdade era que eu precisava demais recuperar meu fôlego. O pai estava chorando, e a família inteira estava falando ao mesmo tempo quando eu estava saindo.

Essa sessão também criou muito caos na supervisão. Quando vi que tinha criado tanto embaraço na turma, sabia que havia ultrapassado o que Minuchin uma vez tinha considerado ser minha baixa tolerância de intensidade.

Minuchin ficou pensativo. "O que ela fez foi totalmente extraordinário", disse. "Ela insistiu no afeto intenso, em uma família que já tinha ido além de seu limiar usual. O fato foi que ele a atacou, e ela sobreviveu. Ela sobreviveu e saiu dizendo: 'Eu não deixarei você defecar em mim, mas você realmente defeca em outras pessoas na sua família'. E essa foi uma boa maneira de se retirar. Foi um momento muito importante. Como ela diz, a emotividade é aceitável". Então ele me cumprimentou com um aperto de mãos e levantou-se.

Eu ainda persisti: "Eu acho que o homem fez mais quando me atacou. Acho que foi um importante momento terapêutico"... Minuchin sorriu: "Certamente. Você levou a família a um nível de troca emocional ao qual eles não estão absolutamente acostumados, e você também não está acostumada".

O PROCESSO DE CURA E A APRENDIZAGEM SOBRE ELE

Em cada movimento que fiz com essa família, senti que estava dialogando com Minuchin. Da mesma forma, quando estava interagindo com Minuchin, a família era minha plataforma. Então eu não pude ver os dois níveis de encontro como separados. Eles começaram como duas linhas paralelas, mas, à medida que o treinamento estava fazendo seu efeito, eles se sobrepuseram, um estendendo-se sobre o outro, cada vez mais para mais outro nível. Quando a supervisão estava chegando ao fim, as duas linhas se encontraram e tornaram-se uma só. Não entendi até muito tempo depois que o que tinha realmente aprendido com Minuchin era uma terapia do movimento. Desde o primeiro dia que vim estudar com ele, havia me convidado a me mover com ele. Não é de se admirar que me tornei intolerante com a atmosfera benigna e restritiva nas sessões familiares e me senti compelida a ativar o movimento. Olhando para trás, agora, vejo que todo o meu processo com a família estava se movendo de um platô para outro, como uma imagem de espelho de minha experiência de supervisão.

Quatro meses após minha última supervisão, finalmente removi todos os obstáculos ao progresso e cheguei na posição da mãe. Enquanto os dois irmãos continuavam presentes nas sessões familiares, foram capazes de sentar-se e deixar os pais lidarem um com o outro. O pai conseguiu continuar com seu papel e confortar sua esposa que, nesse ponto, estava se ajustando a soltar-se de Michael. Como outros pais cujos filhos estão prontos para sair de casa, esse casal estava aprendendo a se consolar.

Quando a terapia terminou, a mãe deu-me uma aquarela que ela tinha pintado. Era uma imagem bonita de um feixe de flores selvagens, que ela chamou de "Ao lado do riacho". Aceitei o presente como seu gesto de que todos nós tínhamos encontrado novas cores a fim de tirar a família da "merda".

Visitei a família pela primeira vez três anos depois. Encontrei apenas os pais. Eles me disseram que Michael tinha saído de casa e estava viajando ao exterior. Bill foi morar em uma casa grupal. Ele não tinha mais pintado com fezes e continuou longe delas. Ele apenas acionou o alarme de fogo uma ou duas vezes.

PÓS-ESCRITO: DEZ ANOS DEPOIS

Eu estava em uma festa, não faz muito tempo, quando alguém me perguntou como eu conheci Sal Minuchin. Respondi: "Ele é meu professor". Minuchin, que estava por perto, ouviu por acaso nossa conversa, virou-se para o homem e disse: "Fui professor dela, mas somos colegas agora".

Essa anedota mostra uma situação desagradável e interessante na maneira como Sal e eu definimos nosso relacionamento. Para mim, um professor é uma espécie ameaçada e um presente muito raro. Uma pessoa pode ter muitos colegas e aprender com muitas pessoas, mas é uma experiência muito especial ter um professor. Mas Sal parece ser um professor relutante que receia seu papel, e apenas vê um professor como uma posição hierárquica. Durante anos, tenho tentado tornar Sal um professor, e ele, para sair do dilema, tem tentado fazer de mim uma colega.

Sempre me considerei um espírito livre, mas o treinamento com Minuchin me fez aterrissar. Como ele teve sucesso em me tornar uma terapeuta mais responsável, sinto que também deveria ser responsável por mim, como a raposa que disse ao pequeno príncipe: "Se você me domesticar, será responsável por mim". Para mim, esses elementos de dependência e interdependência são as próprias chaves de seu ensino. Perambulei por muitos anos sem um foco. Quando ele me fez comprometer-me com uma direção, recusei deixá-lo apenas "bater e correr".

Contudo, Sal interpreta minha alta consideração por ele como professor como uma forma de autodepreciação de minha parte. Às vezes, até a vê como um fenômeno cultural. Certa vez me contou sobre seu desconforto quando um admirador da Índia veio beijar o chão junto à entrada de sua casa, sugerindo um valor oriental único que valoriza os professores. Eu fiquei muito aborrecida por seu exemplo. Disse a ele que não desejava beijar o chão sob seus pés. Senti que ele havia diminuído uma relação muito especial entre nós simplesmente dando-lhe uma interpretação cultural.

Durante anos mantivemos o mesmo debate. Ele continua a recusar ser um professor, e eu continuo a vê-lo como um.

Não muito tempo depois que o grupo externo encerrou suas atividades, Sal convidou-me para ingressar na faculdade de Family Studies. Logo retornei a Hong Kong, onde abri uma filial do Family Studies. Passava seis meses por ano trabalhando em Hong Kong, e os outros seis meses nos Estados Unidos. Minuchin veio juntar-se a mim para um programa de treinamento na Universidade de Hong Kong. No final de sua oficina de treinamento muito estimulante, sugeriu que eu continuasse a expandir meu trabalho em Hong Kong e até mesmo na China. Ele disse: "Sou como o guitarrista Segovia, que, quando é posto no palco e lhe dão uma guitarra, toca como um mestre, mas quando está fora do palco, é apenas um homem velho. Quando estou com minha família, ainda consigo desempenhar o melhor possível, mas fico muito cansado depois de cada *performance*. Você precisa pegar a guitarra e continuar o trabalho".

Senti-me muito triste com o que ele disse. Resisti à sua sugestão. "Eu não quero sua guitarra. Não gosto da responsabilidade!". Ele disse gentilmente: "Você não se preocupa com seu próprio povo? Não vê a necessidade de contribuir para o bem-estar deles?" Eu continuei dizendo não.

Até esse ponto, a terapia familiar ainda era apenas uma atividade intelectual para mim. Eu gostava do estímulo intelectual, mas também apreciava me esconder atrás de um líder forte e deixá-lo suportar a luta toda. Antes de ele deixar Hong Kong, contou-me uma história sobre como alguém descobriu a mágica recitando algumas palavras mágicas. De qualquer maneira, eu não parecia capaz de me lembrar dos detalhes da história, muito menos das palavras mágicas. Sabia que estava rejeitando a mágica que ele queria me passar porque, se eu a aprendesse, teria que me tornar responsável.

Apesar de estar relutante, minha estada de seis meses em Hong Kong transformou-se em oito meses, e logo minha indicação na Universidade tornou-se de tempo integral. Nossa operação original temporária tornou-se o Family Institute da Universidade de Hong Kong, uma instalação totalmente equipada com uma equipe transdisciplinar dedicada à pesquisa, ao treinamento e à prática de casais e à terapia familiar. Quando expandi meu treinamento para a China continental, Minuchin ofereceu-se para voltar e ajudar-me com o treinamento. Isso aconteceu logo depois da tragédia de 11 de setembro, e não havia vôos partindo dos Estados Unidos. Gil Barnes e Alan Cooklin, nossos colegas britânicos, estavam esperando em Hong Kong comigo, e tínhamos certeza de que não havia maneira de ele sair do país. Nós nem mesmo conseguíamos falar com ele por telefone. Um dia antes do qual ele deveria chegar, Pat, sua esposa, telefonou-me às cinco horas da manhã para me dizer que o tinha levado de carro de Boston para Montreal, onde tinha pego um vôo para Toronto para tomar o vôo programado. Ele chegou em Hong Kong às oito horas da manhã, empolgado e animado, dizendo que tinha de manter sua promessa de vir.

Na década passada, Sal e eu vivemos em dois mundos diferentes e nossos caminhos continuam a se cruzar. Enquanto ele não queria ser professor, continuava a me mostrar o que um bom professor faria. Enquanto me recusava a ser sua colega, também aprendi a proteger e a expandir suas idéias por intermédio de nossas colaborações próximas e de uma troca contínua de perspectivas clínicas. Quando ele estava diminuindo seu trabalho e quase se aposentando, ele telefonava para ver como eu estava. Eu compartilhava com ele meus casos e aventuras empolgantes. Às vezes, contava a ele como tinha tido sucesso em determinado caso e tudo que ele dizia era: "Isso é chato! Eu sei como fazer isso, conte-me algo novo!" Ao agir dessa maneira, Sal continuou a me encaminhar em uma procura por novas aventuras.

Certo dia, contei-lhe sobre o caso de uma paciente chinesa cuja experiência durante a Revolução Cultural ativou meu próprio sentimento de perda como imigrante. Quando essa mulher estava lutando para tornar nosso país um lugar melhor, eu estava vivendo no exterior em um exílio auto-imposto. Como nossos caminhos paralelos se cruzaram durante o encontro terapêutico, a história da mulher misturou-se com a minha, e isso me deixou com lágrimas nos olhos. Essa paciente, que estava deprimida, tornou-se muito animada com minha resposta, que pareceu oferecer um novo significado à sua narrativa, pois a história da Revolução Cultural há muito tempo perdeu seu público na China. Sal escutou e, dessa vez, respondeu: "Isso é novo. Eu não conseguiria fazer isso". Eu interpretei isso como sua maneira de dizer-me que eu tinha finalmente encontrado minha própria maneira de usar meu *self* empregando minha única experiência e estilo próprios de trabalhar com pessoas – algo que está além da técnica de qualquer estrutura terapêutica.

Ao longo dos anos, colaboramos em três livros e lecionamos juntos na China e em Hong Kong várias vezes. Eu o vi se transformar de uma figura de guru para uma pessoa real, afetada por todas as fragilidades humanas normais. Às vezes, vi-o em momentos de vulnerabilidade. Enquanto estávamos trabalhando em nosso livro *Assessing families and couples*, fiquei desorientada por uma carta que ele escreveu ao co-autor, Mike Nichols, e a mim sobre sua depressão em encontrar-se transformando-se "de um homen maduro saudável em um homem velho doente". Porém, quanto mais vejo o lado humano dele, mais o vejo como professor, apesar de a lição não ser mais sobre terapia familiar, mas sobre a vida.

Em uma recente sessão de treinamento no Minuchin Center for the Family, em Nova York, eu estava mostrando a fita do caso do "Pintor de merda" a um grupo de alunos. Fazia 15 anos que a fita tinha sido feita mas, enquanto a assistia, ainda podia sentir a intensidade da supervisão e seu impacto paralelo sobre as sessões familiares. A experiência toda foi tão vívida para mim como se tivesse acontecido há pouco tempo. Lá estava eu: não importando a distância que tenha viajado, o quanto meu estilo terapêutico, formado por minhas novas experiências, possa ter se expandido, à medida que fui confrontada pelas imagens do vídeo, encontrei-me novamente sentada no assento difícil, enfrentando um professor desafiador, mas ao mesmo tempo novamente acalentador.

Evidentemente, ser professor é uma honra duramente conquistada, um título concedido a apenas alguns indivíduos merecedores. Novamente, considero com satisfação Sal Minuchin como meu professor, e ele simplesmente tem de aceitá-lo, apesar de sua relutância ao longo do caminho.

Quando escrevi isso, Sal e eu tínhamos há pouco tempo passado alguns dias trabalhando em período integral editando nosso novo livro. Foi muito intenso e freqüentemente discordávamos. No final da tarefa, Sal entregou-me pessoalmente uma carta que havia escrito:

> *Não há nada que alegra mais um "professor relutante" do que ver uma aluna tornar-se uma colega, depois uma colaboradora e então uma pessoa que expande a linha de raciocíno do professor de maneiras que sejam novas para ele. Seu capítulo em nosso livro é uma jóia, esteticamente agradável e brilhante em seu raciocínio. Obrigado, de coração, Sal.*

A mensagem foi escrita em um cartão impresso com os íris azuis de Vincent Van Gogh. Acredito que esse seja um novo comportamento para Sal Minuchin. Depois de uma década, gradualmente atuamos nos papéis que tínhamos persistentemente atribuído um ao outro. Nesse processo, cada um de nós também descobriu um traço de uma nova cor.

— 15 —
Enchendo o recipiente vazio
A história de Andy Schauer*

Wai-Yung Lee

Pedi que Andy escrevesse um título para um tablóide sensacionalista descrevendo seu estilo terapêutico. Sem hesitar, Andy escreveu no quadro-negro: "Terapeuta humano descreve o self como um recipiente vazio".

Respondi: "Não quero a responsabilidade de encher um recipiente vazio. Eles não têm fundo".

Assim começou meu encontro com Andy, um processo enriquecedor para nós dois.

Andy foi um dos alunos mais comprometidos que já tive. Ele vinha ao consultório sempre que tinha tempo de assistir às fitas. No final de seu treinamento, havia assistido a centenas de minhas sessões. O dilema de supervisionar um aluno extremamente brilhante e modesto é como não ensinar. Cada afirmação que eu fazia poderia ser transformada em um mantra, em uma estrada a explorar ou uma direção a seguir.

O problema com o trabalho de Andy era que ele era eficiente. Dominava todas as técnicas sobre as quais escrevi. Então ele foi para Jay Haley, depois para Whitaker e pôde fazer um fac-símile confiável de cada um de nós. E as famílias, reconhecendo um perito, seguiram sua direção. Em famílias com crianças, ele tinha uma maneira gentil de conversar com as crianças e de encorajar os pais a proporcionar uma

---

* ANDREW SCHAUER foi um assistente social clínico que, durante o período descrito neste capítulo, trabalhou com famílias no Queens Child Guidance na Jamaica, Nova York. Depois de seus estudos com Minuchin, Schauer mudou-se para Boston, onde planejava continuar seu trabalho como terapeuta familiar. Ele morreu repentinamente pouco tempo após sua mudança.

melhor parentagem. Mas, quando encorajado a falar sobre seus objetivos em terapia, ele voltava a dizer "Não sei", o que eu parafraseava como "Diga-me o que eu sei". Nós realmente compartilhávamos o ditado de Confúcio que dizia: "Se ele sabe, e não sabe que sabe, ele está adormecido. Acorde-o".

Como eu respeitava o esforço de Andy de ser como eu, mas sabia que ele seria melhor se fosse ele mesmo, minha supervisão com ele sempre teve um elemento de provocação. Eu previa que ele iniciaria sua apresentação declarando sua ignorância ou confusão. Eu sugeria que começasse mostrando sua fita, pois sabia que seria melhor que sua própria apresentação. Mas a provocação era benigna e sempre acompanhada de uma expectativa, envolta novamente em uma provocação suave, de um futuro quando ele não precisasse fazê-la.

Não me lembro de um conflito com Andy. Ele sempre aceitava minhas declarações como uma indicação de meu interesse em seu crescimento. E minha resposta pessoal para ele era esperar pacientemente pelo momento em que ele integraria seu conhecimento com o domínio dele. Quando ele apresentava um caso e eu queria fazer um comentário, eu freqüentemente o iniciava com um qualificador, "Eu sei que não deveria ensinar-lhe, pois você acreditará em mim, mas..." Ou eu pedia à turma que comentasse o trabalho de Andy sem o ensino.

O objetivo era tornar Andy acessível para Andy. A estrada não era como ensinar.

A história da supervisão de Andrew Schauer é diferente das outras histórias porque, para o nosso mais profundo sentimento de perda, ele não está aqui para falar por si mesmo. Andy tinha começado a escrever um capítulo para este livro, mas morreu antes de terminá-lo. Wai-Yung Lee, que era um membro de um dos grupos de treinamento de Andy, baseou o que segue em videoteipes, conversas particulares e nas anotações de Andy, além daquele capítulo.

Enquanto estava revisando os videoteipes de supervisão de Andy durante dois anos, não pude deixar de pensar em quanto você precisa saber sobre a história de uma pessoa para conhecê-la. Sem Andy aqui para verificar suas reflexões e pensamentos interiores durante o processo de treinamento, o que poderíamos fazer com sua experiência? Poderíamos nos identificar com sua busca por conhecimento, sua necessidade de validação, sua ansiedade em falhar, sua dor, sua alegria, suas fantasias, seus desejos, seu medo de rejeição e a procura por um mentor?

Os terapeutas de família dependem do padrão de interação no aqui-e-agora para fornecer pistas importantes para o passado e previsões para o futuro. O aqui-e-agora de Andy foi capturado em muitas horas de fitas que nos deram importantes pistas sobre o mistério de Andy. À medida que a história se desenrolava, Andy começou a emergir, assumindo uma multiplicidade de *personas*, aparecendo em uma máscara após a outra, até que todas as partes dele se manifestaram e evoluíram para uma entidade rica e complexa.

O capítulo de Andy começava assim:

> "Depois de três anos estudando terapia familiar no Family Studies, eu iria finalmente estar na turma de Salvador Minuchin. No ano anterior, vinha às 9 horas da manhã de toda terça-feira para minha aula às 14 horas com Jorge Colapinto, e passava a manhã inteira assistindo a videoteipes de Minuchin fazendo consultas e terapia, dando aulas e fazendo apresentações em conferências. Eu era o garotinho na loja de doces. Cada rótulo escrito à mão prometia um nova aventura de ver o trabalho de alguém que eu, cada vez mais, via não apenas como um mestre clínico e uma figura seminal na área da terapia, mas como um artista."

Durante a primeira sessão de treinamento de Andy com um novo grupo de alunos, Minuchin pediu aos supervisionados para descreverem seu estilo como terapeutas. Quando chegou a vez de Andy, foi até o quadro-negro e desenhou uma figura de um receptáculo. Então disse: "Eu sou um receptáculo vazio!"

Esse era um desafio direto para um professor. Um receptáculo vazio é um paradoxo. Seu aspecto e sua forma convidam à ação, mas qualquer tentativa de encher o receptáculo, retira seu espaço. Se você aceitasse o quadro de Andy sobre ele mesmo, era colocado em posição de mantê-lo em uma posição inferior. Se o rejeitasse, seria visto como rejeitando Andy. E, se você perguntasse a ele como tinha obtido uma visão tão impossível de si mesmo, era levado a um modo auto-reflexivo benigno, deixando de ver a poderosa tática de "aquele que está por baixo não teme uma queda". Qualquer efeito que enriquecesse Andy também tiraria seu poder.

Andy apresentou o caso de um casal que tinha problemas em lidar com seus dois filhos. Sua apresentação tinha a mesma qualidade de pleitear a ignorância e pedia ajuda. Ele começou: "Vou apresentar-lhes a primeira sessão de uma família que atendi na noite passada em minha clínica. Não sei o que está acontecendo com eles, por isso gostaria que me dessem um *feedback* sobre o que *vocês* acham que está acontecendo." Contrário ao que ele teria feito normalmente, Minuchin não disse nada sobre o estilo da apresentação de Andy, que ficou lá esperando por *feedback* de um professor que escolhia não estar ali. Podíamos sentir sua ansiedade aumentando à medida que continuávamos com a sessão de grupo, dando diferentes opiniões e sugestões sobre sua sessão em videoteipe.

Finalmente, no final da aula, Sal disse-nos por que ele não iria dar um *feedback* a Andy. "Andy criou uma organização em sua apresentação que tornou o que eu digo inútil. Ele disse: 'Sou um recipiente vazio, encham-me'. Se eu encher um recipiente vazio, não estou ajudando. Então fico estagnado!"

Então ele disse à turma que não era útil interpretar os pensamentos de Andy, "porque ele é um recipiente vazio e digo-lhe o que ele está pensando, então o vinho que será produzido não será bom". Minuchin fez suas afirmações brevemente. Sua voz era tão gentil quanto a de Andy e seu rosto não demonstrava afeto. Mas todos na turma estavam estarrecidos com isso. Pego de surpresa, Andy esforçou-se para perguntar ao professor o que ele queria dizer. "Eu não entendi." "Você poderá entender mais tarde", Sal respondeu. "Você poderá entender na próxima semana, ou você nunca poderá chegar a entender!"

Dois anos depois, quando Andy estava escrevendo sobre sua experiência de aprendizagem com Minuchin, aquela primeira sessão ainda era a que tinha tido o maior impacto:

> Senti-me humilhado, embaraçado e, mais do que tudo, rejeitado. Alguns de meus colegas ficaram comovidos em me defender... Apesar das tentativas óbvias de alguns membros da turma de nos afastar do desconforto dessa cena, Minuchin continuou com seu direcionamento e reiterou o que viu. Quando eu disse que não entendia como estava atando as mãos das pessoas pelo modo como me apresentava, a resposta de Minuchin foi que talvez eu o entenderia no futuro ou talvez nunca o entendesse. Ele estava dizendo que não iria se acomodar a mim e à minha maneira preferida de me apresentar, e que seria eu que teria que mudar. Isso era semelhante à sua visão em terapia.
>
> Eu saí da aula depois de minha primeira apresentação em estado de choque. Sentia como se minhas piores crenças sobre mim mesmo tivessem sido ratificadas no tribunal do Alto Comissariado da Terapia e do Valor Humano. Mas, ao mesmo tempo, algo começou a agitar-se em minha mente. Eu comecei a pensar sobre a primeira aula, quando Minuchin tinha feito alguns comentários introdutórios sobre a turma e o que ele poderia esperar dela.

Ele disse que a terapia era, entre outras coisas, um convite do terapeuta à família para jogar-se no desconhecido. A família chega com um problema. Publicamente, esse problema é um sintoma. Mas eles também têm um problema geralmente não-reconhecido no qual são obstruídos por pontos de vista abertamente limitados de si mesmos como indivíduos e como uma família. Essas visões limitadoras são expressas em lealdades a maneiras preferidas de agir, ver e pensar que restringem e prejudicam a habilidade de as pessoas resolverem problemas. Mesmo assim, mudar essas lealdades significa saltar no desconhecido. Signfica que o familiar deve ser abandonado em favor de alternativas não-testadas. Quanto mais forte a lealdade – mais arraigadas as maneiras de ser da família – mais difícil é dar o salto.

Enquanto pensava sobre isso, dei-me conta de que se quisesse me tornar um terapeuta familiar, era melhor me familiarizar com o sentimento de deixar de lado padrões preferidos e saltar para o desconhecido. Mas em que ponto você sente que consegue fazê-lo?

Assim, Andy fez um contrato tácito com seu supervisor. Em seus apontamentos, Andy escreveu: "Eu estava lá para me expandir e ele iria empurrar, apoiar, chutar, bater, criticar, ridicularizar, implorar e fazer o que fosse necessário para conseguir isso".

A TRANSFORMAÇÃO DE UM TERAPEUTA FAMILIAR ESTRUTURAL

Depois que a *persona* do recipiente vazio foi descartada, Andy começou a se mostrar como uma pessoa sólida que estava longe de não saber. Dedicou vários anos para se tornar um terapeuta familiar estrutural e estava muito familiarizado com os conceitos estruturais, com as técnicas e parecia estar fazendo tudo que um terapeuta familiar estrutural deveria fazer. Portanto, Sal encontrou-se enfrentando um dilema interessante em sua supervisão: como transformar um terapeuta familiar estrutural mecânico, que apenas seguia mapas e sinais de trânsito, em um terapeuta mais complexo e que operasse em níveis interpessoais mais elevados.

Minuchin disse aos seus alunos: "De vez em quando, tenho um pesadelo. E o pesadelo é que as pessoas que lêem meu trabalho anterior tornam-se meus alunos e eu tenho que supervisioná-los. Não posso dizer-lhes que o que eles estão fazendo está errado, porque eu mesmo escrevi os livros. E supervisionar tal pessoa é como me supervisionar 20 ou 30 anos atrás." À medida que ele começou a ver o trabalho de Andy, o pesadelo de Minuchin tornou-se realidade, dessa vez na forma de um aluno bonito, de 1,83m, que era um admirador devoto da vida e do trabalho de seu professor.

Um caso que Andy apresentou foi uma família formada por um marido marroquino e uma esposa colombiana. Eles tinham dois filhos pequenos que não respondiam à sua disciplina. Ocorriam muitos conflitos entre o marido e a esposa. Andy descreveu como o casal jantava no quarto onde estava a TV. A esposa pedia ao marido que servisse seu jantar e ele ficava bravo. Então, quando ele pedia para ela trocar o canal, ela se recusava. O homem era hipócrita e desinteressado, enquanto a mulher era explosiva. Quanto mais ele a rejeitava, mais ela exigia atenção. Não havia acomodação mútua entre o casal, e os filhos aprenderam a não ouvir nenhum deles.

Andy estava mostrando um segmento no qual o casal teve uma discussão. Andy estava desequilibrando o casal ao desafiar o marido e apoiar a esposa:

ANDY: Você pode dizer a ela que não quis dizer aquilo e que está arrependido?
MARIDO: Bem, eu não queria...contar-lhe isso. Eu ficarei de joelhos. *(risos)*
ANDY: Não, não, não! Você o fez de forma tão bonita, depois você o desfaz! *(Vai para trás do homem a fim de apoiá-lo).* Diga desculpe para ela. Isso é tudo que você precisa fazer. Se conseguir fazer isso, você ficará bem.

Nesse ponto, Minuchin parou a fita e pediu a uma aluna para assumir a supervisão. A colega supervisora disse a Andy: "Você estava apoiando a esposa, mas sua maneira de apoiá-la rejeitava-a de forma semelhante ao que o marido faz." No restante da aula também parecia que Andy tinha lutado a batalha pela esposa em vez de ajudá-la a lutar por ela mesma. Um aluno sugeriu que o histórico cultural do marido não permitiria o tipo de manobra que Andy estava tentando introduzir. O grupo concluiu que a sessão tinha feito de vítima uma mulher que já era uma vítima.

Andy obviamente sentiu-se desconfortável com o *feedback*. Ele esperou a reação de Minuchin. Minuchin o estava ignorando. Ele estava sentado, cantando à meia voz: "A mãe mudará. A mãe não mudará". Finalmente ele notou Andy. Disse que Andy tinha conseguido fazer a atuação de um conflito na sessão e que, ao apoiar a esposa, ele tinha aumentado a intensidade daquele conflito. Isso pode vir a ser útil. "Mas quando eu faço algo assim", continuou, "sempre me sinto desconfortável. Quero chamar a família durante a semana e dizer 'Alguma coisa aconteceu?'. Esse tipo de operação requer uma habilidade do terapeuta de suportar a incerteza. É porque Andy não consegue tolerar a incerteza que insistiu que o marido deveria pedir desculpas."

Repetidas vezes, durante aquele ano, Minuchin engajou Andy em um tango de ambigüidade. Seus golpes e chutes às vezes vinham separadamente. Outras vezes, vinham ao mesmo tempo. O estranho é que, na época, um aluno pode sentir apenas a pancada.

Quando estava escrevendo este capítulo, perguntei a Sal por que ele era tão malvado com Andy. Ele disse: "Eu adorava Andy. Era um terapeuta familiar estrutural típico. Se tal pessoa existisse, era Andy. Ele era bom em unir e estruturar. Era atrativo e poderia ser terapeuticamente autoritário também. Mas era concreto demais. Andy era bom demais em seguir mapas. Eu desejava tirá-lo dessa segurança, de modo que ele pudesse usar outros recursos e usar a si mesmo em um nível mais complexo. Para chegar a isso, eu tinha que criticá-lo severamente e criar uma experiência pessoal para ele. Ele tinha que experienciar a complexidade, com as mãos para cima".

Eu queria dizer, por que não conversar simplesmente com ele em vez de fazer uma produção tão grande quando ele nem mesmo sabia das mudanças que você tinha em mente? Mas me contive e não perguntei, pois sabia que a resposta de Minuchin provavelmente seria: "Eu não sabia quais eram as mudanças na época, ou como chegar lá. Andy tinha que descobrir por si mesmo. Minha tarefa era apenas fazê-lo ir em frente".

Eu suponho que o treinamento é, às vezes, como a jardinagem. Você planta as sementes. Depois disso, você pode regá-las, mas elas precisam crescer por si mesmas. Você realmente tem muito pouco controle.

Andy escreveu sobre aquela época:

> Nunca perdi a fé no contrato. Eu via Sal trabalhar com dois grupos de terapeutas e o observava ter maior ou menor sucesso com determinados indivíduos, mas ele sempre estava comprometido com o crescimento das pessoas. Seu contrato sempre esteve claro para mim. Seu ponto de vista era que você é mais do que pensa que é. Sua supervisão era, de muitas maneiras, como sua terapia. Ele via o que nós não vemos e colocava-nos em uma posição de tensão dinâmica entre o que nós dizíamos que queríamos (para sermos terapeutas melhores) e o que precisava mudar. Nisso estava implícito que ele acreditava que poderíamos mudar.

A descrição de Andy do comprometimento de seu professor com seu crescimento também era uma descrição de seu comprometimento de aprender com Minuchin. Sua junção era tão perfeitamente hábil que, em seu ambiente de aprendizagem, Andy tornou-se uma pessoa diferente. Eu o vi ingressar em sessões de supervisão com uma nova energia que também via em suas sessões gravadas em videoteipe. Seu rosto, não perdendo nada de sua sensibilidade aberta, tornava-se animado. Sobre essa época, Andy escreveu:

> Mudei em vários níveis. Lentamente absorvi a importância de que as pessoas são mais competentes e capazes do que elas pensam. Enquanto as pessoas em minha clínica falavam sobre as limitações dos pacientes, eu achava que estava pensando em seus pontos fortes não-acessados... Dei-me conta de que Minuchin colocou-me dentro de um contexto no qual eu precisava acessar aquelas partes de mim mesmo que são capazes e destemidas.
>
> Meu foco mudou de mim mesmo para um interesse muito maior em compreender o processo terapêutico. Observei meu próprio conflito de querer me expandir, mas também de permanecer leal a meus velhos mapas. Era como um boneco de mola – querendo sair, mas precisando do contexto certo no qual a energia pudesse ser liberada.

À medida que o recipiente vazio começou a se encher, Sal começou a brincar mais com Andy. Ele até mesmo "defendeu" a posição de Andy. Quando qualquer outro aluno no grupo tentava neutralizar as críticas fazendo um comentário autodepreciador, ele dizia: "Não, você não pode ter essa posição. Andy tem esse espaço reservado. Você precisará encontrar um enfoque diferente".

A fase intermediária da supervisão é o período mais difícil da aprendizagem. O que se conhece tão bem de uma aprendizagem prévia precisa ser reexaminado ou até mesmo haver uma desistência disso, a fim de dar lugar ao novo. Mesmo assim, o que se espera não é mais claro do que um vislumbre da terra prometida.

No final de seu segundo ano, Andy comentou um caso que ele já havia apresentado uma vez. Uma família composta de um pai solteiro e seus dois filhos tornou-se a tela para retratar o processo de fabricar um terapeuta familiar complexo.

Um casal ítalo-americano separado tinha dois filhos, Michael, de 12, e Emilio, de 10 anos. Depois da separação, os filhos tinham vivido com sua mãe até que ela declarou que não conseguia mais lidar com um dos filhos, na época em que o pai tinha voltado para casa e a mãe havia se mudado. O paciente identificado era Emilio, que foi descrito como extremamente difícil de manejar em casa e na escola.

O caso foi dado a Andy quando Emilio, que então morava com sua mãe, chegou à escola com contusões. Houve muita confusão ao redor desse caso. Ninguém parecia saber o que tinha acontecido, exceto que havia "muita coisa física" na família.

Andy descreveu o casamento do casal como um relacionamento com 11 anos de brigas. Apesar da separação, o pai ainda ficava bastante tempo na casa da esposa, e continuava mantendo relações sexuais com ela. Ele estava muito envolvido com a *Little League* e treinava o time de futebol de seu filho. Emilio era um daqueles terrores angélicos, um menininho bonito que golpeava tudo o que estivesse à sua vista, quando se envolveu em brigas com sua mãe. Ele tinha quebrado sua antiga lamparina de porcelana chinesa com uma raquete de tênis e então fugido no meio da noite. A mãe ficou muito aborrecida com as crianças e tornou-se agressiva, tanto verbal quanto fisicamente. O pai reclamava que sua esposa "tinha relações sexuais com ele por causa dos garotos". A família continha muita tensão e cada pequena coisa provocava um avalanche de provocação e ira.

O pensamento estrutural destaca a importância das questões de hierarquia e de limites. Os adultos deveriam ser adultos, para que as crianças pudessem ser crianças. Mesmo assim, Minuchin freqüentemente fica chocado com as maneiras mecânicas como alguns terapeutas familiares estruturais impõem a hierarquia e a autoridade. Observando fitas das versões de alguns alunos sobre intervenção estrutural, perguntou horrorizado: "Nós ensinamos você a fazer isso?! Se o fizemos, então certamente há uma limitação no modelo!".

Andy estava bem-equipado com mapas, mas um terapeuta competente tem que ser como um ator competente. Não é suficiente saber o texto. É preciso viver o papel no palco, do início ao fim. Do contrário, você não está servindo à arte. Você está, de alguma maneira, servindo a você mesmo. Agora, a vocação artística de Andy poderia se tornar o foco da supervisão.

> *Observei Andy na fita sentado em seu consultório como um professor bom e instruído. Ele intervinha com gestos que imitavam exatamente os meus. Estendia seu braço, como um policial de trânsito faz, para parar o membro de uma família de intrometer-se no alcance da*

autoridade de outra pessoa. Ele convidava dois membros da família para conversar com um gesto gentil. Ele sentia-se à vontade com crianças e sempre encontrava uma maneira de falar respeitosamente com elas. Depois de assistir a muitas horas de meu trabalho, ele tinha desenvolvido uma versão mais leve e gentil de meu estilo. O problema era que, enquanto os movimentos de Andy pareciam bons, faltava-lhe certeza sobre o objetivo terapêutico. Portanto, suas sessões ziguezagueavam, dependendo do humor da família e da necessidade de Andy de agradar.

O SOLUCIONADOR DE PROBLEMAS REORGANIZA-SE

Como Andy era um solucionador de problemas, ele sempre procurava problemas para resolver na família. Trabalhar com uma criança que tinha muitos problemas comportamentais era adequado para ele, pois sempre havia problemas para resolver. Minuchin foi surpreendido pela tendência de Andy de dissecar pequenos detalhes e por sua falha em ver o quadro maior. Ele começou a se dar conta de que todos os seus esforços para ajudar Andy a examinar suas intervenções de uma maneira microscópica estavam resultando apenas em Andy tornar-se mais envolvido em seus pensamentos. Minuchin teve a idéia de que talvez Jay Haley teria sido um melhor supervisor para Andy. Ele disse que Haley o teria mandado para a sala com a família para atingir um objetivo, sem necessariamente perguntar-lhe como se sentia ou o que fazia. Tal foco no resultado final poderia ter dado a Andy uma perspectiva adequada sobre o objetivo maior e libertá-lo de sua preocupação com manobras secundárias.

Na época em que Andy apresentou a família ítalo-americana na supervisão novamente, os dois garotos tinham ido morar com seu pai. Portanto, Andy estava atendendo o pai e seus dois filhos. Dessa vez foi o pai que alegou incompetência para lidar com as crianças, principalmente com Emilio. Andy explicou à turma que os dois meninos ficaram brigando enquanto seu pai foi ao banheiro. O pai gritou com os meninos, que não o ouviram. Ele ameaçou quebrar o rádio deles. Como os meninos não responderam, o pai ficou tão aborrecido que saiu do banheiro e realmente quebrou o rádio.

Andy decidiu apoiar o pai. Minuchin o elogiou por ter feito isso. Ele disse: "O pai não foi violento, foi apenas destrutivo. Talvez não precisasse fazer tanto barulho para fazê-los ouvir. Mas, no começo, você apóia isso e diz 'Claramente eles conseguem ouvir apenas muito barulho'. Mais tarde, ele aprenderá que coisas menores também funcionam. O que você quer é que o pai seja competente e acalentador. Mas ele não pode ser acalentador se for incompetente, porque ele fica tão bravo com sua impotência. OK, isso está bom".

No próximo segmento da fita, Emilio estava gritando com seu pai por ter levado embora seus cartões de beisebol:

ANDY: Emilio (*uma pausa*) vamos nos concentrar no que está acontecendo.
EMILIO (*somente pensando em seus cartões*): Ele está prensando eles!
ANDY: Emilio! Na última vez em que vocês estiveram aqui, nós conversamos sobre ver sua própria parte nisso, e é isso que precisamos entender.
EMILIO: Eu tive uma parte nisso. Mas papai teve uma parte maior.
ANDY: Qual foi sua parte nisso?
EMILIO: Eu caí fora quando ele me pediu os cartões. Eu estava olhando para eles enquanto ele estava falando comigo e eu não estava prestando atenção nele.
ANDY: Então é muito importante que você entenda isso. Isso faz parte. Mas você tem razão que ele tem uma parte nisso também. A outra pessoa tem uma parte nisso. Você está absolutamente certo.

Minuchin parou a fita. "Está muito bom, Andy. Mas, nessa situação, eu acho que você poderia ter elogiado o pai. Haley sempre insiste que quando você é bem-sucedido, a família deve ir embora sentindo que eles foram bem-sucedidos e que você não fez nada. É muito injusto, porque você quer que eles saibam que você fez o seu trabalho. Haley diz que eles não deveriam pensar nem um pouco em você. Isso pode tornar um terapeuta muito depressivo."

Andy continuou com outro segmento:

PAI: Você acabou de ter uma discussão com Andy, Emilio, e disse que compreende. Então tire novamente esses cartões, vamos fazer tudo de novo e ver se você realmente entende. Isso se tornou uma batalha sua contra mim, e você não vai vencer. Você não vai vencer porque tem 10 anos e eu sou seu pai e não vou deixar você se envolver tanto em qualquer coisa que estiver fazendo para que possa dizer, "Papai, para o inferno com o que você diz". Eu não vou deixar você vencer.

ANDY: O que você está dizendo é que você se importa tanto com essas crianças que vai ter que fazer com que eles não gostem de você às vezes.

PAI: É isso mesmo. Eles até podem pensar: "Meu pai é tão desprezível".

Minuchin parou a fita. "Aqui Andy está fazendo uma interpretação positiva que é absolutamente desnecessária. Porque o que o pai está dizendo a seu filho é, 'Puxa vida, em questões de operações de poder, eu vencerei'. E isso é bom. Andy é uma alma gentil que ama as crianças, então ele diz para o pai: 'O que você realmente quer dizer é que você os ama'. O que o pai *realmente* quer dizer é: 'Numa operação de poder, eu devo vencer então pare com isso'. Andy tenta torná-lo racional quando o pai diz: 'Tenho a autoridade, sou maior do que você, como mais, tenho mais músculos e vou lhe dar um pontapé'. O pai está apreciando um novo sentimento de competência e Andy modula a mudança justamente quando esta está começando." Ele reiniciou a fita:

PAI: Eu não sou seu colega, sou seu pai.

ANDY: Veja, Tom, acho que é uma parte importante da parentagem que você saiba mais do que eu, porque não sou pai. Você realmente precisa ajudar os meninos a aprender a ser responsáveis por si mesmos, mesmo que eles não gostem disso. E acho que você deseja ajudá-los dessa maneira. Eles vão crescer.

PAI: Todas as outras coisas que você diz que tenho, minhas boas qualidades, meus pontos fortes, meu amor – eles sabem que já têm isso. Mas o outro lado da moeda é a necessidade de caráter, é preciso coragem de minha parte e da deles.

Parando a fita mais uma vez, Minuchin comentou: "Esse homem está tão incerto sobre como ser pai que precisa explicá-lo. Andy tem um enfoque semelhante como terapeuta. Ele precisa explicar, eu estou fazendo terapia. Ele não consegue dizer, Isso é ótimo! Ele diz: Isso é ótimo porque... ele não consegue resistir a dar uma explicação para tudo".

"Realmente, essa é uma sessão muito boa. Suas sessões agora são parte de uma terapia em que as pessoas estão mudando. Mas seria muito mais econômico se você aprendesse como aumentar a intensidade e diminuir sua tendência de ensinar e discursar."

> Nesse ponto do processo de supervisão, estava me sentindo à vontade com a mudança de Andy. Eu sabia que ele estava vendo a família de uma maneira complexa. Ele estabeleceu objetivos terapêuticos e entrou no sistema com um senso de participação no processo. Quando fiz um comentário, tive um sentimento de estar participando de um diálogo colegial. O efeito de nosso relacionamento mudado foi revigorador.

HIERARQUIA E ACALENTAMENTO

A questão da próxima sessão que Andy mostrou foi que Emilio constantemente perdia o ônibus escolar. Ele também estava com notas baixas na escola. Andy descreveu como, enquanto estava discutindo com o pai sobre como orientar as crianças a ter bons hábitos de estudo, Michael ouviu, mas Emilio, não. Emilio começou a chorar e colocou seu casaco sobre a cabeça. O pai continuou falando e a criança ficou cada vez mais aborrecida, dizendo: "Cale a boca! Cale a boca!" Mas o pai continuou xingando:

ANDY: O que você faz como pai dele para ajudá-lo a passar pelos momentos em que ele está agindo como uma criança de três anos?
EMILIO *(choramingando)*: Vamos embora!
PAI: Esse é meu desafio. Eu sei que Emilio tem um problema. Mas qual é o problema dele? Ele tem medo de alguma coisa, porque ele não faz o tema de casa, ou ele está lutando com algum fantasma invisível dentro dele? Vamos lá, Emilio, o que há que você não consegue fazer seu tema de casa? Qual é o fantasma, Emilio? Qual é o medo?
EMILIO *(gritando)*: Nada!
PAI: Que você não o faz, que você não consegue fazê-lo?
EMILIO: Vamos embora!
ANDY: Você está trabalhando bastante no...
PAI: Lado da compreensão?
ANDY: No lado verbal. Você vê o que está acontecendo quando ele coloca o casaco sobre a cabeça e diz, "Não fale comigo". Ele o induz a falar mais, e então recusa-se a ouvi-lo.
EMILIO *(arrota)*
PAI *(ensinando)*: Desculpe-me.
EMILIO: Desculpe-me!
PAI: Seus limites têm de ser estabelecidos mais claramente.
ANDY: O que isso significa?

PAI: Deve haver mudanças e punições e conseqüências óbvias ao seu comportamento. *(Emilio está sentado calmamente agora, sem o casaco e com os pés no chão.)*
ANDY: No final ele começará a ter responsabilidade por si mesmo, então haverá menos peso sobre você para fazer escolhas. Veja. Ele não responde à repreensão.
PAI: Eu sei.

> *Claramente, o diálogo com o pai foi parte do pensamento estratégico de Andy. Ele estava trabalhando ambos os lados da via familiar. Enquanto estava engajando o pai em uma conversa entre adultos apenas, também estava interrompendo seus discursos fastidiosos ineficazes e dando espaço para Emilio se organizar. Senti que Andy estava pronto para uma compreensão mais variada de como engajar dois membros familiares em um conflito.*

MINUCHIN *(para Andy):* Tom poderia ter encorajado Emilio a controlar-se enquanto você estava apoiando o pai para controlá-lo. Você poderia ter engajado a ambos de maneiras diferentes. Para o pai significa: estar à vontade com controle. Para a criança significa: como se pode tirar o pai do seu caminho?
A verdade é que você não consegue controlar uma criança de 10 anos se ela não quiser ser controlada, então é importante para a criança participar do processo de autocontrole. Enquanto você foi capaz de apoiar o homem e conectar-se com a criança, você realmente não engajou Emilio.
É uma questão de estética. Seu senso estético deveria ter surgido e lhe dito, Andy, você não vê que isso está distorcido? Você tem tanto espaço, mesmo assim escolhe trabalhar apenas em um ângulo.
ANDY: Sim, sinto isso, mas, de alguma forma, fiquei restringido porque não sabia como fazê-lo.
MINUCHIN *(sacudindo sua cabeça e não acreditando):* Eu não acho que esse seja o problema porque você sabe fazê-lo. Eu não estou lhe dizendo nada que você não saiba. O que o fez ficar limitado?
ANDY: Acho que meus sentimentos quando estava sentado lá eram duplos. Respondi ao pai e ao filho, e ambas as respostas que surgiram de mim foram negativas. Senti que o pai fala em um fluxo rápido de palavras e não escuta seu filho. Eu não gostei disso. Ao mesmo tempo, me senti irritado com o menino por ele gritar e dizer a seu pai para calar a boca. Então eu estava lá sentado com dois desagrados, e não fui capaz de sair daquilo e usá-lo de uma maneira construtiva.

MINUCHIN: Quero continuar a falar sobre um senso estético, um senso do que parece certo. Claramente não sei como ensinar isso, mas é um alerta para silêncios, para pausas, para inatividade. Não estou falando aqui sobre o que fazer. Neste ponto eu ainda não sei, Andy. Você continuou com o controle mas, nesse momento, teria falado com a criança mesmo se não soubesse como ou o que dizer. Eu não tenho a menor idéia de como ensinar isso. O uso do espaço não é ensinado na linguagem.

ANDY: Eu me senti estagnado na sessão. Senti que algo não estava certo e é por isso que o estou mostrando. Não fui mais longe do que aquilo. Talvez essa seja uma boa pergunta para me fazer: O que estou sentindo?

> *De repente dei-me conta de que enquanto estava falando com Andy como um colega, ele estava me respondendo como a um professor. Comecei a rir e comecei a atirar moedas de meu bolso para os outros alunos. A turma riu e começou a atirar moedas em mim e uns nos outros. Achei que tinha sido entendido, mas não tinha certeza.*

MINUCHIN: Você já viu o consultório de Carl Whitaker, Andy? Era cheio de brinquedos. Você usa brinquedos?
ANDY: Uma vez passei a maior parte da sessão jogando dados com uma mãe e seus filhos.
MINUCHIN: Sente-se no chão enquanto fala.
ANDY *(reclamando):* Eu me diverti tanto que achei que não deveria cobrar deles.
MINUCHIN: Não, esse é um engano. Você estava fazendo terapia.

"CAMINHANDO E MASCANDO CHICLETE AO MESMO TEMPO"

Andy veio para a próxima apresentação parecendo que estava matutando alguma coisa. Ele manteve sua postura usual subjugada e restrita, mas havia uma alusão de descoberta esperando para surgir à medida que ele começou a descrever a sessão com a família.

"Acho que talvez o esteja conseguindo", disse. "Estou caminhando e mascando chiclete ao mesmo tempo. Não estou fazendo bolas ainda. Mas algo estalou dentro de mim quando você estava atirando coisas em mim durante a sessão passada. Eles estavam discutindo, e Emilio estava se sentindo bravo e mal-compreendido. Ele estava se opondo mais naquele momento. Eu fiz várias coisas, e elas estão espaçadas ao longo da fita, então pensei em contar-lhe algumas delas e mostrar-lhe o que aconteceu no final."

Andy desobstruiu sua voz, criando suspense sobre o que estava a ponto de mostrar. "Eles estavam discutindo sobre o tema de casa", disse.

À medida que Andy falava, ficou óbvio para a turma que ele também estava mudando sua maneira usual de apresentação. Em vez de relatar uma longa seqüência de fatos e eventos, ele tinha se tornado um contador de histórias interessante e a turma foi cativada:

ANDY: Dessa vez, quando o pai estava criticando Emilio novamente, pensei em Carl Whitaker e sua peça paralela. Então exagerei a idéia de punir Emilio e introduzi humor nisso. Eu disse à família: "Por que não damos uma surra em Emilio?" Eu levantei de minha cadeira e divertidamente o ataquei, e ele riu. Então saí dos bastões *bataka* – vocês sabem, aqueles bastões grandes e pesadamente almofadados? É possível bater severamente nas pessoas com eles e não machucá-las nem um pouco. Então disse: "Vamos todos bater em Emilio!". E todos começamos a bater nele, que ficou rindo. Então atirei para ele um bastão *bataka* e disse: "Defenda-se!". Isso afetou toda a atmosfera! E não houve nenhuma diferença! Você sabe, minha tendência é querer ensinar algo e fazer uma diferença.

MINUCHIN (*obviamente satisfeito*): Esse não é o estilo de Andy. Essa é uma interrupção da lógica a fim de criar um afeto. E ele está operando com uma liberdade de intervenção que é absolutamente nova. Andy, você assistiu a mais fitas do que qualquer pessoa que eu conheça. Dessa vez você finalmente colocou em prática o que você sabe.

ANDY: Sim! Eu não estava seguindo minha rota habitual de *a* para *b* para *c* e para *d*. Eu tinha minha rota habitual, mas me senti mais livre em fazer apenas algo mais e observar.

MINUCHIN: Para fazer isso, é necessário ter a confiança de que você consegue seguir o processo. Você tem que saber que consegue controlá-lo em qualquer ponto, seja para onde ele for.

ANDY (*passando a fita para a frente*): Aqui está outro segmento que eu queria lhe mostrar. O pai está na Little League, então usei uma metáfora de beisebol e eles se envolveram em um conflito quanto a isso. Fiz com que fizessem a escultura de uma família. Eu não li muito sobre isso, então não sei como é feito formalmente, mas de novo eu queria sair do trilho normal em que se encontravam novamente. Então essa

foi outra intervenção não-verbal descontínua. Depois, no final da sessão, eles finalmente conversaram entre si. Vi que o pai conseguia ouvir e que o filho não estava desrespeitoso, e pensei que esse foi um bom final.
PAI *(frustrado)*: Eu tentei dizer a ele. Mas ele não me ouvia.
ANDY: Por que isso está acontecendo? *(O pai e o filho começaram a discutir)*. Parem de falar. Vocês vêem o que está acontecendo aqui? Eu quero que vocês façam uma escultura sobre a família. Sem palavras. Quando digo fazer uma escultura, vocês se colocam em uma posição que demonstra o que está acontecendo.

O pai fez a primeira escultura. Ele colocou as mãos de Emilio contra si mesmo e seus braços em volta de Michael. Então, ele colocou Emilio no chão. Emilio colocou seus pés contra o pai enquanto o pai e Michael apontavam de uma maneira acusatória para Emilio.

Andy pediu que Emilio fizesse uma escultura. Emilio pediu que Michael se sentasse. Então ele colocou sua mão para cima contra seu pai e a mão do pai para cima contra ele, de uma maneira oposta.

Andy comentou sobre a similaridade entre as esculturas do pai e a de Emilio. Eles estavam de acordo sobre o que estava acontecendo. Ele então convidou Michael a fazer uma escultura. Michael pediu que o pai e Emilio se dessem as mãos e se empurrassem um contra o outro. Ele então deu um passo para trás e com uma expressão divertida comentou: "Sim, isso é o que eu vejo que está acontecendo". Andy parou a fita:

ANDY: Logo após essa troca, eles começaram a falar uns com os outros sobre o que estava acontecendo.
MINUCHIN: Vocês acham que Andy passou de um tipo de intervenção puramente estrutural, áspera e a meia distância para a incorporação das vozes de Carl Whitaker, Virginia Satir e Peggy Papp? Ele foi contaminado! *(A turma riu)*. Mas quando conseguimos a transformação? Talvez, para atirar o livro fora, seja necessário se graduar. Você pode saltar apenas quando está graduado. Você sempre trabalha a meia distância, Andy. Sua terapia tem sido controlada por mapas internos de seqüências. Agora você está trabalhando com descontinuidade. Como isso aconteceu?
ANDY: Bem, isso remonta a quando ingressei em sua turma no ano passado. Em minha primeira apresentação fui muito, muito cauteloso, a ponto de estar ávido para fazer alguma coisa e dizer que não sabia nada. Mas você não aceitou isso. Você disse que não poderia ajudar-me se eu me apre-

sentasse como um recipiente vazio. Eu não posso ajudá-lo. Então saí muito aborrecido e me senti rejeitado. Eu refleti sobre isso cuidadosamente, juntei as coisas e disse: "Se eu for convidar pessoas para saltar no desconhecido, então tenho de ser capaz de fazer isso também". Então, durante os últimos dois anos, tenho tentado fazer isso.
Foi doloroso e difícil porque sou uma pessoa cautelosa. Foi uma série de saltos. Você dá um salto e está no próximo nível e diz: "Bem eu consigo saltar tão longe?". Então penso que há todo um processo de entendimento sobre qual é o próximo salto e de ter coragem de fazê-lo. Tenho-o visto, durante dois anos, atirando coisas nas pessoas em certas ocasiões como um tipo de demonstração de ser descontínuo, não-verbal e divertido. Havia um sentimento de liberação que não tinha sentido. Mas ele como que cristalizou um salto que eu poderia dar e isso veio junto.
MINUCHIN *(sorrindo)*: O que você está dizendo é muito desapontador porque está dizendo que leva dois anos.
ANDY *(rindo):* Bem, levou dois anos para mim!

EPÍLOGO

O Dalai Lama atual disse algo que me lembra o ensinamento de Minuchin. Foi algo como: "Eu não lhe disse nada que você já não soubesse, e não levei embora nada que você realmente possui". Ele também falou sobre as duas práticas do budismo. A prática de nível mais baixo é para as pessoas que precisam de regras e de sinais de trânsito para seguir, enquanto que o nível mais elevado é para as pessoas que conseguem ir além de todas as restrições, eventualmente alcançando uma liberdade do ser.

Andy escreveu em seu rascunho deste capítulo:

> Olhando para trás agora, vejo essa conquista como uma interação complexa entre meu desejo e minha dedicação, o processo grupal com colegas apoiadores e o contato com um professor singular e poderoso que vive suas crenças em termos de afirmar a competência de seus alunos em um nível profundo.

O paradoxo do recipiente vazio é muito mais intrincado do que eu compreendi incialmente, pois quando Andy se descreveu assim, talvez não tenha sido tanto um rebaixamento, mas uma chamada por um professor especial para instruí-lo. Quando Minuchin rejeitou a afirmação de Andy na primeira sessão, estava, de fato, engajando-o como um parceiro embarcando em uma jornada desafiadora.

No final do ano de treinamento, pedi a Andy para resumir sua experiência com Minuchin em uma única frase. Ele respondeu: "Eu tenho muita sorte!" Eu o entendi como uma maneira humilde de expressar sua gratidão, mas não concordei que a sorte tinha muito a ver com isso. À medida que segui a epopéia de Andy para sua última sessão a fim de escrever este capítulo, novamente fiquei impressionada com a forma pura do relacionamento aluno/professor na qual a busca por conhecimento estava muito clara. Essa elegância simples renovou meu desejo de aprender.

Depois de observar Minuchin fazer supervisão por mais de cinco anos, vejo que os alunos delineiam suas próprias jornadas, mesmo que estejam viajando com o mesmo professor. Eles iniciam juntos, mas logo demonstram ritmos e maneiras de proceder diferentes. Alguns chegam muito longe, mas outros parecem ficar estagnados em algum ponto e não conseguem se libertar. Pode-se dizer que Andy estava estagnado durante sua primeira aula. À medida que eu o assistia, preocupei-me com ele e questionei se poderia fazer o curso. Como seus colegas, talvez eu não tivesse tido muita fé nele como seu professor teve. Projetei nele muito de minha própria ansiedade e ressentimento por estar em uma posição de ser criticada e, portanto, falhei em compreender que um aluno como Andy estava livre da bagagem emocional que muitos de nós, alunos adultos, carregamos. Ele foi capaz de pôr sua confiança em um supervisor cuja visão o levaria a diferentes lugares.

O próprio Andy apresentou sua educada explicação: "Se você está próximo de seu ego e o professor faz com que você se abra, será muito doloroso. Mas se você estiver aberto, então será um êxtase". Desse ponto de vista, o recipiente vazio certamente contém um espaço aberto para aprender a acontecer.

Um recipiente também é um barco. Depois de carregado, ele parte. Andy morreu subitamente de um ataque cardíaco pouco depois de ter concluído seu treinamento. Nós todos, professor e alunos, lamentamos sua perda.

À medida que levo minha imagem de Andy, fico pensando sobre as outras partes que faltam em sua história que podem não ter sido detectadas por mim. Essa é a verdadeira história, ou é minha imaginação que ele foi alguém livre de restrições e confusões na busca do conhecimento e da sabedoria? Poderia haver alguém tão mais puro do que nós poderíamos ser? Ou é apenas uma ilusão daqueles que desejam uma *persona* de um aluno perfeito? Nunca teremos certeza. Mas quem precisa de uma resposta absoluta, desde que nós fomos tocados e enriquecidos pelo espírito de sua busca?

Epílogo

Salvador Minuchin

Temos aqui histórias e contadores de histórias. Todos são muito mais humanos do que o contrário. Falam a mesma língua, compartilham as mesmas limitações culturais e podem até ter sonhos semelhantes. Mas os contadores de histórias são diferentes uns dos outros e manifestam sua singularidade. Se ouvirmos com atenção, poderemos ouvir dialetos regionais, frases ideológicas, música *klezmer* e enredos de Tennessee Williams. E cada um leva consigo um sistema de crenças pessoais que formou o núcleo de sua terapia.

As histórias de Margaret Meskill e de David Greenan são consideradas americanas modernas. Tratam de confusões de gênero e de direitos dos gêneros. Eles são porta-vozes de grupos maiores. Margaret fala sobre a dispensa estereotípica não-intencional de homens que acompanha o reequilíbrio feminista da injustiça. David, que se vê como um porta-bandeira, apresenta um conto preventivo sobre os indicadores de proximidade.

Nós podemos ver o pai de Israela Meyerstein empoleirado no telhado verde de uma pintura de Chagall, lendo seus poemas, e a dificuldade de Israela em equilibrar sua herança estética com sua necessidade de certeza.

Hannah Levin vem de um mundo responsável que está desaparecendo, o qual sonhava com justiça social. Suas histórias falam das necessidades não-atendidas das pessoas e das paixões e limitações do esforço pessoal no mundo do atendimento gerenciado.

Gil Tunnell traz a perfeição de magnólias, sem a fragrância. Um mundo onde o conflito está submerso em forma, onde as superfícies são atrativas, as confusões são adiadas e onde se retêm o grito e se fala suavemente.

As histórias de Adam Price estão escritas no papel lustroso da classe média bem-sucedida, onde nada está correto ou incorreto desde que a dor tenha sido domesticada. A partir desse mundo de verdades examinadas, Adam encontra a ira dos Jackson, que usam as palavras não para explicar, mas para explodir.

Wai-Yung, assim como Harold com seu *crayon* púrpura, construiu seu mundo à medida que ia em frente. As realidades e os sonhos misturam-se, pontos e parágrafos são exilados e a sombra de Buda sorri.

Andy Schauer era o mais "americano". Ele tinha a crença otimista de que as conquistas surgem do esforço acumulado. Em seu mundo, não havia lugar para dúvidas, exceto, talvez, sobre ele mesmo.

Eles foram um segmento do mundo privilegiado dos curadores. Nós tínhamos concordado que suas vozes eram muito atrativas e que precisavam ouvir e dominar seus pensamentos tangenciais. Seus capítulos documentam a transformação de sua jornada e a luta que acompanha a expansão de um terapeuta.

PÓS-ESCRITO: DEZ ANOS DEPOIS

À medida que lia o que meus alunos tinham escrito dez anos depois de colocar no papel seus capítulos originais, fiquei satisfeito. No que eles escreveram, encontrei seis versões diferentes de mim mesmo. Claramente, cada aluno extraiu de mim, durante o processo de supervisão, uma resposta complementar às suas necessidades como terapeutas familiares em desenvolvimento.

A supervisão é um diálogo circular por natureza e, à medida que se desenvolve, a narrativa muda e os participantes mudam uns aos outros. De que outra maneira poderíamos explicar as versões surpreendentemente diferentes de "Sal" e do "Dr. Minuchin" apresentadas por Gil Tunnell e Margaret Meskill?

Como qualquer acompanhamento, esse apresenta uma confirmação sobre certos enfoques que usei com esses supervisionados, tempo para refletir sobre outras estradas não-percorridas e *insight* sobre erros cometidos que, na época, pareciam corretos. Além disso, como qualquer retrospectiva, ele traz a oportunidade de revisar processos e de extrair novidades. Como cada supervisionado conheceu-me como uma pessoa diferente enquanto supervisor, quero responder a seus pós-escritos engajando cada um deles em uma conversa com uma versão mais antiga de mim mesmo.

Começarei com os supervisionados com os quais tive pouco, ou nenhum, contato desde nosso encontro há dez anos: Margaret Meskill,

Adam Price e Gil Tunnell. Continuarei então com Israela Meyerstein, David Greenan e Wai-Yung Lee. Minhas reminiscências tomarão a forma de cartas para cada um deles.

Cara Margaret,
Há dez anos, eu a via como uma terapeuta brilhante e inexperiente, com capacidade para conexão e desafios. Achava que você tinha medo – medo da psicose e das famílias – porque não estava reconhecendo seu potencial. Portanto, você evocou em mim meu comprometimento como professor. Senti o prazer de orientá-la e de protegê-la. Dessa forma, sua experiência de ser "reparentada" foi complementar à minha resposta como seu professor.
Houve um outro elemento em nossa conexão. Senti-me realmente próximo à família Ramirez. Eu os experienciei como membros de meu clã. Senti que você e eu estávamos operando como co-terapeutas, assim como supervisor e supervisionada. A família, por sua vez, respondeu ao nosso comprometimento dando-nos o presente de sua melhora em resposta aos nossos esforços de ajudá-los. Como um sistema terapêutico, todos sentimos a alegria de curar.

Cordialmente,
Sal

Caro Adam,
Estou feliz que você tenha encontrado algum conforto na incerteza. Lembro-me de minha polêmica encoberta com você. Você era tão habilidoso em manipular as trivialidades de nosso jargão profissional que corria perigo de ser bem-sucedido em tornar-se respeitável. Como você sabe, tenho um forte comprometimento com a justiça social, então a impus da mesma maneira a você e o impulsionei na direção de conectar-se com Raymond e Cassandra, os quais vivem em um espaço muito diferente de nosso próprio espaço respeitável.
Fico contente em saber que você aceita não saber e adaptar-se à inadequação e à incompetência, pois sei que isso é necessário para sobreviver em um mundo que não conseguimos controlar. Conforme você reconheceu, minha noção quanto à supervisão sempre foi que ela é uma viagem longa e difícil em direção ao crescimento pessoal. Uso técnicas na supervisão apenas como acessórios no interesse da expansão do estilo do terapeuta.

Cordialmente,
Sal

Caro Gil,
Vejamos se conseguimos transformar nossa polêmica em diálogo. Para começar, vamos concordar que, na época de sua supervisão, a maneira como eu desafiava os alunos era severa. Evidentemente, não estava ciente do sofrimento que lhe causei e, por isso, peço desculpas. Quero lhe dizer que meu estilo é mais brando agora (uma mistura de Sol e Vento) ao responder aos alunos. Então, ambos mudamos.

Algo em nossa interação há dez anos não funcionou bem. Você chegou a mim para supervisão como psicólogo social, uma área não-clínica, e você sabia muito. Acho que, de certa maneira, seu conhecimento da teoria e sua confiança nela me intimidaram. Você, por seu lado, mostrou sua plumagem com uma certa bravata. Ao mesmo tempo, você tinha uma paixão por aprender e queria se tornar terapeuta familiar.

Acho que sua visão de que uso uma "marreta" para quebrar rígidas estruturas familiares está correta algumas vezes, como fica evidente por meus diálogos com outros membros do seu grupo de supervisão. Mas era verdadeiro em minhas transações com os Hurwitz, os quais eu via como uma família na qual os membros estavam conectados por sentimentos intensos e por narrativas esparsas e confusas.

Acho que a terapia familiar estrutural é uma maneira de pensar, e que muitos bons terapeutas familiares – e o incluo nesse grupo – têm maneiras diferentes de praticar sua profissão. Acho que, como você encontrou sua voz e ela lhe é útil, provavelmente continuará se expandindo na direção que tomou durante os últimos dez anos. Porém, acho que outros terapeutas que trabalham com o mesmo grupo de pessoas que você trabalha encontraram uma mistura diferente de "Sol e Vento" que é igualmente eficaz.

Cordialmente,
Sal

Cara Israela,
Fico tão surpreso quanto você de que tivemos apenas nove sessões de supervisão. Tentando explicar a intensidade de nossa conexão, chego à seguinte história:

> "Nos anos de 1800, nossos bisavós eram vizinhos em um shletl na Ucrânia, onde se permitia que os judeus vivessem. Lá eles se engajaram em estudos intensos do Talmude, enquanto secretamente invejavam a liberdade dos judeus hassídicos, que dançavam sua conexão com Deus."

De certa maneira mística, como nas histórias de Isaac Bashevis Singer, nós, os descendentes de nossos bisavós, ainda estamos lutando com seus sonhos incompletos. Você veio para a supervisão com o professor talmúdico e descobriu, para sua surpresa, que ele gosta da dança.

Acho sábia sua escolha de Harry Aponte como seu novo orientador. Ele também tem dentro de si a polêmica entre a aprendizagem e a dança. Para ele, Tomás de Aquino é o porta-voz da aprendizagem, e Francisco de Assis é o dançarino.

Acho que nos últimos dez anos você assistiu a todas as oficinas que realizei no Minuchin Center. Como sempre me preocupo em estar me repetindo, olhei para você como que pedindo confirmação de que ainda estou crescendo. Sei que sentirei sua falta.

Cordialmente,
Sal

Caro David,

Nossos caminhos se cruzaram muitas vezes durante os últimos dez anos. Realmente não posso falar sobre um "acompanhamento", pois ainda estamos trabalhando juntos.

Não me lembro de lhe dizer para jogar xadrez, mas me lembro de que você me disse que tinha decidido se tornar psicólogo depois de tomar conta de muitos de seus amigos que morreram de AIDS e de ficar de luto por muitos deles. Suponho que eu queria protegê-lo, pois conheço o poder que as famílias têm de arrastar os terapeutas para o vórtice de seu sofrimento. Achei que você precisava aprender a ser um observador participativo – na linguagem do teatro: "um público e um crítico comprometido".

Durante os anos em que trabalhamos juntos no Bellevue Hospital com as famílias de mulheres grávidas e viciadas em drogas, aprendi a respeitar seu comprometimento com essas famílias, assim como sua capacidade de trabalhar com e de manipular os trâmites burocráticos que "servem" a elas. E apreciei a força silenciosa com a qual você dirigiu o Minuchin Center durante esses anos.

Gosto de suas observações sobre o processo de supervisão: ele de fato dá ao supervisionado uma bagagem de técnicas, um método de pensamento e a coragem para começar a caminhar. Porém, a jornada até sua própria voz é longa e solitária, apesar de, no final, ser recompensadora. Ao longo dos anos, eu mesmo coletei as vozes de muitos colegas, mas elas sempre terminam falando com um sotaque espanhol. É somente quando você está livre *para transformar suas memórias e experiências em uma ferramenta terapêutica, sem, durante esse processo, impor suas suposições e crenças sobre famílias que são suas pacientes, que você se torna um curador.*

Cordialmente,
Sal

Cara Wai-Yung,
Estou me esforçando para lembrar de você dez anos atrás. É difícil por causa de todas as experiências que compartilhamos durante o tempo que transcorreu.

Você era uma pessoa quieta, que todas as semanas saía de Toronto ao amanhecer, pegava um avião para Nova York e retornava para Toronto à noite. Tal comprometimento com a aprendizagem chamou minha atenção. Porém, não conseguia "ler" você. Você claramente era muito inteligente, mas eu lhe achava desorientada. Para um professor hierárquico como eu, sua capacidade de dar valências iguais a muitas narrativas conflitivas parecia um déficit. Eu achava que isso fazia parte da filosofia chinesa, mas você me lembrou que a história do povo chinês está cheia de episódios de agressão e até mesmo de crueldade. Em todo o caso, assumi como minha tarefa exigir seu comprometimento com um ponto de vista claramente definido ao trabalhar com uma família, apesar de saber que você inevitavelmente teria que mudar de direcionamento à medida que o processo evoluísse.

A supervisão de seu trabalho com a família do "Pintor de fezes" cristalizou nosso relacionamento. Acho que você começou sua jornada como terapeuta familiar durante seu trabalho com essa família.

Desde então, você descobriu que tem o dom para muitas coisas e uma resistência para sentir-se à vontade com suas conquistas. Claramente, houve uma mudança no nosso relacionamento. Essa mudança é fundamental em qualquer relacionamento entre supervisor e supervisionada que seja significativo: "Não há nada que dê mais prazer a um professor do que ver uma aluna tornar-se sua colega, depois colaboradora e depois uma pessoa que expande a linha de raciocínio do professor de maneiras novas para ele". Como em uma peça de Pinter, a capacidade de orientar e inovar passa do supervisor para o supervisionado, de mim para você, e esperamos que ambos estejamos à vontade com essa mudança.

Cordialmente,
Sal

Referências

AAMFT Founders Series. (1990). Videotape produced by the American Association for Marriage and Family Therapy, Washington, DC.
Anderson, H. (1994, November). *Collaborative therapy: The co-construction of newness*. Workshop presented at the American Association for Marriage and Family Therapy Conference, Chicago, IL.
Anderson, H., & Goolishian, H. A. (1988). Human systems as linguistic systems: Preliminary and evolving ideas about the implications for clinical theory. *Family Process*, 27, 371-394.
Badinter, E. (1980). *Mother love, myth and reality*. New York: Macmilian.
Bateson, G. (1972). *Steps to an ecology of mina*. New York: Ballantine Books.
Bell, N. W., & Vogel, E. F. (Eds.). (1960). *A modern introduction to the family*. Glencoe, IL: Free Press.
Boyd-Franklin, N. (1989). *Black families in therapy: A multisystems approach*. New York: Guilford.
Brown, L., & Brodsky, A. M. (1992). The future of feminist therapy. *Psychotherapy*, 29, 51-57.
Coontz, S. (1992). *The way we never were: American families and the nostalgia trap*. New York: Basic Books.
Doherty, W. J., & Carlson, B. Z. (2002). *Putting family first: Successful strategies for reclaiming family life in a hurry-up world*. New York: Henry Holt.
Doherty, W. J., & Carroll, J. S. (2002). The citizen therapist and family-centered community building: Introduction to a new section of the journal. *Family Process*, 41, 561-568.
Donzelot, J. (1979). *The policing of families*. New York: Random House.
Falicov, C. J. (1983). Introduction. In C. J. Falicov (Ed.), *Cultural perspectives in family therapy* (pp. xiv-xv). Rockville, MD: Aspen.
Fisch, R. (1978). Review of problem-solving therapy, by Jay Haley. *Family Process*, 17, 107-110.
Foucault, M. (1980). *Power/knowledge: Selected interviews and other writings*. New York: Pantheon.
Gergen, K. (1985). The social constructionist movement in modern psychology. *American Psychologist*, 40, 266-275.
Gorin, G. (1990). Life on edge: Poems by George Gorin. Chicago: Adams.
Greenan, D. E., & Tunnell, G. (2003). *Couple therapy with gay men*. New York: Guilford.
Hoffman, L. (1985). Beyond power and control: Toward a "second-order" family systems therapy. *Family Systems Medicine*, 3, 381-396.
Johnson, S. M. (1996). *The practice of emotionally focused therapy: Creating connection*. New York: Brunner/Mazel.

Lee, W.-Y. (2002). One therapist, four cultures: Working with families in greater China. *Journal of Family Therapy*, 24, 258-275.
Maturana, H. R., & Varela, F. J. (1980). *Autopoiesis and cognition: The realization of living.* Boston: D. Reidel.
Mazza, J. (1988). Training strategic therapists: The use of indirect techniques. In H. A. Liddle, D. C. Breulin, & R. C. Schwartz (Eds.), *Handbook of family therapy training and supervision* (pp. 93-109). New York: Guilford.
McGoldrick, M., Giordano,]., & Pearce, J. K. (1996). *Ethnicity and family therapy* (2nd ed.). New York: Guilford.
Minuchin, S. (1974). *Families and family therapy.* Cambridge, MA: Harvard University Press.
Minuchin, S. (1984). *Family kaleidoscope.* Cambridge, MA: Harvard University Press.
Minuchin, S., & Fishman, H. C. (1981). *Family therapy techniques.* Cambridge, MA: Harvard University Press.
Minuchin, S., Montalvo, B., Guerney, B., Rosman, B., & Schumer, F. (1967). *Families of the slums.* New York: Basic Books.
Minuchin, S., Nichols, M. P., & Lee, W.-Y. (2007). *Assessing families and couples: From symptom to system.* Boston: Allyn & Bacon.
Minuchin, S., Rosman, B., & Baker, L. (1978). *Psychosomatic families: Anorexia nervosa in context.* Cambridge, MA: Harvard University Press.
Osimo, F. (2003). Annotations for the sun and the wind. *Ad Hoc Bulletin of Short-Term Dynamic Psychotherapy*, 7, 23-46.
Papp, P., (Ed.). (2000). *Couples on the fault Une: New directions for therapists.* New York: Guilford.
Papp, P., & Imber-Black, E. (1996). Family themes: Transmission and transformation. *Family Process*, 35, 5-20.
Pirotta, S., & Cecchin, G. (1988). The Milan training program. In H. A. Liddle, D. C. Breunlin, & R. C. Schwartz (Eds.), *Handbook of family therapy training and supervision* (pp. 38-61). New York: Guilford.
Schnarch, D. M. (1991). *Constructing the sexual crucible: An integration of sexual and marital therapy.* New York: Norton.
Selvini Palazzoli, M., Cirillo, S., Selvini, M., & Sorrentino, A. M. (1989). *Family games: General models of psychotic processes in the family* (V. Kleiber, Trans.). New York: Norton.
Simon, G. M. (1995). A revisionist rendering of structural family therapy. *Journal of Marital and Family Therapy*, 21, 17-26.
Simon, G. M. (2003). *Beyond technique in family therapy: Finding your therapeutic voice.* Boston: Allyn & Bacon.
Simon, G. M. (2004). An examination of the integrative nature of emotionally focused therapy. *The Family Journal: Counseling and Therapy for Couples and Families*, 12, 254-262.
Skoinick, A. (1991). *Embattled paradise: The American famlly in an age of uncertainty.* New York: Basic Books.
Stone, L. (1980). *The family, sex and marriage: England, 1500-1800.* New York: Harper & Row.
Thomas, F. N. (1994). Solution-oriented supervision: The coaxing of expertise. *The Family Journal: Counseling and Therapy for Couples and Families*, 2,11-18.
Walters, M., Cárter, B., Papp, P., & Silverstein, O. (1988). *The invisible web: Gender patterns in family relationships.* New York: Guilford.
Whitaker, C. A. (1976). The hindrance of theory in clinical work. In P. J. Guerin (Ed.), *Family therapy: Theory and practice* (pp. 154-164). New York: Gardner.

Índice

A

"ABCs da terapia familiar", 269, 277. Ver também "Alfabeto de habilidades"
Adoção por consangüinidade, 106
Adoção, 43, 134, 138, 139
Adulação da habilidade, 75
Afiliação, 54
Aflição relacional, terapia focada emocionalmente e, 86-87, 88-89
Afro-americanos, 41-42 e tripé de três culturas, 45-46
Agência de proteção à infância, 43, 44-45
Agências, serviço familiar, 114 adoção (ver adoção)
Agressão:
   "doce gosto da" (em caso), 277-282
   evitação da (em caso), 277
   questões sobre, 54
Alcoolismo, em caso de, 158-164
Alexander, James, 91
"Alfabeto de habilidades", 127-128. Ver também "ABCs da terapia familiar"
Alucinações auditivas (em caso), 107-108, 145
América colonial, a família na, 36
Analogia com luzes da árvore de Natal (em caso), 200
Anderson, Carol, 86-87
Anderson, Harlene, 29-30, 95
Aperto de mãos como assinatura, 269
Aperto de mãos, assinatura, 269
"A poeta e o baterista", 169-192
Aproximando e afastando o *zoom*, 199
Árvore familiar, 64-65

Aspectos espirituais da terapia, 69
Assistência social, 39-40
Atitudes, série de, 81
Ativismo, 24-25
Autonomia, 71
Avanços, estudo de , 229
Avós, 55-56

B

Bateson, Gregory, 26-27, 28
Bebê tóxico, sistema de adoção, 42, 43
Beneficiador, terapeuta como, 32-33
Bowlby, John, 87-88
Brigas na família (em caso), 108-111
Brinquedos, 305
Budismo, duas práticas do, 308-309

C

Cachorro, comprar (para aniversário), 116-117
"Caminhando e mascando chiclete ao mesmo tempo", 305
Capacidade de suportar, ambigüidade, 158
Casais do mesmo sexo (dois casos), 42, 235, 240-258
Casais homossexuais (masculinos), 42, 235, 240-258
Casal de lésbicas, 35
Casamento, 35-36
Casos/Ilustrações:
   Bill ("pintor de merda" e família (pais e Michael; Síndrome de Down, 264-290
   casal de lésbicas sem nome, 35
   casal ítalo-americano afastado com dois filhos (Michael/Emilio), 298-300, 308

Edward e Kathy (doença bipolar), 220-223, 224
enfermeira sem nome, solteira mãe, três filhos (incidente de clipe de papel em tomada elétrica), 117-122
esposo marroquino/esposa colombiana (crianças que não respondem à disciplina), 296
Família Davis (Lisa/Larry/Lil/Larry III), 158-164
Família Diaz (Orlando/Maureen/Cynthia; problemas culturais) 45-48
Família Harris (Steven/Doris; "família sem portas"), 41-42, 44-45
Família Hurwitz ("A família de David"; Herbert/Stella e Herb/Shelly/Rebecca/Mary; esfregar os olhos compulsivamente), 19-20, 21, 193, 199-213
Família Kraus (John/Ted/Carl/Avô), 164-167
Família mista sem nome, 24-25
Família Ramirez (Nina/Juan/Juanita; ouvir vozes), 107-108, 111-112, 134, 140-152
Família Ramos (Sara/Tomas/Juan; obsessivo-compulsivo lavar as mãos; "tirania do sintoma"), 101, 106
Família Robinson (Darren/Myra/Jennifer; vivendo um pesadelo), 42-45
Família Smith (Mark/Jean; ilustração da estrutura; evitando conflitos), 58-61
Harriet/George/Harry/Richard/Suzanne (mãe divorciada e quatro filhos; "todos lutam entre si"), 108-111
Jacksons (Cassandra/Raymond; poeta e baterista), 169, 171-172, 175-192
Jean/Sam/Diane (anorexia), 115
Jerry e Susan (cirurgia após acidente automobilístico), 224-229
Jim, (esposa, cansada/confusa), 117
John (cachorro pelo aniversário de 25 anos), 116-117
Maria e Corrine (Juan/Juana/Peter), 106-107
Robert/Samuel (casal do mesmo sexo), 235, 240-241
Chutar. *Ver* "Rebater e chutar"
Cibernética, teoria da, 262-263
linguagem, 26
Cinderela, 105
Circularidade e neutralidade, 76
Circularidade/neutralidade/formação de hipóteses, 76

Coalizões, 54, 127-128
Comportamento obsessivo-compulsivo.
Comportamento-alvo, idenficando o, 90
Comunidade, 36, 155-156
Conexão, objetivo da, 25
Confiança, 253
Conflito, familiar, 57, 58
   encorajamento, 199
   evitação de (em caso), 241-248
   localizando áreas de e aumentando a intensidade de, 114
   necessidade de expansão, 162-163
Confrontação, 198, 199
Confusão, 26
Conhecimento (mudando da base teórica da terapia, prática construcionista, 29
Conotação positiva, 23-24, 214, 219, 225-226, 229
"Cópia que origina", 80
Construção de hipóteses, 127-128
Construção imaginativa, 230-234
Construção, imaginativa, 230-234
Construcionismo social (Gergen), 29
Construcionismo, social, 29
Construcionistas, 29-30, 111-112
   e terapeutas feministas, 82
   mudando da base teórica da terapia (conhecimento/linguagem/sistemas sociais/terapia), 29-30
   ponto de vista moral, 30
Construindo a família, 52-61
Construindo hipóteses/circularidade/neutralidade, 76
Construtivismo:
   associados de Milão abrindo caminho para, 78-79
   linguagem, 219
Contadores de histórias, dois tipos de, 169
Contexto/contexto no ensino, 130
Contraparadoxo, 21-22
Contrato com famílias em terapia/com supervisionados, 130, 297
Contratransferência, 21-22, 27
Conversa, terapêutica, 32-33, 81, 219
Copland, Aaron, 188-189
Correndo riscos (como terapeuta), 174, 187-188, 205
Co-terapeuta, membro da família como, 114
Co-terapia, 219
Criação de filhos, e sociedade, 37
Criação, 71

Criatividade, 71
Crise (em caso; oportunidade para *insight*/intimidade), 248-249
Cultura institucional, influência
Cultural:
colonização, 79
guardiães, 50
restrição e liberação política, 30
valores, imposição de, 26
Cultura(s), 49-50. *Ver também* Etnia/étnico perspectivas quanto à família
definição ecológica de, 49
e desenvolvimento familiar, 54

D
Dalai Lama, 308-309
Dano neurológico (em caso), 42
Deficiência, mental (área), 262-263
Desconforto, 167
Descontinuidade, 226-227, 266
habilidade (do terapeuta) de suportar, 158, 169
Desengajamento, 31
Desequilíbrio, 146, 148, 164, 167, 173, 199, 205, 214, 252, 254, 296
Determinado por problemas, 219
Diagnóstico, 113
Diferenças:
ampliação de, 111-112, 199
objetivo da exploração de, 170
Direcionamento indireto, 69, 70
Discurso, terapia baseada no, 117
Disponibilidade do terapeuta, 141
Disponibilidade emocional, na terapia, na supervisão, 140
Dissonância na história familiar, 115
Diversidade, 51, 63, 235
Divisão de Psicologia Comunitária, Associação Americana de Psicologia, 155-156
Doença bipolar (em caso), 220-223, 224
Drama/história, 31, 132, 282
histórias, contadas em dois níveis (narrativa/drama), 115
Dramatização, 117-122, 127-128, 133, 214, 268, 269, 270-272, 274
Duplo vínculo para aluno, 230

E
E drama (dois níveis de histórias familiares), 115
Educação, melhorando os níveis de, 38-39

Elemento edípico em caso, 193-213
Elogiando os pais, 109, 300-302
Emoção expressa, 86-87
Empatia, 174, 249-250
saindo da compreensão para, 173
Empoderamento, 155-156
"Enchendo o recipiente vazio", 291-309
Encontro, terapêutico, 99-122
criação do sistema terapêutico, 111-112
famílias, conceitos sobre, 112-114
quatro casos (consultas), 100-111
supervisão de, 125-137 (*ver também* Supervisão; histórias sobre supervisão)
visão do autor sobre, 20
Enfoque centrado na solução, 74-76, 219
Enfoque não-normativo à terapia sistêmica, 71-73
Enfoques baseados em evidências, 84-96
avaliação, 94-96
psicoeducação centrada na família, 85-87
terapia centrada na emoção, 87-89
terapia familiar funcional, 91-94
terapia multissistêmica, 91-94
treinamento parental comportamental, 89-91
Engenharia social, 69
Entrando, em alianças, 127-128
"Entrando no vasilhame", 214-234
"Entrar no limbo", 225-229
Entusiasta de Jesus (em caso), 159
Envolvimentos experienciais, 117
Epidemia de AIDS, 237-238, 253
Epistemologia *versus* prática, 77
Equipes, uso de, 27, 76, 77, 219, 264
Erro de categoria (Bateson) 29
Escola de Milão, 27, 70, 214, 225-226, 264
conotação positiva, 23 (*ver também* Conotação positiva)
explorações conceituais da, 76-79
noção de paradoxo e contraparadoxo, 21-22
Escolas de terapia familiar, 214
Esculpir/esculturas, família, 21-22, 25, 64-65, 117, 222, 225-226, 306-308
Esfregando os olhos. *Ver* esfregar os olhos compulsivamente (em caso; família Hurwitz)
Esfregar os olhos compulsivamente (em caso; família Hurwitz), 19-20, 21, 193, 199-213
Espelho unidirecional (uso do), 27, 70, 76, 77, 82, 106, 196-197, 208
Esquizofrenia (diagnóstico de, em caso), 108, 140
Estados mentais, compartilhados, 33-34

Estereotipia racial, 177-178. *Ver também* etnia/étnico
perspectivas na família
Estilo talmúdico, 215
Estilo, terapêutico, 198
   definição do terapeuta do próprio, 130
   estilo do autor e de ensino (anos 60), 127-128
   expansões de, 131-133
      da dinâmica individual à complexidade de relacionamento, 132
      de história para drama, 132
      de processo terapêutico centrado no terapeuta para centrado na família, 132
Estratégico
   modelo, técnicas, trabalho, 69, 194-195, 196-197
Estrutura, familiar, 53
Exclusão, questões sobre, 54
Expectativa de vida, 38-39
Experiência israelense do autor, 126
Experiências na infância, 69
Externalização, conceito de Michael White sobre, 78-79, 81

F
Falloon, Ian, 85
Família mista (sem nome), 24-25
Família, 45-51, 176-177
Família estrutural,
   concepções errôneas que assombraram durante décadas, 127-129
   terapia/terapeutas, 116, 196-197, 214, 219
   transformação da (em supervisão), 294-300
Família(s), 35-51, 52-61
   como sistemas sociais com mau funcionamento, 128-129
   como unidade social significativa, 30
   conceitos sobre (lista de verificação de Minuchin), 111-114
   conflito, 57-58
   construção da, 52-61
   contextos culturais, 49-51
   definições de, 35
   desenvolvimento, 55-56, 57
   e lei/religião/costumes, 36-38
   e sistema de adoção, 42
   estrutura, 53
      mal adaptada/adaptada, 55-57
   evolução da(s), 36
   forças, 31
   forças demográficas, 38-39
   forças econômicas, 38-39
   forma, 55-56, 57
   futuro da(s), 38-39
   histórias:
      contada em dois níveis (narrativo/drama), 115
      história oficial, 114-116
   mapas, 55-57
   memória (história), 116-117
   modelo de conceitos, 52-61
   normas, mudança, 36
   organização, 53
   particularidades ("Todas as famílias são diferentes"), 35-51
   particularidades ("Todas as famílias são iguais"), 52-61
   perspectivas étnicas sobre, 45-51
   perspectivas socioeconômicas em, 40-45
   sistemas, 54-56
   transformação em (lista de verificação de Minuchin), 113-114
Famílias chinesas, 50, 259
Families of the Slums, 22-23
Family Studies (instituto em Nova York), 155-156
Family Therapy Techniques, 23
Fatos biológicos, 220
Fazer pessoas, 64-65
Feminismo marxista, 37
Ferramenta para controlar, 27
Fetiche por sapatos, 268
Finais felizes, 167
Formato da entrevista, 76
Fortes/invencíveis, 254
França napoleônica, e casamento, 36

G
Galveston Family Institute, 80, 219
   Sistemas lingüísticos do, 80-82
Genograma, 21-22, 25, 53-54, 64-65, 240
Gentrificação psicológica, 38-39
Gentrificação, psicológica, 38-39
Goldstein, Michael, 86-87
Goolishian, Harry, 95
Gottman, John, 96-97
Greenberg, Leslie, 87-89
Grupos, de supervisão, 130, 201
Guardiães, culturais, 50

H
Haley, Jay, 21-22
Henggeler, Scott, 93

Hierarquia:
  e acalentamento (em estudo de caso), 303-305
  e autoridade, em terapeutas familiares estruturais, 299
  na organização familiar, 54, 57-58
História, conceito de, 282. *Ver também* drama/história; recontando a história
História oficial, 114-116, 165
História para drama (mudança), 132
História, familiar, 116-117
Histórias de supervisão: os casos (*ver* casos/ ilustrações)
  Os terapeutas:
    Greenan, David, 235-258, 311
    Lee, Wai-Yung, 259-290, 291, 311
    Levin, Hannah, 153-168, 311
    Meskill, Margaret Ann, 134-152, 311
    Meyerstein, Israela, 214-234, 311
    Price, Adam, 169-192, 311
    Schauer, Andy, 291-309, 312
    Tunnell, Gil, 19-20, 21, 193-213, 311
  Títulos:
    "A feminista e o professor hierárquico", 134-152
    "A poeta e o baterista", 169-192
    "Enchendo o recipiente vazio", 291-309
    "Entrando no vasilhame", 214-234
    "O filho edipiano revisitado", 193-213
    "O pintor de fezes", 259-290
    "Os homens e a dependência, tratamento de um casal do mesmo sexo", 235-258
    "Uma cabeça, muitos chapéus", 153-168
Homens, aculturados para serem
Humor, 128-129

I
Idade Média, a família na, 36
Idade, e subsistemas familiares, 54
Idiossincrasia, 25
Impasses, clínicos, 75
Incerteza, necessidade para (no estilo do terapeuta), 153
Industrialização, 36, 37-38
Infância, aumentando a duração da, 38-39
Instituição(ões), e a família, 40-45
Instituições de saúde mental, 40
Intensidade:
  criando, 127-128
  voando com (de beija-flor a condor), 229
Interpretação de um papel, 181

Intervenção(ões), terapêuticas:
  adiando, 155-156
  pela dramatização, 117-122
Intimidade, terapia da, 64-65
Islã, nação do, 175
Isomorfismo entre

J
Jogadores anônimos, 200
Johnson, Susan, 87-89
Junção, 23-24, 100, 113, 114, 127-128, 145, 215, 249-250

K
Kibbutz, 35

L
Lacunas, 57
Lavar as mãos compulsivamente (em caso; família Ramos), 101-106
Lavar as mãos. Ver Lavar as mãos compulsivamente (em caso; família Ramos)
Leff, Julian, 85
Liberação política/restrição cultural, 30
Liberdade individual, filosofia da, 31
Límbo, entrar no, 225-226, 227-229
Limites, 54, 205
  permeáveis/rígidos, 54
Limites permeáveis, 54
Limites rígidos, 54
Linguagem, 170
  confiança na, 182
  de intervenção terapêutica, 76
  e mudança de base teórica da terapia, prática construcionista, 29
  ferramenta interventiva da, 77-78
  problemas existentes apenas na, 80-81
  sedução da, 219
  terapia centrada na (*ver Galveston Family Institute*)
Linguagem colaborativa, 219
Lista de verificação, conceitos sobre famílias, 111-114
  transformação em famílias, 113-114
Loucura, uso da, 64-67, 101-102, 166, 167. *Ver também* Absurdo, uso do (em terapia)
Luto (em caso), 248-249

M
Maestro e orquestra, metáfora do, 185

Mapa de quatro passos, 120
Mapas, avaliação de quatro passos, 120-121
Mapas, família, 55-57
Maturana, Humberto, 28
McFarlane, William, 86
Memória, familiar, 116-117
"Men and dependency, treatment of a same-sex couple", 235-258
Mental research institute (MRI), 26,27, 70, 72-74, 80
  premissa (problema não é um problema até que as pessoas o definam assim), 80
Mente grupal, 219
Metáfora do beija-flor/condor, 229
Metáfora do vulcão, 270-271
Metáforas esculturais, 228
"Metatogue: why do things get in a muddle?, 26
"Minha fórmula", 60
Minimalismo, 28, 72-73, 74
Minuchin, Salvador:
  desenvolvimento como terapeuta familiar, 127-128
  discrepância, estilo terapêutico e estilo de ensino (anos 60), 127-128
  histórico, 125-129
Modelo de avaliação de quatro passos, 119-122
Modelo de avaliação, objetivos do, 119-122
Movimento das mulheres. Ver Movimento, terapia do, 286
Muçulmanos, 43, 175
Mudança
  de primeira ordem versus de segunda ordem, 162-163
  maneiras de criar, 198
  mecanismos para (complexa/em camadas), 131-132
  processo de, 31-32-33
  terapeutas como instrumento/catalisador para, 21, 24, 32-33, 70, 113
Mudança adaptativa, 39-40
Mudança de primeira ordem versus mudança de segunda ordem, 161
Musashi Miyamoto, 62

N
Não saber, atitude de, 81
Narrativa, 214, 219
National Public Radio, 170, 187-188
Neutralidade/circularidade/formação de hipóteses, 76

New Center for Family Studies, 76
Normas da classe média branca, 42

O
Observador, postura de, 133
O clássico japonês Musashi Miyamoto, 62
Olho de Newt (percepção pelo organismo do mundo exterior), 28
"O pintor de fezes", 259-290
Oregon Social Learning Center, 89
Organização, familiar, 53
O salto da poeta, 223-224
Ouvir vozes (em caso; família Ramirez), 107-108, 111, 134, 140-152
Ouvir vozes, 145

P
Padrinhos, 43
Padrões, familiares, 52, 53, 54, 101
Painel de comando, família (em caso), 165
Papéis/questões de gênero, 83, 136-137, 261
  e a supervisão de Minuchin, 139
  e subsistemas familiares, 54
Papp, Peggy, 22, 97
Paradoxo/contraparadoxo, 21
Paraprofissionais, treinamento de, 50-51
Patterson, Gerald, 89
Pennsylvania, Universidade da, 126
Pensamento, preocupação com, 76
Pensamentos tangenciais, 173
  aceitação de (pelo terapeuta), 169
Perguntas de cenário de ação, 77-78
Perguntas de cenário de consciência, 77-78
Pergunta(s), terapêuticas:
  catálogo de, 77-78
  perguntas de experiência de experiência, 77-78
  perguntas de cenário de ação, 77-78
  perguntas de cenário de consciência, 77-78
  Pergunta milagrosa, 74, 75, 76
  questão de exceção, 74, 75, 76
  questionamento circular, 76
  técnica, 79
Perspectiva epistemológica, 26
Perspectiva feminina
Perspectiva feminista, 82-83
  marxista, 37
  história sobre supervisão: "A feminista e o professor hierárquico", 134-152
Perspectivas múltiplas, mantendo, 77-78
Perspectivas socioeconômicas na família, 40-42

Philadelphia Child Guidance Clinic, 24, 50-51, 126-128, 129, 219
Poder, 72, 82, 138-139
　consciência do, 139
　questões sobre, 54
　uso de (na família), 54, 55
Policing of the Family, 37
Política pública, e família, 37
Pontos cegos, 33-34, 243-244
Portas, família sem (caso), 40-42, 43
Pós-modernismo (Foucault), 29, 235
Práxis *versus* epistemologia, 77
Presentes, aceitar/recusar, 207
Problema sexual (em caso), 187-188-192
Projeto das mulheres, 82, 83
Proximidade, questões de, 54, 215
Psicoeducação centrada na família, 85-87

Q
Queens Child Guidance Center, Jamaica, Nova York, 291
Questão de exceção, 74, 75, 76
Questão milagrosa, 74, 75, 76
Questionamento circular, 76
Questões de abandono, 54
Questões de experiência da experiência, 77-78

R
Realidade (e percepção do organismo), 28
Realidades múltiplas, 174
Reautoria, 80
"Rebater e chutar", 114, 127-128, 166, 266
Recontar a história, 27-32-33, 77-78, 116, 214
Rede de consangüinidade, 43
Rede familiar extensa, 43, 55-56
Reestruturação, 64-65, 72-73, 92-93
Reid, John, 89
Relacionamento sexual (em caso), 202-203
Repressão, 69
Resistência, 219
Resposta materna, 36
Resultados únicos (perguntas terapêuticas, catálogo de), 77-78
Retardo mental, área sobre , 262-263
Reversa, intolerância, 51

S
Saltologia, 229
Satir, Virginia, 21-22, 24-25, 64-65, 70-72
"Schmaltz" (em caso de supervisão), 162, 163

Sem lar, 41-42
Sheppard Pratt, 214, 219
Sigilo caracterizando a psicanálise, 23-24
Simon, George, 88-89
Síndrome de Down (em caso), 264-290
Singer, Isaac Bashevis, 214
Sintoma, 113
　tirania do (estudo de caso), 101-111
Sistema de organização de problemas, 81
Sistema social:
　a família como, 30
　mudando da base teórica da terapia, prática construcionista, 30
Sistemas institucionais *versus* enfoque de sistemas familiares, 156-157
Sistemas lingüísticos de Galveston. Ver Galveston Family Institute
Sistemas, familiares, 54-56
Situação aflitiva do treinamento, 215
　história de supervisão; "Dentro da situação aflitiva", 214-234
Smitt, Leo, 189
Sobre o estilo do terapeuta, 160, 161
Sociedades filantrópicas, centradas na família, 37
Status da minoria, 42, 43
Status econômico, e etnia, 45-46
Strip Möbius ("o fim é apenas o começo"), 167-168
Subsistemas, 54, 105
Superplanejamento, questões com, 39-40
Supervisão:
　contexto, o grupo, 130, 156-158, 201
　da definição do próprio estilo do terapeuta, 130
　do encontro terapêutico, 125-133
　duplo músculo para aluno, 229
　expansões de estilo, 131-133
　　da dinâmica individual à complexidade do relacionamento, 132
　　de história para drama, 132
　　de processo terapêutico centrado no terapeuta para centrado na família, 132
　fase intermediária da, 298
　isomorfismo/paralelos com a terapia, 131, 181, 243-244
　mudança, mecanismos para (complexa/em camadas), 131-132
　objetivo(s), 68, 130
　trabalhando com terapeutas familiares, 128-133

Supervisão e terapia, 181, 243-244
Supervisor, jornada de um (história do autor), 125-129
Suposições do terapeuta, 99

T
Temas multissistêmicos, 83
Tempo de lazer, aumento, 38-39
Tendências contemporâneas, 84-98
  Enfoques baseados em evidências, 84-96
Tentativa de suicídio (em caso), 65-66
Teoria do afeto e terapia centrada na emoção, 87-88
Teoria do impacto múltiplo/Terapia (de Galveston), 219
Terapeuta:
  como beneficiador, 32-33
  como sistemas sociais não totalmente funcionais, 127-128
  desaparecimento de, da literatura terapêutica familiar, 23, 24
  e o *self*, em terapia, 23, 27, 28, 68, 114
  intervencionista (*ver* terapeutas intervencionistas)
  moderado (*ver* terapias moderadas)
  mudança, catalisador para, 31, 32-33, 113
  mudança, instrumento de, 21-22, 23, 32-33, 70
  nível de envolvimento, 25
  pressão para tornar-se triangulado, 68
  suposições do, 99
  vantagens/desvantagens do treinamento, 99
Terapeuta *gay*, 235-258
Terapeutas intervencionistas, 27, 32-33, 60, 63-72
  e responsabilidade, 32-33
  líderes:
    Bowen, Murray, 67-69, 72
    Haley, Jay, 21-22, 69-72
    Satir, Virginia, 21-22, 24-25, 64-65, 70, 72
  Linguagem de, 76, 77-78
  Papéis de, 31
Terapia:
  centrada emocionalmente, 87-89
  de técnicas, 119
  enfoques baseados em evidências, 84-96
  família (*ver* Terapia familiar)
  mudança da base teórica de, prática construcionista, 30
  psicoeducação centrada na família, 85-87

treinamento em:
  e instrução acadêmica, 119
  durante a supervisão, 119, 125-133 (*ver também* Supervisão; Histórias sobre supervisão)
  treinamento parental comportamental, 89-91
Terapia breve, 72, 214
Terapia centrada na emoção, 87-89
Terapia comportamental, premissa da, 89
Terapia de casais, 169, 171-172, 175-192, 220-223, 224, 240-258
Terapia experiencial, 67
Terapia familiar:
  ativista, 24-25
  consciência cultural em, 49
  controlada, 27-34 (*ver também* Terapias controladas)
  dicotomia teórica, 19-34
  enfoques baseados em evidências, 84-96
  escolas de, 21-22, 83
  estrutural (*ver* Terapia/terapeutas familiar(es) estrutural(is)
  intervencionista, 63-72 (*ver também* Terapeutas intervencionistas)
  modelo de avaliação, 119-122
  multissistêmica, 91-94
  paradoxo na, 153
  prática clínica e supervisão, 62-83
  tendências contemporâneas, 84-98
  terapia familiar funcional, 91-94
  treinamento de terapeutas, 63, 100 (*ver também* Supervisão; histórias sobre supervisão)
  visão discordante de (*versus* ativismo), 26-27
Terapia familiar funcional, 91-94
Terapia multissistêmica, 91-94
Terapia psicodinâmica individual, 117
Terapias moderadas, 28, 29, 60, 72-83
  associados de Milão, explorações conceituais de, 76-78 (*ver também* Escola de Milão)
  enfoque centrado na solução, 74-76
  externalização, conceito de Michael White de, 77-79
  grupo do MRI, 67-69 (*ver também* Mental Health Institute [MRI])
  perspectiva feminista, 82-83
  sistemas lingüísticos de Galveston, 80-82 (*ver também* Galveston Family Institute)
Terminologia de Roschach, 245

"Tirania do sintoma" (caso; família Ramos), 101-106
Trabalho centrado na família com, 85
Transferência, 21-22
Transições em famílias, 113
Transtorno de conduta adolescente, terapia para, 91-94
Transtornos afetivos, e terapia baseada em evidências, 86-87
Transtornos alimentares, 69,-70, 82, 115
Transtornos comportamentais e emocionais na infância, 89-91
Treinamento parental comportamental, 89-91
Trincheiras de guerra, 225-226, 228

U
"Uma cabeça, muitos chapéus", 153-168
Unidade de consangüinidade, 35-36
Uso do absurdo (em terapia), 67, 127-128, 169, 193, 225-226, 266, 269

V
Valores, perigo de impor a maioria, 51
Varela, Francisco, 28
Vaughn, Christine, 85
Ver Esfregar os olhos compulsivamente (em caso; família Hurwitz); lavar as mãos compulsivamente (em caso; família Ramos)
Ver Galveston Family Institute
Vinhetas. Ver Casos/ilustrações
Violência, família, 43-51, 106-107, 108-111, 169-192, 194-195, 199
Vozes, coleção, 312-316

W
Washington Family Institute, 69
Watzlawick, Paul, 27
White, Michael, 95
William Alanson White Institute, Nova York, 126

Y
Yentl, 214